리라이팅 클래식 002
## 자본을 넘어선 자본

리라이팅 클래식 002
**자본을 넘어선 자본**

**발행일** 초판 1쇄 2004년 4월 20일 | 초판 9쇄 2019년 5월 30일
**지은이** 이진경
**펴낸이** 유재건 • **펴낸곳** (주)그린비출판사 • **주소** 서울시 마포구 와우산로 180, 4층
**전화** 02-702-2717 • **팩스** 02-703-0272 • **이메일** editor@greenbee.co.kr • **신고번호** 제2017-000094호

ISBN 978-89-7682-935-1 04300

Copyright ⓒ 2004 이진경
이 책은 저자와 (주)그린비출판사의 독점 계약에 의해 출간되었으므로 무단전재와 무단복제를 금합니다.
이 책 안에 사용된 도판 가운데 저작권이 있는 도판은 SACK를 통해 ADAGP, ARS, SIAE와 정식으로 저작권
계약을 맺은 것입니다. 저작권법에 의하여 한국 내에서 보호를 받는 저작물이므로 무단전재와 무단복제를
금합니다.
책값은 뒤표지에 있습니다. 잘못 만들어진 책은 서점에서 바꿔 드립니다.

철학이 있는 삶 **그린비출판사** www.greenbee.co.kr

리라이팅
클래식
002

# 자본을 넘어선 자본

이진경 지음

그린비

우리 모두의 '은사'였던
고故 김진균 선생님께

# 서문

칼 맑스. 누가 그를 모른다 말할까? 예전에 존 레논(J. Lennon)은 "비틀스는 예수보다도 유명하게 되었다"는 말로 허명에 놀아나는 자신의 팬들을 풍자한 바 있지만(물론 덕분에 반어와 풍자를 글자 그대로 받아들였던 많은 기독교도의 공격에 시달려야 했지만), 맑스 또한 그러한 문장으로 말할 수 있는 인물임이 틀림없다. 그 역시 예수처럼, 비틀스처럼 이름에 가려, 사도들의 고식화된 명제에 박제되어 그 진면목을 뜻하지 않게 숨겨야 했던 인물이기에 더욱더 그렇다. 공산주의의 이론적 '수괴', 혹은 노동자계급의 위대한 사상가. 하지만 정반대 방향에 있는 이 두 점은 사실 너무도 가까이 있다. 원주 상에서 가장 멀리 떨어진 두 점이 사실은 가장 가까이에 근접해 있듯이. 『심판』이란 제목으로 번역된 카프카(F. Kafka)의 소설 『소송』(*Der Prozeß*)에서 요제프 K는 재판소와 반대 방향에 있는 티토렐리의 집 침실 옆에서 재판소 사무국을 발견하지 않던가!

사실 맑스 자신의 사유는 결코 곧은 하나의 직선을, 혹은 곧은 원주를 그리지 않는다. 자세히 들여다보면 그것은 무한히 구불구불 구부러지는 프랙탈(fractal)한 선들로 가득 차 있다. 그래서일까? '정통성'의 자와 컴퍼스로 그린 공식적인 맑스나 주류적인 맑스 옆에서는 언제나 그 곧은 선에서 벗어나는 선들을 발견할 수 있다. 그것은 맑스 자신의 것이기도 하지만 세심한 눈으로 그의 사유를 관찰하며 따라가던, 그리고 그 구부러진 선을 강조하거나 그걸 한번 더 구부린 탁월한 '제자'들의 것이기도 하다. 그래서 모든 걸 대충 보는 사람들은 레닌(V. Lenin)에서 소비에트 맑스주의로 이어지는 정통파의 곧은 선만 보지만, 세심한 관찰자들은 그 구불구불한 선들의 매혹을 놓치지 않는다. 그리고 거기서 느낀 매혹을 표현하는 또 하나의 초상을 그린다. 그렇게 해서 수많은 맑스가 있게 되었다. 카우츠키의 맑스, 레닌의 맑스, 로자 룩셈부르크의 맑스, 루카치의 맑스, 그람시의 맑스, 스탈린의 맑스, 알튀세르의 맑스, 네그리의 맑스, 들뢰즈와 가타리의 맑스…….

이런 이유에서 나는 맑스가 "죽지 않는 사람"임을 진실로 믿는다. 불사조는 죽지 않는 새가 아니라 반복하여 죽고, 죽음으로써 다시 태어나는 새다. 보르헤스(J. Borges)가 발견한 '죽지 않는 사람'도 마찬가지다. 그것은 반복하여 다른 인물로 태어나는 사람이고, 반복하여 다른 삶을 사는 사람이다. 이 경우 죽음이란 변이의 문턱을 표시하는 선에 지나지 않는다. 영원성, 그것은 이처럼 새로운 얼굴로 반복하여 다시 태어남으로써 이루어지는 불사(不死)의 형식이다. 따라서 무언가가 영원하길 바란다면, 그것에 어떤 창조적인 무언가를 새겨 넣어 다른 어떤 것으로 만들어야 한다. 어떤 사상을, 혹은 어떤 사상가를 영원하게 하는 것, 그것은 거기에 새로운 무언가를, 어떤 차이를 새겨 넣음으로써만 가능하다.

나는 행동이나 사유, 삶의 방식에서 변혁이나 혁명을 사유하는 데 맑스에게 커다란 신세를 졌다. 나는 내 삶과 신체, 혹은 사유에 새겨진 어떤 식으로도 결코 지워질 수 없고 무효화될 수 없는 그의 강렬하고 지대한 흔적을 몹시 사랑한다. 그런 만큼 나도 그에게 무언가를 주고 싶다. 이미 죽은 이에게 무언가를 줄 수 있는 가장 좋은 방법, 아마도 그것은 그의 사유를 영원히 살아 있게 하는 것일 게다. 그를 다시 살려 내는 것, 그를 '죽지 않는 사람'으로 만드는 것. 그런 식으로 나는 그에게 우정의 선물을 하고 싶다. 그런 식으로 나는 그의 친구가 되고 싶다.

'맑스의 영원성'에 기여하기 위해 나는 그가 그린 저 구불구불한 선을 다시 탐색할 것이다. 그리고 그 선의 일부를 가지고 새로운 삶의 방식을 사유하고 실천할 수 있는 지도를 그리려고 할 것이다. 할 수만 있다면 그것에 더욱더 강한 힘을 싣고 더욱더 구부러지게 하여 또 다른 맑스의 얼굴을 그리고 싶다. 또 하나의 맑스를 만들어내고 싶다. 그러나 그럼으로써 '나의' 맑스, '나만의' 맑스를 가지려는 것은 아니다. 나는 다만 내가 살았던 세계 속에서 사유할 뿐이고, 지금의 '나'를 만든 인연 안에서 사유할 뿐이며, 그럼으로써 '나'의 신체에 새겨진 인연의 흔적들로 말할 뿐이다. 따라서 내가 그리는 맑스는, 내가 그린다고 해도 '나의' 맑스가 아닌 것이다. 내가 만난 모든 것, 내게 다가왔던 모든 것, 그 만남과 인연에 의해 만들어진 흔적과 주름들, 그 모든 것들과 맑스를 새로운 방식으로 만나게 하고 싶을 뿐이다. 그런 식으로 우리는 맑스와 헤어지고 만날 것이다.

이 책에서 나는 맑스의 가장 중요한 저작인 『자본』(Das Kapital)에 대해, 아니 거기서 내가 배운 것에 대해 쓰고자 한다. 그러나 그것은 교과서화된 정통파 정치경제학도 아닐 것이고, 맑스 자신에 의해 그려진 자본의 형상에 대한 단순한 요약도 아닐 것이다. 맑스에 대해, 『자본』에 대해 여기서 듣고 저기서 배운 것들이 등장하겠지만, 그것은 '충실한' 혹은 '성실한' 데생이 아니라 내 나름으로 배우고 사유한 것을 그린 새로운 그림일 것이고, 따라서 대개는 변형된 양상으로 나타날 것이다. 정통적인 맑스가 이미 도처에 널려 있는 마당에 그것을 다시 성실하게 요약한다는 것이 대체 무슨 의미가 있을까? 이미 수도 없이 많은 맑스 가운데, 그 중 어느 하나를 잡아서 충실하게 요약한다는 것이 대체 무슨 의미가 있을까?

나는 '정치경제학 비판을 위하여'라는 부제가 붙은 책 『자본』을 '자본에 대한 책'이란 의미에서 『자본론』이라기보다는 오히려 '자본의 외부'에 대한 책이란 의미로 이해한다. 그것이 『자본』인 것은 자본에 대한 집요한 추적과 연구를 통해서 진행되기 때문이지만, 이를 통해 맑스는 자본에 대한 어떤 '이론'을 제시하려고 했다기보다는 차라리 '자본의 외부'들, 즉 자본의 전제가 되는 것을 들춰내고자 했고, 자본과 공존하는 '외부'가 자본 자신에 의해 만들어진 것임을 보여주고자 했으며, 이로써 결국은 자본에서 벗어난 세계를 사유하고자 했다고 믿는다. 나는 이것이 정치경제학 비판의 기본적인 문제설정이라고 이해한다. 따라서 『자본』은 '자본과 그 외부'에 대한 책이라고 해도 좋을 것이다. 혹은 '그 외부를 통해서' 자본을 연구한 책이라고 해도 좋을 것이다.

나는 이것이 맑스가 『자본』에서 정치경제학 비판을 수행하는 실질적인 방법으로 사용되고 있음을 반복해서 보여주고자 할 것이다. 이런 점에서 자본 내지 자본주의에 대한 연구는 시간과 공간, 조건에 따라 언제나 달라지게 마련인 외부에 대해 항상 열려 있어야 한다고 생각한다. 동일한 이유에서, 『자본』은 자본에 대한 연구가 항상-이미 귀속되어야 할 어떤 귀결점이 아니라, 외부와의 관계 속에서 달라지는 자본의 양상에 대한 연구의 출발점이라고 생각한다. 그렇기에 그것은 활자로 고정된 『자본』이란 책의 외부를 향해 열려 있는 텍스트고, 그 외부를 통해서 항상 변이하는 텍스트임을 의심치 않는다. 그것이 살아 있음을 확신하는 것은 이런 이유에서다. 이제 또 다른 외부를 통해 그것을 변이시키는 것이 그것에 생명을 부여하는 방법임을 확신하는 것은 이런 이유에서다. 그럴 경우 『자본』은 항상 달라지게 마련인 그 외부를 탐색하는 또 다른 여행의 지침서가 될 것이다. 이제 맑스와 함께 그 외부를 다시 여행하고 싶다. 아니, 맑스로 하여금 그 외부를 다시 여행하게 하고 싶다.

이런 의미에서 이 책의 주제는 '자본과 그 외부'라고 할 것이다. 책의 제목 또한 그렇게 붙이고 싶었지만, 우여곡절 끝에 『자본을 넘어선 자본』으로 명명하게 되었다. 아마도 이 제목은 『자본』을 '자본을 넘어선 『자본』'으로 읽고 싶다는 욕망의 표현일 수도 있을 것이고, '『자본』을 넘어선 『자본』'을 쓰고 싶다는 욕망의 표현일 수도 있을 것이다. 어느 경우든 나는 이 책이 『자본』에서의 자본에 대해, 나아가 '『자본』을 넘어선 자본'에 대해 새로운 사유를 촉발할 수 있기를 바란다.

지금 맑스에 대해, 『자본』에 대해 위와 같은 방식으로 다시 쓰겠다는 나의 기획은, 고전을 현재적인 문제설정 속에서 다시 쓰고 변형시키겠다는 이 총서의 기획에 전적으로 부합하는 것이 틀림없다. 이로써 고전들에 '영원성'을 부여하는 새로운 탈주선들이 총서 전체에 범람하게 되기를! 맑스와의 새로운 만남들이 이 총서 안팎에서 범람하게 되기를! 그리하여 새로운 삶을 꿈꾸는 '현실적인 이행운동'이 자본의 공간 여기저기서 자본주의의 외부를 무수히 창출하게 되기를!

2004년 2월 15일
이진경

* * *

이 책 원고의 마지막 장을 수정하고 있을 무렵, 은사(恩師!)이신 김진균 선생님의 부고를 받았다. 내가 맑스의 이름으로 기억하고 있는 하나의 시대는 그분의 이름과 분리될 수 없는 시대기도 했다. '나'──일단 이렇게 부르자──는 어쩌면 그 두 개의 이름, 슬며시 어긋나며 겹쳐지는 그 두 이름 사이에서 살았던 것인지도 모른다. 좀더 나은 세계에 대한 꿈, 그리고 그것을 '지금 여기'에서 만들려는 힘든 몸짓 그 사이에서. 그렇게 과거와 현재 사이에서 '우리'──감히 이렇게 부르는데──는 미래를 만들고 있었던 게 아닐까? 이런 이유로 해서 나는 맑스라는 이름에서 과거 아닌 미래를 떠올리는 것만큼이나 김진균 선생님의 이름에서 미래를 떠올린다. 오지 않은 세계가 아니라 도래할 세계로서의 미래를.

그래서 나는 그분의 "때 이른" 죽음을 추도하지 않는다. 그 분의 이름을 추도의 시제가 아니라 현재를 구성하는 미래의 시제로 다시 불러내고 싶다. 이로써 결코 한 개인의 죽음 속에 묻힐 수 없는, 혹은 '과거'라는 시간 속에 봉인될 수 없는 하나의 시대를, 하나의 삶을, 그리고 하나의 희망을 반복하여 되살아나게 하고 싶다. 따라서 이 책을 선생님께 헌정하는 것은 선생님을 위한 것이 아니라 '나'를, '우리'를 위한 것임을 밝혀두고 싶다.

2004년 2월 27일

# 자본을 넘어선 자본

>>차례

서문 • 7

## 1장_칼 맑스, 『자본』의 저자 • 21
>> 화보_코뮨주의, 부재하는 세계의 꿈? 34

## 2장_맑스의 '정치경제학 비판' • 41
1. 상품과 비-상품 41
2. 상품생산 47
3. 가치와 노동 50
4. 노동가치론과 휴머니즘 53
5. '정치경제학 비판을 위하여' 56

>> 화보_노동자계급과 혁명 60

## 3장_가치와 화폐 • 63
1. 가치 개념의 발생 63
2. 표현적인 가치관계 65
   단순한 가치형태 65 | 확대된 가치형태 71
3. 가치와 상품세계 74
   일반화된 가치형태 74 | 화폐형태 78
4. 화폐와 물신주의(物神主義) 81

5. 화폐의 기능과 발생 85

　화폐의 기능 85 ｜ 화폐형태의 발생 89

>> 화보_ 철골과 유리의 환상 — 탈코드화된 세계, 탈영토화된 세계 96 / 공업도시의 이미지 98

## 4장_ 자본과 잉여가치 • 103

1. 가치론의 공리계 103
2. 노동가치론의 이율배반 109

　자본의 일반적 공식 109 ｜ 자본의 일반적 공식의 모순 113 ｜ 노동가치론의 이율배반 119

3. 노동과 노동력 124

　노동의 가치화 126 ｜ 노동력의 상품화 130 ｜ 노동의 개념 136

4. 착취와 잉여가치 140

　비교와 가치화 140 ｜ 절대-이윤과 상대-이윤 145

>> 화보_ "지칠 줄 모르는 꼬마 노동자들" 150 / 부르주아의 주거공간 152 / 노동자의 주거공간 154

## 5장_ 잉여가치와 계급투쟁 • 159

1. 상품 가치의 구성요소 161
2. 잉여가치의 외부성 162

　무엇이 잉여가치를 결정하는가? 162 ｜ 잉여가치와 계급투쟁 166

3. 절대적 잉여가치 169

　노동의 형식적 포섭 169 ｜ 노동시간과 계급투쟁 173

4. 상대적 잉여가치 177

　노동의 실질적 포섭 177 ｜ 협업과 분업 180 ｜ 기계와 계급투쟁 184 ｜ 공장체제 188

5. 기계적 잉여가치 191

　'새로운 산업혁명' 191 ｜ 노동의 기계적 포섭 198 ｜ 기계, 인간, 생명 204 ｜ 훈육체제에서 통제체제로 207

>> 화보_ 공장의 안과 밖 211 / 시간연구, 동작연구 216

## 6장_자본주의적 축적의 일반적 법칙 • 219

1. 자본의 축적 219
2. 자본축적의 일반적 법칙 222

　　축적과 재생산 222 ｜ 자본의 유기적 구성 227 ｜ 자본주의적 축적의 일반적 법칙 230 ｜ 과잉인구, 혹은 산업예비군 235

3. 자본의 축적과 '인간'의 축적 240

　　동일자와 타자 240 ｜ 실업화 압력 244 ｜ 자본의 요구, 노동자의 욕망 247

4. 자본주의의 미래, 혹은 미래의 자본주의 249

　　생산의 사회화, 자본의 딜레마 249 ｜ 탈노동화, 혹은 '노동의 종말' 255 ｜ 사회적 양극화? 260 ｜ 자본주의적 축적의 역사적 경향 265

>> 화보 _ 자본축적의 일반적 법칙 273 / 휴머니즘과 실업자 274

## 7장_이른바 '본원적 축적'과 자본의 계보학 • 279

1. 자본의 기원 신화 279
2. 근대적 무산자의 창출 283

　　농민으로부터의 토지약탈 283 ｜ 유혈입법과 감금 288 ｜ 자본의 혈통 299

3. 국내시장의 창출 301

　　자본주의적 시장 301 ｜ 도시와 시장 305 ｜ 시장과 국가 307

4. '본원적 자본'은 어떻게 축적되었나? 308

　　공채와 세금 308 ｜ 식민주의 310 ｜ 노예사냥 313 ｜ 축적의 신과 그 선교사들 315 ｜ 폭력의 경제학 318

5. 자본의 계보학 321

　　맑스의 '방법론' 321 ｜ 계보학적 비판 : 정치경제학 비판의 방법 325

>> 화보 _ 식민주의와 '인디언'들 330

## 8장_자본의 유통과 자본주의의 재생산 • 337

1. 자본의 순환과 그 외부 338

　　자본의 세 형태 338 ｜ 자본 순환의 세 형태 341 ｜ 자본의 순환과 '축적체제' 344

2. 자본의 유통과 가치의 생산 351

노동과 비생산적 노동 351 | 생산비용과 유통비용 355 | 유통과정에서 생산과정으로 360

3. 자본의 회전과 속도의 화폐화 362

고정자본과 유동자본 362 | 자본의 회전기간과 속도의 경제 365

4. 사회적 총자본의 재생산과 유통 369

단순재생산 370 | 확대재생산 374 | 재생산표식과 균형의 문제 376 | 재생산표식과 정치경제학 비판 381

5. 자본의 재생산과 현대 자본주의 384

현대 자본주의에서 재생산과 균형 384 | '위기'의 경제학, '위기'의 정치학 388

>> 화보_ 소비사회 혹은 유통의 '생산화' 391 / 속도의 '미학' 394

## 9장_ 이윤율의 논리와 자본주의 • 397

1. 이윤율과 평균화 398

이윤율 평균화와 생산가격 398 | 가치와 가격의 괴리 401 | 가치와 가격의 '일치' 404 | 평균화의 논리 408 | 평균화와 정치경제학 비판 412

2. 지대론과 포획의 논리 421

봉건적 지대와 자본주의적 지대 421 | 차액지대와 절대지대 424 | 지대론, 혹은 포획의 논리 427 | 지대와 자연 437

3. 이윤율 저하 경향과 자본주의 440

이윤율 저하 경향의 법칙 440 | 이윤율 저하를 상쇄하는 요인들 442 | 이윤율 저하와 과잉자본 446 | 자본주의의 한계 450

>> 화보_ 문명으로서의 기계—그 이미지 454

## 10장 자본주의의 외부 • 459

『자본』을 읽는 데 도움이 될 책들 • 469
『자본』 원목차 • 495
찾아보기 • 503

| 일러두기

**1** 인용문의 출처는 각주로 표시하지 않고, 본문 괄호 안에 저자와 제목, 쪽수만으로 간단하게 표시했다. 정확한 서지사항은 이 책 뒤에 실린 『자본』을 읽는 데 도움이 될 책들'의 말미에 따로 정리해 놓았다.
**2** 『자본』의 인용은 김수행 역, 『자본론』 I~III권(비봉출판사, I권은 제2개역판)에서 인용했으며, 권수와 쪽수를 본문 중에 괄호를 써서 표시했다.
**3** 비봉출판사 간 『자본론』 I권은 (상), (하)로 나뉘어 있으나, 이 책에서 인용할 때는 따로 표시하지 않았다. 참고로 (상)은 1~498페이지까지고, (하)는 499~1150페이지까지다.
**4** 외래어 표기는 대부분 「외래어 표기법」(1986년 문교부 교시)을 따랐으나, 이미 굳어져 익숙한 발음의 경우에는 굳어진 발음을 따랐다. 특히 Karl Marx의 경우 「외래어 표기법」에는 칼 마르크스라고 표기하게 되어 있으나, 여기서는 모두 칼 맑스로 표기했다. 다만 이미 출간된 책의 제목에 마르크스라고 표기된 경우는 그대로 놔두었다.
**5** 본문에 인용한 모든 인용문은 인용한 책의 번역문을 언제나 그대로 따르지는 않았다.

자본을 넘어선
자본

Das
Kapital

# 1장_칼 맑스, 『자본』의 저자

『자본』의 저자인 칼 맑스(Karl Marx)는 1818년 5월 5일 프로이센의 트리어(Trier)에서 태어나 1883년 3월 14일 런던에서 사망했다. 그의 무덤은 런던의 하이게이트 묘지에 있으며, 그 묘비에는 아마도 맑스 자신이 평생 '철학적 삶'의 원칙으로 삼았을 것이 분명한, 자신이 1845년경 직접 썼던 한 문장이 새겨져 있다. "지금까지 철학자들은 세계를 단지 여러 가지 방식으로 해석해 왔다. 그러나 중요한 것은 그것을 변화시키는 것이다"(Die Philosophen haben die Welt nur verschieden interpretiert ; es kommt darauf an, sie zu verändern).

물론 어느 철학자의 지적대로 어떤 철학도 해석에 그친 적이 없으며 나름의 방식대로 세계를 변화시켜 온 것이 사실이다. 그러나 맑스는 「포이어바흐에 관한 테제」(Thesen über Feuerbach)의 마지막 문장이기도 한 이 명구를 통해 철학이, 아니 수많은 지식이 삶으로부터 분리되어 일종의 '교양'이나 '지식'이 되고 마는 근대의 경향에 반하여, 철학이란 '삶'이라는 외부를 자신의 내적인 일부로 삼아야 한다는 것을, 혹은 나중에 '정치'라고 부르게 될 철학-외부적인 지대를 지반으로 해야 한다는 것을 선언적으로 표명하고자 했다. 다시 말해 철학은 직접적인 삶으로부터의 충분한 거리를 유지함으로써 삶에 영향을 미치는 소극적(기만적!) 관여의 방식 대신에, 삶의 현실성에서 시작하여 새로운 삶을 구성하는 능동적 개입을 추구해야 한다고 선언하는 것이다.

철학은 삶 내지 세계라고 불리는 비철학적 외부를 통해 사유한다는 이러한 선언은 그 문구를 포함하는 「테제」들의 제목 자체가 보여주듯이 일차적으로 포이어바흐를 겨냥한 것이었다. 포이어바흐는 헤겔(G. Hegel)의 관념론에 반대하여 과격한 형태의 '유물론'을 주장했지만, 그 유물론은 가령 "인간은 자신이 먹는 것과 동일하다"는 식의 감각적이고 소박한 것이다. 인간을 고기나 음식과 다르지 않다고 하는 이런 거칠고 과격한 주장을 통해 그는 이성과 정신이란 관념을 통해 인간을 포착하려는 관념론에 반대하지만, 그리고 바로 이런 면모로 인해 한동안 맑스 자신도 '포이어바흐주의자'임을 자처하지만, 그것이 구체적인 현실이나 역사를 말하려는 순간 지극히 무력한 철학이 된다는 생각에 이르면서 포이어바흐와 이론적으로 결별한다.

의식 외부에 존재하는 물질의 실재성을 주장하는 현재의 지배적인 맑스주의 유물론 또한 다르지 않지만, 포이어바흐에 이르기까지 "모든 유물론의 결점은 대상, 현실, 감각을 단지 객체 내지 직관의 형태로만 파악했을 뿐, 그것을 감성적인 인간의 활동으로, 즉 실천으로 파악하지 않았다"는 것이다(제1테제). 다시 말해 지금까지 유물론은 의식이나 관념의 외부에 존재하는 물질이라는 '외부'를 인정하고 그것에서 시작하여 사유하려 하지만, **그러한 물질 개념 자체를 외부를 통해 사유하지는 못했다**는 것이다. 가령 망치는 그것을 사용하는 '인간의 활동'에 따라 못을 박는 도구가 되기도 하지만 사람을 잡는 무기가 되기도 한다. 감성적인 인간의 활동, 혹은 실천이란 이처럼 어떤 대상을 다른 대상과 관계짓는(계열화하는) 활동이고, 어떤 대상을 사용하는 활동이며, 이러한 활동에 의해 어떤 사물은 다른 대상이 되는 것이다.

하나의 동일한 '사물' 조차 상이한 대상으로 만드는 것, 그것이 바로 맑스가 '실천'이라고 말했던 것이다. 하나의 동일한 사물을 '어떻게' 사용하는가 하는 것은 그 사물의 '외부'다. 혹은 그런 실천에 의해 어떤 사물과 계열화되는 이웃항들 또한 그 사물의 외부다. 하지만 바로 그것이 주어진 사물의 본질을 규정하는 외부다. 그래서 맑스는 '무엇을 생산하는가'가 아니라 '어떻게 생산하는가'를 질문하고자 했다(『독일 이데올로기』). 이런 외부를 '역사'라고 부르기도 한다. 어떻게 사용하는가, 혹은 어떻게 생산하는가는 역사적으로 달라지기 때문이다. 그래서 맑스의 이런 유물론을 물질성을 강조하는 통상적인 유물론과 구별해서 '역사유물론'이라고 부른다.

그렇지만 맑스의 묘비에 새긴 명구(銘句)는 포이어바흐를 겨냥한 것 이상으로 사실은 헤겔을 겨냥한 것이기도 하다. 헤겔은 포이어바흐 식의 유물론이 갖는 소박하고 거친 결점 대신 지극히 세련되고 능란한 '장점'을 갖지만, 그것은 모든 것을 자기 내부로 포섭하는, 아니 모든 것을 정신이라고 불리는 것이 '외화'된 것으로 간주함으로써 모든 외부를 항상-이미 관념의 내부로 만들어버리는 데 강한 효능을 발휘할 뿐이다. 예를 들어 헤겔은 동일한 돌멩이조차 어떤 '목적'을 갖는가에 따라 벽의 일부가 되기도 하고, 사람을 다치게 하는 도구가 되기도 하며, 정원을 꾸미는 장식물이 되기도 한다는 것을 잘 안다. 이를 헤겔은 '목적론'이라고 부른다. 이는 맑스가 '활동적인 측면'이라고 부른 것과 매우 근접해 있는 것처럼 보인다. 헤겔이 역사를 강조하는 것도 이와 무관하지 않다. 그리고 바로 이것이 맑스를 가끔씩 헤겔주의자로 만드는 이유가 되었다.

그러나 이 활동을 목적이라고 명명함으로써, '외부'를 단지 목적이라는 의식적 활동 내부로 제한한다. "인간의 의지와는 무관한 관계들"(맑스, 『정치경제학 비판을 위하여』의 「서문」), 그런 의지나 목적과 무관하게 우연히 주어지는 조건들, 계열화되는 즉시 목적과는 다른 방향으로 작동하는 이웃한 외부들, 이것을 주체의 의식이나 목적 안에 담는 것이 대체 어떻게 가능하단 말인가! 그것이 어떻게 의식의 전능성을 비판하는 유물론과 부합할 수 있단 말인가!

삶의 방식이나 생산방식, 혹은 사용방식과 같은 사물의 '외부'는 미리 정해진 어떤 방향도 없으며, 따라서 모든 방향으로 열려 있다. 그러나 헤겔에게 '목적'은 그것을 수행하는 자가 인정하든 말든 항상-이미 정해져 있으며, '역사' 자체도 절대정신의 실현을 위한 목적론적 과정이며, 따라서 단 하나의 종점을 향해 간다. 즉 사물도, 삶도, 혹은 개개의 '목적'도, 역사도 모두 '이성'이니 '정신'이니 하고 불리는 관념 안에 있는 **관념의 내부**인 것이다. 헤겔의 관념론에는 어떤 외부도 없다. 모든 것은 관념이 펼쳐지고 발전하여 스스로 완성하고 실현하는, 관념 자체의 내부에 있다.

따라서 만약 맑스의 이른바 '유물론'이 헤겔의 관념론과 반대되는 것이라고 한다면, 그것은 흔히 지적하듯이 관념을 일차적이라고 보는 철학과 물질을 일차적으로 보는 철학의 대립 때문이 아니라, 삶이나 사물, 사건 등을 모두 다 항상-이미 **관념의 내부**에 쑤셔 넣어 **오직 하나의 방향**(그 방향은 헤겔이 정한다!)을 갖게 만드는 그런 종류의 철학과, 관념이나 의식 혹은 지식은 물론 모든 사물조차 **모든 방향으로 열린 외부를 통해** 사유하는 철학의 대립 때문이다.

맑스가 헤겔주의자가 아니라는 것을 주장하기 위해 굳이 헤겔을 명시적으로 비판한 초기의 수많은 저작들을 들먹일 필요가 있을까? 맑스는 물구나무 선 헤겔이 아니지만, 또한 부르주아지를 겨누어 칼을 든 헤겔도 아니다. 물론 맑스의 저작에서 헤겔적인 문장을 찾아내고, 헤겔적인 개념을 찾아내는 것은 아주 쉬운 일이다. 그것은 심지어 헤겔을 비판하는 저작에서도 얼마든지 가능하다. 맑스의 저작은──헤겔의 강력한 영향 아래 있기 때문이든, 부지중에 물든 것이든, 아니면 맑스가 헤겔과 대결하면서 닮아간 것이든, 혹은 자신의 새로운 사유를 표현하기 위해 낡은 개념을 사용해야 했던 딜레마로 인한 것이든──헤겔의 용어와 헤겔 식의 어법들, 혹은 헤겔적 사유들과 섞여 있는 경우가 많기 때문이다.

그러나 맑스의 사유가 종종 헤겔적인 용어와 문장들로 표현되는 경우가 많다는 사실이 그가 헤겔주의자임을 증명하는 것이라고 할 수 있을까? 차라리 맑스의 저작 또한 맑스 자신의 문제설정에 따라 읽어야 하지 않을까? 그렇다면 헤겔의 용어들과 뒤섞인 저작들에서 헤겔의 거품을 걷어내는 것, 종종 지나칠 정도로 맑스 자신의 문장으로 끌어당긴 헤겔을 맑스에게서 다시 떼어내고 분리하는 것이 필요하지 않을까?

그렇다면 이렇게 말해도 좋지 않을까? 맑스의 저작을 맑스적인 방식으로 읽는다는 것은 헤겔적인 사유로부터 맑스를 분리하여 **맑스 자신의 문제설정에 부합하도록** 다시 읽는 것이라고.

이제 다시 질문해야 한다. 맑스 자신의 문제설정이란 대체 무엇인가? 앞서 인용한 묘비명은 철학적인 층위에서 맑스에 고유한 문제설정을 명확하게 보여준다. 우리는 그것을 '외부를 통한 사유'라고 재정의했고, 그것이 바로 '역사유물론'이란 명칭에 부합한다는 것을 보았다. 이는, 다시 한번 맑스의 문장으로 말한다면, 프롤레타리아에게서 물질적 무기를 발견하고 프롤레타리아에게 정신적 무기를 제공하는 것, 그리하여 기존의 세계 질서를 해체하고 '자유로운 개인들의 자유로운 연합'을 창출하는 것과 다르지 않다. 프롤레타리아와의 결합을 통해 새로운 삶의 방식, 새로운 생산의 방식을 창조하는 것, 그것이 바로 철학이 비-철학(프롤레타리아!)을 통해 사유해야 하는 이유와 목적이다. 그리하여 프롤레타리아가, 자신을 탄생시켰고 자신을 말 그대로 무산자(프롤레타리아)로서 재생산하는 자본주의의 외부를 창조하는 것.

자본주의의 외부, 혹은 자유로운 개인들의 자발적 연합, 이를 맑스는 '코뮨주의'라고 불렀고, 그러한 외부를 창조하는 "현실적인 이행운동 그 자체" 또한 '코뮨주의'라고 불렀다. 따라서 맑스로 하여금 새로운 종류의 철학을 창안하게 했고, 철학 자체를 새로운 지반 위에 세우도록 했던 것, 그리고 철학으로 하여금 새로운 방식으로 작동하게 했던 것은 바로 코뮨주의였다고 말해도 좋을 것이다.

그러나 이 경우 코뮨주의란 흔히들 말하는, 자본주의 다음에 올,

하지만 이행기로 인해 무한히 지연되고 연기(延期)되는 어떤 사회구성체의 이름이 아니다. 그것은 생산수단을 공유하여 함께 생산하고 함께 사용하는 생산양식도 아니며, 생산력이 충분히 발전하여 "능력에 따라 일하고 필요에 따라 가져가는" 것이 가능한 그런 사회도 아니다. 그것은 자본주의뿐만 아니라 소유에 의해 재화의 자연스러운 흐름이 절단되고 착취에 의해 활동의 자연스러운 흐름이 절단되며, 위계와 억압에 의해 욕망의 자연스러운 흐름이 절단되는 모든 종류의 관계에 반대하여, 새로운 종류의 관계, 새로운 종류의 삶의 방식, 새로운 종류의 생산방식을 구성하려는 모든 '현실적인 이행운동'을 의미한다.

이러한 의미에서 코뮨주의는 맑스 자신뿐만 아니라, "좀더 나은 삶에 대한 꿈"을 갖고 그것을 실행하기 위해 노력하던 모든 사람들에게서 발견된다. 맑스는 이러한 코뮨주의의 요소들을 자신의 삶과 겹쳐지는, 약간 앞선 시대의 사상가들에게서 배웠다. 통상 '공상적 사회주의'라는 이름으로 불리는 이런 사상의 요소들은 산업자본주의의 착취와 폐해가 너무도 적나라하게 자행되던 19세기 중반의 유럽 전체에 걸쳐 다양하게 발견되지만, 그 중에서도 특히 오웬(R. Owen)과 생시몽(Saint-Simon), 푸리에(Ch. Fourier)는 아주 중요한 인물이었다.

물론 맑스의 말대로 이러한 코뮨주의적 사상이나 운동이 현실적으로 유효하기 위해선 그들 각각이 발 딛고 있는 사회적 관계라는 '외부'에 대한 올바른 통찰이 필요하다. 그것이 결여되었을 땐 새로운 삶에 대한 꿈은 관념 내부에서 만들어지는 비현실적 몽상에 머물고 만다. 아마도 이것이 코뮨주의 내지 새로운 삶의 방식을 꿈꾸던 사람으로서 맑스가 가졌던 지대한 관심의 대상이었고, 그것이 그로 하여금 바로 자신이 발 딛고 선 자본주의라는 세계에 대해 치밀하고 집요한 연구에 평생을 바치게 했던 요인이었을 것이다. **코뮨주의 자체 또한 외부를 통해 사유하는 것**, 그것이 맑스의 코뮨주의적 문제설정이 다른 누구보다도 현실적인 힘과 유효성을 갖게 만든 요인이 아닐까?

이러한 차이를 엥겔스는 '공상적 사회주의' 와 '과학적 사회주의' 라는 이름으로 구별했고, 이로 인하여 맑스의 코뮨주의에 고유한 요소들은 그 이전의 누구와도 혼동될 수 없는 것이 되었다. 그렇지만 '과학' (Science)과 '공상' (Utopia)의 대립, 결국 진리와 허구, 참과 거짓의 대립으로 귀착되는 이 대립은 코뮨주의적 문제설정 사이에 존재하는 모든 연속성이나 연관을 파괴할 정도로 강했고, 이로 인해 코뮨주의적 선구자와 맑스를 연결하려는 그 어떤 시도도 금지되는 사태로 귀결되었다.

이는 이른바 '정통 맑스주의' 의 계열 안에서 헤겔이나 리카도(D. Ricardo)와 맑스의 연속성을 강조하는 것이 지배적이었던 것과는 정반대되는 양상으로 우리의 시야를 한정했다. 즉 지배적인 형태의 맑스주의 안에서 허용된 '과학적 사회주의' 와 다른 어떤 코뮨적 관계를 창안하고 구성하려는 모든 시도는 비과학적이고 공상적인 것으로 비난받게 되었으며, 철학이나 정치경제학과 달리 코뮨주의적 '과거' 의 시도들에서 배우려는 모든 시도는 시대착오적이고 몽상적인 것으로 비난받게 된다. 이른바 '정통 맑스주의' 가 헤겔 같은 보수주의적 국가철학이나 리카도 등의 부르주아적 경제학에 대해 보여주는 호의와 오웬이나 푸리에 같은 코뮨주의자들에 대해 보여주는 이러한 적의는, 코뮨주의가 맑스 자신의 가장 근본적인 문제설정이라는 점을 상기한다면 매우 기이한 것이다! 아마도 유토피아에서 새로운 사회를 구성하려는 '희망의 원리'를 발견하고 과거에 존재했던 다양한 '공상'들 속에서 새로운 삶의 요소들을 발견하고자 했던 블로흐(E. Bloch)만이 이런 제약에서 벗어난 거의 유일한 경우처럼 보인다(블로흐, 『희망의 원리』).

하나의 사물조차 그것이 만나는 외부에 따라 다른 '대상'이 되듯이, 코뮨주의 또한 외부에 따라, '역사'에 따라 달라진다. 즉 코뮨주의를 구성하려는 시도는, 대개 '역사'라고 불리는, 그것이 발 딛고 있는 외부에 따라 다른 형태와 양상을 취할 때, 비로소 그 현실성을 획득한다. 앞서 말했듯이 맑스가 자본주의에 주목하여 정치경제학을 연구했던 것은 바로 이런 이유에서였다. 자본주의가 맑스가 살던 시대의 모든 삶을 사로잡은 배치였고, 그 시대의 모든 활동을 규정한 조건이었다면, 정치경제학은 그런 배치 안에서 이루어지는 생산의 메커니즘에 대한 연구를 총괄하는 이름이었다. 정치경제학과 자본주의의 연구를 통해 맑스의 코뮨주의적 문제설정은, 대개 '과학적'이라고 지칭되는 현실성을 획득하게 된다.

부에 대한 연구는 그 기원을 찾자면 고대 그리스의 아리스토텔레스에게까지 거슬러 올라간다. 하지만 부에 대한 본격적인 연구가 시작된 것은 17세기 무렵이었다. '중상주의자'라고 불리는 사람들이 절대군주의 국가를 하나의 영토로 통합하고 그 영토 안에 하나의 시장을 만드는 경제적 수단에 대해 연구하면서 근대적인 경제학이 시작되었다. 이후 '중농주의자'라고 불리는 사람들을 거쳐 애덤 스미스(A. Smith)에 이르면서 정치경제학은 하나의 새로운 단계에 이르게 된다.

애덤 스미스는 『국가적 부(富)의 본질과 원천』에 관한 책을 썼지만, 그것은 단순히 국가의 부를 증가시키는 방법이나 정책, 혹은 시장에서 부의 교환에 관한 것만 다룬 것은 아니었다는 점에서 이전과 달랐다. 그는 여기서 "교환의 진정한 척도란 무엇인가?" 하는 질문을 통해 '노동'이 바로 부의 본질이라는 생각에 도달하고, 그것을 통해 부는 교환 이전에 생산되어야 한다는 것을 명확하게 제시한다. 후에 리카도를 통해 이러한 생각은 더욱 치밀하게 발전하여, 자본의 운동법칙에 관한 경제학적 법칙이 수립된다. 그렇지만 이런 발상 자체는 스미스나 리카도의 책 제목처럼 국가적 부를 증진시키는 정책에 관한 것이었다는 점에서 경제학인 동시에 '정치학'이었으며, 그런 의미에서 '정치경제학'(Political Economy)이라고 불렸다.

그런데 '청년 맑스'는 이러한 정치경제학을 통해서 자본이 집적한 거대한 부의 본질이 바로 노동자들의 노동이라는 점을 보았으며, 바로 그러한 사실이 노동자에 대한 착취와 억압을 야기하는 요인이기도 하다는 점을 보았다. 노동은 노동자의 합목적적 활동이고, 따라서 그의 본질이며, 따라서 부란 노동자의 활동이 실현된 결과인데, 그것이 자본가에 의해 영유됨에 따라 노동과 대립되는 자본이 되며, 그로 인해 더욱더 착취당하게 된다. 즉 노동을 통해 노동자는 자신의 본질과 적대적인 관계에 들어가게 된다는 것이다. 이를 그는 포이어바흐 식의 개념을 사용하여 '소외'(Entfremdung)라고 부른다(『경제학-철학 초고』). 즉 노동을 통해 노동자는 자신의 본질을 '외화'하지만, 그 외화된 본질(부, 자본)과 적대하게 되고 그것에 의해 억압되고 착취당한다는 것이다.

하지만 그는 곧 헤겔의 그림자와 포이어바흐의 그림자가 겹쳐서

드리워진 이런 식의 관념에서 벗어나 자본가에게 자신의 노동력을 팔아야만 생산하고 노동할 수 있는 생산방식에 대한 연구로 전환한다. 노동이란 노동자의 내적 본질이라기보다는 생산자에게서 생산수단을 자본가가 탈취하여 독점함으로써, 생산하기 위해선 자본가에게 고용되어야만 하는 그런 조건의 산물이라는 것이다.

이런 전환을 통해서 맑스는 정치경제학이 부의 본질이 노동임을 드러냈음에도 불구하고, 생산활동이 '노동'이 되도록 만드는, 다시 말해 노동력을 팔아야만 생산할 수 있는 그런 조건 자체를 자연스럽고 당연한 것으로 간주하고 있음을 파악한다. 마치 소유나 소유욕을 인간의 본성이라고 보는 것과 마찬가지로, 정치경제학은 노동력을 판매하고 그것을 착취하는 것을 생산의 본성에 속하는 것으로 본다는 것이다. 이런 점에서 정치경제학은 오직 자본주의 생산양식 안에서만, 오직 자본가의 관점에서만 자본의 운동법칙을 서술한다. 즉 그것은 자본주의 이전에 존재했던, 혹은 그것 이후에 존재할 수 있는 외부를 생산과 '경제'에서 배제하는 방식으로만 생산과 경제에 대해 서술한다.

따라서 맑스는 이러한 정치경제학에 대한 비판을 통해서 자본주의의 외부를 사유하고자 한다. 다시 말해 코뮨주의적 문제설정 속에서 새로운 방식의 생산과 생활을 사유하기 위해 자본주의 사회의 운동법칙을 비판적으로 연구하고자 한다. 그것이 정치경제학에 대한 비판의 양상으로 진행되는 것은 이런 점에서 당연하고도 필연적인 것이었다. 그래서 그는 자신의 연구에 '정치경제학 비판'이라는 이름을 붙인다.

이러한 문제의식은 다시금 강조할 필요가 있다. 왜냐하면 지배적인 형태의 맑스주의에서 맑스의 입론은 또 하나의 '정치경제학'으로,

'맑스의 정치경제학' 내지 '맑스주의 정치경제학'으로 불렸을 뿐 아니라, 스미스나 리카도의 '고전적 정치경제학'과 연속성을 갖는 것으로 간주되기 때문이다. 그 경우 맑스의 저작은 고전적인 정치경제학의 결함을 비판적으로 정정하여 '발전'시키고 '완성'한 것으로 간주된다. 여기서 비판은 정치경제학의 '발전'을 위한 것, '정정'과 '완성'을 위한 것이 되고 만다.

반면 '정치경제학 비판'이라는 문제설정을 강조한다는 것은 비판을 단순히 결함의 정정을 위한 방법이 아니라 정치경제학 전반의 지반 자체를 의문시하고 그것의 문제를 드러내기 위한 것임을 강조하는 것이다. 그것은 맑스가 심지어 정치경제학의 용어 그대로 말하는 경우에도 **그 문제설정의 차이**를 잊지 않는 것이고, 스미스나 리카도의 개념으로 말하는 경우에도 그것과 다른 맑스의 문제설정을 잊지 않는 것이다. 그것은 다른 식으로 말하면 스미스·리카도와 맑스 사이에 있는 단절을 맑스 자신이 말하는 것 이상으로 강하게 포착하는 것이다.

사실 맑스의 저작에서 헤겔의 개념이나 헤겔 식의 문장을 발견하는 것만큼이나 스미스나 리카도의 개념이나 문장을 발견하는 것 또한 아주 쉬운 일이다. 좀더 솔직하게 말하면 헤겔의 개념만큼이나 스미스·리카도의 개념을 맑스의 저작에서 제거하는 것은 어려운 일이다. 많은 경우 맑스 자신이 그들의 개념 안으로 들어가며, 그것의 적극성을 옹호하기도 한다. 그렇기 때문에 맑스 자신의 저작 또한 맑스적인 방식으로 읽지 않으면 안 된다. 그것은 **맑스의 고유한 문제설정을 통해서** 맑스의 저작을 읽는 것이고, 거기에 섞인 헤겔이나 스미스·리카도의 그림자를 지우며 읽는 것이다.

어디에도 물들지 않은 '순수한' 맑스는 있을 수 없으며, 따라서 '맑스적인' 형태로 완성된 맑스 또한 있을 수 없다. 그렇지만 헤겔과 분리된 맑스가 '순수한' 맑스가 아니듯이, 스미스·리카도와 분리된 맑스 또한 '순수' 맑스가 아니다. 그것은 그 자체로 다른 무언가와 섞인 그런 맑스일 것이다. 그렇게 우리는 어떤 무언가와 분리하고 다른 무언가와 다시 섞는다. 그런 식으로 맑스의 저작은 수많은 외부를 갖는다. 여기서 우리가 맑스의 문제설정을 코뮨주의라는 개념을 통해 포착하고, '정치경제학 비판'이라는 그의 기획을 이런 맥락에서 이해할 때, 그것은 필경 너무도 명백하게 맑스의 문장과 뒤섞여 있는 (헤겔이나) 스미스·리카도의 요소들과 대결하면서 읽을 것을 요구하고, 자본주의의 외부, 정치경제학의 외부와 연결하면서 읽을 것을 요구한다.

나는 이후 『자본』에서 배운 것을 서술하기 위해, 맑스의 역사유물론적 사유방법을 강한 의미에서 사용할 것이다. 나는 자본 자체의 작동, 자본 자체의 역사에서 그 '외부'가 작용하는 양상을 포착하는 것을 방법론적 원칙으로 삼고자 하며, 그것을 통해 맑스의 연구를 포함한 모든 것을 가치론의 공리계 내부에 가두는 정치경제학에 대해, 그리고 코뮨주의를 포함한 모든 것을 가치법칙의 내부에 가두는 정치경제학적 사유에 대해 비판하고자 할 것이다.

## 코뮨주의, 부재하는 세계의 꿈?

**로버트 오웬의 사변형 공동체(1825년)의 생활공간 구상도**

유토피아(u-topia), 부재하는 장소라는 뜻이다. 부재하는 것이기에 현실에 매이지 않고 자유롭게 새로운 '장소'를 상상하고 구성할 수 있었던 셈이니, 부재 또한 의미가 없지 않았던 셈이다. 그런데 19세기의 유토피안들은 그것을 실재하는 장소로 만들려고 했고, 실제로 만든 사람도 있었다. 오웬 또한 그런 인물 중 하나다. 생활과 생산이 결합된 공동체가 저 사변형의 건축물을 넘나들며 만들어졌다.

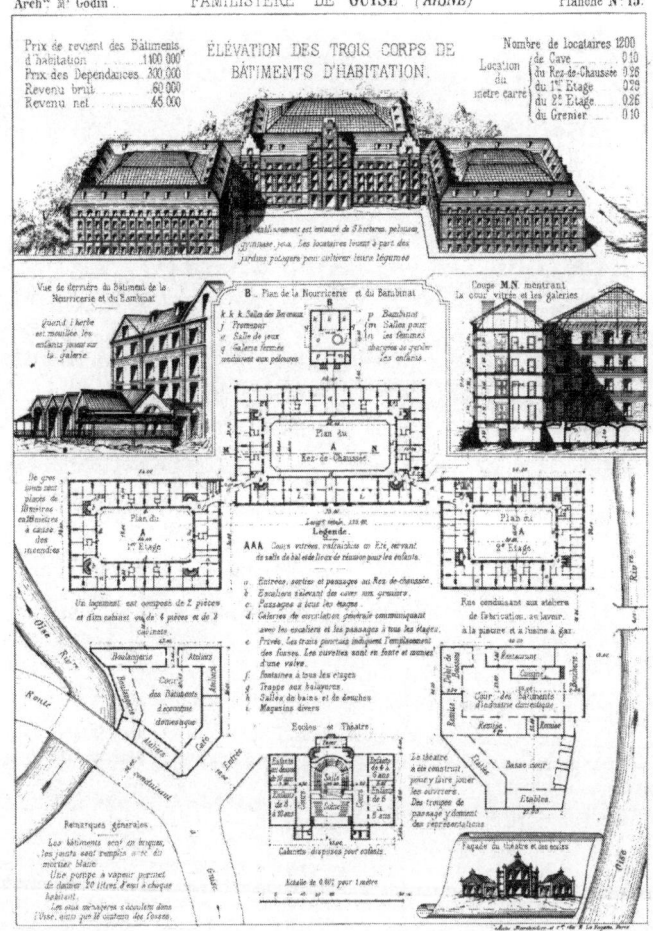

고댕, 파밀리스테르의 투시도와 평면도

고댕은 자수성가한 '양심적' 사업가인데, 자기 공장 노동자들을 위해 기숙사를 지으려고 하다가 19세기의 위대한 유토피안인 푸리에의 제자들과 접촉하게 된다. 푸리에는 '팔랑스테르'라는 코뮨적 공간을 꿈꾸었는데, 고댕은 이를 '가족궁전'을 뜻하는 '파밀리스테르'로 변형시켜 실현했다. 베르사유 궁전의 이미지를 빌려서, 가운데가 유리지붕으로 덮인 중정(中庭)이 있는 미음자형 건물 세 동이 그 중심건물이었다. 뒤쪽에는 탁아소와 유치원이, 앞쪽에는 학교와 식당·극장이 있는 건물이 더 있었고, 오른쪽의 개울을 건너면 그가 세운 공장이 있었다.

**파밀리스테르에서의 집회 장면**

고댕은 파밀리스테르를 지은 뒤 조합을 세워 그 지분을 구성원들에게 넘겼다. 각각의 조합원들은 공장과 주거를 결합한 코뮨의 '주인'이 되었다. 건물 중앙의 중정은 결혼식 등의 행사나 집회를 위한 홀로 사용되었는데, 고댕은 이런 식의 집회를 매우 좋아했다고 한다. 건축적인 배치만으로 '사적인' 주거와 공동의 공간이 결합하여 공존하는 공간을 만들어낸 셈이다. 이 조합은 1939년까지 지속되었다고 하는데, 건물은 지금도 기즈(Guise)에 남아 있다.

블라디미르 타틀린, 「제3인터내셔널 기념관 계획」, 1919~20년

나선형으로 돌며 상승하는 거대한 기념물. 아마도 정통파의 '변증법'에 익숙한 사람은 이런 나선형의 상승이 변증법적 발전의 모델이란 것을 잘 알 것이다. 그런데 이런 나선형의 상승은 사실 서구의 오랜 전통에 속한 것이다. 바로크 건축의 대가 보로미니(Francesco Borromini)의 상티보 성당이나 에를라흐(Fischer von Erlach)의 칼 성당은 이런 나선형 상승을 통해 절대를 향해 고양·발전하는 힘을 표현하고자 했다. 아마도 헤겔은 이를 철학화했던 인물일 것이다. 이런 상징을 만국의 노동자계급이 다시 채택했다는 것은 무얼 의미하는 것일까?

**피셔 폰 에를라흐, 「역사적 건축물 계획」**

파밀리스테르의 코뮨적 공간이 사적인 동선을 포함하고 아우르는 공간을 중심으로 구성되었다면, 사회주의 기념물은 흔히 상승의 이미지, 하늘 끝에 닿은 최종적인 종착점에 도달하는 이미지로 구성되었다. 역사와 발전, 진보의 이미지. 여기서 포용능력은 무엇이든 종점으로 이어지는 중간에 갖다 놓는 식으로 작용한다. 아마도 이것이 과학적 사회주의의 역사적 상상력이었을 것이다. 종점에 도달한 역사, 그것은 이처럼 다른 모든 것을 능가하는 역사적 종점에 서서 그 아래 있는 모든 것을 제압하는 그런 이미지와 짝을 이룬다. 고층탑과 넓은 광장, 혹은 위대한 수령과 그를 따르는 충실한 노동자 대중.

**보리스 이오판, 「소비에트 기념관 계획」, 1934년**

사회주의 혁명 이후 대개는 레닌이 꼭대기에 서 있는 거대한 기념물들이 많이 계획되었다. 돈이 없어서 만들어지지 못했다는 것이 불행일까 다행일까? 이오판(Boris Iofan)의 미니어처처럼 대부분의 기념물은 이집트 신전 풍의 거대한 스케일로 구상되었고, 역사의 발전을 상징하는 상승감을 만들고자 애썼다. 과대망상적 경향의 건축몽상가 에티엔 불레(Étienne-Louis Boullée)나 비엔나의 탁월한 건축가 에를라흐의 구상과 노동자계급의 저 기념물 사이에서 우리는 어떤 차이를 발견할 수 있을까? 정말 부르주아의 위대한 고전적 전통을 계승하는 것으로 충분할까?

# 2장 _ 맑스의 '정치경제학 비판'

## 1. 상품과 비-상품

맑스의 『자본』은 상품에 대한 분석에서 시작한다. "자본주의적 생산양식이 지배하는 사회의 부는 '상품의 방대한 집적'으로 나타나며, 개개의 상품은 이러한 부의 기본형태로 나타"나기 때문이다(I, p. 43).* 그런데 상품이란 무엇인가? 그것은 "인간의 온갖 욕망을 충족시켜 주는 물건"(I, p. 43)이다. 하지만 자신의 욕망을 충족시키기 위해 자기가 만든 것을 상품이라고 하진 않으며, 기껏 만들어 남에게 '공짜로' 주는 물건 또한 상품이라고 하지 않는다. 상품이란 무언가 직접적인 대가를 받고 팔기 위해 만들어진 물건이다.

---

* 『자본』의 인용은 김수행 역, 『자본론』 I~III권(비봉출판사, I권은 제2개역판)의 권수와 쪽수를 본문 중의 괄호 안에 표시한다. 『자본론』 I권의 경우 (상)(하)로 구분되어 있으나 여기서는 따로 구분하지 않았다. 원문의 강조는 따로 표시하지 않았고, 따라서 모든 강조 표시는 인용자가 한 것이다.

예를 들어 농사를 지어 쌀을 얻었지만, 그것을 모두 농사지은 사람이나 그 가족이 먹는다면, 그것은 상품이 아니다. 반면 그것을 타인에게 판매한다면 그것은 상품이 된다. 따라서 맑스의 유명한 문장을 변형시켜 이렇게 말할 수 있다. "쌀은 쌀이다. 특정한 조건 아래서만 그것은 상품이 된다." 피곤한 육신을 주물러주는 일은 타인을 위한 행동이긴 하지만 그 자체로 상품은 아니다. 그러나 그 행동이 어떤 대가를 받고 이루어진다면 그 행동은 상품('서비스')이 된다. "안마는 안마다. 특정한 조건 아래서만 그것은 상품이 된다." 오래된 단지는 그 자체로 상품이 아니지만, 골동품을 사러 돌아다니는 사람에게 판매할 경우 상품이 된다. "단지는 단지다. 특정한 조건 아래서만 그것은 상품이 된다."

이처럼 상품은 어떤 사물이 갖고 있는 성질(property)이나 본질이 아니다. 하나의 동일한 사물도 구매되고 판매되는 관계 속에 들어감으로써 상품이 된다. 요컨대 상품이란 어떤 사물이 상품이 되기 위해 의존하는(dependent) "특정한 관계"의 이름이다. 따라서 상품은 그것이 하나의 사물을 지칭할 때도, 사실은 그 사물을 둘러싼 관계를 뜻한다. 통상 화폐나 화폐 역할을 하는 물건을 통해 구매와 판매의 형식으로 교환되는 사물을 상품이라고 하지만, 그런 식으로 이루어지는 교환관계 자체를 뜻하기도 한다. 따라서 구매 및 판매 형식의 교환 속에 들어가지 않고 사용되거나 주고받는 모든 것은 상품이 아니다. 심지어 팔기 위해 만들었지만, 팔리지 않아서 남에게 주는 경우, 그것은 상품이 아니다.

그렇지만 모든 것이 상품이 될 수 있는 건 아니다. 일단 돈을 주고 사려는 것은 최소한 어떤 유용성이 있어야 한다. 아무 쓸모 없는 돌멩이나 다 해진 옷을 상품으로 팔 수는 없는 일이기 때문이다. 물론 장난처럼 고물장사가 사리라고 말하려는 사람도 있겠지만, 그것은 정확하게 그것이 고물장사에게 '유용성'이 있는 한에서만 가능한 일이다. 이러한 '유용성'을 맑스는 '사용가치'라고 부른다. 상품이 되려면 어떤 것도 사용가치가 있어야 한다.

그러나 사용가치만으론 부족하다. 가령 공기는 아주 중요한 유용성을 갖고 있지만, 아직은(!) 공기를 상품으로 사거나 파는 사람을 만나긴 어렵다. 물 또한 '커다란' 사용가치를 갖고 있음이 틀림없지만, 십여 년 전만 해도 한국에서 물을 판다는 것은, 대동강 물을 팔아먹은 봉이 김선달의 유명한 사기만큼이나 어이없는 짓이었다. 공기나 물처럼 따로 아무런 노력을 들이지 않아도 쉽게 얻을 수 있는 것은, 설령 팔려는 사람이 있어도 사려는 사람은 없을 것이 분명하기 때문이다. 무언가를 사려고 한다는 것은 그에 값하는 어떤 것을, 대개는 일정량의 화폐로 표시되는 대가를 지불하고서라도 그것을 얻고자 하는 것을 뜻한다. 다시 말해 무언가 가치 있는 것을 대가로 지불하고서라도 살 만한 가치가 있는 것만이 상품이 된다. 이처럼 무언가를 지불하고서 획득하는 행위를 '교환'이라고 하며, 다른 어떤 것과 교환할 만한 가치를 '교환가치'라고 부른다.

모든 상품은 사용가치와 교환가치를 갖는다. 이 둘을 상품의 두 가지 요소라고 부른다. 사용가치가 그 상품의 질과 관련된 것이라면, 교환가치는 그것이 '얼마만큼'의 화폐를 받을 수 있는가를 표시한다는 점에서 상품의 양적 측면과 관련된 것이다.

그러나 무언가를 주고받는 것이 반드시 '교환'은 아니며, 사물을 상품화하는 관계를 뜻하는 것도 아니다. 가령 지금도 거의 모든 사회에 남아 있는 선물의 증여는, 비록 선물하는 물건이 돈을 주고 산 상품이었다고 하더라도, 상품과는 다른 것으로 만든다. '상인자본의 음모' 로 매년 봄마다 양산(量産)되는 초콜릿조차, 선물로 넘겨줄 때는 이미 상품이 아닌 것이 된다. 물론 이미 우리는 자신이 받은 선물이 '얼마짜리' 인가를 알고 있고, 어느새 그것을 자신이 준 선물의 값과 비교·계산하는 경우가 많지만, 그리고 무언가 다른 대가를 바라고서 선물을 하는 경우가 아주 많지만, 그래도 선물은 주고받은 것이 같은 값('동일한 교환가치')이어야 한다는 요건이 없으며, 따라서 모자라는 것을 청구할 권리가 없다는 점에서 상품이 아니다. 즉 그것은 교환가치와 무관하다. 또, 남편은 아내의 아름다운 머리카락을 위해서 시계를 팔아 빗을 사고, 아내는 남편을 위해서 머리카락을 팔아 시계줄을 사는 O. 헨리(O. Henry)의 유명한 '크리스마스 선물' 은 선물이란 심지어 '유용성'(사용가치)이 없어도 상관없음을 보여준다. 요컨대 선물을 주고받는 관계, 혹은 선물을 증여하는 관계는 상품조차 비-상품으로 만든다.

그런데 선물을 주고받는 것을 '선물의 교환' 이라고 말하는 사람들도 있다. 물론 편의상 그렇게 말할 수도 있을 것이다. 그러나 가령 프랑스 인류학자 모스(M. Mauss)는 선물에 관한 유명한 책에서 선물을 주고받는 행위, 답례하는 행위가 의무로 규정되어 있다는 이유에서, 따라서 선물을 받으면 선물을 주는 행위로 답례해야 한다는 점에서 상품의 교환과 비슷한 일종의 '교환' 이라고 말한다(『증여론』). 또 인류학자 레비-스트로스(C. Lévi-Strauss)는 주고받는 모든 것을 교환으로 본다. 그래서 경제가 상품의 교환활동이라면, 언어활동은 메시지의 교환활동이고, 결혼제도는 여자의 교환에 관한 제도라고 정의함으로써, 언어활동과 결혼관계 또한 교환의 일종으로 만든다(『친족관계의 기본구조』).

그러나 이런 식으로 주고받는 모든 것을 상품의 교환과 비슷한 것으로 만든다면 그것은 아주 잘못된 것이다. 상품의 교환은 다른 '교환'과 달리 주고받는 것이 동시적이고 등가적(等價的)일 것을 전제한다. 받는 동시에 받은 만큼을 대가로 지불해야 한다. 동시적이지 않다면 상품 대신 돈이나 어음이라도 '동시에' 주어야 한다. 선물을 주고받는 것은 동시성도, 등가성도 없다. 사실 주고받는다고 말하긴 하지만, 선물을 주고 답례를 하는 것은 한 번의 교환이 아니라 두 번의 증여다. 이런 점에서 교환이란 말을 이용해서 선물과 상품을 비슷한 어떤 것으로 만들고, 사람들의 활동을 모두 다 교환의 일종으로 만드는 것은 상품과 선물에 대해 오해하게 만드는 가장 흔한 지름길이다.

이런 오해를 피하려면 '교환'이란 말이 무심코 사용되는 경우에조차 그게 무얼 뜻하는지를 유심히 살펴보아야 한다. 가령 '인디언'이라고 불리는 북아메리카 원주민인 머스코기 족의 주술사는 생명의 순환 과정 전체를 '교환'이라는 말로 부른다. 거기서 사냥이란 인간이 동물을 먹는 것이지만, 인간은 다시 땅으로 돌아가 식물이 먹게 되고, 그 식물을 다시 동물이 먹는 '영원한 순환'의 한 고리다. 그들은 사냥을 하기 전에 사냥감인 동물들을 향해 이렇게 말한다.

"친구들이여, 우리는 살기 위해 너희들을 무척 필요로 한다.…… 시간이 지나면 우리들이 이 '지구 어머니' 속으로 들어가서 무언가를 자라게 할 것이다. 그러면 너희 동물들도 그것을 먹고 생명을 유지할 수 있다. 그것은 하나의 순환이며 **교환**이다. 그렇게 해서 모든 생명이 연결된다." (베어 하트, 『인생과 자연을 바라보는 인디언의 지혜』, p. 34)

여기선 보다시피 목숨이 혹은 생명이 '교환' 되고, 그 '교환' 을 통해 전체적인 순환이 이루어진다. 그러나 여기서도 주는 것과 받는 것은 동시적이지 않으며, 같은 가치를 갖는 것도 아니다. 이 경우 '교환' 이란 말을 사용하긴 하지만, 그것은 우리가 말하는 그런 교환이 아니다. 여기에서는 '교환' 이 이루어지지만, 그것은 전체적인 순환의 흐름 안에서 하나의 고리를 의미할 뿐이다. 그것은 결코 구매와 판매의 형식이 될 수 없는 교환이며, 주는 자가 준다는 생각조차 없이 주는 증여고, 받는 자 또한 받는다는 생각 없이 받는 선물이다. 비자발적인 증여 내지 선물인 셈이다.

이와 달리 우리가 사는 자본주의는 맑스 말대로 "거대한 상품의 집적" 을 특징으로 하는 사회고, 그런 만큼 모든 것을 상품화하는 사회, 상품화하려는 사회다. 그것은 있을 수 있는 다양한 교환과 그것을 통한 삶의 순환을 상품화된 교환으로 바꾸어버리는 경향을 갖는다. 이는 비-상품마저 최대한 상품화한다. 계산하고 따지는 사람 하나가 관계 전체를 계산하고 따지는 관계로 만들어놓기 십상이듯이, 상품화된 관계의 힘이 강하면 강할수록 알다시피 선물의 교환조차 상품교환처럼 등가성을 따지고 계산하는 관계로 만들어버린다.

인디언 주술사 베어 하트에게 생명의 교환, 아니 정확하게 말하면 생명의 순환 안에서 정의되던 사냥은, 정치경제학자 스미스에 이르면 동물을 잡는 데 걸리는 시간으로 교환가치를 계산하는 상품교환이 되어버린다. 불가피한 한에서만 사냥하며, 사냥되는 동물의 고통을 줄이기 위해 요구되던 사냥꾼의 '정확성'은 이제 같은 시간에 좀더 많이 잡기 위한 '생산성'으로 대체되어 버린다. 그리고 물론 사냥되는 동물에게 줄 것은 없다. 스미스에게 교환이란 사냥꾼과 동물 간에 발생하는 관계가 아니라, 사냥꾼과 다른 인간 간에서만 발생하는 '인간적' 현상이기 때문이다.

모든 것을 상품화하는 이런 세계는 지구의 역사에서, 아니 인간의 역사에서도 지극히 짧은 역사를 갖는 매우 제한된 성격을 갖지만, 알다시피 그 짧은 기간 동안만으로도 인간의 모든 삶을 상품화했을 뿐만 아니라 거대한 시간을 존속해 온 지구 전체를 잡아먹을 정도로 폭력적인 식성을 갖고 있는 끔찍한 괴물이었다.

## 2. 상품생산

상품이라고 다 같은 것은 아니다. 상품에도 두 가지가 있다. 하나는 비-상품으로 태어난 것을 상품화한 것이고, 다른 하나는 아예 처음부터 상품으로 태어난 것이다. 가령 반 고흐(V. van Gogh)처럼 많은 화가들, 대개는 비극적 삶을 살았던 화가들은 팔기 위해서 그림을 그리지는 않았다. 김정희의 유명한 난초도 마찬가지였을 것이다. 반 고흐는 평생 그린 그림이 유화만 800점을 넘지만 그 중 돈을 받고 판 것은 단 하나였다고 한다. 물론 지금은 국제 경매시장에서 가장 인기있는 화가지만, 살아선 돈을 벌기는커녕 세간의 인정조차 받지 못했던 불우한 삶을 살았다. 요컨대 그의 그림은 어느 것도 상품으로서 태어나지 않았다. 팔린 그림도 상품으로 태어난 것은 아니지만, 누군가에 의해 구매되면서 상품이 되었다.

반면 우리는 팔기 위해 그린 수많은 그림을 안다. 흔히 '이발소 그림'이라고 불리는 그림들이 그렇다. 그러나 그것만은 아니다. 직업적인 예술가도 돈을 벌기 위해 그림을 그리는 경우가 많기 때문이다. 그림뿐이랴. 음악도 그렇고, 책도 그렇고, 영화도 그렇다. 반면 영화처럼 많은 돈이 드는 경우에도 '팔 생각' 없이 만드는 사람들이 있음을 우리는 잘 안다. 팝아트의 대표적 스타 앤디 워홀(A. Warhol)은 결코 상품이 될 수 없는, 「첼시의 소녀들」(Chelsea Girls)이라는 5시간 정도 길이의 영화를 만들었다. 물론 그렇게 만든 음악이나 영화가 '떠서' 상업화에 성공한 경우도 적지 않음을 잘 안다. 그리고 이런 식으로 성공한 작품이 아예 처음부터 상품으로 기획된 작품과 아주 다른 격조를 갖는 경우가 많다는 것도.

상품으로 생산한 게 아닌데 나중에 상품이 되는 경우를 경제학자들—따라서 우리가 모두 그렇게 해야 하는 건 아니다—은 '단순상품생산' 내지 '소상품생산'이라고 부른다. 가령 조그만 땅뙈기나마 자기 땅을 갖고(혹은 남의 땅을 빌려서) 농사를 짓는 농민들의 경우, 대개 농사는 자기 가족이 먹고살기 위해서 짓지 상품으로 내다팔기 위해 짓지 않는다. 하지만 밥만으론 살 수 없다. 옷도 사 입어야 하고, 애들 학교도 보내고 등등. 그래서 생산한 쌀을 팔아 다른 것을 산다. 이 경우 쌀은 상품이 된다. 비록 상품으로 팔기 위해 생산한 것은 아니지만.

이처럼 쌀이든 옷감이든, 자기 생산수단을 갖고 자신의 생활에 필요한 것을 자신의 힘으로 생산하며, 그 나머지를 팔아 상품화하는 것이

'단순상품생산'이다. 이는 상품생산의 가장 초보적인 형태로서, 자본주의가 발달하기 이전에도 그리고 시장경제가 발달하기 이전에도 광범위하게 행해졌다. 5일장처럼 시골에서 정기적으로 서는 소규모의 국지적 '시장'은 대개 이런 소상품생산자를 위한 상품교환의 장이었다.

반면 우리가 흔히 접하는 대부분의 상품은 아예 처음부터 팔기 위해 생산되는 것이다. 옷도, 신발도, 컴퓨터도, 시계도 모두 팔기 위해 생산한다. 즉 그것들은 애시당초 상품으로 태어난다. 과거처럼 상인이나 장인들이 상품을 '생산'하는 경우나, 오늘날처럼 자본가들이 상품을 생산하는 경우가 이런 종류의 상품생산에 해당된다. 맑스는 이처럼 처음부터 팔기 위해 상품으로 생산하는 경우를 따로 지칭하는 개념을 사용하진 않았는데, 편의상 단순상품생산과 구별하여 '상품으로서의 상품생산'이라고 부르자. '자본주의적 상품생산'이라고 하기 어려운 것은, 가령 장인들이 생산하는 경우들을 포함해야 하기 때문이다.

이렇게 팔기 위해 생산한 상품은 사용가치와 교환가치를 갖지만, 단순상품생산과 달리 사용가치는 오직 타인을 위한 것이지 생산한 사람 자신을 위한 것이 아니다. 가령 팔기 위해 시계를 만드는 사람에게 그 시계는 한두 개를 제외하면 어떤 유용성도 없기 때문이다. 팔기 위해 생산하는 상품은 교환가치를 위해 생산하는 것이다. 그렇기 때문에 팔기 위해 생산하는 상품은 교환가치의 양에 아주 민감하다. 어차피 그것은 자신이 사용하기 위해 생산하는 것이 아니기 때문에, 만약 쌀값이든 시계값이든 자기가 생산하는 상품의 가격이 너무 낮다 싶으면 그것의 생산을 중단하곤 가능한 한 값을 더 많이 받을 수 있는 다른 상품을 생산하려고 할 것이다.

반면 소상품생산자라면, 쌀값이 너무 싸다고 쌀농사를 그만두진 않을 것이다. 일단 그것은 먹고살기 위해서 생산하는 것이기 때문이다. 실제로 우리는 거의 매년 신문에서 쌀값이 너무 낮아서 큰 피해를 보는 농민들을 본다. 그래도 그들은 계속 농사를 짓는다. 일단 자신이 먹고 살기 위해서 짓는 것이기에, 피해를 보더라도 농사를 그만둘 순 없기 때문이다. 이를 정치경제학자들은 소상품생산의 '안정성'이라고 불렀지만, 그것은 자본주의에서 어떤 피해도 감수해야 하는 소상품생산자의 불행의 '안정성'이기도 하다.

## 3. 가치와 노동

상품으로서의 상품생산은 교환가치를 목적으로 생산한다. 소상품생산의 경우도 그것이 상품을 교환하는 것인 한 다르지 않겠지만, 특히 여기서 교환은 단순히 어떤 상품의 대가로 무언가를 준다는 사실만으로는 성립되지 않는다. 내가 생산한 상품이 얼마짜리인데 그것을 얼마에 사겠다는 것인지, 혹은 얼마짜리 물건을 주겠다는 것인지를 놓고 비교하고 계산하며, 다른 사람이라면 더 많이 줄지 아닐지 등을 따져보고 팔 것인지 말 것인지를 결정한다. 즉 상품의 교환에서 중요한 것은 교환되는 상품들의 교환가치가 동등하거나 최소한 비슷해야 한다는 점이다. 즉 교환되는 상품의 등가성은 상품의 교환이 발생하기 위한 조건이다.

등가적인 교환 내지 교환가치의 등가성이란 상품의 교환가치를 비교하고 계산할 수 있는 어떤 척도가 존재한다는 것을 의미한다. 왜냐하면 그런 척도 내지 기준이 없다면 상품의 교환가치의 크기를 비교하고 계산하는 것도, '등가'인지 '부등가'인지를 말하는 것도 불가능할 것이기 때문이다. 교환가치의 **등가성**이란 대체 무엇이며, 교환가치의 **척도**는 대체 무엇인가? 바로 이것이 애덤 스미스가 던진 핵심적인 질문이었다.

예를 들어 총 1자루를 사기 위해선 노루 2마리를 주어야(팔아야) 한다고 하자. 이는 다음과 같은 등식으로 표시할 수 있을 것이다.

총 1자루 = 노루 2마리

교환을 표시하는 이 등식은 교환되는 상품이 서로 같은 값(등가)이라는 것을 표시한다. 그런데 보다시피 총은 노루가 아니다. 즉 총≠노루다. 또 1자루와 2마리도 다르다. 즉 1자루≠2마리다. 그렇다면 이 등식에서 '같다(=)'는 것은 무엇이 같다는 것일까? 노루와 총처럼 전혀 다른 상품들을 그 가치가 같은지 아닌지, 큰지 작은지를 비교할 수 있는 것은 무엇 때문일까?

이에 대해 스미스는 '상품을 만드는 데 투여된 노동시간'이라고 대답한다. 원료나 기계를 사용하는 경우에는 그것을 다시 계산해야 하니 그런 비용이 안 드는 경우를 상정하자. 스미스는 해리(海狸 ; 비버)와 노루의 예를 든다. 아마 그 시대에는 해리를 잡는 데 노루를 잡는 것보다 2배는 더 시간이 걸렸던 모양이다. 이 경우 해리 1마리는 노루 2마리와 교환되어야 한다. 하지만 사정이 그와 달라 만약 해리 1마리와 노루 1마리가 같은 값(교환가치)을 갖는다고 해보자. 그러면 해리를 잡던 사람들이 해리 잡기를 그만두고 노루 잡는 데 나설 것이 분명하다. 노루 1마리와 바꾸기 위해 그보다 2배나 시간이 더 걸리는 해리를 잡으러 다니는 것은 바보짓이기 때문이다. 그러면 시장에는 노루가 넘쳐날 것이고 해리는 부족하여 품귀 사태를 빚을 것이다. 이렇게 되면 해리 값은 귀한 만큼 비싸지고, 노루 값은 흔한 만큼 떨어질 것이다. 심지어 해리 1마리를 사려면 노루 3마리가 필요하게 될지도 모른다. 그러면 다시 값이 비싼 해리를 잡으러 다니는 사람이 늘어날 것이고, 그 결과 해리 값은 다시 떨어지고…….

이런 동요는 '해리 1마리=노루 2마리'로 교환되는 지점에서 교환이 이루어질 때까지 계속될 것이다. 따라서 교환가치는 시장 사정에 따라 그때그때 달라질 수 있지만, 결국 시간으로 표시되는 동일한 노동량이 교환되는 지점이 바로 '제 값에' 교환이 이루어지는 것이라고 말할 수 있을 것이다. 이 '제 값'을 교환가치라 하고, 그것을 만들기 위해 투여된 노동시간을 (어떤 단위로 표시한 것을) '가치'라고 부른다. 해리 1마리를 잡는 데 6시간이 걸리고, 노루 1마리를 잡는 데 3시간이 걸린다면(그리고 노동시간을 표시하는 단위를 가령 T라고 하면), 해리의 가치는 6T, 노루의 가치는 3T인 것이다.

하지만 '가치'란 한 개인이 생산하는 데 걸리는 시간이 아니라 같은 사회에 사는 사람들이 그것을 생산하는 데 걸리는 평균적인 시간이며, 이는 시장에서 교환되는 가치(교환가치)를 통해서 사후적으로 확인된다. 그래서 통상 '가치'라고 하면 '교환가치'와 같은 것으로 간주한다. 그런데 앞서 말했듯이 시장에서 팔리는 '가격'은 그때마다 다르다. 노루가 넘쳐나는 경우 노루의 가격은 폭락해서 2T나 1.5T에 팔릴 수도 있을 것이다. 그렇지만 사람들이 해리 잡는 데 몰려가서 노루 값이 다시 오르고 하는 변동을 거쳐 결국은 노루는 3T, 해리는 6T라는 균형가격에 도달하게 된다는 게 앞서 보았던 스미스의 논지다.

　이 균형가격이 바로 교환가치다. 이는 보다시피 노동시간에 따른 가치에 상응한다. 이 가치가 바로 상품의 '제 값'을 표시하며, 그 값에 교환될 때 교환되는 상품은 등가교환된다고 말할 수 있다. 다시 말해 가치로 표시되는 노동시간이 바로 교환되는 상품의 '등가성'의 척도요, '올바른' 교환가치의 기준이라는 것이다. "가치라는 면에서, 모든 상품은 일정한 크기의 응고된 노동시간에 불과하다."(I, p. 49)

　따라서 정치경제학에서 가치란 시간으로 표시되는 '노동량'을 뜻한다. 즉 어떤 상품을 생산하는 데 필요한 노동시간의 크기가 그 상품의 가치를 결정한다는 것이다. 리카도는 여기서 좀더 나아가서 노동은 교환가치의 척도일 뿐만 아니라 모든 가치를 생산하는 **원천**이자 **기원**이라고 말한다. 달리 말해, **노동만이 가치를 생산한다**는 것이다. 이처럼 모든 상품의 가치척도를 노동(량)이라고 보고, 노동만이 모든 가치의 원천이라고 보는 이런 이론을 '노동가치론'이라고 부른다.

### 4. 노동가치론과 휴머니즘

반복하지만, 노동가치론에 따르면 교환되는 두 상품은 그것을 만드는 데 걸린 노동시간이 같을 때 교환된다. 즉 해리 1마리와 노루 2마리의 교환을 뜻하는 등호는 해리 1마리와 노루 2마리의 가치가 같다는 것을, 해리 1마리 잡는 데 걸린 노동시간과 노루 2마리 잡는 데 걸린 노동시간이 같다는 것을 표시한다는 것이다. 해리와 노루만이 아니라 만두와 의자, TV와 컴퓨터 등 모든 상품이 그렇다. 다만 이것들은 해리, 노루와 달리 재료 등의 비용이 들지만, 그 재료도 마찬가지로 노동시간으로 환산한다면, 모든 상품의 가치는 그것을 만드는 데 투여된 인간의 노동시간에 의해 결정된다는 것이다.

인간의 노동시간이 모든 것의 가치를 결정한다고 보는 점에서 노동가치론은 확실하게 '인간중심주의'(Humanism)에 기초하고 있다. 가치의 유일한 원천은 인간의 노동, 아니 노동하는 인간이고, 가치의 척도는 그 인간의 노동시간이라고 말하는 것이기 때문이다. 따라서 인간인 우리는 이 이론의 주장을 쉽게 받아들일 수 있다. 이런 점에서 노동가치론은 "인간적인, 너무나 인간적인" 이론이다. 그래서 이렇게 말할 수 있다. "노동가치론은 휴머니즘이다!"

그러나 만약 해리나 노루가 이 말을 알아듣는다면 어떻게 생각할까? "아니, 내 가치가 인간들이 나를 잡아죽이는 데 걸리는 시간에 의해 결정된다구?" 그렇다. 노동가치론은 그래서 휴머니즘이라고 하지 않았던가. 리들리 스콧의 유명한 영화 「블레이드 러너」에 나오는 복제인간의 가치 역시 그것을 만드는 데 필요한 인간의 노동시간에 의해 결정될 것이다. 그렇다면 인간의 가치는 어떨까? 만드는 데 시간과 노력을 많이 들인 자식이 귀한 자식 대우를 받는 걸 보면 인간도 역시 그런 것일까?

또 노동가치론은 가치에 대한 우리의 순진한 생각을 엄격하게 비판한다. '가치'란 말을 마구 사용해선 안 된다고. 가령 공기는 '사용가치'(유용성)는 있지만, 노동 없이 구할 수 있기에 아무런 '가치'가 없다. 물도 그렇다. 아니, 이젠 물을 사먹으니까 가치가 있다. 산이나 숲도, 갯벌도 그 자체론 아무런 가치가 없다. 그래서 우리는 아깝단 생각

없이 그것들을 없애버린다. 마치 장애물 치우듯이, 개발을 위해, 비싼 가치의 '부동산'과 건축물을 위해 제거한다. 물론 인간이 돈을 들여 나무를 심거나 갯벌을 조성하는 경우라면 사정이 다르다. 그것은 돈을, 아니 노동시간을 투여한 만큼 가치를 갖는다. 공기도 사먹게 된다면 그때 비로소 공기 또한 가치를 갖게 될 것이다.

이것이 '휴머니즘'의 의미고, '노동가치론'의 의미다. 인간의 손이 닿는 만큼만 어떤 것의 가치가 결정된다. 인간의 손은 어떤 것을 경제적 '가치'로, 즉 황금으로, 화폐로 만든다. 미다스(Midas)의 손. 그러나 해리나 노루의 항변에서 보이듯이, 미다스의 손과 똑같이 그것은 모든 살아 있는 것의 생명을 빼앗아 황금으로, 화폐로 만드는 손이다.

이런 점에서 보면 '가치'란 없애서 생긴 고통을 치유하는 데 필요한 비용처럼 보인다. 바보 같은 짓이라구? 아니, '객관적' 과학에 그렇게 '주관적' 감정이 섞인 비난을 해선 안 된다. 그건 정치경제학이나 노동가치론 때문이라기보다는, 원래 '지혜'란 사태가 충분히 암담해진 이후에야 찾아오는 것이기에 그런 것이다. 헤겔도 그러지 않았던가? "미네르바의 부엉이는 어둠이 깔리기 시작한 연후에야 비로소 날개를 편다"고.

이런 이유로 노동가치론이나 정치경제학을 비난하는 것은 별로 어려운 일이 아닌지도 모른다. 그러나 정치경제학을 비난해도 **모든 것의 가치를 인간의 노동시간이 결정하는 실제 상황은 사라지지 않는다.** 왜냐하면 그것은 정치경제학적 이론이기 이전에 시장에서, 자본주의 사회에서 우리가 항상 부딪히게 되는 현실적 상황을 표현하기 때문이다. 나무나 해리가 얼마나 소중하고 값어치있는 존재인가를 떠들어봐야 소용

없다. 자본은 비용과 이윤의 척도가 되는 '가치'라는 잣대로 그것을 재고 잘라내거나 사냥하기 때문이다.

## 5. '정치경제학 비판을 위하여'

모든 것의 가치를 인간의 노동시간이 결정하는 실제 상황은 사라지지 않는다는 사실, 이것이 노동가치론이나, 그것을 필두로 하는 정치경제학에 대해 비판하고자 하면서 맑스가 종종 혼동을 야기하는 모호한 입장을 취하는 이유다. 그는 정치경제학 비판을 제목으로 내걸고 있는 책에서 기이하게도 노동가치론이나 정치경제학의 주장을 정리하여 개진하는 듯이 서술하고 있는 것이다. 그래서 많은 경우 맑스는 노동가치론자로 간주되기도 하고, 맑스의 이론은 '노동가치론'이나 '정치경제학'이라고 명명되기도 한다.

여기서 우리는 두 가지를 구별하는 것이 중요하다는 점을 다시 강조할 필요가 있다. 자본주의를 비판하고 그것을 넘어서기 위해선 먼저 자본주의의 실제적 양상을, 자본의 운동법칙을 알아야 한다. 이를 위해 맑스는 그러한 사태를 '반영'하고 있는 이론인 '정치경제학'을 이용하며 거기서 배우려고 한다. 그렇지만 그것이 자본의 입장에서 자본주의적 세계를 서술하고 이론적으로 '반영'하고 있는 것이기에, 맑스는 프롤레타리아의 입장에서 그것을 비판하고자 했다. 따라서 그를 또 한 사람의 정치경제학자로 이해해선 안 된다. 그것은 호랑이를 잡으러 호랑이 굴에 들어간 사람을 또 하나의 호랑이라고 간주하는 것과 똑같은 것일 게다.

따라서 우리는 맑스의 연구를 '정치경제학'의 일종으로, 혹은 고전적 정치경제학의 결함을 극복한 '발전된 정치경제학'으로 간주하는, 우리 자신 또한 너무도 익숙한 시도에 대해 분명한 비판적 거리를 만들어야 한다. 그런 시도는 맑스 자신이 평생 비판하고자 했던 것에 맑스 자신의 작업을 통합시켜 버리는 어리석음을 반복하는 것이기 때문이다. 잘 알다시피 맑스는 자신의 이론적 작업의 대부분을 '정치경제학 비판'이라는 기획을 위해 바쳤다. 오랜 연구 끝에 그가 일련의 저작으로 계획하여 출판한 저작의 제목이 바로 『정치경제학 비판을 위하여』(Zur Kritik der politischen Ökonomie)였고, 가장 중요한 저작인 『자본』의 부제 또한 '정치경제학 비판을 위하여'였으며, 흔히 『자본』의 4권이라고 불리기도 하는 세 권의 『잉여가치학설사』는 당시의 정치경제학에 대한 직접적인 비판이었다.

이런 이유에서 우리는 『자본』(Das Kapital)이라는 저작을 '자본에 관한 맑스의 (정치경제학) 이론'이란 의미에서 『자본론』이라고 읽는 오래된 습관 또한 버리지 않으면 안 된다. 그럴 경우 우리는 그 책을 어느새 가치나 화폐에 대한 맑스의 이론, 자본에 대한 맑스의 이론을 서술한 책으로 읽게 될 것이기 때문이다. 이럼으로써 정치경제학을 따라가면서 그것을 비판하려는 맑스의 이론적 전략은, 정치경제학을 진전시키는 어떤 이론적 명제들을 제시하려는 시도로 어느새 전락하고 만다. 게다가 이는 『자본론』에 제시되었다고 간주되는 입론들을 맑스의 견해로 고정함으로써, 거기에 어떠한 변형이나 추가도 불가능하게 만드는 독서법을 함축한다. 이는 실제로 맑스의 새로운 입론들을 정치경제학의 일종으로 만드는 오래된 전통에 따라, 그리고 정통성이란 이름 아래 모든 사유를 오직 그 입론의 새로운 '증명'에만 봉사하게 하는 그런 방법으로 연구하게 해온 것이기도 하다.

요컨대 우리는 『자본 : 정치경제학 비판을 위하여』라는 책을 **이중의 텍스트**로 이해한다. 하나는 '정치경제학'을 따라가면서 쓴, 글자 그대로 실제의 '자본'에 대한, 혹은 자본이 작동하는 현실적 메커니즘에 대한 분석적-종합적 서술이라는 것이다. 상품과 화폐에 관한 장은 **상품과 화폐에 관한 맑스의 이론**이 아니라 **상품과 화폐의 작동 메커니즘에 대한 서술**이라는 것이고, 자본이나 축적에 관한 장 역시 그에 대한 이론이라기보다는 그런 메커니즘에 대한 서술이라는 것이다. 이런 한에서 그 부분에 상품이나 화폐에 대한 맑스의 고유한 명제나 이론이 있는가 여부는 사실 전혀 중요하지 않다. 차라리 고전적인 정치경제학을 영유해서라도 화폐나 자본의 메커니즘을 적절하게 서술하는 것이 그의 중요한 과제였기 때문이다. 예를 들어 맑스는 고전적인 노동가치론에 동의하진 않았지만, 그렇다고 노동을 가치화하는 메커니즘이 자본주의 생산양식에서 실존한다는 사실을 부정하는 '관념론적' 태도를 갖고 있지도 않았다. 반대로 그는 그러한 이론의 타당성과 다른 차원에서 현실로 작동하는 메커니즘에 대해 치밀하게 드러내고 분석하고자 했으며, 그를 위해 고전경제학의 개념이나 서술을 이용했다. 이는 가치나 화폐 등에 대한 서술이 한편으로 그런 메커니즘이 작동하는 양상을 보여주는 논리적 서술에 따라 진행되면서, 또한 그와 결부된 역사적 과정을 보여주는 방식으로 서술된다는 점에서 재차 확인될 수 있다.

다른 하나는 이런 메커니즘에 대한 서술과 나란히 『자본』은 정치경제학에 대한 비판을 수행하고 있는 텍스트라는 것이다. 그 비판은 고전적인 정치경제학의 어떤 국지적인 결함을 찾아내고 그것을 새로운 개념으로 보완하여 '발전' 내지 '완성' 하는 것이 아니라, 정치경제학 자체에 대한 비판이고, 정치경제학의 지반을 전복하는 비판이며, 정치경제학의 근본적인 가정을 의문에 부치는 그런 비판이다. 가령 맑스가 리카도의 '노동의 가치' 개념을 비판하여 '노동력의 가치' 로 정정하고, 고전경제학의 가치론에 '잉여가치' 라는 개념을 추가했다는 식으로 이해할 때, 맑스의 새로운 입론은 고전적인 정치경제학의 "내적 발전" 으로 귀착되고 만다. 이 경우 맑스의 비판이란 누구 말대로 "풀장 속의 폭풍"에 지나지 않게 될 것이다.

어둠 안에서 빛나는 경제학적 '지혜' 를 자랑하는 게 아니라, 때로는 그들을 따라가면서 비판해야 했기에 맑스마저도 종종 길을 잃게 만들었던 저 어둠의 장막을 걷어버리는 것, 맑스가 제공한 비판적 지점들이 그 장막을 뒤집고 무대를 뒤엎으면서 유효하게 작동하게 하는 것, 아마도 이것이 정치경제학 비판의 문제의식을 이어나가는 길일 것이다. 이를 위해 우리는 종종 맑스가 『자본』에서 말한 것 이상을 말할 것이고, 맑스가 말하지 못한 것을 말할 것이다. 우리는 맑스에 **대해** 말하려는 게 아니라, 맑스와 **함께** 말하려는 것이다.

노동자계급과 혁명

**킬번, 「케닝턴 공원에서의 차티스트 집회」, 1848년 4월 10일(위 그림)**
기계를 앞세운 부르주아지의 막강한 공격(산업혁명)에 맞서기 위해 노동자들이 단결하여 거대한 밖어적응 펼친다. 덕분에 16시간을 넘던 노동시간은 16시간으로, 14시간, 12시간 등으로 단축되게 된다. 이는 또한 이전에는 숱한 빈민의 하나였던 사람들이 '노동자'라는 하나의 계급으로 변화되는 데 결정적인 문턱이 된다.

**외젠 티보, 「1848년 혁명: 공격 전과 공격 후」, 1848년(오른쪽 그림)**
19세기의 혁명은 도로를 점거하여 바리케이드를 치는 것으로 진행되었다. 위고(Victor Hugo)의 소설 『레미제라블』에서도 바리케이드 전은 매우 중요한 역할을 한다. 위쪽 사진에서는 도로의 흠을 가로지르는 두 개의 바리케이드가 선명하게 보인다. 아래쪽 사진은 혁명가들과 군대의 충돌이 있고 난 뒤의 상황을 찍은 것이다. 사진이 흐려서 정확하게 알 순 없지만 바리케이드 사이의 텅 비었던 도로를 사람들의 흐름이 메우고 있다.

무명씨, 「관 속의 코뮨전사들」, 1871년 5월

프랑스인들은 혁명을 끝까지 밀고 갔다. 1871년 파리를 장악한 코뮨정부의 구성, 그것은 혁명의 위대한 실험이었다. 새로운 세계를 구성할 수 있는 능력의 시험대. 그러나 고립된 코뮨의 운명은 그 실험을 위해 엄청난 희생을 요구했다. 약 두 달 만에 패배한 코뮨 파리의 도로들은 코뮨전사들의 피가 흐르는 거대한 도랑으로 바뀌어버린다. 지금도 페르 라셰즈 묘지에 가면 저기 죽어 누운 코뮨전사들의 무덤이 있고, 이름 없이 죽어간 코뮨전사를 기리는 '코뮨전사의 벽'이 있어 그 실험을 다시 상기하게 한다.

# 3장_가치와 화폐

## 1. 가치 개념의 발생

이미 본 것처럼 정치경제학은 '노동 가치'의 가정에서 시작한다. 다시 말해 노동이 모든 상품의 가치척도라는 가정에서 시작한다. 노동만이 가치를 생산한다는 것도 그런 '가정'의 하나다. 따라서 가치라는 범주가 정말 객관적인 양으로 성립될 수 있는지, 정말 노동만이 가치를 생산하는 것인지 묻지 않는다. 뿐만 아니라 '가치'라는 것이 어떻게 객관적으로 성립할 수 있는 것인지, 혹은 노동생산물은 어떻게 해서 가치를 비교할 수 있게 되는 것인지 묻지 않는다. 그것은 정치경제학의 '공리'인 것이다.

아마도 정치경제학이 성립한 시기에 그것은 대부분의 사람들이 자명하다고 생각했던 것일 수도 있다. 그리고 그런 만큼 자본주의 사회를 이해하는 데 필요한 가정일 수도 있다. 그런데 언제나 그렇듯이 사태는 거기서 그치지 않는다. 정치경제학은 이런 가정이 모든 상품에 대해 타당하며, 모든 사회에 적용된다고 믿는다.

그러나 모든 상품이, 혹은 모든 재화가 가치를 갖는다는 주장은 사실과 부합하지 않는다. 재화가 상품이 되는 것도 특정한 조건 아래에서지만, 상품이 노동시간이라는 하나의 단일한 척도에 의해 측정되는 가치를 갖는다는 것 역시 매우 제한된 어떤 조건 아래에서뿐이다. 가령 미켈란젤로의 시스틴 성당 벽화와 바흐의 「b단조 미사」의 가치를 비교하는 것은 불가능하다. 시스틴 성당 벽화와 다른 그림을 비교하는 것도 크게 다르지 않다. 더구나 그것의 가치를 그 그림을 그리는 데 걸린 노동시간으로 재서 비교한다는 것은 어이없는 일이다.

이는 단지 예술작품이라서 그런 것만은 아니다. 왕이 하사한 칼과 동네 대장간에서 구한 칼을 비교하는 것도, 혹은 명인이 만든 보검과 평범한 칼을 비교하는 것도 불가능하다. 더구나 인류학자들이 주로 연구하는 이른바 '미개 사회'에서는 누가 만든 물건을 사고 판다는 것 자체가 생소한 경우가 대부분이다. 이 경우 경제학자들이 말하는 가치—얼마짜리라고 표시되는 가치—란 아예 성립하지 않는다. 다만 물건의 '값어치'가 있을 뿐이다.

요컨대 경제학자들이 말하는 가치는 특정한 사회에서만 발견된다. 그렇다면 그것은 어떠한 조건에서 존재하고 작동하게 되는가? 다시 말해 경제학자들이 말하는 가치란 대체 어떻게 하여 탄생했을까? 맑스의 『자본』은 바로 그것을 이론적으로 해명하는 것으로 시작한다. 그는 가치관계의 형식/형태를 연구하여 이를 해명한다(그래서 그 부분을 보통 '가치형태론'이라고 부른다). 이로써 가치의 경제적 체제가 어떻게 하나의 메커니즘으로 작동하게 되는지를 보여준다. 이것이 해명되지 않고는 '자본'의 운동이나 자본주의에 대해 적절하게 규명하기 어렵다. 이것이 그가 『자본』에 대한 책을 자본이나 자본주의가 아닌 상품분석에서 시작하는 이유다.

'가치형태론'은 상품이 자신의 가치를 표현하는 네 가지 형식(form)을 통해서, 통상 화폐가 수행하게 되는 단일한 가치척도의 수립과정을 보여준다. 등호로 표시되기에 '교환'을 뜻하는 것처럼 오해되기도 하는 가치의 형식(형태)은 다음의 네 가지다. 단순한 가치형태, 확대된 가치형태, 일반화된 가치형태, 화폐형태. 우리도 이 네 가지 가치형태를 따라가면서 경제학적인 의미에서 가치와 화폐가 작동하는 메커니즘을 이해해야 한다. 아마도 이 부분은 뒤에 오는 다른 부분보다 조금 어려울지도 모른다(맑스는 그럴 거라고 말했다). 그러나 능선에 오르는 길은 힘들지만 일단 오르면 산을 타기 쉬워지듯이, 어디서든 처음에 부딪치게 마련인 그런 어려움이려니 생각하면 조금 위로가 될지도 모른다. 하나 더 추가하면, 여기서 유념할 것은 이 네 가지 형식이 역사적으로 진행되는 교환형태를 보여주는 게 아니라, 가치척도와 가치의 메커니즘이 발생하여 작동하게 되는 양상을 논리적으로 해명한 것이라는 점이다.

## 2. 표현적인 가치관계

### 1) 단순한 가치형태

단순한 가치형태는 다음의 도식으로 요약된다.

$x \cdot A = y \cdot B$

$x$량의 상품 A는 $y$량의 상품 B만큼의 '가치'가 있다는 뜻이다. 가령 책상 1개는 바지 2개만큼의 가치가 있다는 것을 표시하려면 다음과 같이 쓸 수 있다.

1개×책상=2개×바지

여기서 '가치'는 시장에서 교환되는 상품간의 양적인 관계를 표시하는 그런 개념이 아니라, 차라리 '값어치'에 가깝다고 해야 할 개념이다. 책상이 자신은 바지 2개만큼의 가치가 있다고 주장하는 것이다. 좀더 이해하기 쉽게 말하자면, 책상을 만든 사람이 '바지라면 2개를 받아야 책상을 하나 줄 수 있지'라고 생각하는 경우를 떠올리면 좋겠다. 물론 여기서 가치는 책상과 바지의 관계를 표현하는 것이지, 책상을 만든 사람의 주관적 평가는 아니라는 단서를 달아야 하지만 말이다. 좀더 정확하게 말하면, 책상이 바지를 통해서 자신의 가치를 표현하고 있는 것이다.

단순한 가치형태의 도식을 맑스는 '가치'(아직은 양적인 관계가 아님을 잊지 말자)의 표현적인(expressive) 관계를 표시하는 것으로 이해한다. "책상〔원문은 아마포〕은 **자기의 가치를 바지〔원문은 저고리〕로 표현하며,** 바지는 이러한 **가치표현의 재료**가 된다."(I, p. 61) 마치 포수가 정확도──가령 10발 쏘아 잡을 수 있는 토끼의 수──로 자신의 '가치'를 표현하듯이, 책상은 바지를 통해 자신의 '가치'를 표현한다.

그런데 앞서 말했듯이 책상의 '가치'는 아직 어떤 척도로 비교할 수 있는 양(量)이 아니다. 가치라는 통상적 단어를 사용하지만, 이 경우 그 의미는 사실상 질로서의 '가치'를 뜻한다. 그래서 맑스는 이 가치라는 말을 표현하는 데 베르트자인(Wertsein)이란 독일어 단어보다는

"~할 만하다", "유의미하다" 등의 뜻을 함축하는 발레레(Valere), 발레르(Valer), 발로이르(Valoir) 같은 라틴어 계통의 단어가 더 적합하다고 말한다(I, p. 67). 이를 '어떤 척도에 의해 비교할 수 있는 객관적 양'으로 사용되는 경제학적 의미의 가치(value)와 구분하기 위해 우리는 '값어치'(the valuable)라는 말을 사용할 것이고, 이를 표시하기 위해 가치라는 단어를 사용할 경우에는 따옴표를 치기로 하자(따라서 가치란 질적인 값어치가 비교가능한 객관적 양으로 환원되는 경우를 지칭한다고 정의할 수 있을 것이다).

그렇다고 '값어치'가 사용가치를 뜻한다고 할 순 없다. 가령 미켈란젤로가 그린 그림의 값어치가 그 그림의 유용성을 뜻하진 않으며, 왕이 하사한 칼의 값어치가 그 칼의 유용성을 뜻하진 않기 때문이다. 사용가치는 차라리 그 값어치를 표현하기 위해 선택된 물건과 관련되어 있다. 즉 책상은 자신의 '가치'를 바지의 사용가치를 통해서 표현한다. 책상의 값어치는 바지 2개의 유용성만큼 '크다'는 것이다.

단순한 가치형태 도식에서 자기의 '가치'를 표현하는 좌변($x \cdot A$)을 맑스는 '상대적 가치형태'라고 부른다. 우변($y \cdot B$)에 오는 것(의 사용가치)을 통해 자신의 값어치를 상대적으로 표현하는 항이란 뜻에서다. 반면 책상이나 A의 값어치의 표현물인 우변은 '등가형태'라고 부른다. 좌변의 '가치'(값어치)를 표현하는 '등가물'로 기능한다는 점에서 그렇게 부르는 것이다.

그런데 여기서 '등가'라는 말에 현혹되어선 안 된다. 왜냐하면 먼저 여기서 우변($y \cdot B$ 혹은 2개의 바지)이 등가물로 기능하는 것은 그것의 양이 아닌 **질**, 다시 말해 **사용가치**로 인한 것이기 때문이다. 좌변의

'가치'(사용가치가 아니라)와 우변의 사용가치가 양적인 '같음'을 뜻하는 '등가'가 될 수는 없는 것이다. "어떤 상품이 등가(물)로 역할할 때, 그 상품가치의 양적 크기는 표현되지 않고 있다."(I, p. 72) 또한 그것은 척도가 없는 상태에서, 좌변의 '주어'가 선택한 것이기 때문에, 결코 객관적이지 않으며, 불변적이지 않다. 때에 따라선 바지 3개를 달라고 요구할 수도 있다는 것이다. 즉 여기서 양적인 동질화나 양적 등가성은 교환의 조건이 아니다.

따라서 두 항을 연결하는 등호는 두 개의 동일한 양을 등치시키는 수학적 등호가 아니다. 앞의 도식에서 좌변인 1개의 책상(혹은 $x \cdot A$)은 자신의 '가치'를 표현하는 주어 내지 주체고, 바지는 그것의 '가치'를 표현하는 술어다. 등호는 마치 영어의 be동사나 독일어의 sein동사처럼 주어와 술어를 연결하는 계사(繫辭)의 역할을 한다. 가령 "The girl is a princess." 같은 영어 문장은 'The girl = princess'로 바꾸어 쓸 수 있으며, be동사는 이 경우 논리적인 등호의 기능을 한다(실제로 논리학의 동일률은 be동사의 이런 계사적 기능과 매우 관련이 깊다). 가치를 표현하는 도식에서 등호는 이런 문장에서 be동사 기능과 동일한 역할을 한다. 그것은 양적 동일함(등가성)을 표시하는 수학적 기호가 아니기 때문에, 수학적 습관에 따라 양변을 바꿔놓으면 안 된다. "나는 남자다"와 "남자는 나다"는 결코 같은 문장이 아니다! 이는 논리적 등호의 양변이 비대칭적이라는 것을 의미한다. "질적으로 등치되는 이 두 상품이 동일한 역할을 하는 것은 아니다."(I, p. 63)

이를 다른 식으로 말하면, 좌변의 주어(상대적 가치형태, $x \cdot A$)는 우변(등가형태, $y \cdot B$)의 자리에 오는 항을 이용해서 '자기를 표현하고'

(s'exprimer) 우변은 그것의 '표현물'(expression)이 된다. 두 항의 이러한 관계를 통하여, 이 관계의 본질이 표현된다(exprimé). 이런 삼항 관계를 들뢰즈(G. Deleuze)는 '표현적 관계'라고 말한다(『스피노자와 표현의 문제』, p. 21). 이 관계를 '가치관계'라고 한다면, 그런 가치를 창조한 '활동'이 그 관계의 본질이라고 할 수 있다. 정치경제학자들은 그것을 '노동'이라고 부르려 하겠지만, 엄밀하게 말하면 아직 그렇게 불러선 안 된다. 그것은 무언가 '가치있는 것'(the valuable)을 생산하는 활동이지만, 아직 경제학적 의미를 갖는 가치란 개념은 성립하지 않았으며, 따라서 그런 가치 개념과 결부된 활동인 노동(Arbeit/labour)이란 말을 사용할 순 없기 때문이다.

여기서 말하는 활동은 그보다는 차라리 만드는 활동이나 그 생산물의 질적인 측면을 강조하는 단어인 '작업'(Werk/work)에 더 가깝다. 예술가나 장인의 작업(work)이 그 생산물/작품(work)의 질적인 값어치와 직접 결부되어 있음을 염두에 둔다면, 이는 쉽게 납득할 수 있는 것이다. 그런데 이러한 '작업'이 질적인 활동이라고는 하지만, 단지 자기만족적인 활동이 아니라 등호로 표시되는 관계 속에 들어갈 수 있는 활동이어야 하며, '등가물'을 통해 자신의 값어치를 표현할 수 있는 활동이어야 한다. 이는 그것이 **타자에 대해 유의미한**(valuable to others) 활동이어야 함을 뜻한다.

단순한 교환의 형태를 취하는 이러한 도식을 통해 또 하나 확인할 수 있는 것은, 작업이나 활동의 '가치'(값어치)는 **타자와의 만남에 의해, 타자와의 관계를 통해** 비로소 표현된다는 것이다. 즉 '가치'란 타자와의 관계 이전에 따로 존재하는 어떤 객체적 실재가 아니라, 타자와의 관계를 통해서 비로소 '유의미하게' 존재할 수 있는 것이다. 나중에 경제학적 의미의 가치 또한 이 점에선 다르지 않다. 고전경제학자들이 즐겨 인용하는 로빈슨 크루소는, 원시인의 활동을 노동시간으로 측정할 수 있을 것이라는 시대착오적 가정을 포함하고 있을 뿐만 아니라(I, pp. 98~99), 타자 없는 고립된 개인이 가치를 생산할 수 있다는 관념을 포함하고 있다는 점에서 매우 부적절한 것이다. 이는 맑스가 정치경제학자들과 근본적으로 다른 출발점을 갖고 있음을 처음부터 분명하게 보여준다.

단순한 가치형태에 고유한 이러한 관계를 좀더 명확하게 이해하기 위해 앞서 스미스가 말했던 것과 비교해 보자. 먼저 스미스가 해리와 노루의 가치에 대해 설명한 것을 앞서 사용한 도식을 빌려 이렇게 표시할 수 있다.

1마리×해리=2마리×노루

알다시피 스미스는 바로 여기서 '기회비용'의 동등성을 찾아내고(해리 1마리 잡을 시간[기회!]에 노루 2마리를 잡을 수 있다), 거기서 곧장 가치라는 양적 관계의 등가성을 끄집어낸다. 그러나 우리는 이미 이 도식이 양적 등가성을 표시하는 수학적 등식이 아니라, 우변이 자신의 '가치'를 표현하는 문장의 축약임을 보았다. 맑스는 이 관계에서 양적인 등가관계를 끄집어내선 안 된다고 말한다. 이런 점에서 스미스의 주장은 잘못되었다. 왜냐하면 "상이한 물건들의 크기는 **동일한 단위로 환원된 뒤에야** 비로소 양적으로 비교할 수 있다는 사실을 망각하고 있"기 때문이다(I, p. 63). 반대로 이 단순한 가치형태에서 출발하는 것은 "양적 측면으로부터 완전히 떠나서 고찰"하기 위해서다. 경제학에서 '양적 측면'이란 가치관계나 가치 개념을 의미하기 때문에, 거기서 완전히 떠난 지점에서 시작해야만 가치 개념을 증명하기 위해 가치 개념을 사용하는 순환논법을 피할 수 있다.

단순한 가치형태는 맑스 말대로 양적 비교를 위한 동일한 단위(척도!)가 없으며, 따라서 양적인 관계로서 가치를 정의할 수 없는 그런 관계임을 명심하자. 즉 단순한 가치형태는 양적 관계를 표시하는 수학적 도식이 아니라 질적인 관계를 표현하는 논리적 도식이라는 것이다. 여기서 사용하는 '가치'라는 말에 따옴표를 치거나 '값어치'라는 단어를 사용한 것은 양적 측면이 배제된 의미에서 생산물의 '가치'를 다루어야 하기 때문이다.

다른 한편 단순한 가치형태를 책상과 바지, 혹은 A와 B를 직접 교환하는 '물물교환'이라고 해선 안 되는 이유도 이와 다르지 않다. 물론 두 사람이 상이한 물건을 주고받는 장면을 떠올릴 수도 있겠지만, 경제학자들이 말하는 교환은 '물물교환'의 경우에조차 가치라는 양적 관계를 전제하기 때문이다. 이 도식은 경제적인 교환이 어떻게 성립되는가를 설명하기 위한 것이기 때문에, 교환의 개념을 전제해선 안 된다. 그 경우 다시 순환논법이 되고 만다. 그래서 맑스는 이 도식에서 A가 B를 통해 자신의 값어치를 표현하는 '주어'임을 강조하며, 좌우변을 바꾸어선 안 된다고 강조하고 있는 것이다.

### 2) 확대된 가치형태

단순한 가치형태에서 A는 B로 자신의 가치를 표현했지만, 그것이 자기 가치를 표현하는 유일한 길은 아니다. B 아닌 다른 것, 가령 C나 D

등을 선택해서 자신의 가치를 표현할 수 있다. 책상은 의자 3개의 값어치를 갖고 있다고 할 수도 있고, 5개의 가방으로 자신의 '가치'를 표현할 수도 있다. 이를 애초의 도식에 추가하면, 단순한 가치형태 대신에 확대된 가치형태의 도식이 만들어진다. 확대된 가치형태의 도식은 다음과 같다.

$$x \cdot A = y \cdot B$$
$$= u \cdot C$$
$$= v \cdot D$$
$$= w \cdot E$$
$$\cdots\cdots$$

이 가치형태에서 상대적 가치형태인 좌변의 주어 A는 자신의 '가치'를 표현할 표현물을 다양하게 확대하고 확장하고 있다. 여기서 타자와의 만남은 다양하게 확대되고, 등가물로 표현되는 관계의 양상 또한 다양화된다. 그러나 등가물 내지 표현물로 기능하는 우변의 입장에서 이 확대된 가치형태는 단순한 가치형태와 본질적으로 다르지 않다. 그것은 어느 경우든 A의 값어치를 표현하는 역할을 할 뿐이다.

여기서도 등가형태로 기능하는 우변의 항들은 결코 양적인 것이 아니라 질적인 것이며, 각각의 사용가치들로 A의 값어치를 표현한다. 따라서 우변에 오는 어떤 것도 동일하지 않으며, 동질적이지도 않다. 즉 $y \cdot B \neq u \cdot C \neq v \cdot D \neq w \cdot E \neq \cdots\cdots$이다. 우변에 병렬되어 있는 $y \cdot B$나 $u \cdot C$ 등은 어떠한 관계도 갖지 않는다. 그것은 오직 A하고만의 관계를 표현할 뿐이다. 따라서 첫째 줄의 등식과 둘째 줄의 등식은 같다고 할 수 없으며, 다른 줄의 등식 또한 마찬가지다. 이는 반대로 A의 '가치'를 표현하는 다른 방법이고, 다른 등식이라고 할 수 있다. 이런 점에서 이는 단순한 가치형태의 질적인 확장이고 다양화라고 말할 수 있겠다.

확대된 이 등식들을 통해서 '가치'가 특정한 표현물로부터, 가령 B라는 표현물로부터 탈영토화된다(일단 '벗어난다'고 이해하면 좋겠다). 이것이 단순한 가치형태와 다른 이 도식의 특징이다. 이로써 '가치'란 어느 하나의 타자에게만 유의미한 것이 아니라, **다양한 타자들과 유의미하게 만날 수 있는 어떤 능력**임이 드러난다. 이 경우 '가치'란 어떤 생산적인 활동이 타자에게 유의미한 관계를 형성하는 내재적(immanent) 장(場)의 이름이다.

어떤 작업이나 활동의 '가치'가 그 자체로 존재하는 것처럼 보이는 것은, 혹은 '가치'가 좌변에 오는 어떤 생산물/작품에 속하는 성질/소유물(property)처럼 보이는 것은, '가치'의 이러한 탈영토성 때문이다. 만약 단순한 가치형태에서처럼 오직 하나의 등가물로만 자신의 '가치'를 표현할 수 있다면, 그 '가치'는 등호로 표시되는 **관계에 속하는 것**이지, 좌변의 생산물인 A에 속하는 것으로 드러나지는 않을 것이다. 다양한 표현물로 자신의 가치를 표현할 수 있다는 사실이, 우변의 등가물과 무관하게 **A에 속하는 실체적 성질인 것처럼** 나타나게 하는 것이다. 이러한 현상에 사로잡히면 사실은 다양한 표현적인 관계에 속하는 것을 하나의 사물에 속하는 것으로 착각하게 된다.

이런 점에서 '가치'가 타자와의 만남 없이, 타자 없이 그 자체로 존재한다는 관념에 대해 경계해야 하며, 가치란 도식의 우변에 오는 등가물로부터 독립된 자립성을 갖는다는 관념에 대해 충분히 거리를 두어야 한다.

## 3. 가치와 상품세계

### 1) 일반화된 가치형태

맑스는 단순한 가치형태와 확대된 가치형태 다음에 일반적 가치형태를 제시한다. 일반적 가치형태의 도식은 다음과 같다.

$$\left.\begin{array}{l} x \cdot A \\ y \cdot B \\ u \cdot C \\ v \cdot D \\ w \cdot E \\ \cdots\cdots \end{array}\right\} = z \cdot Q$$

보다시피 이는 확대된 가치형태의 좌우변을 바꾼 것이다. 이렇게 본다면 확대된 가치형태에서 이 일반화된 가치형태로 넘어가는 것은 매우 이해하기 쉬운 것일 게다. 그러나 일반화된 가치형태의 도식은 뒤집힌 확대된 가치형태 도식이 아니다. 누차 지적했듯이, 이 도식에서 사용되는 등호는 양적 동일성을 표현하는 등호가 아니라 좌변이 우변의 등가물을 통해 자신의 가치를 표현하는 관계의 표시다. 따라서 수학적 방정식처럼 가치형태 도식에서 좌우변을 바꾸어선 안 된다. 등호의 양변은 서로 비대칭적인 것이다.

따라서 이 일반적 가치형태의 도식은 확대된 가치형태 도식과 동일한 것이 아니다. 사실 단순하게 좌우변을 바꾼 것처럼 보이는 이 두 도식 사이에는 근본적인 심연 내지 비약이 있으며, 그 심연 속에 경제학적 가치 개념과 연관된 중요한 비밀이 숨어 있다. 이 두 도식 사이에 있는 거대한 차이에 비하면, 단순한 가치형태와 확대된 가치형태 사이에 있는 차이는 표현물의 수(다양성)의 차이라는 아주 사소하고 소박한 차이에 지나지 않는다. 그 심연과 단절은 한편으로는 논리적인 것이고, 다른 한편으로는 현실적이고 역사적인 것이다. 여기서는 일단 논리적인 것에 한정해 설명하고, 조금 뒤에 그 비약을 야기한 현실적이고 역사적인 조건에 대해서 설명할 것이다.

확대된 가치형태는 어떤 하나의 생산물이 자기를 표현할 수 있는 다양한 가능성을 보여주는 것이었다. 그러나 일반화된 가치형태에서는 모든 생산물이 오직 하나의 등가물을 통해서만 자신의 '가치'를 표시한다. 여기서도 도식의 좌변은 자신의 가치를 표현하는 주어고, 우변은 그것의 등가물로 기능하는 서술어다. 여기서 주어는 만들어진 모든 생산물들이다. 그것이 오직 하나의 등가물을 통해 자신을 표현한다.

이 도식에서는 모든 생산물이 오직 하나의 등가물로만 자신의 '가치'를 표현할 수 있다는 사실로 인해 근본적인 변화가 야기된다. 이제 우변에 오는 단 하나의 등가물은 모든 것의 '가치'를 통일적으로 표시하는 척도(measure) 내지 단위(unit)가 된다. 등가물이 단 하나기 때문에, 모든 생산물이 가치를 표현하는 방식도 단 하나고, 따라서 그것을 통해서 생산물들의 '가치'를 서로 비교할 수 있게 된다. 이는 우변에 오는 것들 사이에 비교가 불가능했던 확대된 가치형태와 근본적으로 다른 것이다. 한편 여러 생산물들이 단 하나의 등가물을 통해 비교된다고 할 때, 비교하는 방법은 그 등가물의 양을 비교하는 것이다. 등가물의 질이 무엇이든, 그것은 하나기 때문에, 질의 차이를 통해 가치를 표현하고 비교하는 것은 불가능하다. 자신의 '가치'를 표현하는 등가물의 양이 얼마인가에 따라 다른 생산물과 자신의 '가치'를 비교할 수 있을 뿐이다. 이전에는 등가물의 사용가치(질)를 통해 좌변의 '가치'를 표현했지만, 이제 그것은 단일화됨에 따라 질적 다양성은 무의미해지고 다만 그것의 양을 통해서만 좌변에 오는 것들의 가치를 '표현'하게 된다. 즉 척도로 기능하는 등가물의 기능은 Q의 사용가치와는 무관한 것이 되고, 다만 그것의 양(z)을 통해서만 좌변의 다양한 생산물들을 비교하는 것이 된다.

따라서 이전의 도식은 상이한 질을 통해 자신을 표현하는 질적인 관계를 표현하는 것이었지만, 이제는 양변 모두 양적인 것으로 환원됨으로써 **순수하게 양적인 관계**를 형성하게 된다. 좌변의 모든 항들은 우변의 단일한 척도에 의해 객관적으로 비교가능한 양으로 **동질화**된다. 달리 말하면, 우변의 이 등가물을 통해 단일한 척도에 의해 비교가능한 **비교공간**이 만들어진다. 좌변의 생산물들을 하나의 괄호로 묶은 것은 바로 이런 사태를 표시한다. 그 비교공간이 바로 생산물의 가치를 양적 척도로 비교하고 계산하는 '상품세계'를 이룬다. 뒤집어 말하면 그 비교공간 안에 들어가는 생산물은 가치를 갖는 '상품'이 된다.

이리하여 "모든 상품들은 이제 질적으로 동등한 것(즉 가치 일반)으로 나타날 뿐 아니라 양적으로 비교할 수 있는 가치량으로 나타난다"(I, p.85). 이렇게 비교되는 가치는 하나의 척도에 의해 양적으로 비교되는 것이란 점에서 '값어치'가 아니라 양적인 가치가 된다. '가치'라는 말에서 따옴표는 떨어지고, 질적인 것으로서 '가치'는 순수하게 양적인 관계로서 경제학자들이 말하는 가치(이를 '가치 일반'이라고도 한다)로 대체된다. 표현적인 관계를 표시하던 등호는 이제 비로소 객관적인 **양적 등가관계**를 뜻하는 것이 된다.

이로 인해 또 다른 변화가 발생한다. 앞서의 도식에선 어떤 것도 좌변의 주어가 인정하고 선택하기만 한다면 등가물이 될 수 있었다. 그러나 이 도식에선 그런 선택이 불가능하다. 즉 등가물을 다른 것으로 대체할 수 없다. 오직 하나의 정해진 등가물이 있을 뿐이며, 주어인 좌변의 생산물은 그걸 등가물로 하여 자신의 가치를 표시하거나, 아니면 자신의 가치를 표시하기를 포기하거나 하는 것 사이에서 선택할 수 있을 뿐이다. 달리 말하면, 우변의 등가물은 다른 생산물이 자신의 자리에 오는 것을 거부하고 배제한다. "상품세계에 속하는 모든 상품이〔단 하나의 상품을 제외하고〕등가형태로부터 배제"(I, p. 87)된다. 등가물의 선택은 주체의 자리에 있는 좌변의 선택이 아니라, 자신의 가치를 표시하고 인정받고자 하는 모든 생산물, 그 모든 '주체'들에게 강요되는 초월적(transcendent) 조건이 된다.

이러한 역전과 나란히 또 다른 역전이 발생한다. 이전에 등가물의 선택은 주체인 좌변이 자신을 표현하기 위해서였다. 그러나 이 도식에서는 우변의 등가물과 교환될 수 있는 한에서만 좌변의 상품세계 속으로 들어갈 수 있다. 즉 가치를 갖는 상품이 될 수 있다. 그 등가물과 교환될 수 없는 것은 좌변의 괄호 속에 들어갈 수 없다. 상품세계를 구성하는 저 비교공간 속으로 들어갈 수 없다는 것은 그것이 상품으로서의 '가치가 없음'을 뜻한다. 물론 이는 그 자체로 '가치있는(valuable) 것'의 반대인 '무가치한(valueless) 것' 임을 뜻하는 것은 아니다. 그러나 그것은 '누구도 사려 하지 않는 것'을 뜻하는 것이고, 잘 알다시피 그것은 얼마나 정성스레 만들었든간에, 등가물의 형태로 익명화된 일반적 타자에게서 아무런 가치도 인정받지 못하는 것을 뜻한다. 상품세계

속에 들어갈 수 없다는 것, 그것은 모든 가치가 오직 일반적 등가물과의 교환가능성을 통해서만 존재할 수 있는 조건에서 실질적으로 무가치한 것으로 간주된다. 따라서 그것을 생산한 활동은 무의미하거나 무가치한 것이 된다. 즉 생산물의 값어치는 우변의 항으로 환원될 수 있는 한에서만 가치가 되고, 그렇지 못한 것은 폐기된다.

모든 상품이 오직 하나의 등가물을 통해 자신의 '가치'를 표현할 때, 그리고 그러한 가치가 오직 양적인 가치로 환원될 때, 이전에 존재하던 표현적 관계는 양적인 등가관계로 대체된다. 더불어 표현적 관계의 다양성이 가치관계의 단일성(획일성!)으로 대체된다. 그 단일한 등가물은 이제 상품 가치를 재현/표상하는(representing) 것, 가치의 유일한 대표자(representative)가 된다. 그 등가물이 가치를 올바로 재현한다는 것은 의심할 여지가 없다. 그것만이 유일한 가치의 척도기 때문이다. '가치'의 **표현적** 관계는 이로써 가치의 **재현적**(representative) 관계로 대체된다. 이러한 관계가 일단 성립되고 나면 이제 '주어'의 자리에 있는 상품 내지 상품소유자의 유일한 관심은, 자신의 가치를 표현하는 것이 아니라, 거꾸로 자신이 그 **등가물의 양으로 표시되는 가치**를 제대로 재현하고 있음을 인정받는 문제일 뿐이다. 역으로 척도의 자리를 차지하고 있는 등가물의 유일한 관심은, **자신이 상품들의 가치를 정확하게 재현한다는 것을 믿게 하고, 그러한 믿음을 유지하는 것**이다.

### 2) 화폐형태

화폐형태는 일반적 가치형태에서 일반적 등가물의 자리를 화폐(M)가 차지한 것이다. 따라서 화폐형태의 도식은 다음과 같다.

$$\left.\begin{array}{l} x \cdot A \\ y \cdot B \\ u \cdot C \\ v \cdot D \\ w \cdot E \\ \cdots\cdots \end{array}\right\} = p \cdot M$$

일반적 가치형태에서 일반적 등가물은 그것의 질(사용가치)이 아니라 양을 통해서 좌변의 상품들의 가치를 표시한다는 것을 이미 보았다. 이제 순수한 양적 표시 기능을 하는 화폐를 통해서 일반적 등가물이 대체되면, 화폐형태의 도식이 만들어진다. 두 가치형태 도식의 차이는 오직 이것뿐이다. 따라서 양자 간에는 어떠한 본질적 차이도 없다. 사실 어떤 재화가 바로 앞의 도식에서처럼 일반적 등가물로 사용된다면, 그것을 화폐라고 불러도 아무런 문제가 없다. 조개껍데기를 사용하든, 소금을 사용하든, 아니면 금이나 은을 사용하든 마찬가지다. 이런 점에서는 일반화된 가치형태의 도식과 화폐형태의 도식 간에는 별 차이가 없다.

그럼에도 불구하고 화폐형태의 도식이 바로 앞의 도식과 구별되는 것은, 이 도식에서는 화폐라는 동질적인 어떤 재화의 양이 가치를 표시하는 단일한 척도가 되었음을 명시한다는 점이다. 즉 가치를 재는 비교의 척도로 기능하는 것은 등가물의 '질'과 무관한 '양'이라는 사실을 좀더 분명하게 보여준다는 점이다. 이제 모든 상품은 화폐의 양("얼마짜리")을 표상함(represent)으로써 자신의 가치를 표시한다. "모든 상품들이 공통적으로 화폐로 표현되고 있다는 사실이 가치라는 상품의 성격을 확정시킨 것이다."(I, p. 97)

이미 우리는 상품의 가치가 따로 독립적으로 존재하고 화폐는 상품의 그 가치를 재현하는 게 아니라는 것을 충분히 보았다. 경제학적 의미의 양적인 가치든 아직 경제학적 양이 되지 못한 질적인 '가치' 든, 가치란 타자와의 만남을 통해 비로소 존재하게 되는 것이다. 이로 인해 단순한 가치형태나 확대된 가치형태의 도식에서는 생산물의 '가치' 가 등가물을 통해 자기를 표현하는 양상으로 나타나지만, 화폐형태의 도식에서는 생산물이 등가물과 교환가능성을 얻을 때만 가치를 갖는 상품이 되기 때문에 거꾸로 상품이 화폐의 가치를 재현하는 양상으로 나타난다. 즉 좌변의 주어 자리에 있는 생산물의 가치를 그 등가물인 화폐가 표현한다기보다는 역으로 그 생산물('얼마짜리 상품')이 화폐의 가치를 재현하는 것처럼 나타난다. '얼마짜리' 라는 화폐의 가치를 제대로 표상하지 못하면 어떤 것도 상품이 되지 못하며, 가치를 갖지 못하게 되는 것이다. 그래서 맑스는 이렇게 말한다. "화폐가 상품을 대표〔재현〕하는 것이 아니라 상품이 화폐를 대표〔재현〕한다."(맑스,『정치경제학 비판 요강』I, p. 187) 이런 점에서 화폐는 모든 상품들에게 가치를 부여하는, 다시 말해 상품으로서의 '생명' 을 부여하는 존재다. 화폐는 상품세계의 신이다!

일반적 등가물로서 화폐를 통해 생산물의 가치를 통일적으로 비교할 수 있는 비교공간이 만들어지고 이로써 상품세계가 만들어진다고 했는데, 이런 점에서 화폐와의 교환가능성은 어떤 생산물이 상품세계에 들어가기 위한 입장권이라고 해도 좋을 것이다. 마찬가지로 모든 상품소유자는 상품을 화폐와 교환하고자 욕망한다. 화폐는 상품소유자의 욕망의 대상이고, 상품 자체의 욕망의 일반적 대상이다. 화폐는 단순히 두 상품의 교환을 매개하는 중립적 수단이 아니라, 자신의 가치를 인정받고자 하는 모든 것에 대해, 상품이 되고자 하는 모든 것들에 대해 생사여탈의 권력을 가진 권력자다. 그것은 모든 상품들이 그 휘하에 들어가려고 하는 초월적 군주다. 이 초월적 권력을 통해 상품세계는 단일한 공간으로 통합되고 통일되어 있다. 즉 화폐는 다양한 생산물을 하나의 상품세계로 통합하는 통합자다.

### 4. 화폐와 물신주의(物神主義)

생산물 내지 상품들의 가치가 등가물을 통해 자신을 표현하는 것이 아니라, 화폐로 인해 생산물이 가치를 부여받고 상품으로서의 생명을 부여받는 것처럼 나타나는 이 신비한 역전 현상, 화폐가 상품들의 신으로 나타나는 이 기묘한 역전 현상을 맑스는 '물신주의'(fetishism)라고 부른다. 이는 모든 상품소유자, 모든 생산자가 화폐를 욕망하고 화폐라는 물신을 섬기는 현상을 수반한다는 점에서 흔히 '물신숭배'(物神崇拜)라고 하기도 한다.

    물신주의란 단지 화폐에 대한 과도한 욕망을 비난하는 말은 아니며, 화폐를 신처럼 떠받들고 섬기는 '주관적' 태도를 지칭하는 것만도 아니다. 그것은 타자와의 관계를 표현하는 표현적 능력이, '타인에 대해 유의미한(valuable) 활동'이, 나아가 그 능력과 활동의 사회적 성격이, 가치라고 불리는 "노동생산물 자체의 물적 성격〔물건들의 자연적 성격〕으로 보이게"(I, p. 93) 되는 것을 지칭한다.

    이는 심지어 선물과 같은 질적이고 증여적인 관계조차 그 가치(값)

에 의해 평가되는 양적인 교환으로 바꾸어놓는다. "아니 이런 경우가 있나! 나는 10만원짜리 선물을 했는데, 겨우 만원짜리로 답례를 해?" 이로써 선물의 본질은 이제 선물로 주어진 상품의 가치로 대체된다. 선물을 주는/받는 관계가 선물로 주어지는 물건의 '물적 성격'으로, 그 양적 가치로 환원되는 것이다. 이는 생산물이 가격표 없이는 존재할 수 없는 "상품으로 생산되자마자 거기에 부착"되는 것이다(I, p. 93).

이러한 사태는 화폐가 생산물을 상품세계 안으로 통합하는 초월적 중심이라는 사실의 다른 표현이다. 이는 누군가가 의도적으로 속임수를 써서 만들어낸 마술이 아니라, 생산물이 화폐를 통해서만 자신의 가치를 확인할 수 있는 세계의 '실상'이고, 생산이나 교환에 관여된 모든 사람들을 사로잡고 있는 실제적인 현실이다. 즉 물신주의란 상품이나 화폐에 의해 만들어지는 이데올로기가 아니며, 그것이 항상 끌고 다니는 "거짓된 허구"가 아니라, 화폐에 의해 모든 것이 상품화되는 세계의 진정한 현실인 것이다. 이런 의미에서 물신주의란 초월자로서의 화폐에 의해 상품의 가치가 정의되는 **현실적인 메커니즘**의 이름이다.

이는 자본주의에서 모든 '가치'가 화폐적 가치로 동질화되는 메커니즘이기도 하다. 여기서는 어떠한 생산물도 화폐를 통해서만 자신의 가치를 획득하며, 반대로 화폐화될 수 없는 것이라면 어떤 것도 자신의 가치를 인정받지 못한다. 뿐만 아니라 화폐와 교환될 수 없는 것은 화폐가 지배하는 세계인 자본주의에서는 존재이유(raison d'être)를 발견할 수 없다. 이런 생산물이 계속하여 생산되고 존재하기를 기대하는 것은 수전노가 자선사업에 나서기를 기대하는 것만큼이나 가능성이 없는 일이다. 상품성이 떨어지는 품종, 혹은 들인 품에 비해 싼 값을 받는 것들은 점차 단종(斷種)과 소멸의 길로 들어서고, 반대로 '돈이 되는 작물'이나 '환금성이 좋은' 물건들은 증산되고 증가된다.

이리하여 화폐는 이제 생물학과 생태학적 분포마저 포획하고 지배하게 된다. 홍옥, 국광, 아오리, 인도, 스타킹 등등 다양하던 사과들은 모두 '환금성이 좋은' 후지로 대체되고 단일화된다. 벼도, 옥수수도 모두 상품성·환금성이 좋은 것으로 단일화된다. '환금성'이 떨어지는 것은 '가치 없는'(!) 종이 되어 멸종의 운명으로 밀려가고, 생물들의 품종적 다양성은 화폐적 단일성으로 대체된다. 화폐와 자본이 지배하는 세계는 이처럼 화폐화될 수 없는 모든 것을 점차 제거하고 축소하며 '부정'한다. 화폐는 이질적인 것을 동질화하고 다양한 것을 단일화(획일화)하는 초월적 가치다.

초월적 가치로서 화폐는 '화폐화의 강박증'을 만들어낸다. 이제 모든 생산물들은 상품세계의 피안(彼岸)에 있는 화폐라는 초월적 가치로 자신의 고유한 '가치'를 대체하고 교환하기를 바라고 욕망한다. 각각의 생산물이 갖고 있는 고유한 '가치'는 초월적 존재로서 화폐의 화려한 금빛 광채 앞에서 자신의 빛을 잃어버리고, 오직 그 금빛 광채의 밝기로 자신의 가치를 치장하고자 하게 된다. 자신이 먹는 것도, 자신의 딸도 금으로 바꾸어버렸던 미다스 왕의 욕망이 상품소유자들에게 전염되고 일반화된다. 이로써 초월적 피안(彼岸)으로서의 화폐를 통해 차안적(此岸的)이고 현세적인 모든 '가치'들이 부정된다. 아마도 니체라면 여기서 화폐화될 수 없는 모든 '가치'를 부정하고자 하는 허무주의(nihilism)를, 피안의 초월적 가치에 대한 선망과 찬양으로서의 부정적 허무주의를 발견할 것이 틀림없다.

상품세계는 오로지 화폐라는 피안의 가치를 통해서만 자신의 '가치'를 긍정할 수 있다는 점에서, 언제나 피안의 세계만을 갈구하는 기독교적 세계와 동형성을 갖는다. "이와 같이 사실상 화폐는 개별적인 것을 초월하는 고양된 지위를 나타내고, 그 지위의 전능성에 신앙을 부여해 준다. 이 신앙은 지고의 원칙(신)에 대한 신앙과 유사한 것이다." (짐멜, 『돈의 철학』, p. 304) 또한 이는 화폐라는 피안을 통해서 차안의 세계를 보고, 차안의 '가치'를 그저 피안의 순수한 화폐적 형상이라는 모델(이데아)을 모사한 것으로 본다는 점에서, 플라톤 이후 서양 형이상학의 세계와 나란히 간다. 이런 점에서 화폐가 상품세계의 신(神)이란 말은 결코 과장이 아니다. "화폐가 단순한 유통수단으로 나타나는 하인의 형태에서 갑자기 상품 세계의 지배자이자 신이 된다. 상품들은 화폐의 지상의 존재인 반면, 화폐는 상품들의 천상의 존재를 표상한다."(맑스, 『정치경제학 비판 요강』I, p. 212)

이러한 화폐적 신이 지배하는 세계에서 벗어나지 않고서, 모든 것을 가치에 따라 계산하고 모든 활동을 등가성을 기준으로 계산하는 화폐의 지배에서 벗어나지 않고서, 삶의 다양성을 긍정하는 것이 과연 가능할까? 어떤 것도 화폐가 되는 한에서만 존속할 수 있는 저 화폐의 초월적 권력에서 헤어나지 않고서 상호간의 상생을 추구하는 "자유로운 개인들의 자발적 연합"이 과연 가능할까? 화폐를 선망하고 모든 것을 화폐화하고자 하는 욕망의 배치를 바꾸지 못하고서, 다양한 욕망의 형태로 펼쳐지는 자유로운 삶이 대체 과연 가능할까? 우리 스스로 화폐의 자본주의적 사용에서 벗어나지 않고서 자본주의를 전복하는 것이 과연 가능할까?

물론 맑스주의자들을 포함해서, 경제학자들은 화폐에 반하는 이러한 사유의 천진성과 공상성, 혹은 위험성을 지적할 것이 틀림없다. 어디 경제학자뿐일까? 화폐나 가치법칙이 없다면 적절한 생산량의 조절은 물론 경제의 활기도, 사람들의 경제적 활동 자체도 불가능해지지 않을까? 그러나 이는 현재 지배적인, 따라서 화폐적이고 자본주의적인 생산과 경제의 외부를 사전에 봉쇄하는 근심이고, 현재의 지배적인 체제를 유지하는 근심이며, 모든 새로운 삶의 꿈과 욕망을 근절하는 근심이다. 차라리 이렇게 질문하자. 모든 것을 화폐로 환산하고 화폐로 바꾸려는 욕망 자체가 탈주선을 그릴 수 있게 해주는 그런 화폐의 사용은 불가능할까? 비축된 화폐나 상품이 타인에 대해 권력을 행사하기 어려워지는 그런 종류의 화폐는 불가능할까? 화폐의 권력 내지 화폐의 지배가 무력화되는 그런 종류의 화폐는 불가능할까? 요컨대 이미 척도이길 그친 화폐, 권력이요 신이길 중단한 화폐, 혹은 이미 소멸하기 시작한 화폐, 그래서 이미 '반(反)화폐'요 '비(非)화폐'인 그런 화폐는 불가능할까?

## 5. 화폐의 기능과 발생

### 1) 화폐의 기능

그런데 여기서 다시 질문해야 할 것이 있다. 단순한 가치형태나 확대된 가치형태는 생산물의 가치를 표현하는 자연발생적 형태라고 할 수 있지만, 일반화된 가치형태나 화폐형태는 결코 그렇지 않다. 확대된 가치형태가 진화해서 일반화된 가치형태나 화폐형태가 되는 것이 아니며,

그 사이에는 거대한 심연이, 근본적인 비약이 존재한다고 했다. 그렇다면 일반화된 가치형태 내지 화폐형태는 어떻게 하여 성립하게 되는 것일까? 그 비약은 대체 어떻게 일어나는 것일까?

이에 대해 말하기 전에 우선 화폐의 기능에 대해 간단히 말하고 시작하자. 맑스는 이를 '화폐 또는 상품유통' 이라는 제목 아래 『자본』I권의 3장에서 소개하고 있다. 거기서 맑스는 화폐의 기능을 가치척도, 유통수단, 축장수단, 지불수단, 세계화폐 등의 순서로 소개한다. 먼저 가치척도의 기능이란 앞서 화폐형태의 도식에서 말한 그대로 상품가치를 재고 비교하는 척도로서의 기능이다. 이는 일반적 등가물의 자리에 화폐가 들어서자마자 발생하는 기능이라고 말할 수 있을 것이다.

유통수단의 기능이란 상품의 교환을 매개하여 상품의 유통을 촉진하는 기능을 뜻한다. 시장에서 상품의 구매에 사용되는 화폐가 바로 이런 기능을 수행하는 경우의 예라고 하겠다. 이는 화폐의 기능 가운데 우리에게 가장 친숙하고 익숙한 것이지만, 이러려면 그것이 일반적 등가물로서, 상품의 가치를 재는 능력을 갖추어야만 한다. 즉 유통수단은 모두 이미 가치척도 기능을 갖고 있어야 하지만, 가치척도가 모두 유통수단인 것은 아니다. 약간 다른 경우지만, 가령 성적은 학생들의 능력을 양화(量化)해서 재는 가치척도지만, 어떤 의미에서도 '유통수단'은 아니다.

축장(蓄藏)이란 부(富)를 순환 내지 유통시키는 게 아니라 빼돌려 모으고 저장하는 것이다. 소박한 경우를 예로 들면, 돈을 아껴서 금고나 장롱 속에 감추어두며 모으는 것이 그것이다. 이렇게 해서 평생을 모아 수억의 돈을 모은 사람들의 얘기를 종종 신문에서 볼 수 있다. 축장수단의 기능이란 바로 이런 축장을 위해 화폐를 이용하는 경우에 해당된다. 상품이나 물건을 쌓아둔다고 언제나 '재산'이 되는 건 아니다. 자본가의 창고에 쌓인 물건은 창고료만 잡아먹는 재고가 되어 쓰레기로 버려지는 경우가 있다. 이는 특히 경제적 공황기에 흔히 나타난다. 어떻든 그것은 팔려야만 재산이 될 수 있기 때문이다. 이런 축장수단으로는 화폐만이 아니라 토지나 주택 같은 부동산이 사용되기도 한다. 한편 화폐는 감추고 모아두는 데 아주 편리하다는 장점도 있다.

지불수단의 기능은 가령 채무를 갚는다든지, 벌금을 낸다든지 하는 데 화폐를 이용하는 경우에 해당된다. 즉 채무나 의무, 죄의 대가를 지불하는 데 사용되는 기능이다. 물론 물건을 사고 그 값을 돈으로 지불하는 것도 '지불'이 아닌가 하겠지만, 이 경우에는 사는 것과 동시에 '지불'해야 한다는 점을 유념할 필요가 있다. 반면 채무나 벌금은 일정한 시간을 두고 나중에 지불된다. 상품을 받는 즉시 지불하는 것이 유통수단의 특징이라면, 이처럼 일정 시간 뒤에 지불하는 것이 지불수단의 특징이란 점에서 양자는 구별될 수 있다. 하지만 좀더 근본적인 차이는 채무를 갚는 것이나 벌금을 내는 것은 무언가를 사고 팔아 유통시키는 기능을 하진 않는다는 점이다. 이 점에서 유통수단과 지불수단은 근본적으로 다른 성격을 갖는다.

세계화폐의 기능은 국가간에 유통수단이나 지불수단으로 화폐가 사용되는 경우에 해당된다. 지난 세기에는 영국의 파운드가, 지금은 미국의 달러가 이런 세계화폐의 기능을 수행하고 있다. 이는 다른 나라의 화폐들에 대해 일반적 등가물이 되는 것을 뜻하기에, 척도의 척도라고 해도 좋을 것이다. 그런 만큼 이런 화폐는 화폐가 상품에 대해 갖고 있는 권력을 여러 나라의 화폐들에 대해 갖고 있으며 실제로 행사한다. 대개는 경제적으로나 정치적으로 지배적인 나라의 화폐가 이런 세계화폐의 기능을 수행한다.

여기서 가치척도의 기능을 가장 먼저 언급한 것은 당연하다. 왜냐하면 그것은 어떤 물건이 화폐가 되기 위한 논리적 전제기 때문이다. 이는 가치형태론에서 화폐가 성립되는 과정을 통해 살펴본 것이기도 하다. "금의 첫째 기능은 상품세계에 그 가치표현의 재료를 제공한다는 점, 또는 상품들의 가치를 …… [질적으로 동일하며 양적으로 비교가 능한 크기]로 표현한다는 점에 있다. 그리하여 금은 가치의 일반적 척도로서 기능하는데, 오직 이 기능에 의해서만 금이라는 특수한 등가상품은 화폐로 되는 것이다."(I, p. 120)

여기서 화폐의 기능은 '화폐 또는 상품유통'이라는 제목 아래 서술되고 있는데, 이는 『자본』에서 화폐에 대한 관심이 벌금이나 수전노식의 축재(蓄財)가 아니라 상품의 교환과 유통이라는 경제적 기능에 맞추어져 있기 때문이다. 즉 교환의 수단이나 투자되어 증식되는 수단으로서 화폐를 다루려는 관심이 '상품유통'이란 제목 아래 화폐를 다루게 한다는 것이다. 채권/채무와 지불수단의 기능 또한 지불이 연기된 상품유통에서 연유하는 것으로 제한해서 다루는 것도 동일한 이유에서일 것이다.

그렇지만 근대 이전의 세계에서 지불수단은 상품유통에서 발생한 채무보다는 경제적이지 않은 이유에서 발생한 채무와 깊이 연결되어 있었다. 벌금이나 증여금, 지참금, 조공 등이 그것이다. 이는 상품의 교환이나 상품유통과 **무관하게** 발생한다. 따라서 지불수단의 기능이 유통수단의 기능에서 발생한다고 본다면, 논리적으로도, 역사적으로 잘못된 결론에 이르게 될 것이다. 맑스가 앞서 말한 관심 속에서 화폐를 다루면서도, '화폐 또는 상품유통'이라고 명명된 장을 '가치척도', '유통수단', '화폐'란 제목의 절로 나누고, 지불수단을 유통수단과 구별되는 세번째 절에서 다루는 것을 어쩌면 이런 차이를 가시화하는 것으로 이해할 수도 있지 않을까?

어쨌건 중요한 것은 유통수단의 기능을 화폐의 일차적이고 본질적인 기능이라고 생각해선 안 된다는 점이다. 화폐를 교환수단 내지 유통수단으로서 간주하고 거기서 다른 기능을 추론하는 경우, 화폐의 전혀 다른 기능이 작동하고 사용되는 양상을 놓치게 된다. 이는 특히 근대 이전의 사회를 이해하면서 상품유통이 일반화된 근대세계의 이미지를 그 이전의 사회에 투사하는 오류를 범하게 된다. "화폐를 교환수단(유통수단)으로 정의하는 숙명적 과오는 인류학자들에 의해 부연되어 무문자사회에까지도 적용되었다. …… 화폐에 대한 이러한 좁은 정의는 화폐의 본질에 관한 왜곡된 이미지를 낳았으며, 결국 비시장사회의 경제분석에서 극복하기 어려운 장애물이 되었다."(폴라니, 『사람의 살림살이』 I, pp. 206~207)

## 2) 화폐형태의 발생

다시 화폐형태의 발생에 관한 앞서의 질문으로 돌아가자. 이에 관한 통상적인 대답은 교환의 확대를 통해 화폐가 발생했다는 것이다. 즉 교환 내부에서 교환의 편의를 위해 교환수단/유통수단으로서 화폐가 자연발생적으로 발생했다는 것이다. 그러나 가치형태의 도식을 검토하면서, 확대된 가치형태에 교환되는 물건의 수를 늘린다고 일반화된 가치형태나 화폐형태가 될 수 없다는 것은 이미 본 바 있다. 상품들 사이에서 하나의 상품을 화폐라는 대표자 내지 권력자로 '선출' 하는 절차가 있었다는 식의 환상적 설명을 화폐가 발생하던 아주 오래된 역사에 적용하지 않고선, 그런 순수 '경제적' 설명은 성립되지 않는다.

전국적 화폐를 만들고자 했던 진시황은 하나의 예가 된다. 중국을 통일하여 최초의 제국을 세웠던 진시황은 군현제도 및 도량형의 통일과 더불어 화폐주조에 지대한 관심을 갖고 있었다. 그런데 "과연 이것을 일반론적으로 당시 진의 상품화폐경제가 발달했기 때문에 그러한 경제적 조건과 수요에 부응하기 위한 것이라고 설명할 수 있는지는 극히 의문이다. …… 왜냐하면 혜문왕의 화폐주조가 효공기에 이뤄진 상앙변법과 밀접한 관련 하에 추진된 것으로 이해하는 것이 타당하다면, …… 화폐정책도 단순히 상품경제 · 상업의 발전을 촉진하기 위한 것이라기보다는 오히려 제민(諸民) 지배정책의 일환으로 이해하는 것이 바람직하기 때문이다"(이성규, 『중국 고대제국 성립사 연구』, pp. 186~187).

단지 역사적 사례의 문제뿐만 아니라, 논리적인 문제도 남는다. 생산물이 상품이 되려면, 이미 본 것처럼 경제학적 의미의 가치 개념이 성립하려면, 일반적 등가물인 화폐가 있어야 하기 때문이다. 이는 화폐는 시장에서 상품교환이 확대되고 발전하여 나타나는 게 아니라, 다시 말해 상품교환의 발전을 통해 발생하는 게 아니라, 화폐가 있음으로 인해 비로소 생산물들이 상품으로 교환될 수 있음을 뜻한다. 그렇다면 생산물로 하여금 상품이 되게 만드는 저 화폐는 대체 어디서 어떻게 발생한 것일까? 요컨대 대체 화폐형태는 어떻게 발생하고 성립된 것일까?

이를 분명하게 하기 위해선 유통수단으로서의 화폐와 지불수단으로서의 화폐를 확실하게 구별할 필요가 있다. 그리고 지불수단으로서의 화폐는 상품의 교환이나 유통과 무관하게 기능하고 사용된다는 점을 다시 상기하자. 그렇다면 화폐가 유통의 발전에서 자연발생적으로 만들어질 수 없다면, 다른 이유로, 즉 지불수단으로서 사용하기 위해 만들어졌다고 할 수 있지 않을까? 가령 서양경제사에 대한 연구에서 베버(M. Weber)는 지불수단으로서의 화폐가 유통수단에 비해 발생적으로 먼저였다고 쓰고 있다.

> 화폐는 '국정적(國定的) 지불수단'과 일반적 '교환수단'의 역할을 해왔다. 역사적으로 보면 이 두 가지 기능 중 전자, 즉 **국정적 지불수단의 기능이 더 오래된 것이었다**. 이 단계에서 화폐는 교환되지 않는 화폐였다. 교환되지 않는 화폐란 무엇인가? 교환이 없는 경제에서도 화폐는 하나의 경제로부터 다른 경제로, 교환에 기초를 두지 않고 지급될 수 있는 지급수단으로 필요할 수도 있음을 의미한다. 예를 들면 조공이나 수장에게 보내는 증여물, 결혼시의 납폐(納幣), 신부 지참금, 살인벌금, 속죄금, 벌금 등이 그 전형적인 경우로, 지불수단으로 납입되는 것이다. (베버, 『사회경제사』, p. 253)

경제인류학자로서 서양경제사를 연구했던 인류학자 폴라니(K. Polanyi)는 채권-채무관계를 시장에 선행하는 원시적인 현상이라고 말하면서(『사람의 살림살이』 I, p. 39), 지불수단으로서의 화폐를 이러한 채권-채무관계로, 혹은 형법적인 범죄로 소급하여 설명한다. 지불이란 채무자나 범죄자, 부정한 자, 신분이 낮은 자 등에게 주어진 책무였다는 것이다. 이처럼 "채무를 진 사람이 결제에 사용한 단위가 물리적 존재일 때 화폐의 완전한 지불수단적 용법이 나타난다"(폴라니, 앞의 책, p. 210). 그리고 이러한 지불은 근대적인 지불과 달리 채권-채무의 균형을 회복할 필요성에서 유래하는 것이 아니라 순수하게 질적인 요인이었다. 한편 교환수단으로서 화폐의 용법은 원시적인 사회에서는 거의 아무런 중요성을 지니지 않는다(같은 책, pp. 232~233). 반면 근대 사회처럼 "화폐가 사회 속에서 교환수단으로 확립되면 …… 화폐는 그것이 교환수단이기 때문에 지불수단이 된다"(같은 책, p. 211).

따라서 우리는 이렇게 추론할 수 있다. 화폐는 상품의 유통과 무관하게 지불수단으로서 국가에 의해 만들어졌고, 그것이 유통에 투입되고 사용되면서 상품들의 가치를 재고 비교하게 하는 가치척도가 된 것이라고. 이런 점에서 화폐란 확대된 가치형태 내부에서 발생한 것이 아니라, 그 바깥에서, 경제의 바깥에서 국가에 의해 만들어져 경제적 교환 내부로 끌어들여진 것이라고.

하지만 화폐의 역사는 이러한 추론조차 성급한 것이라고 충고한다. 왜냐하면 지불수단으로서의 화폐가 유통수단으로서의 화폐와 동일한 것이라는 잘못된 가정을 하고 있기 때문이다. 그러나 벌금을 내는 돈과 물건을 사는 돈이 같을 순 없다. 이 때문에 여러 종류의 화폐가 생기기도 했고, 화폐들이 사용되는 거래 사이에 넘을 수 없는 벽이 만들어지기도 했다. 물론 화폐는 그 벽들을 넘어서는 거래를 만들어내지만, 이 경우에도 사람들의 신분에 따라 다르게 사용되기도 했으며, 심지어 화폐에 따라 다른 이자율이 적용되는 경우도 있었다.

그렇다면 교환수단으로 사용된 화폐는 어디서 발생했는가? 이에 대해 베버는 이렇게 말한다. "**일반적 교환수단으로서 화폐의 기능은 대외교역에서 시작된 것이다.**"(베버, 『사회경제사』, p. 255) 여기서 교역은 무엇보다 우선 대외적인 증여였다. "두 나라 사이의 평화상태는 양국의 지배자간에 항상 증여가 행해지는 것을 전제로 한다. 이것은 곧 상업적 성질을 가진 추장교역이며, 추장상업은 이로부터 발달하였다. 증여가 단절된다는 것은 전쟁을 의미했다."(베버, 앞의 책, p. 255) 지불수단으로서의 화폐가 교환수단의 성격을 갖게 되는 것은 바로 이 지점에서다. 이로써 교환수단이라는 성격과 지불수단이라는 성격은 교착되고 공존하게 된다.

이 경우에도 분명히 확인할 수 있는 것은 교환수단으로서의 화폐가 발생하는 지점 역시 내부적인 교환, 혹은 (경제적) 교환관계의 내부가 아니라, 국가가 관여된 대외교역이었다는 사실이다. 폴라니도 교역의 기원이 경제의 내부가 아니라 외부영역에서였다고 지적한다. "시장은 주로 경제의 내부에서 기능하는 제도가 아니고, 제도 밖에서 기능하는 제도였다. 시장은 원격지 교역의 회동장소였다. 본래의 [내부의] 국지적 시장(local market)은 별로 중요하지 않았다."(폴라니, 『거대한 변환』, p. 79)

왜냐하면 대외시장은 없는 재화를 거래하는 교역이기 때문이다. 따라서 대외시장은 [내부의] 국지적(local) 시장과 기능이나 기원 모두를 달리하는 제도다(같은 책, p. 81). 그리고 이러한 대외교역으로 돈을 벌던 도시의 상인들이, 인근 지역으로 시장이 확대되는 것을 막기 위해

도시에 강력한 벽을 두르고, 도시 외부에서의 판매를 금지하는 법을 만들었으며, 특권적인 길드와 도시동맹체를 운용했다는 것은 잘 알려진 사실이다.

그런데 교환수단으로 화폐가 발행되었다고 해서 그것이 일반적 등가물의 자리를 차지할 수 있는 것은 아니다. 가령 앞서 보았듯이 대내적인 교역이 발전한 곳에서도 여러 종류의 등가물들이 사용되고 있는 경우가 많아, 심지어 국가가 발행하는 화폐의 경우에도 유일한 등가물의 지위를 차지할 수 없었던 것이다. 화폐가 그런 위치를 획득하게 되는 것은, 이러한 교역과 별개의 과정인 조세(租稅)를 통해서였다.

예를 들어 에두아르 빌(E. Will)은 그리스의 도시 코린트의 전제정과 관련해서 화폐가 교환, 상품, 혹은 상업의 요구로부터 파생된 것이 아니라 조세로부터 파생된 것이라고 주장한다(들뢰즈/가타리, 『천의 고원』 II, p. 231). 즉 코린트 국가는 지주들의 토지를 빈민들에게 분배했고, 빈민들에게는 국가가 발행한 화폐를 제공했으며, 그 화폐로 지주들에게 토지값을 지불하도록 했다. 그리고 지주들에겐 그 화폐로 세금(지불수단!)을 내게 했다. 만약 마지막에 말한 것이 없었다면, 국가는 지주와 빈민을 속인 게 되었을 것이다. 지주는 그 자체론 아무 쓸모도 없는 화폐를 받고 끝났을 것이기 때문이다.

이처럼 국가는 자신이 발행하는 화폐로 세금을 지불하게 함으로써 일반적인 지불수단으로서의 유효성을 화폐에 부여할 수 있었다. 그리고 그것은 국가가 포괄하는 범위 안에서 다양한 등가물(화폐)들이 하나의 등가물로 통합되고 통일될 수 있게 하는 조건이 되었다. 요컨대 화폐는 교환수단 내지 유통수단 이전에 지불수단으로 발생했으며, 교환수단으로서 화폐는 내부시장이 아니라 국가의 대외교역에서 발생했다. 한편 국지적인 범위에서 유통수단으로, 등가물로 기능하던 복수의 화폐들은 국가적인 범위에서 국가가 발행하는 화폐를 통해서 하나로 통합될 수 있었고, 조세는 이러한 통합의 실질적인 조건을 제공했다. 이런 의미에서 화폐가 단일한 일반적 등가물이라는 초월적 지위를 갖게 되는 것 또한 국가의 조세를 통해서였다고 할 수 있을 것이다. 이는 화폐가 근대적 통념과 반대로 시장적인 성격을 갖는 게 아니라 국가적인 성격을 갖는다는 것을 보여준다. 화폐가 상품세계에 대해서 갖는 초월성 및 권력은, 바로 국가가 갖는 초월성 및 권력과 분명한 상응성을 갖는 것이다.

### 철골과 유리의 환상—탈코드화된 세계, 탈영토화된 세계

빅토르 발타르, 파리의 중앙시장인 레알 상트랄의 외부, 1853년(위) / 파리 중앙시장의 내부(아래)

대규모의 파리 개조사업을 주도했던 오스망(Baron Haussmann)의 구상에는 이미 파리의 중심부에 거대한 중앙시장을 만들려는 계획이 포함되어 있었다. 나폴레옹 3세의 충실한 남작이었지만, 그는 파리의 새로운 중심을 시장이, 화폐가 장악하리라는 것을, 아니 이미 장악하고 있다는 것을 잘 알고 있었던 것이다.

팍스톤. 수정궁 내부, 1851년(위) / 1889년 파리 만국박람회의 기계전시장(아래)

수정궁은 런던에서 개최된 제1회 만국박람회장으로 지어졌다. 인상적인 것은 시장의 벽과 천정이 모두 철골과 유리로 되어 있었다는 점이다. 파리의 박람회장도, 파리의 중앙시장이나 모네의 그림에 나오는 역사(驛舍)들도 모두 그런 식으로 지어졌다. 에펠(Gustave Eiffel)의 가라비 철교처럼 철골이 산업문명의 힘의 상징이었다면, 유리벽은 그 세계의 투명함을 가시화하려는 상징이었다. 먼저 그것은 두터운 벽으로 둘러싸인 왕궁의 닫힌 세계와 대비되는 개방된 세계, 누구나 안에서 바깥 세상을 풍경으로 영유할 수 있게 된 '휴머니즘'의 세계를 상징했다. 또한 그것은 모든 것이 상품이 된 세계, 따라서 이해할 수 없는 사물의 어떤 깊이도 남겨두지 않는, 오로지 화폐의 명료한 숫자로 모든 가치가 환원되는 그런 세계의 투명성을 뜻하는 것이기도 했다. 이는 이후 모더니즘 건축을 통해서 일종의 보편성을 획득하게 된다. 지금도 유리와 간단한 골조만으로 만든 매끄러운 건물들이 세계의 대도시를 채우고 있다. 자본주의와 손잡은 고도기술(하이테크)의 힘과 아름다움을 자랑하면서.

3장_가치와 화폐 | **97**

공 업 도 시 의  이 미 지

**크룩섕크의 풍자화 「벽돌과 타르의 행진」, 1829년**
대포 같은 굴뚝에서 벽돌과 타르를 쏘아대면서 도시의 바깥으로 전진하는 공장들의 행진. 자본주의와 근대화는 언제나 이렇게 시작되고 이런 식으로 확장된다.

**19세기 중반의 맨체스터**
만화 같은 행진을 통해 이미 확고하게 벽돌들로 지표면을 가득 채운 공장들, 그리고 다시 새로운 공격을 시작하는 매연과 분진들이 매일매일 포연처럼 피어오른다. 이는 어느새 일상이 되어, 냄새맡을 능력조차 상실한 채 우리는 그 포연 속에서 전쟁 같은 삶을 살고 있는 게 아닐까?

**공업도시의 전면, 20세기 초 영국**
출근하고 등교하는 아침일까? 아니면 점심시간의 활기로 가득한 대낮일까? 공장의 굴뚝이 쏟아낸 연기가 건물들에 엷은 막을 만드는 대기 속에서도 그들은 활기차 보인다. 이 활기에 비하면 뿌연 대기쯤이야 치를 만한 대가일 게다.

**공업도시의 이면**

어느 도시일까? 공업도시라면 어디나 있을 만한 풍경이다. 자본주의는 건물을 만들고 도로를 시멘트로 포장하며 거리를 '청소'하고 다듬지만, 오직 자본이 통과하는 것에 대해서만 그렇게 한다. 그 건물들 사이, 혹은 거리의 뒤편 눈에 잘 보이지 않는 곳, 자본이 별로 사용하지 않는 곳은, 건물을 짓고 거리를 치우면서 만들어진 폐기물들로 메워지고, 그 건물과 도로에 막혀 흐를 길을 잃은 채 썩어가는 폐수들로 가득 찬다. 그리고 그 더러운 벽과 하수 사이에서 아이들이 논다. 하긴 피할 수 없다면 차라리 속없이 노는 것이 행복한 일일지도 모른다.

# 4장_자본과 잉여가치

## 1. 가치론의 공리계

정치경제학의 아버지는? 그래, 애덤 스미스다. 그런데 왜 그럴까? 스미스 이전에도 경제현상을 연구한 사람들은 많이 있었다. 굳이 아리스토텔레스까지 갈 것도 없다. 윌리엄 페티(W. Petty), 존 로크(J. Locke), 데이비드 흄(D. Hume), 프랑수아 케네(F. Quesnay) 등등. 그런데 이런 사람들을 제껴두고 스미스를 유독 정치경제학의 아버지라고 하는 이유는 무엇일까? 그것은 스미스가 처음으로 부의 일반적 본질이 노동이라는 것을 발견했기 때문이다.

　대비해서 말하자면, 스미스와 거의 동시대를 살았던 중농주의 학파에서는 농업노동만이 부를 생산하며 다른 활동은 그렇게 생산된 부를 유통시키는 것이라고 보았다. 반면, 앞서 말한 것이지만 스미스는 모든 노동이 부의 본질이라고 보았다. 앞서 본 것처럼 상품의 가치는 노동시간에 의해 결정된다는 주장이 그것이다. 리카도는 여기서 좀더 나아간다. 그는 노동이 가치의 척도일 뿐만 아니라, 노동만이 가치를 생산한다고 보았다. 이처럼 노동이 부의 본질이고 가치를 생산하는 유일한 원천이라는 입장을 가리켜 '노동가치론'이라고 한다. 이것이 정치경제학의 가장 근본적인 가정이다. 따라서 정치경제학에서 가치론은 본질적으로 노동가치론에 기초하고 있다. 정치경제학은 이 노동가치론의 공리들에 의해 구성되는 하나의 '공리계'를 구성한다. 마치 유클리드 기하학이 다섯 개의 공리에 의해 구성되는 하나의 공리계를 구성하듯이. 정치경제학 공리계의 출발점이 되는 핵심적인 공리는 다음과 같이 요약할 수 있다.

① 모든 상품은 가치에 따라 교환된다. 즉 모든 교환은 등가교환이다(교환의 공리).

② 가치는 노동에 의해서만 생산된다. 즉 노동이 모든 가치의 기원이다(생산의 공리).

③ 가치의 척도는 노동시간이다. 즉 모든 가치는 노동시간으로 환원된다(척도의 공리).

보다시피 공리 ②는 리카도의 주장이고, ③은 스미스의 주장이다. 하지만 이 두 공리가 유효하려면 상품이 가치대로 교환된다는 전제가 필요하다. 그렇지 않다면 가치의 본질이 무엇이니, 그 기원이 무엇이니 하는 말들이 모두 무의미해지기 때문이다. 그래서 ①이 또 다른 공리로 필요했다. 이는 시장에서 행해지는 상품유통 일반에 대해 적용되는 것이다. 물론 여기에는 다른 전제가 있다. 가령 토지나 상품의 소유권은 오직 한 개인에게 배타적으로 귀속된다는 '소유의 공리'가 그것이다. 하지만 필요한 공리를 모두 나열할 순 없는 일이니, 노동가치론과 직접 결부된 것만 나열하는 것으로 만족하자.

한편 ③은 상품의 가치가 어떻게 결정되는가에 관한 것인데, 여기서 스미스와 리카도는 약간 의견을 달리한다. 리카도는 가치란 상품을 만드는 데 투여된 노동시간이라고 말한다. 가령 의자 하나 만드는 데 5시간 걸리고, 책상 하나 만드는 데 15시간 걸린다면, 책상 1개는 의자 3개와 교환돼야 한다는 것을 뜻한다. 생산에 직접 투여(투하)되는 노동시간이 상품의 가치를 결정한다는 것이다. 물론 그 노동시간은 평균노동시간이다. 그래서 이를 통상 '투하노동가치설'이라 부르기도 한다.

그런데 알다시피 시장에서 실제로 행해지는 교환은 이를 정확히 반영하지 않는다. 즉 가격은 가치에서 벗어나기 일쑤다. 그래서 스미스는 시장에서 실질적인 교환비율이 가치를 결정한다고 보았다. 물론 이 경우 교환비율은 그때마다 다른 '가격'이 아니라 수요와 공급의 균형점에서 형성되는 균형가격이다. 이 교환비율은 한 상품이 다른 상품에 행사하는 힘(몇 개를 지배할 수 있는가)이란 점에서 통상 앞의 것과 대비해 '지배노동가치설'이라고 부르기도 한다.

시장에서 발생하는 가치와 가격의 괴리는 노동가치론에 대해 반복하여 제기되는 근본적 난점이다. 투하노동만 강조하면 실제적인 가격을 설명하지 못하고, 가격을 강조하면 가치론은 사실상 폐기될 수 있기 때문이다. 스미스와 리카도는 어쩌면 이 난점의 두 측면을 나누어 갖고 있는 것이라고도 하겠다.

한편 노동가치론을 지지하는 맑스주의 정치경제학자들은 이런 난점을 해결하기 위해 가치란 투여된 노동시간이라는 명제를 수용하면서도, 가격은 가치에서 끊임없이 괴리되지만 결국은 가치로 수렴된다는 '수렴이론'을 채택한다. 더불어 개별 상품은 그 가격이 가치와 괴리되지만, 생산된 상품의 총생산가격은 상품의 총가치와 일치한다는 것으로 가치론을 해석한다. 요컨대 가격은 가치로, 따라서 노동시간으로 환원가능하다는 것이다. 이를 다음처럼 요약할 수 있을 것이다.

④ 가격은 가치에서 끊임없이 괴리되지만 결국은 가치로 수렴된다(수렴의 공리).

⑤ 상품의 연간 총생산가격은 상품 총가치와 일치한다(가격의 공리).

⑤는 상품 전체의 생산가격과 총가치라는 두 개의 거시적인 총계가 일치한다는 것으로 가치(법칙)를 정의한다는 점에서, 개별 상품의 미시적인 투하노동량을 통해 가치를 정의하는 리카도의 노동가치론과 다르다. 그래서 이를 고전경제학과 구별되는 맑스의 노동가치론이라고 말하기도 한다(윤소영, 『마르크스의 경제학 비판』, p.63). 이 경우 앞서의 공리들에 이 두 개의 공리를 추가함으로써 맑스주의 정치경제학의 공리계가 구성되는 셈이다. 그리고 여기에는 스미스나 리카도의 고전적 정치경제학과 구별되는 별도의 명제가 하나 추가된다. 그것은 잉여가치에 관한 명제로서, 투하자본에 발생한 모든 이윤은 잉여가치로 환원된다는 것이 그것이다. 이는 총이윤은 총잉여가치와 일치한다는 명제로 표현되기도 하는데, 다음과 같은 등식으로 요약할 수 있다.

⑥ 총이윤 = 총잉여가치.

이를 통상 '잉여가치법칙'이라고 부르는데, 이는 고전경제학에 없는 맑스주의 경제학 고유의 명제라고 간주된다. 이로써 **'잉여가치론'을 포함하는** 노동가치론의 정치경제학적 공리계가 만들어진다. 고전경제학의 기초인 가치론 내지 노동가치론을 맑스주의 경제학의 기초라고 말하면서도, 맑스주의 경제학이 '정치경제학 비판'이라는 맑스의 기획에 부합한다고 보는 것은 무엇보다도 우선 잉여가치에 관한 이 명제가 포함되어 있다는 사실을 통해 정당화된다.

그러나 명제 ④와 명제 ⑤, 그리고 명제 ⑥이 고전경제학에 대한 맑스의 비판적 요소들을 포함하고 있다고 하더라도, 그것이 고전경제학의 가치론을 근본적으로 전복하고 있는 것인지는 의문이다. 어느 것이든 고전경제학에 모호하게나마 전혀 없다곤 할 수 없는 요소들의 명료화거나, 그것의 결함을 정정하고 보충하여 좀더 명료하고 뚜렷하게 정리한 것이란 점에서, 고전경제학의 '연장' 내지 '발전' 혹은 '완성'이라고 말하는 것이 더 적절하다고 보인다.

어쨌거나 맑스주의 정치경제학이 노동가치론의 공리들을 부정한다기보다는 그것들 안에서 좀더 발전된 정합성을 추구한다는 점은 분명하다. 맑스주의 경제학이 빈번하게 고전경제학의 합리적 핵심을 계승했음을 자처하고, 그런 점에서 고전경제학의 '발전'임을 주장하는 것은 정확하게 이런 맥락에 놓여 있다. 그러나 잉여가치에 관한 명제 하나로 그들 전체와 계급성의 차이를 보증받을 수 있으리란 생각은 너무 소박한 게 아닐까? 나중에 리카도주의자들은 리카도 경제학 안에서도 잉여가치 개념이 정의될 수 있으며, 심지어 계급투쟁의 개념까지 끌어들일 수 있음을 보여줌으로써, 그 소박한 생각을 미풍에 날아가버릴 가벼운 종잇장으로 만들어버렸다. 맑스주의 경제학자들이 리카도주의자들과 잉여가치 개념을 두고 오랫동안 집요한 싸움을 벌이고 있던 것은 아마도 이 때문은 아니었을까?

가치론의 가장 기나긴 논쟁거리였던 이른바 '전형문제'도 이와 동일한 맥락에 있는 것으로 보인다. 맑스주의 정치경제학은 가치와 가격이 다르다는 난점을 해결하기 위해 ⑤에서 말한 명제, 즉 '상품의 총가치=상품의 총생산가격'을 주장한다. 그런데 비판자들은 그런 가정을 취하면 잉여가치론의 중심적인 명제인 '총잉여가치=총이윤'이란 등식이 성립하지 않음을 보여주었고, 이는 많은 맑스주의 정치경제학자들을 곤혹스럽게 했다. 그리하여 이 두 가지 '총계 일치 명제'가 양립한다는 것을 증명하여 가치가 가격으로 '전형'(transformation)된다는 노동가치론의 공리를 입증하려고 많은 사람들이 시도했다. 그러나 이 문제는 맑스적인 것이라기보다는 노동가치론 안에서 스미스의 공리와 리카도의 공리 사이에 있는 간극을 메우려는 시도라고 해야 하지 않을까? 그것은 '고전적인, 너무나 고전적인' 정치경제학의 문제고, 따라서 고전경제학의 난점을 해결하려는 시도라고 해야 하지 않을까?

이런 점에서 노동가치론의 공리를 정정하거나, 고전적인 공리계의 공백을 메우는 새로운 공리를 추가하는 것으로는, 흔히 말하듯 고전경제학의 비판적 발전을 이루리란 것은 분명하지만, 그것이 맑스가 평생을 걸었던 '정치경제학 비판'의 문제설정에 부합한다고 하긴 어렵지 않을까? 그것은 맑스의 '정치경제학 비판'이라는 기획과는 반대로 '정치경제학의 완성' 내지 '정치경제학의 발전' 혹은 '보충'이라는 기획을 실행하는 것이라고 해야 하는 건 아닐까? 맑스의 '정치경제학 비판'이라는 문제설정을 좀더 밀고 나가기 위해서는 고전적인 정치경제학의 가장 근본적인 기초를 이루는 노동가치론 자체를, 노동가치론의 공리계를 비판하고 전복해야 하는 게 아닐까? 맑스가 쓴 다음의 문장은 바로 이런 문제의식을 확인해 주는 것으로 보인다.

"(고전적인) 경제학은 가치와 가치량을 비록 불완전하기는 하지만 분석했……다. 그러나……**어째서 노동이 가치로 표현되며, 그리고 어째서 노동시간에 의한 노동의 측량이 노동생산물의 가치량으로 표현되는가**라는 질문을 한 번도 한 적이 없었다."(I, pp. 102~103)

맑스의 정치경제학 비판은 바로 이러한 문제를 제기하는 데서 시작한다. 왜 노동이 가치로 표현되는지, 왜 노동시간이 가치량을 결정하는지 질문하는 것, 그것은 노동가치론의 가장 근본적인 명제를 자명성에서 꺼내어 의문 속에 집어넣는 것이다. 이로써 맑스는 노동가치론의 가장 근본적인 명제들이 난점에 빠지는 곳에 주목한다. 그곳은 자본이 일반적인 형식으로 정의되는 지점이다. 거기서 그는 노동가치론의 근본적인 이율배반을 찾아낸다.

## 2. 노동가치론의 이율배반

### 1) 자본의 일반적 공식

『자본』 I권의 4장(「화폐의 자본으로의 전화」)에서 맑스는 '화폐로서의 화폐'와 '자본으로서의 화폐'를 구별한다. 화폐로서의 화폐는 유통수단으로 기능하는 화폐다. 반면 자본으로서의 화폐는 그 자체의 양적인 증식을 자신의 목적으로 하는 화폐다. 가령 고리대금업자의 화폐가 후자의 극단적 사례라면, 쌀을 팔아 옷을 사는 농부의 화폐는 전자의 예라고 하겠다. 이는 상품의 유통과 자본의 '유통'을 표시하는 상이한 도식으로 표시될 수 있다.

먼저 화폐가 단순히 상품의 유통수단으로 사용되는 경우를 보자. 농사지은 쌀을 팔아 옷이나 농기구를 사는 농민('소생산자'라고 한다)은 판매와 구매라는 두 단계의 과정을 경과한다. 판매는 상품(쌀)을 화폐로 바꾸는 것이니 C—M으로 표시할 수 있다(C=상품commodity, M=화폐money). 반면 구매는 그 화폐로 다시 옷이나 농기구를 사는 것이니 M—C′으로 표시할 수 있다. 따라서 전체적으로 표시하면 C—M—C′이 된다. 여기서 C와 C′은 질적으로 다른 상품이다. 앞의 농민의 경우 C가 쌀이라면, C′은 옷이다. 바로 이 질의 차이, 사용가치의 차이가 이러한 과정을 반복하게 하는 요인이다.

자본가의 경우에는 다르다. 그는 먼저 화폐를 갖고 시작한다. 그것으로 상품을 구입한다(M—C). 그러나 그 상품은 사용하려고 사는 게 아니다. 다시 팔려고 사는 것이다. 즉 그것을 다시 팔아 화폐로 바꾼다(C—M′). 따라서 이 경우 자본가는 구매와 판매라는 두 단계를 거친다. 이를 합치면 M—C—M′이라고 쓸 수 있다. 앞의 것과 C와 M이 상반되게 연결(계열화)되어 있다.

여기서 M과 M′은 모두 화폐다. 즉 질적인 차이를 갖지 않는 동일한 돈이다. 그런데 만약 M이나 M′이 양적으로 동일하다면 사실 그는 이 번거로운 과정을 시작하거나 지속할 이유가 없다. 알다시피 자본가는 돈을 벌려고, 다시 말해 애초에 투여한 것보다 많은 돈을 얻기 위해 구매와 판매의 번거로운 과정을 시작한 것이다. 따라서 M′이 M보다 크지 않다면 이런 과정은 반복될 수 없다. 즉 M′=M+$\Delta$M이어야 한다($\Delta$M : 화폐의 증가분). 가령 상품을 100만원(M)어치 샀다 팔아서 10만원이 남았다면, M′=110만원(100만원+10만원)이 된다. 단순한 상품유통의 경우 시작과 끝에 오는 C의 질적인 차이가 판매와 구매의 반복을 야기했다면, 여기선 양끝에 오는 M의 양적인 차이가 구매와 판매의 반복을 야기한다.

C―M―C′이 상품의 단순한 유통을 표시한다면, M―C―M′은 자본의 '유통'을 표시한다. 이 "형태로 유통하는 화폐는 자본으로 전환하여 자본이 되고, 그 기능의 관점에서 보면 이미 자본이다"(I, p. 190). 따라서 가장 일반적인 수준에서 자본이란 M―C―M′으로 표시할 수 있다(자본의 일반적 공식). 이는 자본이란 "증식을 목표로 유통에 투여되는 화폐" 혹은 "자기증식하는 화폐"임을 뜻한다.

이 두 도식을 비교함으로써, 맑스는 두 도식이 상이한 **욕망**을 표현하는 상이한 배치임을 보여준다. 참고로 덧붙이면, '배치'란 계열화의 양상으로 표시되는 사물의 상태를 뜻한다. C―M―C′과 M―C―M′은 똑같은 것이 계열화되는 양상이 달라짐에 따라 다른 상태 속에 들어감을 표시한다. 즉 다른 관계를 표시한다. 이렇게 배치 내지 관계가 달라지면 M이나 C의 본성 또한 달라진다. 앞의 배치에서 M은 그 자체가 목적이 아니라 C′을 사기 위한 수단이지만, 뒤의 배치에서 M은 구매와 판매의 목적이다. 이 두 개의 다른 배치에 대해 맑스는 이렇게 말한다.

"구매를 위한 판매의 반복 또는 갱신은[이 과정 자체가 그러한 것처럼], 이 과정 밖에 있는 최종적 목적으로서의 소비[즉, 특정한 욕망의 충족]에서 그 한도와 목표를 발견하게 된다. 이와는 반대로, 판매를 위한 구매에서는 시작과 끝이 동일한 것[즉, 화폐 또는 교환가치]이므로, 이미 이 운동은 무한한 것으로 된다."(I, p. 195)

C—M—C′은 사용가치를, 최후에 오는 상품의 질을 그 욕망의 대상으로 한다. 따라서 그것이 획득되면 이 판매와 구매의 운동은 정지된다. 반면 M—C—M′은 끝에 오는 M′ 자체가 운동의 목적이다. 아니, M′ 중에서도 증식된 화폐가 바로 이 운동의 목적이다. "끊임없는 이윤 추구 운동만이 그의 진정한 목적"인 것이다(I, p. 198). 두 가지 이유에서 이 운동은 전자(C—M—C′)와 달리 무한한 것이 된다.

첫째, 운동이 끝나는 곳에 있는 화폐는 M′으로 시작하는 또 다른 운동의 시점이 된다. M′—C—M″, M″—C—M‴ 등등. 둘째, M′에 포함된 증식분 $\Delta M$은 그 자체가 M으로서, 앞의 M과 마찬가지로 증식을 추구하는 화폐다. "가치의 증식이 문제로 되는 한, 증식의 욕구는 110(만)원의 경우에도 100(만)원의 경우와 마찬가지로 내재한다.…… 따라서 양쪽 모두 양적 증대에 의하여 부 자체로 접근해 가야 할 동일한 사명을 가지고 있"다(I, p. 196). 이런 이유로 인해 "자본의 운동에는 한계가 없다"(I, p. 196). 이는 이윤을 추구하는 자본가의 욕망이 무한히 지속되는 것을 표시한다. "이윤을 추구하는 억누를 수 없는 정열, 금에 대한 거룩한 갈망이 항상 자본가들의 행동을 규정한다."(I, p. 198)

요컨대 C—M—C′과 M—C—M′은 상이한 욕망의 배치를 표시하는 도식이다. 전자에서 욕망은 사용가치라는 질적 대상을 추구하지만, 후자에서는 양적인 증식을 추구한다. 이런 의미에서 $\Delta M$은 자본의 본질적 욕망이고, 자본의 본질을 정의하는 욕망을 표현하며, 무한한 자본의 증식을 위해 활동하게 하는 권력의 성분을 포함한다. 자본가란 이러한 자본의 욕망에 동일화되어, 그것에 따라 활동하는 사람들이다. 다시 말해 자본가란 자본의 이러한 운동논리를 따라 움직이고 행동하는 존재다. 이런 의미에서 맑스는 자본가란 자본의 의식적 담지자/대행자(Träger)라고 말한다(I, p.197).

M—C—M′, 이는 자본의 운동을 표시하는 일반적 공식이지만, 동시에 화폐가 자본으로서 사용되는 배치를 표시한다. 이를 '화폐의 자본주의적 사용'이라고 말해도 좋겠다. 화폐의 자본주의적 사용은 화폐의 자본주의적 운동을 무한히 연장하며, 무한한 자본주의적 욕망을 생산한다. 이는 직업적인 자본가만이 아니라, 가령 증식을 위해 부동산이나 증권을 사는 경우나, 이자를 받기 위해 돈을 투자하는 경우에도 해당된다. 이런 배치 안에서 돈은 아무리 많아도 충분하지 않으며, 좀 더 많은 돈을 위해 재투자되고 사용된다. 따라서 이러한 배치 자체가 바뀌지 않는 한, 생산력의 발전이나 물질적 부의 증가는 "능력에 따라 일하고 필요에 따라 가져가는" 그런 종류의 관계를 배태하기는커녕, 반대로 화폐의 증식을 추구하는 욕망에 따라 사용될 것이다.

그러나 이러한 두 도식을 통해서 맑스는 판매와 구매의 순서를 바꾸는 것만으로, 혹은 M과 C의 순서를 바꾸는 것만으로 전혀 다른 욕망의 배치가 만들어진다는 것을 보여준 셈이기도 하다. 그렇다면 자본주의에서 생산을 특징짓는 종류의 배치 또한 간단한 결합의 순서와 양상의 변화, 관계의 변화만으로 다른 종류의 배치로 변환시킬 수 있음을 시사하고 있다고 말해도 좋지 않을까?

## 2) 자본의 일반적 공식의 모순

자본의 일반적 공식은 자본 운동의 가장 기본적인 모티브가 바로 가치의 증식이고 증식된 화폐로서 '잉여가치($\Delta M$)'라는 것을 보여준다. 그것이 있다면 자본의 운동은 무한히 계속될 수 있지만, 그것이 없다면 자본의 운동은 중단된다. 거기서 화폐는 자본이길 중단한다. 따라서 자본의 일반적 공식에서 가장 핵심적인 요소는 바로 가치의 증식이요 증식된 가치라는 것을 알 수 있다. 즉 M—C—M′에서 M보다 M′이 더 커야 한다. 어떤 것 $x$의 가치의 크기를 $V(x)$라고 표시하기로 하면, 이는 다음과 같이 표시할 수 있을 것이다.

$V(M) < V(M′)$ ——————(1)

그런데 자본에 의한 구매나 판매도, 상품의 구매와 판매인 한 가치법칙에 따라, 등가교환의 원칙에 따라 이루어져야 한다(공리 ①, 즉 교환의 공리). 즉 M—C에서

$V(M)=V(C)$,

그리고 C—M′에서

$V(C)=V(M′)$

이어야 한다. 따라서

$V(M)=V(M′)$ —————— (2)

이어야 한다. 그러나 식 (2)는 식 (1)과 모순된다. 다시 말해 자기증식하는 화폐라는 자본의 정의는 교환의 공리와 모순된다. 그러나 자본은 구매와 판매로 이어지는 그러한 교환을 통해서만 증식될 수 있다. 여기서 자본의 일반적 정의는 근본적인 모순에 빠진다. 즉 화폐가 자본으로 변환되는 것은 "반드시 유통영역에서 일어나야 하며, 또 그러면서도 유통영역에서 일어나서는 안 된다."(I, p. 217) 이러한 이율배반을 맑스는 '자본의 일반적 공식의 모순'이라고 명명한다.

이를 다른 방식으로 말하면, 가치론의 첫째 공리인 등가교환의 원

칙에 따르면 자본의 증식이 설명될 수 없고, 자본의 증식을 정의하려면 등가교환의 원칙에서 벗어난다. 등가교환의 원칙을 포기하면, 노동가치론의 다른 공리들은 무효화된다. 가치대로 교환되지 않는데, 가치의 크기나 척도, 기원에 대해 말하는 것은 무의미하기 때문이다. 그러나 자기증식하는 화폐라는 자본의 정의를 포기하면, 경제학은 정작 설명해야 할 모든 현상을 설명할 수 없게 된다. 왜냐하면 자본에 대한 그런 정의 없이는 이윤도, 이자나 소득도, 투자도 설명할 수 없으며, 자본에 기대는 모든 현상에 대한 설명을 포기해야 하기 때문이다. 따라서 이러한 난점은 노동가치론의 치명적인 모순을 드러내준다.

물론 가치의 증식을 가치법칙의 공리 아래 설명하려는 여러 시도들이 있었다. 가령 "교환은 양쪽 모두에게 이익을 주는 거래다"는 드 트라시(Destutt de Tracy)의 주장이 그것이다(I, p. 204). 그러나 교환은 양쪽에 사용가치의 '증가'를 가져올 수는 있지만, 그것이 교환가치의 증가($\Delta M$)를 설명하진 못한다. 그래서 맑스는 말한다. "상품유통을 잉여가치의 원천으로 설명하려는 시도"는 대개 "사용가치와 교환가치를 혼동"하는 오류를 범하고 있다고(I, p. 206). 더욱 곤란한 것은 등가교환 원칙을 어겨서 부등가교환을 상정해도 가치의 증식은 설명되지 않는다는 사실이다. 왜냐하면 가령 판매가가 **항상** 구매가보다 크다는 식으로 가정하면, A가 판매자로서 100만원짜리를 110만원에 팔 수 있다고 해도, 그가 다시 구매자(M—C)로서 살 경우 100만원짜리를 110만원에 사야 하기 때문에, 결국은 마찬가지가 된다는 것이다.

이런 점에서 자본의 증식은 그 자체로 노동가치론의 근본적인 이율배반(antinomy)을 보여준다. "자본은 (C와 M의) 유통에서 발생할 수도 없고, 또 유통의 외부에서 발생할 수도 없다."(I, p. 216) 먼저, 자본은 유통 외부에서 발생해선 안 된다. 상품생산자는 다른 상품의 소유자들과 접촉하지 않고선, 즉 유통의 외부에선 가치를 증식시킬 수 없기 때문이다. 따라서 "자본은 유통에서 발생해야 하는 동시에 유통의 외부에서 발생해야 한다."(I, p. 216) 그러나 유통 내부에서 발생하려면 등가교환의 공리를 포기해야 한다.

그러나 맑스는 여기서 멈추지 않는다. 그것을 해결하려는 방향으로 정치경제학의 논리를 좀더 밀고 나가본다. 그들이 제대로 해결하지 못한 것을 제대로 해결해 주려 한다. 그것은 먼저 상대방을 작게 만들어서 쉽게 비판하는 것보다는, 상대방의 잠재성까지 따라가면서 그들의 입장에서 그들의 논지 자체를 좀더 극명하게 분석하고 비판하기 위해서일 게다(이런 비판 방법에 대해서는 7장에서 다시 자세히 말할 것이다). 니체는 자신의 능력을 키우기 위해선 자랑할 만한 적을 가져야 한다고 말했다지만, 맑스는 적을 자랑할 만한 것으로 키우면서 자신의 능력을 더욱더 키우고 있는 셈이다.

교환 내지 유통이 등가교환의 공리에 따르는 한, 증식의 원천이 교환가치 자체에 있지 않다는 것은 분명하다. 그것은 아무리 교환해도 같은 양의 교환가치와 교환될 뿐이다. 그런데 맑스는 상품에 대한 서술에서 교환가치와 사용가치를 구별해야 한다고 말한 바 있다. 교환가치 쪽에서 아무 전망이 없다면 사용가치 쪽에 눈을 돌려본다면 어떨까? 그러나 사용가치의 교환으로 설명해선 실패한다는 것을 드 트라시의 경우에서 이미 보았다. 그렇다면? 노동가치론 안에서 생각할 수 있는 유일한 방법은 **교환가치를 새로이 생산하는**, 그래서 **가치증식의 원천이 되**

는 **특별한 사용가치**를 상정하는 것이다. 아니, 가치의 원천인 노동(공리 ②)을 그런 특별한 사용가치라고 정의하는 것이다. 그러면 노동을 구매했다가 판매하는 그런 거래(유통)를 통해 자본은 가치의 증식을 도모한다는 결론을 끄집어낼 수 있게 된다(그래서였을까? 고전경제학은 '노동의 가치' 라는 개념을 사용한다. 그러나 노동이 가치를 갖는다면, 그것을 거래하는 유통은 등가교환에 따라 이루어질 것이므로 가치의 증식은 발생하지 않는다. 따라서 **노동은 가치를 가져선 안 된다.** 즉 '노동의 가치' 라는 정치경제학의 관념은, 노동가치론 공리계의 관점에서 볼 때(!) 전혀 해결책이 되지 못하며, 아주 부적절한 것이다).

그러나 노동을 가치가 아니라 사용가치로 정의하면 또 다른 난점이 발생한다. 노동이 사용가치라면, 마치 공기가 그렇듯이 그 자체로는 자본이 구매하고 판매할 수 있는 상품이 아니기 때문이다. 여기서 맑스는 다시 또 정치경제학의 내적 논리를 따라 해결책을 찾아주려 한다. 노동이 자본에 의한 매매 과정 속에 들어가려면, 그렇게 매매될 수 있는 어떤 상품의 사용가치여야 한다. 즉 (교환)가치를 갖는 어떤 상품의 사용가치로 노동을 정의해야 한다.

여기서 노동과 노동력에 관한 맑스의 유명한 구별이 등장한다. 가치를 갖는 상품, 자본에 의해 구매될 수 있는 상품을 '노동력' 이라 정의하고, 그 상품의 사용가치를 '노동' 이라고 정의한다면 문제는 깨끗하게 해결되는 것으로 보인다. 즉 자본가는 노동력이란 상품을 사서, 새로운 교환가치를 생산하기 위해 그것을 사용하는 것이다. 이 경우 화폐와 교환되고 거래되는 것은 노동이 아니라 노동력이고, 그 거래는 '노동력의 가치' 에 따라 이루어지며(따라서 등가교환이다), 노동은 그 노동력이란 상품의 사용가치가 되는 것이다.

이 과정을 좀더 뚜렷하게 구별해 보면, 가치증식을 표시하는 일반적 공식(M—C—M′)보다 좀더 복잡하다는 게 드러난다. 먼저 자본가는 노동력이란 상품을 구매한다. 이는 M—C의 공식에 그대로 따른다. 그렇지만 그걸 그대로 다시 팔아선 안 된다. 그래선 남는 게 없다. 게다가 노동력이란 노동자의 신체에 속하는 것인지라, 자본가가 살 순 있어도 팔 순 없는 것이다. 자본가는 노예주가 아닌 것이다. 다음으로, 구매한 노동력의 사용가치를 이용해야 한다. 즉 노동을 하게 해야 한다. 그런데 노동을 시키는 것은 가치증식을 위한 것이고 잉여가치를 위한 것이므로, 상품으로 팔 수 있는 무언가를 생산하게 해야 한다. 그렇게 해서 자본가가 구매한 애초의 상품(노동력)과는 전혀 다른 새로운 상품 C′이 만들어진다. 그 다음에는 이 새 상품 C′을 판매해서 돈으로 바꾼다(C′—M′).

이 과정을 다시 공식으로 표시하면 다음과 같이 변형된다.

M—C ········ C′—M′

이 공식에서 점선은 노동력 상품의 사용가치를 사용하는 과정, 즉 노동과정을 표시한다. 이는 상품의 교환과정이 아니라 노동력의 **사용과정**이고, 그것을 사용해서 상품 C′을 생산하는 **생산과정**이다. 여기서 노동력이란 상품을 구매하는 M—C도, 생산된 상품을 파는 C′—M′도 모두 등가교환에 따라 이루어진다. 즉,

$$V(M) = V(C) \quad\text{———— (3)}$$
$$V(C') = V(M') \quad\text{———— (4)}$$

이다. 그런데 C와 C′ 사이에는 노동력을 사용하는 과정이 숨어 있는

데, 여기서 생산된 C'의 가치는 C와 같을 이유가 없다. 그것은 상품의 유통과정이 아니기 때문이다. 당연한 얘기지만 자본가는 C의 가치보다 더 많은 가치를 생산하려고 할 것이다. 그래야 자본의 정의에 부합하니까. 따라서

$V(C) < V(C')$

이다. 식 (3)과 식 (4)를 이 식에 연결하면,

$V(M) = V(C) < V(C') = V(M')$

이로써 $V(M) < V(M')$이어야 한다는 자본의 증식이, 등가교환의 공리에 어긋나지 않으면서 설명될 수 있게 된다.

### 3) 노동가치론의 이율배반

이제 노동가치론의 이율배반은 해결되고, 노동가치론의 공리들 안에서 자기증식하는 화폐로서 자본이 정의될 수 있는 조건이 마련된 것처럼 보인다. 아마도 이것이 맑스가 정치경제학의 '발전'(!)에 기여한 바일 것이고, 아마도 이것이 맑스의 입장을 많은 맑스주의자들이 노동가치론의 연속선상에 있다고 보게 되었던 이유일 것이다. 그리고 이것이, 여기서 끝난다면 맑스의 정치경제학이 고전적 정치경제학과 근본적으로 다른 게 무엇인가 하는 질문을 피할 수 없는 이유기도 하다. 그것은 스미스와 리카도가 모호하게 했던 것을 깔끔하게 정리한 데 불과하기 때문이다.

이제 우리는 맑스가 명시적으로 질문하진 않았지만, 노동과정과 가치화(Verwertung ; 통상 가치증식valorization이라고 번역된다)과정을 다룬 그 뒤의 서술에서 제시한 대답을 통해 다시 질문해야 한다. 노동

력이 상품이라는 관념, 노동이 가치를 생산하는 특별한 사용가치라는 관념이 정말 노동가치론의 공리들에 부합하는 것인지 물어야 한다.

첫째 질문 : 노동가치론 공리계 안에서 과연 노동력은 상품으로 정의될 수 있는가? 다시 말해 노동력은 가치를 갖는다고 말할 수 있는가?

노동가치론의 공리에 따르면, 가치는 즉 가치를 갖는 상품은 오직 인간의 노동만이 만들어낼 수 있으며(생산의 공리), 그것의 가치는 노동시간에 의해 결정된다(척도의 공리). 그런데 **노동력은 인간의 노동이 만들어낸 것이 아니며**(노동을 하면 노동력은 생산되는 게 아니라, 그나마 있던 것마저 소모되고 만다), 팔거나 사용하지 않아도 소모되어 없어지는 것이기 때문이다. 심지어 아프리카에서 노예로 잡아온 흑인은 노동력을 갖지만 그것은 그의 노동이 만들어낸 것이 아니며, 그렇다고 그를 잡은 노예사냥꾼의 노동이 만들어낸 것도 아니다. 노동가치론에 의하면, 그 흑인의 노동력이 아무런 가치를 갖지 않는 것은, 인간의 손이 가지 않은 숲이나 토끼의 뛰는 능력이 아무런 가치를 갖지 않는 것과 같다(후자는 사용가치와 가치의 구별에 관한 노동가치론의 유명한 예들이다). 우리가 사는 세계에서 노동자의 노동력 또한 그의 노동이 만든 것도, 그렇다고 그 부모의 노동이 만든 것도 아니다. 그 노동력의 가치 또한 그를 키우는 데 걸린 부모의 노동시간과 무관하다.

요컨대 노동력은 인간의 노동이 생산한 게 아니다. 그런데도 '노동력이 가치를 갖는다'고 한다면, 이 명제는 인간의 노동만이 가치를 생산하는 유일한 원천이라는 '생산의 공리'(공리 ②)와 대립하게 된다. 다시 말해 노동력이 가치를 갖는 상품이라고 정의하려면 생산의 공리를 포기해야 한다. 가치증식을 규명하기 위해 도입한 노동력의 새로운 정의가 이번에는 노동가치론의 중심적인 공리와 충돌하며 새로운 모순을 야기하게 된다는 것이다.

둘째 질문 : 노동은 노동력의 사용가치라는 정의, 즉 증식된 가치를 생산하는 특별한 사용가치라는 새로운 정의는 과연 노동가치론의 공리들과 부합하는가?

예를 들어 노동가치론에 따르면 햇빛은 옥수수를 키우거나 오징어를 말리는 데 필수적이지만 가치를 생산하거나 증가시키지 않으며, 겨울의 찬 기온은 명태 가공에 필수적이지만 명태의 가치를 증가시키지 않는다. 숲의 초목이 노루를 키우지만, 노루의 가치는 그것과 무관하며 오직 그것을 잡는 인간의 노동시간에 의해 규정된다고 하지 않았던가!(척도의 공리) 대장장이의 망치가 농기구의 가치를 '증가' 시키는 것은, 망치의 사용가치 때문이 아니라 망치가 비용을 들여 사야 하는 상품이라는 점, 즉 그 자체가 이미 가치를 갖고 있다는 점 때문이다. 농기구에 '추가' 되는 것은 망치의 가치가 여러 농기구로 분산되어 '이전' 되는 것이지 망치의 사용가치로 인해 증가되는 것이 아니다. 따라서 노동가치론에 따르면 사용가치는 가치를 증가시키지 못한다. 만약 앞서의 정의대로 노동이 사용가치라면 그것은 가치를 증가시키지 못한다.

물론 노동이란 가치를 증가시키는 '특별한' 사용가치라고 했으니, 사용가치 '일반' 의 개념으로 그것을 부정할 순 없다. 그러나 그런 방식으로 가치의 증가가 설명될 수 있을까? 이미 본 것처럼 가치가 양적인 측면이라면 사용가치는 질적인 측면이다. 그런데 질적인 측면은 양적인 측면과 서로 독립적이다. 즉 노동이 사용가치고 **질적** 성분인 한, 그것은 가치라는 **양적** 성분의 변화와 무관하다. 심지어 가치는 노동의 질과도 무관하다. 노동가치론에 따르면 정성스런 노동이 생산한 책상과 무성의한 노동이 생산한 책상은, 제작에 동일한 시간이 걸렸다면 동일한 가치를 가질 뿐이다. 또 사용가치의 차이가 양적으로 명확히 드러날 경우에조차, 질로서의 노동은 가치의 차이를 만들지 않는다. 가령 10시간의 노동은 의자를 2개 만들든 5개 만들든 생산한 가치의 양은 동일하게 '10시간'치'다. 달라지는 것은 의자의 개별 가치다. 노동시간을 T라는 단위로 표시하면, 전자의 개별 가치는 5T라면 후자는 2T다. 전자는 5T짜리 2개를, 후자는 2T짜리 5개를 만들었으니 10시간 노동은 똑같이 10T만큼 생산한 것이다. 즉 가치의 양은 10시간이라는 양에 의해 결정된 것이지, 사용가치로서 노동(질)에 의해서 결정된 것이 아니다. 따라서 사용가치와 가치의 개념적 구별에 의하면, 노동을 사용가치로 정의함으로써 가치의 증가를 설명할 순 없다.

따라서 노동가치론의 공리와 가치 개념을 전제하는 한 노동력이 가치를 갖는 상품이라는 정의도, 노동이 증식된 가치를 생산하는 특별한 사용가치란 정의도 허용될 수 없다. 그것은 가치론의 공리계와 근본적으로 모순되는 정의다. 맑스가 고전 경제학의 공백으로까지 들어가서 찾아낸 두 개의 정의는 역설적이게도 고전 경제학의 노동가치론의 공리를 반박하는 정의였던 셈이다. 이로써 **노동가치론의 공리계 안에서 가치의 증식이라는 자본의 본질이 정의되려면 노동가치론의 가장 근본적인 공리를 반박하고 기각해야 한다**는 결론에 이르게 된다. 다시 말해 가치증식하는 화폐로서 자본을 노동가치론 안에서 해명하기 위해 노동과 노동력에 관한 맑스의 새로운 정의를 받아들이는 순간, 노동가치론에서 전제하는 가치의 개념과 가치생산의 공리를 버려야 한다는 것이다.

이는 자본의 일반적 공식이 갖는 모순을 넘어서기 위해 가능한 유일한 선택지가 노동을 사용가치로, 노동력을 가치를 갖는 상품으로 정의하는 것이었지만, 바로 그렇게 할 때 그 개념들이 노동가치론의 다른 공리, 즉 생산의 공리나 척도의 공리와 또 다시 충돌한다는 것을 의미한다. 노동가치론의 공리들로 정합적인 이론을 구성하기 위해서는 노동가치론의 공리 자체와 상반되는 그런 개념이나 명제가 필요하다는 이율배반이 나타나는 것이다. 이로써 '자본의 일반적 공식의 모순'은 이제 '노동가치론의 이율배반'으로 이전된다. 문제를 해결하려 할수록 사태는 더욱더 심각해져 가는 것처럼 보인다.

이처럼 맑스는 『자본』에서 고전경제학이 당면하게 되는 모순을 찾아내지만, 거기서 쉬운 '승리'를 선언하는 게 아니라, 그들의 논지를 좀더 '발전'시키고 '완성'시키는 방식으로 밀고 나가면서 동시에 고전경제학의 관점을 기준으로 새로이 발생하는 난점과 궁지, 이율배반을 다시 찾아내고 드러낸다. 이런 의미에서 맑스는 정확하게 '내적 비판'의 방법을 사용하고 있다. 그러나 그것이 내적 정합성의 완성을 목표로 한 것이 아니란 점을 다시 말할 필요가 있을까? 차라리 밀고 또 밀며 노동가치론의 모든 궁지를 다 찾아내려는 것이라고 하는 편이 더 나을 듯하다. 맑스의 '정치경제학 비판'이 노동가치론에 대한 가장 근본적인 비판이라는 것은 바로 이런 의미에서다.

이처럼 맑스는 정치경제학의 논리를 가능한 한 적합성을 최대화하려고 하면서 계속 밀고 나아간다. 모순을 찾고 다시 넘어서게 해주고, 또 다시 그 안에서의 모순을 찾아내는 방식으로 끊임없이 가치론의 공리계가 누수되고 범람하는 지점들을 드러낸다. 그러면서 그는 가치론의 공리계 내부에 없는 어떤 특별한 조건들을 찾아낸다. 가치론의 외부, 그것이 바로 가치론의 공리계의 필수적 조건들이며, 그 내부에 들어앉아 있는 조건들이라는 것을 보여주는 것이다. 이는 지금까지 그랬듯이 논리적이고 개념적인 것일 수도 있지만, 뒤에서 반복하여 보게 되듯이 역사적이고 현실적인 것일 수도 있다. 그것들은 모두 정치경제학이 서술하고 있는 자본주의 세계가 암묵적으로 가정하고 있는 정치경제학의 외부고, 그것의 전제조건이다.

## 3. 노동과 노동력

'노동가치' 개념의 비판은 이제 노동가치론 자체의 이율배반으로 귀착되었고, 이는 정치경제학의 근본적인 공리 자체에 대한 결정적인 비판이 되었다. 이 난점은 감추어진 공리가 드러나면 다시 공리로 인정하는 식의 방법으론 해결할 수 없는 것이었고, 그런 만큼 정치경제학의 논리적 일관성이 붕괴되는 지점이란 점에서 정치경제학의 근본적인 이율배반을 뜻하는 것이었다. 즉 노동가치론의 공리계 내적인 논리만으론 더이상 진전할 수 없다는 것이다. 그럼에도 불구하고 노동력이 상품으로 구매되는 것은 사실 아닌가? 그리고 그 노동력을 사용해 잉여가치를 포함한 새 상품을 생산하는 것도 사실 아닌가? 분명히 그렇다. 그것은 엄연한 현실이다. 노동가치론의 이론과 근본적으로 상충하는 현실.

    이는 정치경제학이, 혹은 노동가치론이 논리적으로는 극복할 수 없는 어떤 한계점을 표시한다. 그러나 이러한 난점 앞에서 기왕의 공리계를 포기하는 일은 이론에서도, 현실에서도 잘 일어나지 않는다. 이제 정치경제학자는 파산한 논리 앞에서, 이론적 일관성을 포기한 채 자본의 이익을 대변하는 '실용적' 변호론자로 바뀌었다고 맑스는 말한다. 그러나 부르주아지에게는 경제학자들이 당면했던 논리적 난점은 별다른 관심사가 아니었다. 그들은 경제학자의 이론 이전에 이미 이율배반의 저편에 서 있었다. 실패한 것은 부르주아지가 아니라 정치경제학자였던 것이다. 맑스는 다만 그 이론적 실패를 드러냈을 뿐이다.

맑스는 부르주아지의 '성공'을 추적하고 그것과 싸우기 위해, 정치경제학의 실패를 '봉합'해 주면서, 그 과정에서 찾아낸 개념들을 이용해 부르주아지가 만들어낸 메커니즘에 다시 접근해 들어간다. 이제 이렇게 질문해야 한다. 노동력은 결코 가치를 갖지 않으며, 따라서 상품이 아닌데 어떻게 하여 현실적으로는 상품으로 거래되게 되었을까? 노동은 결코 가치가 아니며 가치여선 안 되는데 어떻게 해서 가치의 기원이 되고 '증식된 가치'의 원천이 될 수 있었던 것일까? 간단히 먼저 말해두면, 맑스는 이제 노동은 가치가 아니지만 '가치화'(Verwertung) 되지 않으면 안 된다는 것을, 노동력은 상품이 아니지만 '상품화' 되어야 한다는 것을 보여준다. 맑스는 노동력이 상품화되기 위해선 상품이나 매매, 소유의 개념에 특별한 변형이 필요하며(I, pp. 220~221), 또 그러기 위해선 어떤 특별한 역사적 조건이 필요함을(I, pp. 222~223) 보여준다. 그 위에서 '가치화된 노동'과 '노동력 가치'를 비교하고 영유하여 잉여가치를 착취 내지 포획하는 메커니즘이 작동한다. 이것은 부르주아지가 만들어낸 것이다. 그리고 그에 대한 분석을 통해서, 우리는 노동이나 노동력에 관한 개념이 현실성을 획득하여 작동하게 되는 조건을 볼 수 있게 된다.

### 1) 노동의 가치화

맑스가 보여준 것처럼, 노동가치론 안에서 자본의 증식을 설명하기 위해선 노동을 노동력이란 상품의 사용가치로, 그래서 "증식된 가치를 생산하는 특별한 사용가치"로 정의해야 한다. 그러나 노동이 노동력의 사용가치라고 정의하는 것만으로는 가치의 생산이나 가치의 증식을 설명할 수 없다는 것은 이미 보았다. 우리는 질적인 것(사용가치)이 양적인 것(가치)과 무관하다는 것을 통해서 이를 확인할 수 있었다. 그러나 다시 문제가 남는다. 노동을 통해 '증식된 가치'인 '잉여가치'가 생산되는 것은 어떻게 가능한가? 이에 대한 맑스의 답은 노동은 그 자체로 가치가 아니지만 **가치화**될 수 있다는 것이다. 그렇게 가치화됨으로써 노동은 가치를 생산하고 증식된 가치를 생산하게 된다는 것이다.

질적인 것은 양적인 것과 근본적으로 다르지만, 양적인 것으로 변환될 수 있다. 즉 '양화'(量化)될 수 있다. 예컨대 베르그송(H. Bergson) 말대로 시간은 그 자체로 이질적인 요소들이 공존하면서 변이하는 흐름이고 '순수지속'이지만, 원을 그리며 돌아가는 시계바늘의 공간적인 양을 통해서 '양화' 될 수 있다(『의식에 직접 주어진 것들에 관한 시론』). 지적 능력은 질적인 것이고 따라서 비교할 수 없는 것이지만, 점수로 지표화되는 성적을 통해서 양적인 것으로 변환될 수 있고 그것을 통해 그 크기를 비교할 수 있게 된다.

이렇게 양화하기 위해선 무엇보다 먼저 **질적인 것들을 동질화하여 비교하게 해줄 척도**가 있어야 한다. 그리고 그것으로 측정하고 비교하려는 것이, 최소한 동질적인 것은 아니어도 비슷하거나 차이의 폭이 작아야 한다. 노동, 혹은 사용가치라는 질적인 요소를 양화하기 위해서도 마찬가지로 그렇게 하기 위한 척도가 먼저 있어야 한다. 스미스는 노동시간이 이런 척도가 된다고 주장했음을 이미 보았다. 그러나 화가의 작업과 음악가의 작업을 노동시간을 척도로 삼아 비교할 순 없는 일이고, 예술가의 '노동'과 페인트공의 '노동'을 노동시간으로 비교할 순 없는 일이다. 또 노예의 노동과 귀족의 노동을 비교할 수도 없는 일이다. 즉 척도에 비추어 비교하려는 노동의 질 자체가 동질적이거나 적어도 이질성의 폭이 작아야만 양화해서 비교하는 게 유의미하다. 즉 그런 경우에만 노동은 양화될 수 있다.

확실히 이런 점에서 노동이 양화되는 데는 일정한 현실적 조건이 있어야 한다. 신분적인 조건이 동질화되어야 하고, 사람들의 노동이 어느 정도 비슷해져서 시간을 척도로 비교하는 게 유의미해야 한다. 예컨대 생산을 장인들이 담당하던 시대에도 이런 비교는 무의미하다. 도자기 공의 '노동'과 시계공의 '노동'을 비교하는 것은 무의미하기 때문이다. 산업혁명에 의해 기계적인 생산이 시작되고, 그 결과 장인들의 탁월한 숙련들이 단순화된 노동으로 변형된 이후에야 비로소 노동은 동질화되어 하나의 척도에 의해 양화되고 비교될 수 있게 되었다. 노동을 하나의 척도에 의해 비교할 수 있다는 생각(스미스)이 출현했던 것이 바로 그 시기였다는 것은 결코 우연이 아니었던 것이다.

이것이 상품의 질적인 측면(사용가치)인 노동이 양화되어 비교되고 계산될 수 있는 전제조건이다. 하지만 노동이 가치화되는 데는 이것만으로 충분하지 않다. 또 하나 중요한 조건은 노동의 결과를 양화해서 판매할 수 있어야 한다는 것이다. 다시 말해 노동의 결과를 화폐화할 수 있어야 한다는 것이다. 왜냐하면 노동을 시간에 의해 양화하는 것은 자본가가 그것을 '사용'하는 이유가 아니며, 노동시간을 비교하는 것 자체는 자본가에게 아무런 의미가 없기 때문이다. 노동의 결과가 양화되어 판매될 수 있을 때, 그리하여 증식된 가치로 돌아올 수 있을 때 비로소 노동을 양화한 목적은 달성된다. 즉 자본가에게 일차적인 것은 노동의 결과를 화폐화하는 것이다.

결국 노동의 가치화란 이처럼 노동의 결과를 화폐에 의해 양화하고, 그것을 통해 노동 자체를 양화하는 것에 의해 이루어진다. 노동의 결과의 가치화가 화폐를 척도로 이루어진다면, 노동의 직접적인 가치화는 시간에 의해 이루어진다. 이는 노동을 가치화하기 위해 구매해야 하는 노동력이란 상품이 '시간'을 단위로 지불되어야 한다는 사실 때문이다. 노동의 가치화는 화폐에서 노동의 결과로, 그 노동의 결과에서 노동 자체로 소급되는 두 개의 벡터를 따라 이루어지며, 이로 인해 시간과 화폐가 중첩되어 가치의 척도로 자리잡게 된다.

노동의 결과에서 노동으로 소급되는 이러한 가치화의 벡터를 통해 질적인 사용가치인 노동은 양적인 가치로 변환된다. 사용가치가 가치의 증가에 기여할 수 없음에도 불구하고 노동이 가치의 증식에 기여할 수 있는 것은 바로 노동을 '가치화'함으로써다. 이로써 우리는 고전경제학이 사용하던, 그리고 지금도 종종 '노동의 대가'를 뜻하는 것으로 이해되는 '노동의 가치'라는 관념이 어떻게 발생하는지를 이해할 수 있다. 즉 그것은 노동의 결과를 화폐화하고는 그것으로 노동을 가치를 갖는 어떤 것으로, 일정한 크기를 갖는 '가치'로 만들어버리는 가치화의 소급적인 벡터에 의해 만들어진 것이다. 그렇다면 이렇게 말해야 하지 않을까? 증식된 가치의 기원, 아니 가치 자체의 기원은 노동이라기보다는 차라리 **노동의 가치화**다.

이를 다루기 위해 이제 맑스는 생산과정을 노동과정과 가치화과정(가치증식과정이라고 번역되어 있다)이라는 두 개의 측면으로 구별한다(『자본』 I권의 7장, 「노동과정과 가치증식과정」). 노동과정이란 노동력의 사용가치를 사용하는 질적인 과정이다. 가치화과정이란 동질화하는 어떤 척도와 노동의 결과를 화폐화함으로써 노동을 가치화하는 양화(量化)과정이다. 자본주의에서 노동과정은, 노동이 언제나 자본가에게 노동력을 판매함으로써만 가능하다는 점에서 항상 가치화과정으로 진행된다. 즉 자본주의에서 노동과정은 항상 가치화과정 안에서만 존재하고 존속될 수 있다. 그런데 바로 이런 사정으로 인해 노동과정은 노동을 가치화하려는 자본의 의지 아래 시작되고 진행되게 된다. 즉 노동은 가치의 증식을 제공할 수 있는 한에서만 가능하며, 잉여가치를 획득하려는 의지의 지배 아래 복속되게 된다. 가치생산의 공리를 노동자에게 들이밀지만, 가치론의 공리와 무관한 방법으로 증식을 위한 방법을 사용하는 그런 자본의 지배가 노동력을 사용하게 된다(그 방법은 조금 뒤에, 그리고 다음 장에서 다시 볼 것이다).

가치화과정은 노동이라는 사용가치를 가치라는 양으로 변형시킴으로써 증식된 가치를 획득하는 과정이다. 이 증식된 가치를 기대할 수 없다면, 자본가로서는 노동을 가치화하는 번거로운 과정을 시작할 이유가 없다. 자본의 일반적 공식에서 자본의 욕망을 규정했던 '증식된 가치'($\Delta M$)는 바로 이런 가치화과정의 결과물이면서 동시에 자본가로 하여금 가치화 과정에 나서게 하는 동력이다. 이런 이유에서 가치화과정은 항상 자본에 의한 가치의 증식과정이다. '가치화과정'을 뜻하는 독일어 페어베어퉁스프로체스(Verwertungsprozeß)가 통상 '가치증식 과정'이라고 번역되는 것은 무엇보다 이런 이유에서다.

이로써 비로소 자본의 일반적 공식에서 요청된 '요술', 즉 등가교환의 원칙에 따라 구매와 판매를 행하는데도 가치가 증식되는 자본의 요술이 해명될 수 있었다. 즉 노동을 노동력이란 상품의 사용가치로 정의하여 노동과 노동력을 구별하는 것은 이처럼 노동의 가치화가 진행되는 과정에 대한 규명을 통해서 비로소 가치증식의 비밀에 도달하게 된다. 그래서일 것이다. 맑스는 I권 7장 「**노동과정과 가치증식과정**」**의 말미**에서 이렇게 쓰고 있다. "요술은 드디어 성공했다. 화폐가 자본으로 전환된 것이다."(I, p. 258)

## 2) 노동력의 상품화

타인의 노동력을 사용해서 잉여가치를 획득할 수 있다는 사실은 그 노동력을 사용하기 위해 자본가가 돈을 지불할 이유가 된다. 그렇지 않다면 대체 노동력을 사용하기 위해, 다시 말해 노동을 하게 하기 위해 돈을 지불할 이유가 어디 있단 말인가? 이처럼 노동을 하게 하기 위해 노동력을 사는 것이 바로 '노동력의 상품화'다. 이런 점에서 노동을 통한 가치증식(가치화)이 노동력 상품화의 **논리적 이유**를 제공한다면, 거꾸로 노동력 상품화는 노동을 가치화하기 위한 **현실적 조건**을 제공한다. 즉 근대 이전의 어디서도 그랬듯이 노동력을 상품으로 구매할 수 없다면, 돈을 주는 대신 자본가 맘대로 일을 시킬 수 없다면, 노동을 통해 증식된 가치를 얻는 '가치화'는 불가능하다.

그러나 이미 본 것처럼 노동력은 상품이 아니다. 노동력은 일할 수 있는 능력일 뿐이다. 그것을 **애초에** 만들어내는(생산하는) 것은 자연의 능력이지 ('가치의 유일한 원천'이라는) 인간의 노동이 아니다. 그것은 노동가치론에서 말하는 의미의 가치를 갖지 않는다. 가치를 갖지 않기에 상품 또한 아니다. 따라서 노동력을 자본가가 구매하여 사용할 수 있기 위해선 노동력이 **상품화되어야** 한다. 마치 양이 아닌 것이 양화되고, 가치가 아닌 것이 가치화되듯이, 상품 아닌 것이 상품화되어야 한다(이처럼 상품 아닌 것이 상품화된 것을 '의제적[擬制的] 상품' 내지 '허구적 상품'이라고 부른다. 노동력과 더불어 토지가 그런 의제적 상품이다).

그렇지만 돈이 있다고 해서 노동력을 살 수 있는 것은 아니다. 그러려면 최소한 두 가지 조건이 필요하다. 하나는 노동자가 자신의 노동력을 판매할 수 있어야 한다. 즉 그것을 자신의 의사에 따라 자유롭게 처분할 수 있어야 한다. 예를 들어 노예는 자신의 노동력을 팔고 싶은 사람에게 판매할 수도 없고 팔기 싫다고 판매하지 않을 수도 없다. 그의 노동능력은 그 자신이 아니라 주인의 소유고, 따라서 주인이 처분권을 갖는다. 중세의 농노 또한 마찬가지였다. 그는 토지에 귀속되어 있어서, 왕이나 영주가 관리나 기사들에게 토지를 줄 때 토지와 더불어 제공되었다. 중세 서양에서는 노동력을 판매하기 위해선 그 영지로부터 도망쳐야 했다. 신분적 제약이 사라지거나 완화된 곳으로.

또 하나, 노동력의 처분권을 자신이 갖고 있다고 해서 모두가 노동력을 판매하지는 않는다. 먹고사는 데 별 문제 없는 사람이라면 그런 자유가 있다고 해서 노동력을 판매하려 하진 않을 것이기 때문이다. 가령 유럽의 식민주의자들이 아프리카에 들어갔을 때, 그들은 흑인들이 자신들이 만든 상품을 사고, 자기들이 만든 공장에 와서 노동하기를 기대했지만, 그들은 그렇게 하지 않았다. 흑인들은 공동체에 속해서 살고 있었고, 더구나 빵나무가 있어서 노동하지 않아도 먹고사는 데 큰 지장이 없었던 것이다. 당연히 상품도 팔리지 않았다. 상품 살 돈을 그들은 갖고 있지 않았기 때문이다. 이 문제를 해결하기 위해 식민주의자들은 빵나무를 베어버리고 공유지를 빼앗아버렸다. 이로써 흑인들은 먹을 것이 사라졌고, 함께 일하고 살아갈 토지 또한 잃어버렸다. 이제 먹고살기 위해선 백인들이 주는 돈을 받고 그들의 공장에서 노동을 해야 했다. 그리고 이로써 상품을 파는 문제도 해결되었다. 백인들에게서 받은 돈으로 그들은 상품을 사러 시장에 나오게 되었던 것이다.

먹고살기 위해선 일해야 하는데, 일하기 위한 생산수단을 모두 빼앗아버리면, 일하기 위해서 돈을 가진 자본가에게 오게 된다. 이때 비로소 '노동력의 상품화'는 가능하게 된다. 즉 노동력의 상품화는 노동력 처분권을 제한하는 신분적 조건에서 벗어나는 것과 더불어, 노동력을 가진 사람들에게서 생산수단과 생계수단을 빼앗는 어이없고 참혹한 사태를 전제로 해서만 가능하다. 이를 맑스는 **신분으로부터의 해방**과 **생산수단으로부터의 '해방'**이라는 의미에서 '이중의 해방'이라고 부른다. 나중에 이른바 '본원적 축적'을 다루면서 자세하게 살펴보겠지만, 유럽에서 '노동력의 상품화' 또한 농민들을 토지에서 내쫓는 끔찍한 추방, 농민들의 공유지를 사취하는 거대한 횡탈을 통해서 가능하게 된다.

노동력은 상품이 아니다. 그렇기에 그것을 상품화하는 것은 이처럼 참혹한 사태를 통해서만 가능했다. 이는 정치경제학이나 노동가치론의 공리들에 속하지 않지만, 실질적으로는 그 공리들 전체를 기초짓고 있는 전제고 현실적 조건이다. 이는 논리적으로 가능한 일이 아니란 점에서 정치경제학자들이 할 수 없었던 것이지만, 식민주의자들의 배를 타고 간 자본가들은 어디서든 실제로 행했던 것이다. 이는 정치경제학의 공리 밖에 있지만, **그 공리계를 조건짓고 가능하게 하는 외부다.**

노동력의 사용인 노동이 '가치를 생산하는 특별한 사용가치'가 될 수 있었던 것도 사실은 이러한 현실적 조건 때문이다. 노동의 가치화는 노동력의 상품화 없이는 현실적으로 불가능하기 때문이다. 이런 점에서 정치경제학자들은 부르주아지의 손안에 있음이 분명하다. 요컨대 가치증식의 논리적 비밀을 담고 있는 저 특별한 노동의 개념은, 논리에 반하는 부르주아들의 현실적인 행동을 통해서 가능하게 되었던 셈이다. 확실히 이런 점에서 괴테가 창조한 인물 '파우스트'는 이런 사태의 핵심을 정확하게 알고 있었던 것 같다. 그는 "태초에 말씀이 있었느니라"라는 성경의 문장을 이렇게 고친다: "태초에 행동이 있었느니라!" (Im Anfang war die Tat!)

이렇듯 특별하게 만들어진 특별한 상품이 노동력인지라, 노동력이란 상품은 그 사용가치만 특별한 게 아니라, 매매하는 방법도 남다르고, 그 가치를 계산하는 방법도 남다르게 특별하다. 보통 상품은 판매하면 소유권이 당연히 구매자에게 양도된다. 그러나 노동력이란 상품의 소유자는 노동자이고, 판매자 역시 노동자이지만, 그것을 자본가에게 판매한다고 해서 노동력의 소유권이 자본가에게 넘어가지는 않는다. 만약 그렇다면 그는 노동자가 아니라 노예가 되고 말 것이다. 자본주의에서 노동자의 노동력은 노예처럼 한꺼번에 사거나 팔리지 않으며, 소유권의 이전도 발생하지 않는다. 다만 일정 시간 동안의 사용권만이 판매된다. 그 시간이 지나면 노동자는 다시 자기 처분 아래 들어온 노동력을 보충하고 회복시켜 다시 사용할 수 있도록 재생산한다.

노동력이란 상품의 가치 또한 노동가치론의 공리에 따르지 않는 특별한 계산법을 필요로 한다. 거듭 말했듯이 노동력은 인간의 노동이 만드는 게 아니기 때문에, 그것의 가치 또한 그것을 만드는 데 필요한 인간의 노동시간에 의해 결정되지 않는다. 그럼 노동력의 가치는 어떻게 결정되는가? 그건 노동력이 상품화되는 특별한 조건과 결부되어 있다. 노동력은 생산수단에서 '분리되어' 먹고살 방법을 차단당한 상태에서 상품화되기 때문에, 먹고살 수만 있다면 얼마든지 노동하려는 사람을 상대로 해서 구매된다. 자본가 또한 노동자가 다음날, 혹은 다음달에 다시 와서 노동할 정도는 주어야 한다. 그렇지 않으면 그는 죽어 버릴 것이고, 계속해서 노동하게 하는 게 불가능해질 것이다.

따라서 노동력이란 상품의 최저가치는 먹고살 수 있는 최소비용, 다시 말해 노동력을 다시 사용할 수 있는 상태로 재생산하는 비용이다. 그런데 이런 비용은 단지 생물학적 비용만은 아니다. 가령 명절날 선물 비용은 없어도 죽진 않지만 사회생활을 하는 데 좋든 싫든 쓰게 마련인 비용이다. 애들 교육비를 생각하면 그 비용이 생활방식의 변화와 더불어 변한다는 것을 알 수 있다. 20년 전 같으면 고등학교까지 가르치는 것으로 충분했지만, 지금은 대학을 보내는 게 평균 교육수준이기에, 대학교육 비용이 생계비에 들어가야 한다.

요컨대 노동력의 가치는 생물학적 최소치와 사회적 최대치 사이에서 정해지는 노동력 재생산 비용에 의해 결정된다. 이는 통상 '임금'이란 이름으로 지불된다. 하지만 알다시피 임금으로 표시되는 노동력의 가치는 사회의 평균적인 생활수준이나 노동자들의 조직적 역량, 자본의 전략, 계급투쟁 등 다양한 요인에 의해 결정된다. 그 요인들이 '상품의 가치는 노동시간이 결정한다'는 노동가치론의 공리와 무관하다는 것은 다시 말할 필요도 없을 것이다.

앞서 우리는 자본의 일반적 공식 M—C—M′이 M—C·········C′—M′으로 변형되어야 한다는 것을 보았다. 지금까지 살펴본 노동의 가치화와 노동력의 상품화 과정을 고려하면, 그 공식은 이제 다음과 같이 고쳐 쓸 수 있다.

M—C(노동력)
∥
노동—C′(상품)—M′

M—C는 상품화된 노동력의 구매를 표시한다. 즉 C는 노동력이란 상품이다. 이 상품의 사용가치가 노동이다. 노동력과 노동은 하나의 동일한 상품의 두 측면이므로 등호로 표시했다. 이 노동력이란 상품을 사용해서, 다시 말해 노동하게 해서 생산한 것이 C′이다. 이는 교환에 의해 획득된 게 아니라 노동력을 사용한 **생산에 의해** 획득된 결과물이기에 C와 질적으로뿐만 아니라 양적으로도 다르다. 즉 자본가가 구매한 상품 C는 노동력이지만, 노동력을 이용해 얻어낸 상품 C′은 그와 다른 재화다. 이를 판매하여 이 공식의 목표인 화폐 M′이 얻어진다. 아니, 이렇게 얻어진 M′을 통해 C′을 생산한 노동은 가치화된다. 노동력 상품화에 투여된 화폐 M과 노동의 가치화를 통해 획득한 화폐 M′의 차이가 증식된 가치('잉여가치' $\Delta M$)다. 자기증식하는 요술의 비밀, 그것은 공식 M—C—M′ 사이에 숨어 있는 이중의 과정을 통해 연출된 것

이다. 맑스는 자본의 일반공식이 갖는 모순을 드러내고, 노동과 노동력에 관한 유명한 개념으로 그것을 보충해 주고는 그에 따라 다시 노동가치론의 이율배반을 찾아낸다. 이로써 마술과도 같은 자본의 자기증식이 '현실적인' 이중의 과정을 은폐하고 있음을 드러낸 것이다.

이제 우리는 맑스와 함께 가치증식이 진행되는 구체적인 현실의 양상으로 들어가야 한다. 그러나 그러기 전에 광범위하게 사용되는 노동이란 일반적 개념에 대해서 잠시 부연하자.

### 3) 노동의 개념

노동이란 개념을 경제학적 개념으로 제기한 사람은 스미스였지만, 그것을 철학적으로 일반화했던 사람은 헤겔이다. 헤겔에게 노동이란 세계를 변화시키는 합목적적 활동이다. 물론 그 또한 노동이 타인의 의사에 의해 행해진다는 것을 알고 있었다. 죽음의 공포 앞에서 굴복한 노예가 주인의 의지에 따라 어떤 행동을 할 때 그것이 바로 노동이다. 그러면서 동시에 그는 이를 목적성에 따라 자신의 의지를 밖으로 드러내는 활동으로 일반화한다. 비를 막으려는 목적성이 지붕을 만들고, 바람을 피하려는 목적성이 벽을 만들듯이, 정신 안에서 형성된 목적성은 정신 외적인 존재로 변화된다. 이로써 노동은 정신의 활동방식인 '외화'(外化)가 된다. 역으로 이 개념은 이제 외적인 형태로 존재하는 모든 것을 정신적인 목적성으로 인해 생긴 것으로 역추론하고, 그럼으로써 그 모두를 정신의 내부로 포섭한다.

맑스가 헤겔의 이런 관념론적 방법을 비판하며 자신의 사유를 시작했다는 것은 잘 알려져 있다. 그는 노동에 대해 이렇게 말한다. "[자본가는 노동력을 사용하기 위해 구매한다.] 노동력의 사용이 바로 노동이다. 노동력의 구매자는 노동력의 판매자에게 일을 시킴으로써 노동력을 소비한다. 이것에 의해 노동력의 판매자는 실제로 활동하고 있는 노동력〔즉, 노동자〕으로 된"다(I, p. 235).

노동이란 일반적인 합목적적 활동이 아니며, 정신의 활동이 외화되는 것도 아니다. 지금까지 누차 본 것처럼 노동이란 노동력이라는 상품의 사용가치고 노동력의 사용이다. 여기서 맑스는 노동자가 하는 행동이 노동이라는 통념을 깬다. 자본가가 노동력을 상품으로 구매하여 사용하는 것이 노동이며, **그런 사용에 의해** 노동력의 판매자는 비로소 노동자가 된다는 것이다. 노동이란 이처럼 노동력을 구매하여 사용하는 사회적 관계 안에서 구체적으로 정의되는 것이지, 정신 활동의 본성이나 특징으로 일반화될 수 있는 것이 아니다. 앞서 말한 것을 염두에 두면 이렇게 말해도 좋을 것이다. 노동이란 **가치화된 활동**이다. 즉 노동력이란 상품으로 구매되고 자본에 의해 사용되어 가치화되는 활동이 바로 노동이다.

가령 노래방에서 노래하는 것은 노동이 아니지만 무대에서 노래하는 것은 노동이다. 집에서 밥을 하는 경우 노동이 아니지만, 반면 음식점에서 밥을 하는 경우에는 노동이 된다. 맑스 자신이 말하듯이 집에서 아이를 위해 의자를 만들어주는 것은 노동이 아니며, 그의 직업이 무엇이든 그는 지금 노동자로서 일하고 있는 게 아니라 애 아버지로서 활동하고 있는 것이다. 반면 자본가에게 고용되어 공장에서 의자를 만든다면 그것은 분명히 노동이다. 그러나 임금만 받고 놀고 있다면 노동하고 있다고 하긴 어렵다. 따라서 어떤 활동이 타인(자본)에 의해 구매되어 사용되는 경우에 비로소 노동이 되며, 활동하는 사람은 비로소 그때 노동자가 된다.

요컨대 노동자가 있고, 그의 노동이 있고, 그 다음에 그것이 매매되는 게 아니라, 노동력의 매매와 사용이 있고, 그것에 의해서 노동과 노동자가 정의된다는 것이다. 노동은 인간의 '본성'에 속하는 어떤 활동이 아니며, 노동자 역시 마찬가지다. 노동력을 상품으로 매매하는 관계가 존재할 때 비로소 노동과 노동자가 존재하는 것이다. 여기서 누가 무슨 일을 하는가 하는 것은 전혀 중요하지 않다. "방적노동이 노동으로서 의미를 갖는 것은 그것이 노동력의 지출이기 때문이지, 그것이 방적이라는 특수한 노동이기 때문은 아니다."(I, p. 251)

하지만 누구든 다음의 반박은 한번쯤 생각해 보았을 것이다. "노동이란 가치화된 활동이라는 식의 개념은 자본주의적 노동의 개념이지 노동 일반에 대한 개념이 되지 못한다." 그렇다. 그러나 자본주의든 봉건제든 어떤 특정한 역사와 무관하게 노동의 개념을 정의해야 할까? 그것은 역사와 무관하게 인간을 개념화하려는 모든 시도들처럼, 역사적 조건과 무관하게 어떤 것의 본질을 정의하려는 모든 형이상학이 반복해 온 것이고, 비로 맑스 자신이 『독일 이데올로기』와 「포이어바흐에 관한 테제」에서 비판했던 바로 그 발상 아닌가? 인간이란 "이성적 동물"이니 "경제적 동물"이니 "사회적 동물"이니 하는 식의 모든 정의가 반복했던 것이 바로 그것 아닌가?

하지만 혹자라면 문헌적인 반박을 시도할지도 모른다. "당신이 지금 인용하고 있는 『자본』의 바로 그 부분에서 맑스는 노동을 그렇게 정의하지 않았던가? 노동이란 합목적적 활동이라고. 그래서 '꿀벌의 집은 인간 건축가들을 부끄럽게 한다. 그러나 가장 서투른 건축가를 가장 훌륭한 꿀벌과 구별하는 점은, 사람은 집을 짓기 전에 이미 자기의 머리 속에서 그것을 짓는다는 것이'(I, p. 236)라고 하지 않았던가?" 그렇다. 안타깝게도 그 유명한 문구를 우리는 이 책에서 발견할 수 있다. 그러나 그것은 하나의 삽화처럼 지나가며 드러나는, 1845년 이래 스스로 던져버리고자 했던, 그러나 긴장을 늦춘 순간 무심코 되살아난 낡은 유제가 아닐까?

사실 '합목적적 활동'이라는 정의는 헤겔 식의 지극히 관념론적 개념이지, 결코 맑스가 말하는 '유물론적' 개념이 아니다. 나아가 헤겔의 개념이 그렇듯, 합목적적 활동이란 정의는 노동을 포괄하기엔 너무도 '일반적'이고 넓어서 소비나 유희·범죄 등과 노동을 구별해 줄 수 없는 개념이다. 공유지를 횡탈하는 부르주아의 활동도, 빵나무를 베는 식민주의자의 활동도 모두 '합목적적 활동' 아닌가!

노동이란 '도구를 사용하는 활동'이나 '의식적이고 합목적적인 활동'이 아니라 '자본에 의해 가치화된 활동'이다. 물론 우리는 자본주의에서 행해진 노예노동에 대해서 매우 잘 알고 있다. 그들은 노동력을 부분적으로 판매하지 않으며 자신의 노동력에 대한 소유권을 갖고 있지 못한 채 노동했지만, 그들의 활동의 결과는 자본주의적 시장에서 상품화되었고, 그것으로써 그들의 신체 자체가 상품화되었음을 알고 있다. 이 경우 자본주의는 비자본주의적인 활동조차 그 결과를 상품화함으로써 가치화한다. 즉 자본주의 하에서 노예는 **노동력의 소유자가 아님에도 불구하고** 그들의 활동은 '가치화된 활동'으로서 노동이 된다.

그렇다면 이제 우리는 노동력의 소유자나 판매자가 아니어도 그

활동을 가치화하는 경우 그것을 노동이라고 지칭할 수 있지 않을까? 뿐만 아니라 자본주의는 활동의 결과나 활동 자체를 가치화할 수 있는 가능성이 있는 모든 활동을 착취하고자 한다. 따라서 노래도, 스포츠나 섹스도 자본에 의해 가치화되어 잉여가치를 생산하는 경우 생산적 노동이 될 수 있다. 그렇다면 잉여가치를 생산하는 어떤 활동이, 굳이 **인간의 활동이 아니라고 해서** 노동이라고 할 수 없다고 말할 수 있을까? 노동이란 생산적인 활동이 가치화를 통해 잉여가치를 생산하는 활동으로 변환되는 그 문턱의 이름이라고 해선 안 될까?

노동이 노동력의 사용이란 것을 잊지 않는다면, "노동만이 가치를 생산한다"는 노동가치론의 주장은 '노동력의 사용'에 대한 찬사고 가치화를 수행하는 한에서 노동의 찬미지, 인간의 본질에 속하는 어떤 활동 내지 노동자의 본성에 속하는 어떤 활동의 찬미가 아니다. "노동하는 자만이 인간"이라는 인간학적 주장은 가치화되어 가치증식에 기여하는 활동으로서의 노동에 대한 찬미인 동시에 노동하지 않는 인간에 대한 저주다. 그것은 '이데올로기'라는 말을 사용하는 경우에조차 노동하는 자의 이데올로기가 아니라 노동력을 사서 이용하려는 자, 노동하게 하려는 자의 이데올로기다.

## 4. 착취와 잉여가치

### 1) 비교와 가치화

자본은 노동자의 생산적인 능력을 '노동력'이라는 상품으로 만들고, 노동자의 생산적인 활동을 고통과 인내를 포함하는 '노동'으로 만든다. 왜 생산적인 활동은 노동이 되면 고통과 인내를 포함하는 활동이 되는 것일까? 그것은 결과를 상품화해야 하고, 그것을 통해 활동 자체를 가치화해야 하기 때문이다. 가치를 증식해야 한다는 자본의 강박적 의지, 자본의 권력 아래 이루어져야 하기 때문이다. 자본이 요구하면 힘들어도 해야 하고, 싫어도 해야 한다. 노동력을 사용할 권리는 자본에게 있는 것이다. 아마도 이 점이 우리가 노래방에서 하는 노래와 백코러스가 무대에서 하는 노래의 차이일 것이다.

가치화는 불가피하게 **비교**를 항상-이미 내포한다. 사실 가치라는 개념 자체가 질을 비교가능한 양으로 바꾸기 위한 메커니즘이 아니었던가? 그러나 비교는 단순히 양적 크기를 수로 표시하고 대비하는 순수 수학적 과정만은 아니다. 맑스는 이러한 '비교'가 무엇을 뜻하는지 정확하게 알고 있었다.

먼저 자본가는 노동의 결과를 자신이 투여한 자본과 비교한다. 만약 노동이 생산한 상품의 가치가 투여한 자본의 가치와 같다면 "우리의 자본가는 깜짝 놀란다.…… 투하된 가치는 증식되지 않았고, 잉여가치를 생산하지 않았으며, 따라서 화폐는 자본으로 전환되지 않았"기 때문이다(I, p. 252) 따라서 그는 이렇게 말할 것이다. "나는 나의 화폐를 더 많은 화폐로 만들려는 의도에서 투하했던 것이다."(I, p. 253) 혹은 이렇게 말할 것이다. "투자한 자본의 가치와 생산물의 가치가 같다면 대체 자본을 투자해서 생산을 할 이유가 어디 있겠어?"

자본가가 투자한 자본의 가치와 생산된 결과물의 가치를 비교하는 것은, 가치화의 결과가 가치의 증식을 포함하고 있지 않으면 안 된다는 것을 확인하기 위해서다. 따라서 노동은 그 결과물의 가치가 자본이 투자한 가치보다 클 때까지 계속되어야 한다. 이런 점에서 처음(투자한 화폐 M)과 끝(결과물의 가치 M´)의 '비교'는 가치화과정이 가치증식과정이 되게 하는 일차적인 고리다. 노동력을 사용하는 것이 가치증식을 만드는 게 아니라, M과 M´의 비교를 통해 가치증식을 요구하는 방식으로 노동력을 사용하는 것이다.

따라서 비교는 가치증식에 대한 요구를 명령어로 함축하고 있다고 해도 좋을 것이다. 그것은 노동력을 판매한 사람에게 잉여가치의 생산을 요구하는 명령어를 발동시킨다. "비교해 봐! 내가 투자한 게 얼만데, 겨우 이런 결과에 만족하란 말이야? 혹시 내가 자선사업이라도 하고 있다고 생각하는 거야?" 노동자는 노동시간을 연장하든, 몸을 더 빨리 움직이든 그의 비교를 만족시킬 수 있는 최소한을 생산해야 한다.

그런데 이러한 비교가 실제로 가치의 증식을 산출할 수 있는 것은, 가치의 증식이 없다면 투자할 이유가 없다는 항의에 있는 것이고, 이 항의는 사실 자본을, 아니 생산수단을 배타적으로 **소유**하고 있다는 사실에서 발원하고 있는 것이다. 다시 맑스는 자본가의 주장을 소개한다.

"과연 노동자는 아무것도 없는 데서 저 자기의 손빌민으로 상품을 생산해낼 수 있는가? 내가 노동자에게 재료를 대주었기 때문에 노동자는 그것을 가지고 그것에다가 자기의 노동을 대상화할 수 있었던 것이 아닌가? 또한 사회의 대부분의 사람들이 이와 같은 빈털털이이기 때문에 나는 나의 생산수단, 나의 면화와 나의 방추로 사회를 위해 헤아릴 수 없을 정도로 많은 봉사를 하지 않았던가. 또한 내가 노동자들에게 생활수단까지도 공급해 주면서 봉사하지 않았던가? 그런데도 나

는 이 모든 봉사에 대해서 어떤 보상도 받을 수 없다는 말인가?"(I, pp. 254~255)

이처럼 투여한 자본과 산출된 결과의 비교는 사실은 자본가가 노동력을 구매한 화폐의 소유자임을 상기시키는 방식으로 가치증식의 명령어를 발동한다. 여기서 잉여가치에 대한 요구의 실질적 원천은 비교 자체보다는 비교의 형식으로 나타나는 자본의 소유권이다. 비교하는 이유를 만족시킬 수 없다면 더이상 노동력을 구매하지 않겠다는 자본 소유자의 항의.

이러한 비교만 있는 것은 아니다. 사람들이 동료들과 자신을 비교하듯이, 자본가도 동료들과 자신을, 아니 동료들이 고용한 '노동자의 가치'와 자신이 고용한 '노동자의 가치'를 비교한다. "아니 똑같은 자본을 투여해서 똑같은 상품을 만들었는데, 쟤들은 1000만원이 이득으로 남았다는데, 우리는 왜 500만원밖에 안 남은 거야?" 차이는 노동한 사람들에 있는 것이니, 노동을 더욱 가열차게 시키는 수밖에 없다. "남들만큼은 해야 할 것 아냐!" "아니, 겨우 그게 뭐야. 남들보다 더 나아야지!" 이는 뒤집어 말하면, 똑같은 자본을 투여해 1000만원의 이득을 남긴 자본가의 추가적인 이득에 대해 상기시켜 주는 것이기도 하다.

여기서 비교는 투여한 자본과 노동력을 사용하여 획득한 결과 사이에 있는 게 아니라, 획득된 결과 사이에서 행해진다. 자본가의 항의가 발원하는 곳은, 투여한 자본을 철수시키겠다는 위협이라기보다는 동일한 자본을 투여해서 좀더 많은 이윤을 획득한 동료 자본가에 대한 선망이고, 그 자본가처럼 좀더 많은 이윤을 획득하려는 욕망이다. 여기서 다른 자본가의 잉여가치를 넘어서는 부분은 노동의 가치화를 통해 자동으로 획득한 것이다.

앞의 비교가 사실은 소유한 생산수단의 투여에 상응하는 최소한의 '보상'을 요구하는 것이라면, 그래서 배타적 소유에 의해 이윤을 획득하는 것이라면, 뒤의 비교는 그것의 기초 위에서, 동일한 조건에서 노동하는 다른 노동자에 대한 비교를 통해 이윤을 획득하는 것이다. 이런 점에서 이 두 가지 비교는 노동에서 '이윤'를 추출하는 두 가지 상이한 방법을 보여준다.

이를 앞서 자본의 일반공식을 변형시킨 도식을 통해서 다시 말할 수 있다. 다시 한번 그 도식을 쓰면,

$$M-C(노동력)$$
$$\parallel$$
$$노동-C'-M'$$

여기서 윗줄은 노동력 상품화의 계열을, 아랫줄은 노동의 가치화의 계열을 표시한다. 투입된 자본 M과 노동결과의 가치화를 통해 획득한 M'을 비교하는 것은 윗줄과 아랫줄을 비교하는 것이고, 동일성의 등호로 연결된 노동력과 노동을 가치화하여 비교하는 것이며, 따라서 수직축을 따라 비교하는 것이다. 이것이 흔히 말하는 노동력의 가치와 가치화된 노동의 차이로서 '잉여가치'다. 이러한 비교의 원천이 이 과정 전체를 시작하는 자본 M의 소유권에 있음은 이미 말한 것이다.

반면 "남들만큼은 해야지" 하는 비교는 노동을 가치화해서 얻은 M' 사이에서 행해진다. 이 비교는 〈M—C〉가 동일한 조건 아래 〈노동—C'—M'〉라는 가치화의 계열 안에서 이뤄진다. 혹은 역으로 〈노

동—C´—M´〉의 결과가 동일한 조건에서 노동력이란 상품을 비교하는 〈M—C〉의 계열 안에서 이루어진다. "당신은 연봉 1000만원짜리고, 당신은 2000만원짜리야." 어느 경우든 여기서 비교는 앞서와 달리 수평축을 따라 행해진다. 이는 노동력의 가치가 동일하게 지불된 조건에서 획득하는 추가적인 이득과, 혹은 산출된 '노동의 가치'가 동일한 조건에서 지불되는 '노동력의 가치'의 차이와 결부되어 있다.

이는 노동력의 가치와 가치화된 노동의 차이로 정의되는 통상적인 '잉여가치'의 정의에 포함되지 않는 잉여가치를 표현한다. 앞의 것이 소유로 환원되는 비교라면, 뒤의 것은 비교 그 자체가 바로 추가적 이득의 원천이란 점에서 다르다. 앞의 것이 자본가들 사이의 평균적인 잉여가치와 결부된 것이라면, 뒤의 것은 평균에서 벗어나는 잉여가치다. 각각의 자본가에게 양자는 혼합되어 주어지지만, 사실은 가치의 증식을 위한 **자본의 두 가지 전략**과 결부된 것이란 점에서 개념적으로 구별되지 않으면 안 된다.

### 2) 절대-이윤과 상대-이윤

먼저 순수한 비교에 의해 발생하는 이윤에 대해 살펴보자. 예를 들어 a가 고용한 노동자들(물론 집합적 노동자다)을 A라고 쓰고, b가 고용한 노동자들을 B라고, c가 고용한 노동자들을 C라고 쓰자. 세 집합의 노동자는 모두 책상이라는 동일한 상품을 생산하며, 동일한 임금으로 고용되었다고 하자. 그리고 한 달간 동일한 시간 동안 동일한 기계로 노동을 했다 하자. 그러나 그 경우에도 그들이 생산한 결과물이 셋 다 동일할 가능성은 0에 가깝다. 노동방식의 차이건, 노동능력의 차이건 간에 차이가 있을 수밖에 없다.

예컨대 기계와 원료 등에 투여된 비용을 제하고, A는 책상을 100개, B는 120개, C는 140개 만들었다고 가정하자. 만약 '노동의 대가'로 책상 100개치를 노동자에게 지불한다고 하면, a는 아무런 이윤도 남기지 못하겠지만, b와 c는 그렇지 않다. a과 비교할 때, 그들은 100개의 가치를 비용으로 지불한다고 해도 b는 책상 20개치의 이윤을, c는 40개치의 이윤을 얻은 것이다. 이처럼 다른 노동과의 비교는 그 자체만으로도 이윤을 산출한다. B와 C는 '노동의 대가'를 받는 경우에도 책상 20개치, 40개치를 각각 착취당한 것이다. 이를 상대적인 **비교**에 의해 획득되는 이윤이란 의미에서 '상대-이윤'이라고 부르자.

그런데 사태는 여기서 끝날 수 없다. 자본가 a가 당연히 '항의'(!)할 것이기 때문이다. "아니, 내가 짱구야? 아무런 이득을 남기지 않을 거라면 대체 노동자들을 고용해서 수고를 할 이유가 어디 있겠어? 내가 소유하고 있는 화폐가 없었다면, 대체 여러분이 책상을 한 개라도 만들 수 있었겠어? 따라서 나는 적어도 책상 20개치 정도는 내 소유의 자본을 투여한 '보상'으로 받아야겠어." 아마도 a는 80개만을 A에게 지불할 것이다. 그런데 이때 b와 c가 가만히 있다면 이들을 다시 바보 취급하는 것이다. "아니, 우리가 미쳤어? a는 노동자들에게 80개치만 지불했는데, 우리가 100개씩 지불할 이유가 없지." 따라서 그들 역시 80개만을 노동자들에게 지불할 것이다. 이 경우 a와 마찬가지로 b, c 또한 20개치의 이윤을 다시 얻는다. 이는 투자한 자본 내지 생산수단의 **소유**라는 조건의 절대성 위에서 획득된 이윤이란 의미에서 '절대-이윤'이라고 부르자.

따라서 a는 20개치의 이윤을, b는 40개치의 이윤을, c는 60개치의 이윤을 얻을 것이다. 이 이윤은 상대-이윤과 절대-이윤의 합이다. 잉여가치의 착취는 이처럼 **비교**에 의한 착취를 통해 얻어지는 '상대-이윤'과 **소유**에 기초해 얻어지는 '절대-이윤'이 있다. 착취는 언제나 이러한 이중적인 방식으로 행해진다.

'절대-이윤'은 생산수단의 배타적 소유에 기초하여, 노동이 산출한 가치의 일부를 노동자에게 지불하지 않는 방식으로 발생하는 잉여가치다. 즉 불불노동(不拂勞動)의 형태로 발생하는 잉여가치다. 이는 자본가가 지출한 것 이상이 산출될 때까지 노동하게 함으로써 발생하는 잉여가치란 점에서 일단 노동시간의 외연적 확대를 통해 발생하는 잉여가치다. 그렇지만 임금으로 지불해야 하는 '사회적 필요노동시간'이 감소함으로써도, 다시 말해 잉여가치가 확보되는 한도 이상으로 노동자에게 지불하는 부분을 줄임으로써 발생하기도 한다는 점에서 단순히 노동시간의 절대적 크기와 관련된 것만은 아니다.

자본가가 사회적 평균비용을 기준으로 계산한다는 점에서 절대-이윤의 크기는 사회적 평균에 의해 결정된다. a, b, c 모두 절대-이윤은 평균화된 '동일한' 값을 갖는다. 그러나 사실상 모든 평균이 그렇듯 평균이란 평균화하는 추세 내지 경향을 의미할 뿐이어서, 평균화된 동일성이란 사실은 평균화되는 경향을 갖는 유사한 크기를 뜻할 뿐이다.

'상대-이윤'은 생산된 결과의 직접적 비교에 의해 발생하며, 이른바 '노동의 가치' 내지 '노동의 대가'를 모두 지불하는 경우에도 발생하는 잉여가치다. 이는 착취란 노동의 가치를 다 받지 못해서 발생한다는 통념을 근본적으로 재고할 필요가 있음을 의미한다. **노동의 대가를**

**모두 받는 경우에도 착취는 발생한다**는 것이다. 또한 상대-이윤은 동일한 시간 동안 노동한 경우에도 발생하는 잉여가치고, 따라서 노동시간의 직접적 연장 이전에 발생하는 잉여가치다. 또한 상대-이윤은 필요노동시간의 사회적 평균화 이전에 이미 착취되는 잉여가치고, 평균과의 편차, 아니 사실은 최열등 노동과의 편차에 의해 발생하는 잉여가치다. 따라서 상대-이윤은 평균화에 의해 축소되는 경향이 있으며, 이로 인해 자본가로 하여금 재차 편차를 확대하고 평균화에서 벗어나는 방식을 고안하게 한다.

상대-이윤을 획득하기 위해 사용되는 방법은 다양할 수 있다. 노동의 조직방식을 바꾸거나 노동강도를 높이는 것은 상대-이윤을 획득하기 위한 가장 일반적인 방법이다. 한편 18세기에는 출퇴근시간을 엄수하게 하는 것만으로도 좀더 많은 이윤을 획득할 수 있었다. 예컨대 다윈(C. Darwin)의 외조부였던 웨지우드(J. Wedgewood)는 유명한 도자기를 생산하는 공장을 경영하고 있었는데(이 회사는 지금도 있다), 그는 시간준수에 대해 상과 벌금을 엄격히 함으로써 노동자들이 출퇴근시간, 작업시간을 엄수하게 하는 것만으로도 생산성을 크게 높일 수 있었다고 한다(E. P. Thompson, *Customs in Common*, p. 385). 기계나 생산수단의 대체를 수반하지 않는, 다시 말해 노동방식의 변형만으로 발생하는 생산성의 증가는 모두 상대-이윤의 원천이다.

하지만 상대-이윤은 생산수단 내지 자본에 대한 배타적 소유권이 없다면 착취할 수 없다. 그것은 절대-이윤과 구별되지만, 그것 없이는 착취되지 않는다. 독점적 소유에 의한 착취가 없다면 비교에 의한 착취도 있을 수 없는 것이다. 이런 의미에서 우리는 절대-이윤이 상대-이윤에 비해 현실적으로는 일차적이라고 할 수 있겠다. 이 두 가지 잉여가치는 자본가가 노동자를 착취하는 두 가지 방법이다. 착취는 항상 이 두 가지 방법이 동시에 작용하면서 진행된다는 점에서 이중적이다.

절대-이윤은 노동의 가치화가 노동력의 구매에 투입된 가치를 능가해야 한다는 것을 요청한다는 점에서 '가치화의 결과는 항상 잉여가치를 포함해야 한다'는 것을 보여준다. 이는 노동자가 받은 돈에 비해서 더 많은 가치를 자본가에게 제공해야 한다는 것을 의미한다. 가치론의 공리계 안에서 '잉여가치법칙'이 보여주려는 것은 바로 이것이다. 반면 상대-이윤은 노동을 가치화하는 순간, 가치화된 것의 비교 자체를 통해서 발생하는 잉여가치고, 가치법칙에 따라 동일하게 지불된 노동력이 산출한 다른 결과란 점에서 노동가치론의 '가치법칙' 안에서 산출되는 잉여가치다. 즉 상대-이윤은 '가치법칙은 그 자체만으로도 이미 착취법칙임'을 보여준다. 이는 가치화와 동시에 발생하는 잉여가치고, 노동력의 사용과 동시에, 다시 말해 노동과 동시에 발생하는 잉여가치다. 이런 점에서 이렇게 말해도 좋을 것이다. **잉여가치 없는 가치는 없으며, 잉여노동 없는 노동도 없다.**

그렇다면 노동은 문제가 없는데, 잉여노동이 문제라는 생각, 가치법칙은 문제가 없는데 잉여가치법칙이 문제라는 생각, 그래서 노동해방이란 잉여노동 없는 노동을 뜻한다는 생각, 잉여가치법칙 없는 가치법칙을 통해서 '공산주의'로 나아갈 수 있으리란 생각, 이 모든 생각에 대해 다시 생각해야 하는 건 아닐까?

## "지칠 줄 모르는 꼬마노동자들"

**루이스 하인, 「리」, 1910년**
테네시 주 엘크 면화 공장에서 일하는 '리'(Lee)라는 소년 노동자다. 나이는 8세, 키는 4피트, 일당은 15센트로 실패를 담고 정리하는 일을 한다. 이 소년은 "가족을 도우려고 일하느냐"는 루이스 하인의 질문에 "아뇨, 나는 엄마나 누나를 도우려고 하는 게 아니에요. 내 스스로 할 뿐이에요"라고 대답했다. 하인은 이러한 소년들이 면포꾸러미와 마찬가지로 면화공장이 만든 '생산물'이라고 주장했다.

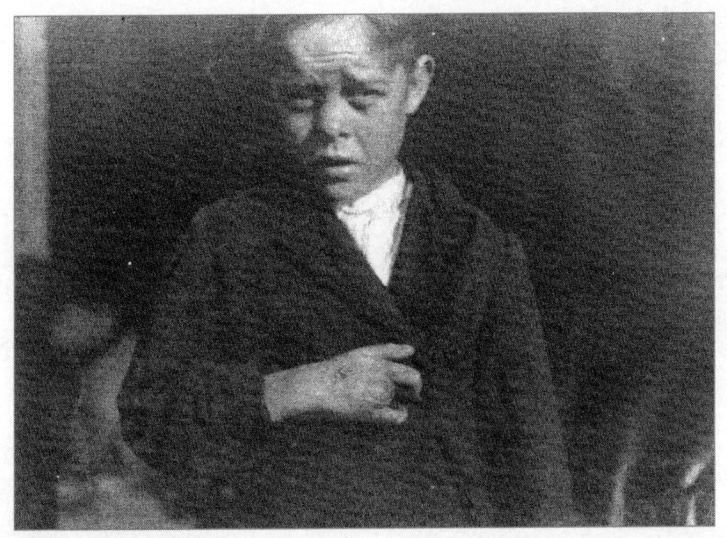

**루이스 하인, 「뉴섬」, 1912년**

이름은 뉴섬(Giles Newsom), 나이는 12세. 샌더스 면화공장에서 일하다가 손가락이 기어에 물려 2개 잘렸다. 보이진 않지만 그 전에 발에도 기계 부품이 떨어져 발 뼈가 부서졌다고 한다. 이 아이의 신체적 상해에 대해 자본가는 어떻게 대처했을까? 지금 한국 자본가가 상해를 입은 외국인 이주노동자에게 대하는 것 이상으로 해주었을까? 이런 식으로 어디가 덜 나쁜가나 따지고 있는 것이야말로 자본주의에 사는 우리의 근본적 불행일 것이다.

## 부르주아의 주거공간

**19세기 후반 부르주아의 주거공간 내부, 1869년**

18세기 이래 부르주아지들은 이전의 지배계급이었던 궁정귀족들의 문화를 배우고 모방하려 했다. 그러나 그들이 익숙해질 만하면 귀족들은 어느새 저만큼 멀리가면서 쫓아온 부르주아들을 떼놓았다. 귀족이 힘을 잃은 19세기 후반이지만 궁정귀족의 집을 모방한 실내의 모습은 아직도 확연하다. 어울리는가 여부를 따지지 않고 일단 치장하고 장식하는 것, 그래서 이들은 빈 벽이란 궁벽을 뜻한다고 생각했다. 빈틈없이 꽉 찬 저 벽을 보라!

**그로피우스, 20세기 초 '부르주아'의 주거공간**

20세기 건축가들에게 19세기 부르주아들의 장식은 가식과 허영을 뜻하는 것으로 보였다. 그래서 아돌프 로스(Adolf Loos)는 프로테스탄트 목사의 어법으로 단언한다: "장식은 죄악이다." 이후 모더니스트들 역시 19세기의 장식적 건축을 몹시 경멸했다. 미스 반 데어 로에(Ludwig Mies van der Rohe)의 말: "(장식은) 적을수록 많은 것이다(Less is more)." 이제 부르주아지는 귀족의 모방에서 벗어나 자신만의 건축양식을 갖게 된다. 기능적인 합리성을 원칙으로 삼아 별도의 장식이 없는 정연한 기하학의 세계. 그로피우스(Walter Gropius)의 주거공간은 이를 잘 보여준다.

## 노동자의 주거공간

**자콥 리스, 「뉴욕 펠 가의 노동자 숙소」, 1887년**
하루 자는 데 7센트 받는 노동자 숙소다. 이불은 따로 주지 않으며, 다만 군용침대에 쓰이는 캔버스만 하나 걸쳐 있다. 그래도 이 정도면 깨끗하고 정연한 느낌이다. 장식 없고, 기능적인, 최소한만으로 정연하게 만들어진 기하학의 세계? 부르주아가 대신 만들어준 프롤레타리아트의 공간?

**자콥 리스, 「노동자 숙소에서 사는 남자노동자들」, 1889년**
역시 뉴욕의 노동자 숙소다. 여기는 한 자리에 5센트씩 받는다. 이불이 있어서인지 더 지저분해 보이지 않는가! 앞의 숙소가 2센트나 더 비싼데도 이불을 없앤 건 이런 이유였는지도 모른다. 그렇다면 그 숙소의 주인이 어떤 사람인지도 대강 알 수 있을 듯하다.

**자콥 리스, 「뉴욕 엘드리지 가의 여성 숙소」, 1892년**

이 숙소에는 46명의 여성들이 있었는데, 모두 다 조로증의 증세를 보여 나이보다 훨씬 늙어 보였다고 한다. 지하실에다, 난방이 아주 빈약한 숙소였는데, 이런 경우 노동자들은 남녀를 막론하고 잠을 청하기 위해 술을 마셨다고 한다. "추울 땐 쉽게 취하는 사람이 돈도 덜 들고 고통도 적다"는 말은, 이 경우 어려운 상황에서도 여유를 부리는 유머일 수는 있지만 결코 농담은 아니다.

**자콥 리스, 「거리의 '숙소'에서 자는 아랍인 아이들」, 1889년**

갈수록 태산이다. 이 세 명의 꼬마는 길에서 놀다 피곤해서 잠시 조는 게 아니다. 자는 자세로 알 수 있지만 이들은 제대로(!) 자고 있는 것이다. 서로의 피부를 이불 삼아서, 그리고 테라스 벽을 베개 삼아서. 그때나 지금이나 외국인 이주자들은 이처럼 고달픈 삶을 산다. 돈을 벌게 해준다며 꼬드겨대는 저 자본주의 덕분에.

# 5장_잉여가치와 계급투쟁

지금까지 우리는 노동의 가치화를 통해서 자본가가 노동자로부터 증식된 가치를 추출하는 두 가지 방식을 보았다. 비교와 소유에 의한 잉여노동의 영유는 자본가가 노동력을 구매하는 이유와 노동의 가치화를 통해 얻고자 하는 목표를 동시에 보여준다. 그런데 소유를 근간으로, 비교를 수단으로 하여 이루어지는 자본가의 전략은 잉여노동을 획득하려는 자본가의 의지를 표현하는 것이지만, 단지 자본가의 의지만을 표현한다는 점에서 **일방적인** 것이다.

문제는, 노동력을 사용하기 위해서는 그런 의지에 노동자의 의지를 복속시켜야 하고 그들의 노동을 지배해야 하는데, 그것이 결코 쉽지 않다는 것이다. 왜냐하면 노동력은 다른 상품과 달리 판매된 이후에도 판매자인 노동자의 신체에 직접적으로 귀속되어 있어서 노동자 자신의 의지를 통해서만 사용할 수 있기 때문이다. '노동력의 사용'에 대한 권리는 노동력을 구매한 자본가에게 있지만, 그것이 실제로 사용되는 것은 노동하는 신체의 소유자인 노동자의 의지와 행동에 따라야 하기 때문이다. 더구나 노동력을 최대한 사용하려는 것이 자본가의 의지라면, 노동자는 그것의 사용에 따른 고통을 감내해야 한다는 점에서 그에 반하는 의지를 갖고 있기 때문에, 노동력을 사용하는 양상을 둘러싸고 근본적인 대립과 충돌이 발생한다. 잉여가치란 바로 노동력의 사용을 둘러싸고 발생하는 이런 충돌과 대립관계를 표현하는 개념이다.

그러한 충돌과 대립을 통상 자본가와 노동자 간의 '계급투쟁'이라고 부른다. 자본가가 얼마만한 잉여가치를 획득할 수 있는가는 바로 이 계급투쟁에 의해 결정된다. 그렇지만 계급투쟁이 잉여가치의 크기를 둘러싼 계급적 대립과 충돌만을 뜻하는 것은 아니다. 그것은 무엇보다 먼저 **노동력의 사용을 둘러싼 근본적인 적대관계**를 의미하며, 노동 내지 생산의 양상 자체가 항상-이미 계급적 대립 속에서 규정된다는 것을 의미한다.

이런 계급투쟁과 적대관계 속에서 잉여가치를 규정하기 위해 맑스는 잉여가치를 두 가지 개념으로 구별한다. 하나는 절대적 잉여가치로서, 노동시간의 외연을 연장함으로써 잉여가치를 확대하는 방법과 결부되어 있다. 이는 자본이 노동력의 사용을 실질적으로 장악하지 못한 경우에 발생한다. 다른 하나는 상대적 잉여가치로서, 노동시간의 외연은 그대로 둔 채 노동력의 가치를 감소시켜 잉여가치를 확대하는 방법과 결부되어 있다. 이는 자본이 노동을 실질적으로 장악한 경우에 발생한다. 여기에 우리는 또 하나의 개념을 추가할 것이다. 그것은 자본이 노동을 기계적으로 장악한 경우에 발생한다. 우리는 그것을 '기계적 잉여가치'라고 명명할 것이다.

## 1. 상품 가치의 구성요소

일단 몇 가지 기본적인 개념에 대한 정의에서 시작하자. 노동과정은 이미 자본인 생산수단과 노동력이 결합하는 과정이다. 생산수단은 노동수단과 노동대상으로 구별된다. 노동수단은 노동과정을 통과하면서 소재변환을 거치지 않는 것이고, 노동대상은 소재가 변환되는 것이다. 가령 제과공장에서 밀가루는 노동대상이라면 오븐이나 쟁반은 노동수단이다.

생산수단에 투여되는 비용은 노동과정을 거쳐도 가치가 변하지 않는다. 비용의 형태로 보존될 뿐이다. 그래서 이를 '불변자본'(constant capital)이라고 부르고, 보통 $c$라고 줄여 쓴다. 반면 노동자에게 지불되는 임금은 노동력의 가치로 정의되지만, 노동과정(가치화과정)을 거치면서 증식된 가치를 생산한다. 그래서 임금으로 지불되는 자본은 '가변자본'(variable capital)이라 부르고 $v$라고 줄여 쓴다. 그리고 이때 증식된 가치를 '잉여가치'(surplus value)라고 말하고, $s$로 줄여 쓴다.

미리 말해 두면 불변자본과 가변자본의 구별을 '고정자본'과 '유동자본'의 개념과 혼동하면 안 된다. 전자는 생산에 투여되어 가치가 변하는가 여부를 통해 구별되고, 후자는 자본의 유동성에 따라 구별된다. 컴퓨터나 오븐 같은 기계에 투여된 자본은 한꺼번에 투여되어 여러 해 동안 사용된다는 점에서 고정자본에 속하지만, 밀가루나 종이 등에 투여된 자본은 그때마다 투여되어 상품가치로 되돌아온다는 점에서 유동자본에 속한다. 제과공장의 경우, 밀가루 값은 불변자본이지만 유동자본에 속하며, 빵 굽는 기계의 가격은 고정자본에 속하지만 그 가운데 감가상각분만이 불변자본에 속한다.

그렇다면 이제 생산물의 가치 $W$는 불변자본과 가변자본, 잉여가치의 합으로 표시할 수 있다. 즉,

$W = c + v + s$

그리고 노동과정을 통해 추가로 생산된 부분(부가가치)을 '가치생산물'이라고 부르는데, 이는 생산물 가치 $W$에서 불변자본을 제한 부분이다. 이를 $w$로 표시하자. 그러면

$w = v + s$

이처럼 추가로 생산된 가치생산물 가운데 가변자본과 잉여가치의 비율을 '잉여가치율'이라고 말하고 $s'$으로 쓴다. 즉,

$s' = \dfrac{s}{v}$

이는 지불된 노동(지불노동, $v$)과 지불되지 않은 노동(불불노동, $s$)의 비율을 표시한다는 점에서 '착취율'을 표현한다. 여기서 착취율은 자본가가 투여한 총비용($c+v$)에 대한 잉여가치의 비율이 아니라 가변자본에 대한 잉여가치의 비율인데, 이는 말 그대로 필요노동과 잉여노동의 비율, 지불노동과 불불노동의 비율이 착취율의 개념과 부합하기 때문이다.

## 2. 잉여가치의 외부성

### 1) 무엇이 잉여가치를 결정하는가?

잉여가치는 노동이라는 사용가치를 가치화함으로써 발생한다는 점에서 이미 가치론의 공리계에서 벗어나 있음을 보았다. 이제 맑스는 잉여

가치의 크기를 결정하는 것 역시 가치론의 공리계 외적인 요인에 의해 이루어진다는 것을 보여준다. "유리한 자연조건이 그에게 주는 직접적 선물은 많은 여가시간이다. …… 그가 이 여가시간을 타인을 위한 잉여노동으로 지출하기 위해서는 **외적 강제**가 필요하다."(I, p.693) 반면 정치경제학은 잉여가치를 가치론의 공리계에 내적인 것으로, 혹은 자본주의 생산양식에 내적인 것으로 취급한다. "리카도는 잉여가치의 기원에 관해서는 전혀 관심을 기울이지 않았다. 그는 잉여가치를 **자본주의적 생산방식 …… 에 내적인 것으로 취급하고 있다.**"(I, p.694)

잉여가치란 노동자가 생산한 가치생산물 가운데 노동력의 구매에 사용된 부분(가변자본, 임금)을 초과하는 부분이다. 즉,

$s = w - v$

이 공식은 잉여가치의 양을 결정하는 것이 무엇인지를 보여준다. 하나는 가치생산물의 양 $w$이다. 이는 노동이라는 비-가치(사용가치)를 사용해서 가치를 생산한 결과물의 양이다. 그런데 노동을 가치화하는 것은 일차적으로 그것을 사용하는 자본가의 의지에 의해서 결정된다. 여기서는 가치법칙이 전혀 통용되지 않는다. 노동은 가치가 아니고, 노동력을 어디에 어떤 식으로 사용하는가는 가치법칙과 아무런 상관이 없기 때문이다. 따라서 $w$의 크기는 가치론의 공리계에 대해 외부적이다.

좀더 구체적으로 말하자면, $w$의 크기를 결정하는 것은 노동시간과 노동강도, 노동방식 내지 노동생산력 등이다. 그런데 노동시간이나 노동강도, 노동생산력은 가치법칙에 의해 좌우되지 않는다. 그것은 노동할 의사와 능력을 얼마에 주고 샀는가와는 무관하게 자본가가 결정

할 수 있는 것이다. 가령 노동을 10시간을 시킬 것인가, 12시간을 시킬 것인가는 그가 얼마 주고 그 노동력을 샀는가와 상관없는 것이다. "노동자의 생명을 24시간 동안 유지하기 위해서는 $\frac{1}{2}$ 노동일이 필요하다는 사정이 노동자가 하루종일 노동하는 것을 결코 방해하지 않는다. 따라서 노동력의 가치와 노동과정에서 노동력이 창조하는 가치는 그 크기가 서로 다르다."(I, p. 256)

노동시간은 생물학적 생존능력의 보존에 필요한 한계 안에서 자본가의 의지에 의해 정해진다. 나아가 그것은 그에 대한 노동자들의 저항에 의해, 그리고 그 결과 만들어지는 사회적 관습과 법 등에 의해 결정된다. 하지만 이 중 어떤 것도 가치론의 공리계 안에서 작동하는 가치법칙과는 무관하다. "노동일은 결정될 수는 있지만 그 자체로서는 불확정적이다."(I, p. 305)

노동강도 역시 마찬가지다. "노동강도의 증대는 주어진 시간 안에 노동력의 지출이 증가하는 것을 의미한다."(I, pp. 705~706) 그런데 이러한 노동강도의 증가는 가치법칙과는 아무런 직접적 관련이 없다. 예컨대 컨베이어 벨트의 회전 속도를 5% 내지 10%, 혹은 그 이상으로 올리는 것은 노동력 구매비용과 아무런 관련이 없으며, 다만 자본가의 의지와 그에 대한 노동자의 저항에 의해 결정된다. 물론 사회적 표준 내지 평균적 강도가 있을 수 있겠지만, "1노동일에 창조되는 가치는 그 강도가 사회적 표준강도로부터 이탈하는 정도에 따라 변동한다."(I, p. 706) 이 벗어남의 정도 역시 가치법칙이나 가치론의 공리계에 대해 외부적이다. 반대로 외부적 요인에 의해 결정되는 노동강도에 따라 "각국의 노동일에 대한 가치법칙의 적용은 수정될 것이다."(I, p. 707)

이는 협업이나 분업에 의해 상승되는 노동생산력에 대해서도 동일하다. 맑스가 협업에 대한 장에서 말하듯이, 생산방식 자체에 관한 한 초기의 협업은 동직조합적 수공업과 별다른 차이를 갖지 않지만, 노동자들을 한 곳에 모은다는 것만으로도 생산력은 증가한다. 분업이나 기계의 도입, 공장이라는 '완화된 감옥'의 도입 역시 가치론의 공리계에 대해 외부적이다. 물론 그렇게 하여 증가된 생산력은 사회적으로 평균화되면 개별 가치량의 감소로 귀결되어 전체적으로는 생산된 가치량에 변함이 없는 것으로 된다는 가치론의 가정을 인정한다 해도, 그것은 외부적 요인에 의한 변화를 가치법칙을 통해 가치론의 공리계 안으로 포섭했음을 뜻할 뿐이며, 결코 가치법칙이 그러한 변화를 창출한 것은 아니다. 따라서 $w$는 가치법칙에 의해 결정되지 않으며, 가치론의 공리계에 대해 외부적이다.

다른 한편 노동력 재생산비용을 의미하는 $v$ 역시 가치법칙에 의해 결정되지 않는다. 그것은 정의상 노동력 재생산에 필요한 노동시간으로 정의되지만, 그 구체적인 크기는 나라와 사회마다 상이한 사회적 평균 비용에 의해 규정된다. 그리고 그 사회적 비용의 평균은 실제로 자연적 및 문화적이고 역사적이며 도덕적인 요소에 의해 결정된다.

"생활수단의 총량은 노동하는 개인을 정상적인 생활상태로 유지하는 데 충분하지 않으면 안 된다. 음식물 · 의복 · 난방 · 주택 등과 같은 그의 자연적 욕구는 한 나라의 기후나 기타 자연적인 특성에 따라 다르다. 다른 한편, 이른바 필수적인 욕구의 범위나 그 충족 방식은 그 자체가 하나의 역사적 산물이며, 따라서 대체로 한 나라의 문화수준에 따라 결정되는데, 특히 자유로운 노동자계급이 어떤 조건 하에서 또 어떤 관습과 기대를 가지고 형성되었는가에 따라 결정된다."(I, p. 224)

이러한 자연적이고 문화적인 조건, 역사적이고 도덕적인 조건은 가치법칙이나 가치론의 공리계와 직접적 관련을 갖지 않는다. 예를 들어 70년대 한국에서라면 고등학교 정도의 교육비만이 임금에 포함되지만, 2000년대라면 과외비는 아니라 해도 대학교 정도의 교육비가 거기에 포함되어야 한다. 이는 가치법칙에 의해 결정되는 것이 아니라, 반대로 그것이 작용하는 조건을 제한하고 규정한다. 따라서 노동력의 가치를 뜻하는 $v$는 가치론의 공리계에 대해 외부적이다. 그러므로 $w$와 $v$의 차로 정의되는 $s$와 그것의 크기는 가치론의 공리계에 대해서 외부적이다.

## 2) 잉여가치와 계급투쟁

결국 $w$나 $v$나 모두 가치론의 공리계에 대하여 외부적인 요인들에 의해서 결정된다. 노동력의 가치나 노동의 가치가 먼저 있고, 이를 일정한 교환의 규칙에 따라 밀고 당기며 거래하고 교환하는 것이 아니라, 가능한 한 24시간 동안 노동력을 사용하려고 하며 가능한 한 임금을 적게 주려는 자본가의 욕망과 그에 반하는 노동자의 욕망이 노동과정의 처음부터 대립·투쟁하여 산출된 결과가 노동력의 가치를 결정하고, '노동의 가치'(노동이 생산한 가치생산물의 크기)를 결정하는 것이다. 다시 말해서 노동력의 상품화나 노동력의 사용과정(노동과정) 자체는 항상-이미 그 자체로 강제와 투쟁에 의해 이루어지는 과정이지, 등가성의 원리나 계약, 계산에 따라 이루어지는 냉정한 교환의 과정이 아니라는 것이다.

한편에서 그것은 노동력의 사용양상을 장악하고 좌우하려는 부르주아의 의지와 노동력의 물리적 담지자로 자신의 신체를 자신의 의지 아래 두려는 노동자의 의지가 노동의 방식 자체를 둘러싸고 대립, 투쟁하는 과정이다. 즉 **노동과정 자체**가 항상-이미 계급투쟁의 과정이다. 다른 한편 그것은 잉여가치를 극대화하려는 부르주아지의 전략 및 권력과, 잉여가치를 위한 신체적 지출을 극소화하고 노동력의 재생산을 위한 조건을 최대한 확보하려는 노동자계급의 의지와 힘이 항상-이미 잠재적으로 적대하는 과정이다. 즉 **가치화과정**은 항상-이미 계급투쟁 과정이다. 이는 파업 등으로 표면화되지 않는 상태에서도, 혹은 임금협상 등을 통해 교섭이 진행되지 않는 상태에서도 항상-이미 존재하는 현실이다.

따라서 잉여가치는 항상-이미 계급적대를 응축하고 있다. 나아가 잉여가치의 크기는 계급투쟁에 의해 결정된다고 말할 수 있다. 맑스가 노동가치론의 이율배반을 추적해서 노동력의 사용을 둘러싼 '계급적대'를 찾아냈다고 한다면, 그것은 바로 이러한 의미에서다. 하지만 이는 흔히 생각하듯이 자본이 노동자에게 지불하는 것과 자본이 노동을 통해 획득하는 것 간의 적대는 아니다. 이미 본 것처럼 적대는 차라리 그 각각의 항 자체를 결정하는 데 항상-이미 작용하고 있다. 노동시간이나 노동강도 등을 둘러싼 투쟁에 따라 가치생산물의 크기는 끊임없이 변화하고, 삶의 조건을 둘러싼 계급투쟁에 따라 노동력 재생산 비용은 끊임없이 달라지기 때문이다. 이런 의미에서 계급투쟁은 노동력의 사용과정 자체에 항상-이미 수반되는 것이며, 계급투쟁 없는 노동과정은 처음부터 정의될 수 없다고 해야 한다. **노동 자체가** 항상-이미 계급투쟁인 것이다.

반면 잉여가치를 설명하는 도식은 노동시간을 선분으로 표시하고 그것을 가령 필요노동 6시간, 잉여노동 6시간으로 양분하는 식으로 설명한다. 그리고 여기서 전체 노동시간을 가령 13시간이나 14시간으로 늘려서 잉여노동시간을 7시간이나 8시간으로 늘리는 것을 '절대적 잉여가치'에 연결하고, 전체 노동시간은 그대로 둔 채 필요노동시간을 가령 5시간이나 4시간으로 줄여서 잉여노동시간을 늘리는 것을 '상대적 잉여가치' 개념에 연결한다.

그러나 앞서 보았듯이, 잉여노동과 노동은 그런 식으로 구별되는 경계를 갖지 않으며, 노동 자체가 이미 잉여노동을 함축하고 있다. 이러한 도식은 **이미 계급투쟁에 의해 결정된 결과를 가시화하기 위한** 표시방법일 뿐이다. 이를 잉여가치 개념 자체에 관한 것으로 이해하는 순간 계급투쟁의 문제는 하나의 선분을 둘로 분할하는 문제가 된다. 이러한 관념은 계급적 적대나 계급투쟁을 단지 가변자본과 잉여가치 내지 임금과 이윤 간의 분배를 둘러싼 대립으로 이해하는 통상적인 리카도주의자의 견해에서 쉽사리 재발견된다. 이는 계급투쟁을 계약조건을 둘러싼 일종의 흥정(bargaining)으로 환원하는 것이고, 적대를 임금과 이윤의 '분배'를 둘러싼 계약자간의 경쟁으로 환원하는 것을 의미한다. 이는 투쟁을 교환으로 환원하는 방식으로 잉여가치 개념을 노동가치론의 공리계 안으로 밀어넣는 것이다.

## 3. 절대적 잉여가치

### 1) 노동의 형식적 포섭

노동은 노동력의 사용이고, 노동력을 사용하는 것은 그것을 구매한 자본가다. 그러나 노동력의 사용이 노동인 한, 직접적으로 노동하는 것은 노동자다. 따라서 노동 내지 노동력의 사용 자체가 항상-이미 계급투쟁임을 보았다. 이런 이유로 인해 노동과정을 구체적으로 결정하는 노동시간과 노동방식은 항상-이미 계급투쟁의 장이 된다. 노동시간을 둘러싼 계급투쟁이 절대적 잉여가치를 규정한다면, 노동방식을 둘러싼 계급투쟁이 상대적 잉여가치를 규정한다.

노동과정은 자본가에 의한 노동력의 사용과정이라는 점에서, 자본가 역시 노동자와 더불어 노동과정에 들어간다. 하지만 노동하는 자가 아니라 노동력을 사용하는 자, 노동의 지휘자로서 들어간다. 그 결과 노동력의 사용과정은 노동과정인 동시에, 자본가에 의한 노동자의 노동 착취과정이 된다. 여기서 노동은 자본에 포섭(subsumption)되며, 자본의 지배 아래 이루어지게 된다. 이로써 노동의 흐름은 자본에 포섭되어 훈육되고, 효율성과 생산성이란 척도 아래 조직되고 평가된다. 반면 자본에 포섭되지 않은 노동의 흐름은 무규율과 비효율, 비생산적 소모, 낭비 등의 말들로 비난받게 된다.

그런데 자본은 노동력을 자신의 지휘 아래, 자신의 의지 아래 복속시키지만, "노동과정, 실제 생산과정의 현실적 방법에 처음부터 본질적인 변경이 일어나지는 않는다. 반대로 자본에 의한 노동과정의 포섭은 기존의 노동과정 ——그 포섭 이전에 존재했던 과거의 다양한 생산과정과 여타 생산조건에 기초해서 형성되었던—에 기초해서 이루어" 진다. 즉 자본은 노동과정을 포섭하지만, 주어진 노동방식에 따라 포섭할 수 있을 뿐이다. 자본은 자신의 의지에 따라 노동과정을 변경하려 하지만, 그것은 "이런 포섭이 이뤄진 뒤에 나타나는 점진적 결과로서만" 가능할 뿐이다(맑스, 「직접적 생산과정의 결과들」, p. 89). 그래서 이런 포섭을 **자본에 의한 노동의 형식적 포섭**이라 부른다(같은 글, p. 90).

예컨대 도자기나 가구를 만드는 사람을 자본가가 고용했다 해도, 16세기나 17세기처럼 그걸 만드는 데 장인적인 숙련과 도제적 훈련이 필요하다면, 아무리 능력있는 자본가라 해도 그들의 노동방식에 이래라 저래라 관여할 순 없으며, 자신의 의지에 따라 노동방식을 변경시킬 수도 없다. 다만 고용된 시간 안에 그들이 열심히 해줄 것을 요구하고 그렇지 않은 행위를 비난할 수 있을 뿐이다. 자본은 돈을 주고 노동력을 구매함으로써 그들의 노동력을 자본의 일부(가변자본)로 '포섭' 했지만, 그래서 그들에게 일정 시간 동안 이걸 만들라 저걸 만들라 지휘하고 명령할 수 있지만, 그들의 노동 자체를 장악하여 지휘할 순 없다. 이런 의미에서 노동에 대한 자본의 포섭은 형식적일 뿐이며, 결코 실질적으로 노동 자체를 포섭했다곤 말할 수 없다(같은 글, pp. 90~93).

자본이 노동을 형식적으로 포섭한 조건에서 자본은 노동방식 자체에서 노동을 장악하고 사용할 수 없으며 다만 노동의 결과물만을 자신의 소유로 영유할 수 있을 뿐이다. 이런 의미에서 자본에 의한 노동력의 사용은 형식적으로만 자본에 의해 장악되어 있을 뿐이다. 따라서 이러한 조건에서 잉여가치의 생산은 단지 노동시간의 연장에 의해서만 발생할 수 있고, 그것에 의해서만 확장될 수 있다. 이처럼 노동시간의 절대적 길이를 연장함으로써 발생하는 잉여가치를 '절대적 잉여가치'라고 부른다.

형식적 포섭과 절대적 잉여가치의 개념은 잉여가치의 생산에서, 아니 가치 개념 자체에서 **시간**이 중요한 역할을 하는 이유를 명확하게 설명해 준다. 가령 장인이나 노동자들에게 미리 선금을 주고 일정량의 상품생산을 요구하는 선대제(先貸制)의 경우, 계약은 '기간'이라는 시간적 형식을 취하겠지만 생산 자체가 시간적인 방식으로 진행된다고 하기는 어렵다. 이 경우 돈은 정해진 기간 안에 일정량의 결과물을 요구하는 대가로서 지급된다. 즉 노동시간이 아니라 생산된 상품 총량에 대해 지불하는 형식을 취하는 것이다.

그러나 자본가 자신이 노동력을 구매하여 노동하게 하는 경우, 노동방식의 변화가 전혀 없어도 지불의 형식은 달라진다. 임금은 일당이든 월급이든 시간 단위로 지불되고, 따라서 자본가는 구매한 시간 동안 노동력을 사용해야 한다. 그 시간 동안 노동력을 사용하지 않아도 노동력은 소모된다. 따라서 지불된 노동시간 안에 노동력을 최대한 사용해야 한다. 시간의 낭비는 시간당 지급한 임금의 낭비와 동일하다. 이로써 "시간은 돈이다"라는 명제가 형식적 타당성을 확보하게 된다. **임금의 시간적 형식을 통해 시간 자체가 화폐화된 것이다.** 생산물의 가치는 그것을 생산한 노동시간에 의해 규정된다는 노동가치론의 명제는 노동가치를 시간화하고 있지만, 이는 사실 이처럼 시간 자체가 화폐화된 조건에서만 성립될 수 있는 것이다. 다시 말해 노동가치론이란 "시간은 돈이다"라는 부르주아지의 세속적 명제를 이론화한 것이다. 이 경우 "노동자는······ 노동시간의 인격화"(I, p. 321)에 불과한 것이 된다.

하지만 절대적 잉여가치가 노동의 시간적 조직화를 의미하는 것은 아니다. 가령 노동을 '공시화'(共時化, synchronization)한다든가, 시간표에 의해 노동을 통제한다든가 하는 것은 절대적 잉여가치의 생산보다는 다음에 말할 상대적 잉여가치의 생산과 결부되어 있다. 절대적 잉여가치의 생산은 노동일의 길이(하루 노동시간의 길이)를 연장하는 방법에 의해 결정된다는 점에서 착취의 시간적인 방법이지만, 이 경우 시간과 노동방식 간의 관계는 외면적이다.

따라서 절대적 잉여가치는 "시간은 돈이다"란 명제 하나만을 오직 진실로 믿고 고지식하게 최대 시간 동안 노동하게 하려는 자본의 욕망을 표시한다. 물론 여기에는 몇 겹의 한계가 있다. 일단 하루가 24시간이라는 점에서, 1일 노동시간은 24시간을 초과하는 게 절대로 불가능하다. 뒤집어 말하면 가능한 한 노동시간을 24시간에 가깝게 확대하는 것이 자본의 욕망이다. 하지만 노동력이란 상품은 매일 일정한 휴식과 비용에 의해 재생산되지 않으면 다시 사용할 수 없다. "노동일은 하루 24시간 전체를 포함하는데, 그 중에서 노동력이 다시 봉사하기 위해 절대로 필요한 약간의 휴식시간은 뺀다."(I, p. 353) 즉 거기에는 '생물학적 한계'가 있게 마련이고, 나아가 '사회적 한계'가 있게 마련이다.

생물학적 한계를 넘어서까지 노동력을 사용하는 것은 노동력의 재생산을, 따라서 반복적 사용을 불가능하게 하기 때문에, 노동시간 연장의 사실상 절대적 한계로 작용한다. 즉 노동자도 노동을 끝내고 먹고 자고 쉬어서 다시 일할 수 있도록 노동력을 회복해야 한다. 반면 사회적 한계는 생활 수준에 대한 노동자의 평균화된 욕망에 의해 정의되는 것이다. 즉 노동자도 사람인 만큼 남들처럼 연애도 해야 하고, 아이들을 키우거나 돌보기도 해야 하며, 부족한 잠도 자야 하고, 공부는 못해도 신문이나 TV 정도는 보아야 하고, 가끔은 휴가도 가야 하고 등등. 이런 욕망은 끊임없이 증식되게 마련이지만, 그때마다 자본의 욕망과 충돌하게 된다. 자본가의 욕망은 그런 "쓸데없는" 시간과 비용을 아끼고 줄여서 최대한 노동하게 하는 것이다. 그런 욕망 또한 24시간이라는 한계 안에서 "시간이 없어, 시간이 없어!"라며 최대시간을 확보하기 위해 노동자를 조여댄다.

"잉여노동에 대한 충족될 수 없는 탐욕으로 말미암아, 노동일의 도덕적인 한계뿐 아니라 순전히 육체적인 한계까지도 넘어버린다."(I, p. 354) 그래서 "자본은 식사시간을 깎아내고, 가능하다면 그 식사시간까지도 생산과정에 편입시켜〔마치 보일러에 석탄을 공급하고 기계에 윤활유나 석유를 공급하듯이〕식사를 노동자에게 제공한다"(I, p. 354). 그래서 잉여가치에 대한 자본의 욕망은 절대적 한계조차도 빈번히 넘어버린다. "자본은 노동력의 수명을 문제삼지 않는다. 자본이 관심을 가지는 것은 오로지 1노동일 안에 운동시킬 수 있는 노동력의 최대한도일 뿐이다."(I, p. 354)

### 2) 노동시간과 계급투쟁

노동시간에 대한 자본의 한없는 욕망으로 인해 노동은 처음부터 노동자의 신체적 한계를 잠식하는 '공격'이 되고 자본가가 사용하는 노동력은 노동력의 소유자에 반하는 상품이 된다. 여기서 대립과 적대는 노동력을 사용하는 시간 자체가 자본가와 노동자에게 동시에 속해 있다는 이율배반적 사태에 기인한다. 그래서 자본과 노동자의 계급투쟁은 처음부터 시간을 둘러싼 투쟁의 양상을 취하게 된다.

이렇게 말하면 아마도 절대적 잉여가치의 생산이 거의 유일한 착취방법이었던 시기의 그 대립의 처절함을 상상할지도 모른다. 노동시간 전체를 착취하려는 자본의 욕망과 생존 자체를 위한 노동자의 '생물학적' 투쟁을 상정해야 하기 때문이다. 하지만 사태는 결코 그렇지 않았다. 14세기부터 18세기 중엽까지, 다시 말해 산업혁명으로 인해 노동방식 자체가 근본적으로 바뀌기 이전까지 영국의 노동법규는 노동일을 강제로 **연장**시키는 것을 주된 내용으로 하고 있었다. 이는 노동일의 제한과 축소를 목표로 하는 19세기 이래 노동법들과 정반대의 양상을 보여준다. 왜 그랬을까? 왜 자본가의 욕망도 모자라 국가적 법률로 노동시간을 더 연장했던 것일까?

그러나 이는 역으로 자본가가 법적 규제가 없이는 자신의 욕망을 노동자들에게 관철시킬 실질적 능력이 부족했다는 사실을 보여주는 것이다. 절대적 잉여가치의 생산은 자본이 노동을 형식적으로만 포섭했던 시기에 잉여가치를 확보하는 방법이었다는 점을 다시 상기할 필요가 있다. 다시 말해 이 시기에 자본가들은 노동자들의 노동 자체를 자신의 뜻대로 장악하고 통제할 능력이 없었다. 노동은 노동력의 사용이지만 그것은 노동하는 노동자의 의지와 능력, 노동방법에 따른 것이었기에, 자본가는 '게으름'과 '태업', 혹은 자의적인 휴식과 중단 등에 대해 실질적으로 대응할 방법이 없었던 것이다. 게다가 일을 끝내는 시간조차 완전히 장악하지 못했다. 퇴근하지 못하게 잡아두는 것조차 쉽지 않았던 것이다.

톰슨은 18세기에 이르기까지 노동생활이 얼마나 '제멋대로'였는지를 보여준다. 이 시기 노동은 자본가가 부여한 과업을 각자가 알아서 완수하는 방식으로 행해졌다. 그래서 노동자 자신이 자신의 노동 리듬이나 생활을 조절할 수 있었다. 이 경우 "사람들의 생활은 한바탕 일하고 한바탕 노는 것의 반복"이었다. 이 경우 화폐적 유인책도 별로 소용이 없었다. 왜냐하면 사람들은 일을 해서 돈을 벌면 그것이 다 떨어질 때까지는 노동보다는 노는 데 더 관심을 갖고 있었기 때문이다. 하루나 주중의 노동시간은 매우 불규칙했고, 관습적인 축제와 철야에서 벗어나지 못했으며, 음주와 유희로 인해 휴일인 이른바 '성 월요일'은 '성 화요일'로 이어지기 십상이었다. "노동자들이 자기는 벽에 기댄 채 빈둥대며 시간을 보낼 수 있다고 맥주집에 앉아 우쭐대는" 건 흔한 일이었다(E. P. Thompson, *Customs in Common*, pp. 357~385).

따라서 노동일을 강제로 연장하려는 노동법규들은 자신만의 개별적인 힘으론 노동자들을 장악할 수 없었던 시기의 자본가들의 한계를 보여주는 것이다. 즉 그들은 국가적 법을 이용해서라도 노동시간을 확보해야 했던 것이다. 따라서 '노동의 형식적 포섭'이란 **노동과의 계급투쟁에서 자본 권력의 형식적 우위만을** 보여줄 뿐이며, 절대적 잉여가치란 일차적으로 그런 상황의 다른 표현이다.

반면 19세기에 이르면서 사태는 근본적으로 달라진다. 산업혁명으로 인해 노동방식의 근본적 변화가 나타났고, 노동은 숙련노동의 성격을 점차 잃어갔고 노동과정의 리듬은 기계에 의해 장악되었다. 자본가들은 기계의 운동을 장악함으로써 노동의 리듬을 실질적으로 장악할 수 있었고, 이로써 노동에 대한 실질적인 포섭이 가능하게 된다. 그런데 바로 이러한 조건이 성립되면서, 잉여가치의 중요한 형태가 절대적 잉여가치에서 상대적 잉여가치로 이전되었지만, 아이러니하게도 **노동시간은 거꾸로 절대적 잉여가치가 지배적이던 시기보다 훨씬 더 연장되어** 노동자의 생존 자체를 위협하는 수준으로까지 확대되었다.

또 하나 중요한 것은 이러한 연장이 법적인 형식의 지원 없이 자본가 개개인에 의해 충분히 가능한 것이 되었다는 점이다. 이는 계급투쟁으로서, 노동 내지 노동과정 자체에서 자본가가 결정적인 우위를 점하게 되었음을 의미한다. 이제는 반대로 노동자들이 노동시간을 **제한**하기 위해 법의 힘을 요청하게 된다. 표준노동일의 제정을 위한 운동이 시작된 것이다.

따라서 "14세기 중엽에서 17세기 말까지 자본이 국가권력에 의해 성인노동자들에게 강요하려고 했던 노동일의 길이는, 19세기 후반에 아동들의 피를 자본으로 전환시키는 것을 막기 위해 국가가 설정한 노동일의 길이와 대체로 일치하는 것은 당연한 일이다. 예컨대 최근까지 미국의 가장 자유스러운 주인 매사추세츠 주에서 12세 미만의 아동노동의 법적 한도가 지금 선포되었는데, 그것은 영국에서는 17세기 중엽 원기왕성한 수공업노동자들이나 건장한 머슴들이나 장사와 같은 대장장이들에게 적용되었던 표준노동일이었다"(I, pp. 362~363).

이제 '나태'와 '방탕', 자유를 근절하고 '근면'의 정신을 기르기 위한 자본가들의 다양한 조치들이 노동 자체를 포위하고 노동자들의 삶을 공격하기 시작한다. 가령 1845년의 '날염공장법'은 8세에서 13세까지의 아동과 부녀자의 노동일을 아침 6시부터 저녁 10까지의 16시간으로 제한(!)하면서, 그 사이에 식사를 위한 법정 휴식시간은 전혀 규정하지 않았다(I, p. 397). 대개 노동생산성의 상승으로 표현되는 상대적 잉여가치를 통한 착취는 이처럼 피의 색깔을 띤 자본가의 격렬한 계급투쟁이었던 것이다. 사람들은 그것을 종종 '생산성 상승'이라는 장미의 빛깔로 혼동하기도 하지만 말이다. 노동시간을 16시간으로, 14시간으로, 12시간으로, 10시간으로 제한하는, 지금은 8시간을 대체적 표준으로 정하게 된 노동법은 이러한 자본가의 공격에 대한 노동자계급의 저항을 통해 달성된 최소한의 방어조치였던 셈이다.

"물질적 생산방식의 변화와 이에 상응하는 생산자들의 사회적 관계의 변화는 처음에는 노동일의 한계를 무제한으로 확대했고, 다음에는 그에 대한 반작용으로 휴식시간을 포함하는 노동일을 법률에 의해 제한하고 규제하고 균일화하는 사회적 통제를 초래했다."(I, p. 401) 그러나 이는 19세기 후반에 들어와서야 비로소 나타나기 시작했던 것이다. 이런 종류의 "규제를 둘러싼 투쟁은, 자본주의적 생산이 일단 일정한 성숙단계에 도달하면 개별 노동자[즉 자기 노동력의 '자유로운' 판매자로서의 노동자]는 아무런 저항도 없이 굴복하게 된다는 사실을 여실히 증명하고 있다. 그러므로 표준노동일의 제정은 장기간에 걸친 자본가계급과 노동계급 사이의 다소 은폐된 내전(內戰)의 산물인 것이다." (I, p. 402)

## 4. 상대적 잉여가치

### 1) 노동의 실질적 포섭

상대적 잉여가치의 생산은 노동방식의 변화와 결부되어 있다. 그런데 그것은 방금 언급했듯이, 자본이 산업혁명을 통해 노동과정 자체를 실질적으로 포섭하게 된 사태와 결부되어 있다. 그러나 상대적 잉여가치에 대한 통상적인 이해는 노동시간의 절대적 연장이 노동법에 의해 제한됨에 따라, 생산은 노동생산성의 향상을 추구하는 이른바 '내포적 생산'으로 전환하게 되고, 이러한 전환의 결과 생활비를 구성하는 개별 상품의 가치가 하락하며, 그에 따라 노동시간 중에서 필요노동 부분이 축소되어 잉여가치가 증가한다는 것이다. 이처럼 노동시간의 절대적 길이가 제한되어 있을 때, 노동시간 중에서 필요노동시간을 축소하여 획득하는 잉여가치를 '상대적 잉여가치'라고 부른다는 것이다.

이는 노동시간의 절대적 길이가 고정되면서 나타난 결과라고 해석한다. 즉 노동시간을 제한하려는 운동과 그 결과 만들어진 노동법들이 거꾸로 자본의 내포적 발전전략을 야기했고, 그 결과 착취의 주된 형식이 절대적 잉여가치에서 상대적 잉여가치로 이전되었다는 것이다. 이를 두고 혹자는 심지어 노동시간을 제한하려는 노동자의 투쟁이 거꾸로 내포적 발전과 상대적 잉여가치 생산을 촉발했다는 점에서 자본의 발전에 기여했다는 역설적 결론을 끄집어내기도 한다. 이 경우 노동자계급의 투쟁이 자본의 발전에 기여했다는 반어적이고 냉소적인 결론에 이르게 된다.

이런 식의 해석은 결과를 원인으로 간주하여 설명하는 목적론적 해석이라는 점을 논외로 한다 해도, 이중의 오류를 범하고 있는 것이다. 하나는 논리적 조건을 역사적 조건과 동일시하는 것이다. 상대적 잉여가치의 개념을 설명하기 위해 맑스는 논리적으로 노동시간의 절대적 길이가 고정되어 있다고 가정했고, 그 위에서 또 하나의 잉여가치 착취 방법을 설명한 것이다. 이것이 현실적 내지 역사적으로 그런 식으로 상대적 잉여가치가 발생해야 함을 뜻하진 않는다. 그건 절대적 잉여가치와 상대적 잉여가치를 논리적으로 구별하여 정의하기 위해 도입한 가정일 뿐이다. 다른 하나는 이런 해석이 실제 자본주의 역사 자체를 크게 오해하고 있다는 점이다. 실제로는 상대적 잉여가치가 본격화된 산업혁명 이후의 시기는 앞서 보았듯이 유례없이 노동시간의 절대적 길이가 확장된 시기였다. 노동시간을 제한하려는 노동자들의 투쟁은 그러한 사태 **이후에** 진행되었다. 여기서 논리적으로나 역사적으로 결정적인 것은 산업혁명으로 인한 노동방식의 근본적 변화와 그것을 통한 노동의 '실질적 포섭'이었다.

요컨대 산업혁명을 계기로 한 노동방식의 급격한 전환과 기계의 적극적 도입은 그 자체로 노동 자체가 자본의 손아귀에 실질적으로 장악되고 포섭되는 결과를 낳았다. 즉 노동시간의 제한이 이른바 '내포적 생산'(상대적 잉여가치의 생산)을 시작하게 한 게 아니라 거꾸로 '내포적 생산'(실질적 포섭)이 노동시간의 극한적 연장을 가능하게 했다는 것이다. 따라서 상대적 잉여가치의 생산이 본격화된 시기는 또한 절대적 잉여가치의 생산이 극적인 양상으로 추구되던 시기이기도 했다. 노동시간 제한을 위한 투쟁은 그에 대한 노동자계급의 대응이었던 것이다. 이런 의미에서 **이른바 '산업혁명'이라고 불리는 노동방식의 전환은, 혹은 내포적 생산의 전략 자체는 처음부터 노동 자체를 겨냥한 계급투쟁이었다고** 해야 한다.

따라서, 미리 말해 두지만, 상대적 잉여가치를 생산성 향상에 의한 경제적 이득의 증대로만 이해한다면, 그러한 생산성 발전이 본격화된 시기에 거꾸로 노동시간이 유례 없이 확대되었으며 노동강도 또한 비교할 수 없을 정도로 확대되었다는 사실 자체를 이해할 수 없을 것이다. 산업혁명에서 그저 대대적인 기술혁신만을 보는 기술주의적 통념이 기계 위로 흐르는 피의 흔적을 미끈대는 기름자국으로 착각하는 소박한 맹목에 기인한다면, 상대적 잉여가치 개념에서 그저 하루의 노동시간을 둘로 쪼개는 방법만을 보는 경제주의적 통념은 노동자의 근육을 비트는 증기기관의 힘에서 효율과 생산성을 표시하는 말[馬]의 숫자만 보는 악마적 물리학에 기인한다. 이후 우리가 산업혁명이나 상대적 잉여가치에 대한 서술에서 계급투쟁을 유독 강조하는 것은 바로 이러한 이중의 잘못된 통념 때문이다.

그런데 이러한 역사적 과정을 보는 맑스의 태도는 좀더 신중하다. 그에 따르면 상대적 잉여가치의 생산을 추구하는 이른바 '내포적 생산'의 전략은, 산업혁명이라고 불리는 기술과 기계의 혁명적 발전에 의해 갑자기 가능하게 된 게 아니라, 사실은 그 이전부터 노동력의 사용과정을 실질적으로 장악하려는 의지 아래 오랫동안 추구되어 온 것이다. 산업혁명은 그 집요한 의지가 현실적인 결실을 거두게 된 결과였다. 상대적 잉여가치의 생산에 대한 맑스의 분석이 협업과 분업에 대한 분석으로 소급하여 올라가는 것은 이런 이유에서다.

## 2) 협업과 분업

협업이란 생산수단과 노동자를 하나의 장소에 집결함으로써 노동과정을 집합적인 것으로 만드는 것이다. "많은 노동자가 같은 시간에, 같은 장소에서(또는 같은 노동의 장에서), 같은 종류의 상품을 생산하기 위해, 같은 자본가의 지휘 밑에서 함께 일한다는 것은 역사적으로나 개념적으로나 자본주의적 생산의 출발점을 이룬다."(I, p. 436) 특히 초기의 경우 생산방식이나 노동방식 자체에서는 아무런 변화가 없이 단지 양적인 규모의 차이만이 존재하는 경우에조차 이러한 언급은 타당하다. 생산을 선대제(先貸制)처럼 장인과 도제에게 일임하여 맡기는 게 아니라, 자본가 자신의 직접적인 지휘와 관리 아래, "노동력을 사용하는 과정" 아래 두게 되기 때문이다.

이 경우 협업은 자본가에게 예전과 다른 '이득'을 제공한다. 먼저 협업을 통해 생산수단을 동시에 공동으로 사용함으로써 생산수단을 절약할 수 있다(I, pp. 439~440). 또 협업은 노동자들을 한 곳에 집결하여 노동하게 함으로써 한편으로는 노동자들간의 경쟁이나 혈기를 자극함으로써 새로운 역량의 생산을 가능하게 하며(I, pp. 441~442), 다른 한편으로는 노동자들의 노동 자체를 비교함으로써 평균 이하의 노동력을 판매될 수 없게 하거나 평균 이하로 판매하게 할 수 있다(I, p. 438).

마지막으로 협업은 자본의 지휘를 "노동과정 그 자체의 수행을 위한 필요조건으로, 생산의 현실적 조건으로" 만듦으로써(I, p. 447) 자본에 대한 노동의 복종을 노동 자체에 필수적인 요건으로 만들어낸다. 이로써 **노동자들의** 협업으로 인해 야기된 생산력의 향상은 그것을 집결하여 지휘하며 노동력을 사용하는 **자본가의** 생산력으로 나타나게 된다. "협업자로서, 또는 하나의 활동하는 유기체의 구성원으로서, 노동자들은 자본의 특수한 존재양식[가변자본]에 지나지 않는다. 그러므로 노동자가 협업에서 발휘하는 생산력은 자본의 생산력이다."(I, p. 450) 그러나 이러한 변환만으론 노동 자체를 실질적으로 장악할 수 없다.

사실 이러한 단순협업은 논리적으로 구성된 이념형적인 것으로서, 실제로는 대개 일정한 양상의 분업을 수반하며 진행된다. 맑스는 분업에 기초한 협업이 매뉴팩처에 특징적이라고 말하면서, 그것이 16세기 중엽에서 18세기 후반에 걸친 매뉴팩처의 시대에 지배적인 생산양식이었다고 말한다(I, p. 455). 여기서 분업이란 이전에 하나로 이루어지던 작업을 부분작업들로 분해하여 그 각각의 부분작업을 한 노동자의 전문적 기능으로 독립시키는 것, 그리고 그렇게 분할된 작업들을 하나의 전체로 통합하고 결합하는 것이다.

이는 "이전엔 시간상 차례차례로 수행한 서로 다른 부분과정들이 이제는 공간상 병행해서 동시에 수행"되는 것이기도 하다(I, p. 466). 따라서 협업 자체가 그랬지만 분업은 이제 공간적인 배열 자체를 통해서 노동과정 자체를 분할하여 재구성하는 것을 의미하게 된다. 이로써 "〔……단순협업에서 볼 수 있는 것과는 전혀 다른〕 노동의 연속성·일률성·규칙성·질서 그리고 특히 노동의 강도가 생긴다"(I, p. 467).

이러한 분업은 이전에 숙련공이 하던 작업을 분할하기 때문에, 비록 이 시기에는 숙련 자체를 해체하거나 해소하진 못하지만, 단순한 작업을 전문으로 하는 미숙련노동자를 만들어낸다(I, pp. 473~474). 더불어 부분노동자들의 작업과 신체를 전체의 일부분으로 만들면서 그러한 부분작업을 통합하고 결합하는 "정신적 능력을 타인의 소유물로 또 자기를 지배하는 힘으로 상대하게" 한다(I, p. 488). 자본가는 단순협업에서 노동과정의 필수적 요소로 등장했다면, 이젠 **분할된 부분작업들을 결합하고 통일하는 정신적 능력으로서**, 정신적 노동으로서 노동과정의 일부로 등장하게 된다.

분업의 발전이 스미스가 경탄한 바 있는 대단한 생산력의 발전을 가져왔다고 하더라도, 적어도 18세기 후반까지는 기계의 발전과는 독립적인 경로를 밟고 있었다. 즉 "대체로 기계는 분업과 대비할 때 부차적 역할을 하고" 있었다(I, p. 471). 아니 맑스는 차라리 이렇게 말한다. "매뉴팩처 시대 특유의 **기계**는 바로 수많은 부분노동자들의 결합에 의해 형성되는 **집단적 노동자 자신**"이었다(I, p. 472). 그러나 집합적 노동자 자신이 하나의 거대한 기계라면, 서로 접속하여 그것을 구성하는 각각의 부분노동자 역시 하나의 기계라고 해야 한다. "한 가지 일만을 수행하는 습관은 **부분노동자를** [결코 실수하는 일이 없는] **기관으로 만들며**, 그리고 전체 메커니즘과의 관련은 그로 하여금 기계의 일부와 같은 규칙성을 가지고 일하지 않을 수 없게 한다."(I, pp. 472~473)

그러나 이러한 새로운 양상에도 불구하고 자본에 의한 노동의 포섭은 아직도 형식적 수준에서 크게 벗어나지 못한 것으로 보인다. 왜냐하면 숙련노동 자체를 해소하지 못했기 때문이고, 숙련노동자에 대한 의존에서 벗어나지 못했기 때문이다. 이는 노동력의 사용 자체를 장악하려는 자본의 투쟁이 아직은 승리하지 못했음을 의미한다.

> "숙련노동자의 압도적 우세로 말미암아 미숙련노동자의 수는 여전히 매우 제한되어 있다. 비록 매뉴팩처는 여러 가지 부분작업들을 살아 있는 노동도구들[노동자들]의 성숙·힘·발전의 다양한 정도에 맞추어 적응시키며, 그렇게 함으로써 부녀자와 아동에 대한 착취의 길을 개척하기는 하지만, 이와 같은 경향은 관습과 성인 남자노동자들의 저항에 부딪쳐 대체로 좌절된다."(I, p. 496)

가령 영국에서는 도제들의 수업기간을 7년으로 규정한 '도제법'이 있었는데, 이는 대공업이 등장한 이후에야 비로소 철폐된다(I, p. 496). 따라서 "자본은 끊임없이 노동자의 불복종행위와 싸우지 않으면 안 되"었고 그렇기에 노동자 규율의 부재에 대한 자본가의 불평은 18세기 후반에 이르기까지 그치지 않는다(I, p. 496).

요컨대 대공업 시대에 이르기까지 자본은 노동자들의 노동시간 전체를, 노동력의 사용과정 자체를 자신의 것으로 만드는 데 성공하지 못했다는 것이다(I, p. 497). 자본가가 노동과정 자체를 둘러싼 계급투쟁에서 승리하는 것은, 그리하여 노동을 완전히 자신의 손아귀에 장악하고 포섭하는 것은 대공업의 등장을 통해서였다. 기계와 공장의 출현이, 맑스가 빈번히 인용하는 유어(A. Ure)의 말대로 "아크라이트가 질서를 창조"하였던 것이다(I, p. 497).

### 3) 기계와 계급투쟁

이처럼 자본이 노동을 실질적으로 포섭하고, 절대적 잉여가치의 생산에서 상대적 잉여가치의 생산으로 중심을 이동하는 것은 기계와 대공업, 공장체제의 발전과 결부되어 있다. 먼저 기계의 전면적 도입은 생산성을 향상시킬 뿐 아니라, 노동력이 사용되는 작업장 조건 자체를 전면적으로 바꾼다. 노동과정은 기계를 중심으로 재구성되고, 기계는 새로운 분업의 '객관적' 중심이 된다. "매뉴팩처에서는 사회적 노동과정의 조직은 순전히 주체적이며 또 부분노동자들의 결합인데, 기계체계에서는 대공업은 전적으로 객체적인 생산조직[이것은 노동자에게 이미 존재하는 물질적 생산조건으로 대면한다]을 갖는다."(I, pp. 517~518)

이제 노동력의 사용이 노동자의 활동 이전에 기계의 작동이 되게 함으로써 노동과정의 일차적이고 '능동적인' 역할은 노동자에서 기계로 이전한다. "매뉴팩처와 수공업에서는 노동자가 도구를 사용하지만, 공장에서는 기계가 노동자를 사용한다. …… 공장에서는 하나의 생명 없는 메커니즘이 노동자로부터 독립해 존재하며, 노동자는 살아 있는 부속물로 그것에 합체되어 있다."(I, p. 567)

맑스는 기계의 도입으로 인해 야기된 가장 중요한 결과가 아동노동 및 여성노동의 도입, 노동일의 연장, 노동의 강화임을 지적하고 있다(I, pp. 529~559). 기계의 사용이 노동자가 사용해야 할 물리적 힘을 덜어주었지만, 자본가에게 그것은 남성 대신 힘이 약한 아동이나 여성 노동력을 사용할 수 있음을 뜻하는 것이었다. 또한 노동자가 기계에 복속됨에 따라 기계의 사용은 노동력의 사용과정을 실질적으로 장악하게 해주었다. 그것은 곧 노동력의 사용방식이나 사용시간, 나아가 노동강도를 마음대로 좌지우지할 수 있는 권력을 자본가가 장악했음을 뜻하는 것이었다.

이리하여 기계의 전면적 도입은 노동 자체에 하나의 결정적인 변환을 야기한다. 이전에 노동은 "7년간의" 도제수업을 통해 형성된 숙련노동이었고, 노동의 내용과 노동력의 사용은 분리할 수 없었다. 많은 경우 그 노동의 내용과 기술은 코드화된 형태로 전달되고 있었다. 그러나 기계의 도입은 노동자의 숙련 자체를 해체하여 기계적 동작의 조합으로 바꾸어버리며, 기계에 부속된 노동자의 작업은 역학적인 단위동작으로 변환된다. 직물을 짜고 거기에 수를 놓던 섬세한 손기술들은 기계들을 밀었다 당기고 돌리고 비트는, 약간의 교육을 받으면 누구든 쉽게 할 수 있는 기계적 동작들로 대체된다. "근대적 공업은 기계, 화학적 과정 및 기타 방법들에 의해 생산의 기술적 토대뿐 아니라, 노동자의 기능과 노동과정의 사회적 결합들을 끊임없이 변혁시키고 있다."(I, p. 652)

그 결과 노동은 기계의 리듬에 따라 움직이는 동작들로 분해되고, 각각의 동작은 지칠 줄 모르는 기계의 움직임에 따라 반복하는 것으로 바뀐다. 피곤하면 잠시 쉬면서 숨을 돌리던 여유는 사라지고, 신체는 리듬을 잃은 채 기계의 리듬에 종속되며, 문제를 해결하기 위해 머리를 쓸 일도 없어진다. "공장노동은 신경계통을 극도로 피곤하게 하면서 근육의 다면적 운동을 억압하며, 인간으로 하여금 자유로운 육체적·정신적 활동을 전혀 할 수 없게 한다."(I, pp. 567~568)

우리는 이러한 양상을 20세기 초에 테일러(F. Taylor)와 그의 제자 길브레스(F. Gilbreth)가 시도했던 이른바 과학적 관리에서, 그리고 그 것을 기원으로 하는 이른바 생체공학에서 좀더 극명한 형태로 재발견할 수 있다. 그들은 단순화된 부분동작들로 노동 자체를 분할하여 그것의 가장 효율적인, 다시 말해 가장 시간이 적게 걸리는 동선을 찾아내려 했고(동작관리), 그것을 수행하는 데 필요한 최소 시간을 계산하여 그것을 강력한 노동규범으로 만들고자 했다(시간관리). 이른바 '시간관리'와 '동작관리'는 노동의 과학적 관리를 구성하는 가장 중심적인 두 가지 요소였다.

이러한 변환은 노동과정 자체에서 노동자들이 갖고 있던 고유한 능력을 무력화하며, 이로써 노동과정 자체에 대한 노동자의 실질적 장악능력을 제거한다. 이제 노동과정은 말 그대로 노동력을 사용하고 노동을 조직하는 '능동적' 성분인 자본가의 통제 아래 들어간다. 여기에 포드(H. Ford)가 전면적으로 도입하여 유명해진 컨베이어 벨트와 어셈블리 라인(assembly line)을 사용하게 되면, 노동의 흐름 자체를 구체적으로 자본가가 장악하고 통제할 수 있게 된다. 이제 노동자는 영화 「모던 타임즈」에서 채플린(Ch. Chaplin)이 통렬하게 보여주었듯이, 컨베이어 벨트 앞에서 자신에게 할당된 단순한 동작을, 신체가 미쳐버릴 때까지 하루종일 반복하게 된다. 기계의 도입을 통해 야기된 이러한 변화를 브레이버만(H. Braverman)은 '노동의 탈숙련화'와 '구상과 실행 기능의 분리', 그리고 '자본가에 의한 구상 기능의 독점'으로 요약한 바 있다(『노동과 독점자본』). 이제 노동은 숙련의 문제가 아니라 물리학의 문제가 된 것이다.

이런 의미에서 기계의 도입은 단순히 생산의 효율이나 생산비 절감을 위한 기술적인 문제이기 이전에 노동과정 자체를 장악하기 위한 **자본가의 계급투쟁**이었던 셈이다. 이 경우 "기계는 노동자의 적대세력이며,…… 자본의 독재를 반대하는 노동자들의 주기적 반항인 파업을 진압하기 위한 가장 유력한 무기가 된다"(I, p. 584). 따라서 자본가들이 기계를 도입하려는 시도에 대해, 혹은 기계 자체에 대해 노동자들이 적대감을 갖고 그것을 파괴하는 '기이한' 운동이 다양한 영역에서 벌어진 것은 전혀 기이한 일이 아니다. 그것은 또한 단순히 기계에 의해 노동자들이 일자리를 잃고 쫓겨나게 된 사태에 기인하는 분노만도 아니었다. 그것은 노동과정 자체를 실질적으로 장악하고 노동자의 노동능력 자체를 무력화하려는 자본가의 시도에 대한 노동자들의 거의 본능적인 대응이었으며, 기계를 통해 새로이 강제되는 규율과 강제, 단조로워진 노동 등에 대한 저항이었다. 그것은 푸코(M. Foucault) 식으로 말하면 기계의 도입과 더불어 작동하기 시작한 훈육적인 생체권력 (bio-power)에 대한 저항이었다.

그렇다면 흔히 하듯이 '러다이트 운동'(기계파괴운동)과 같은 기계에 대한 투쟁을, 기계를 자본주의적으로 사용하는 자본에 대한 분노가 기계 자체에 대한 분노로 빗나간 잘못된 투쟁이라고 말할 수 있을까? 정말 그것은 자본주의 생산관계가 야기한 문제를 기계적 생산력 자체의 문제로 오해한 무지의 산물이고, 생산력 발전에 저항했던 반동적 투쟁이었던 것일까? 역으로 이런 평가야말로 기계의 도입이 처음부터 노동과정의 실질적 장악을 겨냥한 자본의 전략이었음을 보지 못한 채, 자본에서 분리된 기계가 따로 있을 수 있었던 것인 양 착각하고 있는 것은 아닐까? 어쩌면 그런 평가야말로 기계의 도입에서 무엇보다 먼저 생산성 상승이라는 경제적 결과만을 보는 정치경제학적 관점에 기인하는 것은 아닐까? 증기기관이나 기계적 방직기에서 기계의 순수 기술적 효과만을 보고, 산업혁명에서 생산력 발전만을 보는 그런 관점이 기계를 도입한 자본가의 관점과 과연 얼마나 멀리 떨어진 것일까?

### 4) 공장체제

기계적 대공업은 공장과 함께 왔다. 거대한 기계에 의해 작업들이 할당되고, 그 작업들이 행해져야 할 자리에 노동자의 자리가 고정된다. 기계가 그 분리된 작업들을 시간적으로 연결하며, 기계가 그 분리된 자리들을 공간적으로 통합한다. 장인 대신 기계가 노동자들을 훈련시키고 훈육하며, 기계들 사이에서 움직이는 노동자들의 신체를 감시의 시선이 반복하여 스쳐간다. 알다시피 거기선 정해진 것을 반복하는 것만이 요구된다. 이 모든 것이 벽으로 구획된 공간 안에서 자본의 권력 아래 하나의 거대한 집합체로 결합되어 있다. 이런 점에서 '공장'(factory)은 분명 하나의 물질적 장치(apparatus)며, 권력이 작동하는 하나의 체제(regime)임에 틀림없다. 하나의 권력이 사람들을 지배하고 지휘하며 통합하는 장치로서 작동하는 체제. 이 새로운 체제가 이전의 '작업장'(workshop)을 대체한다.

확실히 이런 점에서 공장은 푸리에의 지적대로 "완화된 감옥"임이 분명하다. 맑스 또한 공장이 노동의 장악을 위한 '수용소'였다는 점을 지적한 바 있다. "1770년에는 자본가들이 아직 꿈에서만 갈망하고 있던 극빈자들을 위한 '공포의 집'은 그 뒤 몇 해를 지나서는 공장노동자 자신들을 위한 거대한 '노동수용소'로 나타났다. 그것이 바로 공장이다."(I, p. 371)

나중에 푸코가 다시 설득력있게 입증한 것처럼, 실제로 공장이란 장치는 노동자들을 자본의 지배 아래 종속시키기 위해 제안된 것이며, 실제로 감옥을 모델로 고안된 것이다. "노동수단의 규칙적 운동에 노동자를 기술적으로 종속시켜야 하기 때문에 …… 하나의 병영 같은 규율이 필요하게 된다. 이 규율은 공장에서 완전한 제도로 정교해진다."(I, p. 569) 경제학자 유어의 말대로 "사람들로 하여금 그들의 불규칙적인 노동관습을 버리도록 하고 그들을 복잡한 자동장치의 변함없는 규칙성에 적응시키는"(I, p. 569) 것이 바로 공장이었다. 이는 기계와 더불어 그러한 규율의 실질적 작동을 보장하는 다른 하나의 축이었다.

푸코는 『감시와 처벌』에서 근대의 공장체제가 감옥에서의 훈육과 통제 방식을 모델로 하여 작동했음을 보여준다. 나아가 그 책은 감금되지 않은 사회적 영역에서 사람들의 신체와 삶을 실질적으로 장악하고 길들이는 권력의 메커니즘을 추상적인 양상으로 보여준 바 있다. 특정화된 장소의 공간적 폐쇄, 작업의 분할에 따른 공간의 재구성, 기능적인 배열에 따른 개개인의 위치할당, 시간표를 통한 행동의 통제, 노동자의 신체와 노동대상의 유기적 배치, 다양한 힘이나 활동 등의 조립, 세심한 명령 및 통제 조직의 수립 등등의 방법이 노동자를 훈육하기 위해 도입되었다(푸코, 『감시와 처벌』, pp. 191~222). 이는 감옥에서 공장으로, 병원으로, 학교로 확장되었고, 이를 통해 사회 전역으로 확장되었다. 이런 점에서 19세기는 '공장의 시대'였던 것과 전적으로 동일한 의미에서 '감옥의 시대'였던 셈이다.

이처럼 공간을 특정한 목적과 기능에 따라 구획하고, 그 안에서 사람들의 적절한 위치를 할당하며, 특정하게 형식화된 동작들을 통해 신체를 직접적으로 훈육함으로써 삶의 과정을 장악하는 체제를 '훈육체제'(disciplinary regime)라고 부른다면, 아마도 19세기의 공장과 대공업은 이러한 훈육체제가 사회 전체로 확장되는 결정적인 시점이었다고 말할 수 있을 것이다. 노동을 시간에 따라 양화하기 위해 필요했던 **노동의 평균화, 노동능력의 평균화**는 이러한 훈육체제를 통해 만들어진 것이다.

이처럼 훈육의 체제가 지배적인 사회를 들뢰즈는 푸코의 분석을 빌려서 '훈육사회'(disciplinary society)라고 부른다(들뢰즈, 『대담』, pp. 198~199). 상대적 잉여가치의 생산, 그것은 노동자로 하여금 자본의 의지에 따라 효율적으로 노동하게 하고, 그들의 신체를 기계의 동작을 따라 표준화된 양상으로 훈육시켰던 이런 훈육체제의 산물이었고, 역으로 그러한 훈육체제가 사회 전반으로 확장되는 기초였던 것이다.

## 5. 기계적 잉여가치

### 1) '새로운 산업혁명'

잉여가치에 대한 맑스의 분석은 산업혁명으로 인한 기계적 대공업의 발전이 한참 극에 달하던 시절에 이루어졌다. 그것은 산업혁명으로 인해 노동자와 노동 자체, 그리고 사람들의 삶의 방식에 어떠한 변화가 야기되었는가를 아주 잘 보여준다. 그렇지만 그것은 단지 그 당시의 현실에 대한 고발이나 역사에 대한 서술만은 아니다. 노동과정의 변화, 기계와 계급투쟁의 관계 등에 대한 서술은 두 가지 잉여가치 개념을 통해서 이론적 일반성을 획득했다. 그것이 갖는 의미가 좀더 선명하게 드러난 것은 아마도 테일러와 포드를 거치면서였을 것이다. 그러나 그것 또한 널리 이해되게 된 것은 테일러주의 이후 노동과정의 변화에 대한 브레이버만의 유명한 연구(『노동과 독점자본』)를 통해서였다.

그런데 그 시기에 이르면 부르주아지는 또 한 번의 새로운 '산업혁명'을 통해 새로운 '공세'를 시작한다. 이전의 산업혁명이 거대한 기계와 공장을 만들어내는 방식으로 이루어진 반면, 새로운 산업혁명은 그 거대한 기계를 움직이는 프로세서나 결합장치들을 가능한 한 조그만 기계 안에 집적하는 방식으로 이루어졌고, 전자가 광범위한 농촌인구를 도시로, 공장으로 끌어들이면서 진행되었던 반면, 후자는 공장에서 일하던 수많은 노동자들을 기계로 대체하여 공장 밖으로, 아니 노동 밖으로 몰아내면서 진행되었다는 점에서 대조적인 것이었다.

1970년대 들어와 오일쇼크를 계기로 하여, 에너지 효율이 높은 기계가 본격적으로 도입되기 시작했고, 복합적인 인간의 활동을 대신하는 자동화 기계나 로봇이 공업 생산에 확산되기 시작했다. 1980년대 후반에 이르면 개인용 컴퓨터가 공장은 물론 사무실과 학교, 가정 등 거의 모든 곳에 보급되기 시작했고, 이와 나란히 인터넷을 필두로 정보·소통기술과 네트워크가 급속하게 발전되고 확산되게 되었다. 이런 정보·소통기술의 발전으로 인해 생산 자체에 피드백 절차를 이용한 자동화가 더욱 급속하게 진전되었고, 판매 내지 소비에서 생산으로 피드백시키는 정보망이 확산되면서 생산과 결부된 정보적 회로는 공장의 벽을 넘어서 사회 전반으로 확장되었다. 정보적 소통을 생산 자체에 피드백시키는 이른바 '포스트-포드주의적' 생산체제 등은 역학적인 기계와는 다른 양상의 기계적 생산체제가 시작되었음을 알리는 하나의 사례라고 할 것이다. 그렇다면 이러한 체제에서 노동과 잉여가치 생산의 양상은 어떠한 변화를 겪게 되는가?

이 문제에 접근하기 위해선 일단 '포드주의' 체제에 대해 먼저 살펴보아야 한다. 알다시피 포드주의 체제는 기계제 대공업의 한 극한적 형태를 보여주는 것이었다. 어셈블리 라인을 따라 공장의 경계는 물리적으로 확장되었고, 공장 안에서의 활동은 일차적 동인을 제공하는 컨베이어 벨트의 기계적 리듬에 따라 진행되었으며, 노동 자체는 그러한 기계의 리듬에 부합하는 역학적인 단순 동작으로 탈숙련화되었다. 동시에 기계의 리듬에 포섭된 단조로운 노동이 좀더 빠르고 강한 양상으로 요구되었다. 「모던 타임즈」에서 나사공 찰리의 신체를 미쳐버리게 만든 것은 바로 이 거대한 기계적 리듬이었고, 그것에 따른 노동의 강화였다. 이제 노동자의 신체는 자본가가 움직이는 기계에 철저하게 포섭되게 되었으며, 노동시간 안에 소모된 노동력이 회복될 여지는 사라졌다. 그러나 노동력은 어떻게든 회복되어야만 한다. 그렇지 않으면 생산은 지속될 수 없기 때문이다.

더불어 생산이 대규모화하여 생산수단과 노동자의 집결은 유례없는 규모로 확장되었다. 이는 그 자체로 노동 자체를 자본이 장악하려는 계급투쟁이었지만, 동시에 유례없는 규모로 노동자를 집결시킴으로써 노동자들의 결속과 조직화를 비약적으로 상승시켰다. 즉 포드주의적 공장체제는 노동조합의 영향력이 유례없이 상승하는 결과를 초래했고, 자본가는 그 대가를 지불해야 했다. 나아가 단순화된 노동 자체에 대한 노동자들의 반발은 이러한 조직 조건의 변화로 인해 빈번하게 저항과 투쟁의 양상으로 터져 나오게 된다.

이는 물론 자본의 증식조건에 발생한 변화와 결부된 것이기도 했다. 포드주의 체제가 상징하는 대량생산은, 이전과는 비교할 수 없는 규모의 생산물을 만들어냈다. 그런 공장체제는 자동차뿐만 아니라 다양한 영역으로 급속히 확산되었고, 그 결과 엄청난 물량의 생산물이 시장에 쏟아져 나왔다. 그러나 절약과 금욕을 강조하는 프로테스탄트적 금욕주의는 동일한 시기에 미국 노동자들에게 술조차 먹지 못하게 하는 '금주법'(禁酒法)을 강요했다. 자본주의에서 경제공황이 그때만 있었던 건 아니지만, 그리고 공황이 단지 물건이 안 팔려서 발생하는 것만은 아니지만, 엄청난 상품이 컨베이어 벨트를 따라 공장에서 밀려 나오기 시작한 시기에 프로테스탄트적 금욕주의가 강조하는 절약의 정신은 시장에서 유례없는 강도로 충돌하게 된다. 그 결과 엄청난 양의 상품들은 판로를 찾지 못한 채 거대한 창고에 쌓이거나 아니면 바다에 내던져져야 했다. 1929년 미국에서 시작된 대공황은 전세계 자본주의를 전면적으로 흔들었다. 저 거대한 물량의 상품을 예전과 같은 방식으로 소비할 순 없는 것이다. 다른 대책이 필요했다.

사실 상황은 힘겨웠지만, 대책은 간단한 것처럼 보였다. 창고에 쌓인 엄청난 양의 상품을 소비하게 하면 되는 것이다. 그러려면? 절약과 금욕의 윤리를 새로운 소비윤리로 대체해야 했다. 그러나 윤리가 바뀐다고 상품을 사서 소비할 순 없는 일이다. 돈이 있어야 했다. 그렇다면? 돈을 나누어주면 된다. 어떻게 돈을 나누어준단 말인가? 가령 국가가 댐을 만든다든가 하는 공공사업을 통해서 좀더 많은 노동자를 고용하고, 자본가는 대량소비가 가능하도록 좀더 많은 임금을 제공하면 된다. 이런 식으로 노동자들에게 '구매력이 수반된 수요' ─이를 케인즈(J. Keynes)는 '유효수요'라고 부른다─를 창출하는 것이다.

미국의 뉴딜(New Deal) 정책이나, 경제학자 케인즈가 제안한 경제학은 바로 이런 전략의 표현이었다. 이와 나란히 극도의 금욕주의적 생활방식은 소비와 욕망을 자극하는 새로운 생활방식으로 대체되어 간다. 대량생산과 대량소비가 결합된 새로운 체제가 만들어진다. 제2차 세계대전은 대량의 파괴를 통해 대량소비를 대대적으로 창출함으로써, 자본의 이 새로운 전략이 성공적인 확고한 체제로 자리잡는 데 결정적인 계기가 되었다. 이후 몇몇 사람이 '소비사회'라고 부르기도 하는, 대량생산 대량소비로 요약되는 새로운 체제가 수립되었다.

그러나 '번영의 시간'은 길지 않았다. 임금이 많아도 강화된 노동에 소모되는 노동력이 피폐해지는 것을 막을 순 없었다. 획일적인 단순노동을 끊임없이 증가하는 기계 속도에 맞추어 반복하면서 노동자들은 과로로 지쳐갔고, 무단결근·무력증·산업재해가 늘어났으며, 동시에 불량품의 비율이 늘어나게 되었다. 이는 기계가 제공한 효율성을 잠식하는 새로운 요인이었다.

다른 한편 소비를 자극하는 체제는 금욕의 고삐에서 풀린 욕망의 흐름을 가속화했다. 임금이 하방경직성(올리긴 쉬워도 내리긴 어렵다는 성질)을 갖는 것처럼, 일단 금욕체제에서 벗어난 욕망 또한 일정한 '하방경직성'을 갖는다. 즉 이젠 예전과 같은 정도로 고통을 감내하라고 요구하기가 훨씬 어려워진다. 이는 흔히 '3D'라고 불리는, 더럽고(dirty) 힘들고(difficult) 위험한(dangerous) 일들에 대한 거부감을 확산시키게 마련이다. '소비사회'가 제공한 경제적 여유는 노동에서 벗어난 생활에 대한 욕망을 자극한다. 이것이 노동강도나 노동시간 자체를 줄이려는 새로운 욕망을 산출하는 것은 아주 자연스러운 일이다. 탈숙련화된 단조로운 노동, 강화되는 노동이 이전에 비해 더욱 심각한 문제가 되었던 것은 이러한 욕망의 변화와도 무관하지 않을 것이다. 일단 변화된 지형 위에서 노동자의 새로운 욕망과 자본의 욕망이 다시 충돌하게 되었을 때, 거대하게 집적된 공장, 거대한 규모의 노동자는 새로운 난점으로 등장했다.

케인즈주의적 국가에서 확대되었던 보건이나 의료, 교육, 실업 등과 관련된 사회적 비용 또한 임금 이상으로 하방경직성을 갖는다. 자본가들이 지불해야 하는 사회적 비용은 이처럼 줄어들지 않는 데 반해, 추가적인 생산성 향상이 제공할 수 있는 생활비용의 가격하락 효과는 점점 기대하기 어려워졌다. 즉 노동 자체가 단순화될 대로 단순화되어 속도를 높이는 것말고는 잉여가치율을 높일 방법이 매우 제한되어 있었다. 그러나 그 속도는 이미 파괴되는 노동력으로 한계에 봉착하고 있었다.

그나마 생산의 출로를 제공했던 것은 대량의 파괴와 대량의 소비를 담당하는 이런저런 전쟁들이었다. 베트남 전쟁은 단지 제국주의와 반식민주의의 대립, 혹은 동서 대립의 집약점이라는 정치적 의미만 있었던 것이 아니라, 적어도 미국의 부르주아지에게는 대규모 파괴적 소비를 통해 경제적 활력을 제공하는 경제적 의미를 갖고 있었다. 한국전쟁이 일본의 급속한 경제회복의 조건이 되었다면, 베트남 전쟁은 한국의 급속한 경제성장의 조건이 되었다(물론 일본 또한 마찬가지였다). 소리 없는 전쟁인 '냉전'은 비록 사용하진 않아도 보유해야 한다는 사회적 강제를 작동시킴으로써 무기생산이라는, 대중의 소비와 무관한 거대한 소비의 풀을 제공하고 있었다.

그러나 그것은 결코 곤경에 처한 포드주의적 체제의 근본적 해결책이 되지 못했다. 국방비라는 국가의 재정지출 또한 다른 사회적 비용의 증가와 더불어 새로운 부담이 되기 시작했다. 새로운 전략이, 노동과 축적, 생산과 소비의 새로운 전략이 필요하다는 게 점점 분명해졌다. 자동화 기술의 발전, 컴퓨터의 발전, 정보·소통기술의 발전 등의 새로운 기술적 혁신은 이를 위한 기술적 기초를 제공하게 된다.

물론 자본은 과학·기술의 발전이나 기계의 발전 자체를 자신의 목표로 하진 않는다. 그러나 그것이 자본의 이익에 부합하는 것이 된다면, 지체 없이 그것을 자기편으로 끌어들인다. 그런 과학·기술의 발전은 돈을 필요로 하고, 자본은 이윤을 위해 그 돈을 투자할 수 있기 때문이다. 과학과 기술이 어느 시절에 이토록 쉽게 자신의 후원자(sponsor)를 발견했던가! 과학과 기술이 자본과 맺은 이 긴밀한 동맹을 대체 언제 어디서 다시 발견할 수 있을까?

그리하여 1960년대 말~1970년대 초반을 통과하면서 이른바 '자동화' 기술이 적극적으로 개발되어 노동과정에 도입되기 시작했고, 이는 정보기술의 발전과 나란히 진행되었다. 이미 50년대에 인간의 두뇌활동을 기계화하려는 시도들이 인공두뇌학(cybernetics)이라는 새로운 '학문'을 창출한 바 있고, 그 시기를 전후해서 컴퓨터의 발전이 독립적으로 진행되어 왔는데, 반도체 집적 기술의 혁명적 발전과 더불어 이 두 가지 흐름이 하나로 접속되었다. 그 결과 기초적인 수준에서나마 인간의 정신활동을 대신하는 물리적인 기계의 가능성이 가시화되게 된다. 나아가 센서 기술의 발전과 정보처리 기술의 발전은 입력과 피드백, 그에 따른 수정의 기능까지 포함하는 새로운 세대의 기계 출현을 가능하게 했다. 또 한 번의 '산업혁명'이 시작된 것이다.

이런 점에서 아마도 여기에다, 산업혁명기 부르주아지의 생각을 잘 보여주는, 『매뉴팩처의 철학』 말미에 있는 유어 박사의 문장을 맑스처럼 다시 인용해도 좋을 것이다. "자본은 과학을 자기에게 봉사하게 함으로써 불온한 노동자들로 하여금 언제나 순종하지 않을 수 없게 한다."(I, p. 586) 그리고 이와 동일한 이유에서 이렇게 다시 한 번 덧붙여도 좋을 것이다. 이 새로운 '산업혁명' 또한 이전의 산업혁명처럼 노동과정에 새로운 종류의 기계를 도입함으로써 노동력의 사용방식을 바꾸려는 자본가의 계급투쟁으로 진행된 것이었다고.

## 2) 노동의 기계적 포섭

새로운 세대의 기계로 인해 기계와 노동자의 관계가, 혹은 노동과정 내지 노동 자체가 변화하게 된다. 미니 컴퓨터가 급속도로 발전하여 보급되었고, 마이크로 프로세서의 대대적 보급으로 거의 모든 기계가 컴퓨터 칩을 내장하게 되어, 기계 자체의 컴퓨터화가 급속히 진행된다. 이는 기계적 활동 자체가 단순히 역학적으로 작동하는 게 아니라 이른바 '두뇌노동'을 요구하는 프로세스를 포함하게 되었음을 의미한다. 이전에 매뉴팩처가 인간 자신을 기계로 만들었다면, 산업혁명기의 2세대 기계는 인간의 활동을 역학적(mechanical) 기계와 대응하는 활동으로 변형시켰다. 반면 3세대의 컴퓨터화된 기계들은 이제 기계적 활동 자체를 '정신화'한다.

그러나 기계적 활동이 '정신화' 되는 것은 인간의 정신적 활동이 기계화되는 것을 통해서 이루어졌다. 컴퓨터 기술의 중요한 기초를 제공한 튜링(A. Turing)은 1940년대에 '튜링-기계'라는 개념을 제시한 바 있다. 거기서 튜링은 수학적 연산이나 증명, 논리적인 추론 등과 같은 사고과정을 '테이프를 읽어라, 테이프를 한 칸 오른쪽으로 옮겨라, 테이프에 0을 써라' 등의 7개 동작으로 환원할 수 있음을 증명했다. 이는 이후 컴퓨터와 인공지능 연구에 결정적인 단서를 제공했다. 컴퓨터 기술은 인간의 사고가 처리하던 것을 이런 기계적 연산을 수행하는 전기적 회로로 바꾸고, 그것을 기계적으로 집적하고 이용하는 기술을 통해 발전했다.

이런 점에서 보자면, 18~19세기의 '2세대 기계'들이 인간의 **육체노동을 기계화**함으로써 성립되었다면, 새로운 산업혁명의 '3세대 기계'

들은 인간의 **정신노동을 기계화**함으로써 성립되었다고 말해도 좋을 것이다. 자동화란 2세대 기계들이 수행하는 기계화된 육체노동을 3세대 기계들의 기계화된 정신노동과 결합함으로써 노동자 없이 노동하게 하려는 자본가들의 꿈을 현실화시켰다. 이전의 기계들이 육체노동과 정신노동을 분리하여 '정신 없는 육체노동'을 통해 노동과정 자체를 기계적으로 장악하려는 전략을 함축하고 있었다면, 이번의 기계들은 정신노동마저 기계화함으로써 노동과정 자체에서 노동자를 축출하려는 전략을 함축하고 있었던 셈이다.

다른 한편 마이크로 프로세서의 사용과 더불어 센서가 급속히 발달함에 따라 기계의 피드백 능력은 더욱 확장되고, 기계적 작용의 영역은 기계의 물리적 신체 외부로 확장된다. 정보처리기술의 발달과 정보소통기술의 발달은, 기계와 접속하여 기계적으로 처리할 수 있는 공간적 영역을 확장했다. 그 결과 기계와 관련된 작업 자체가 점차 정보적 처리과정으로 변환되었다. 다양한 정보들은 이진수를 이용하여 디지털화되었고, 이로써 이질적인 정보들이 별도의 처리 없이 입력과 전송만으로 결합될 수 있게 되었다. 이로써 정보적 프로세스가 진행되는 네크워크와 접속하는 것은, 그 결합노동의 일부를 담당하여 입력하고 전송하는 것이 된다. 이로써 기계의 활동은 네트워크를 통해 접속가능한 모든 영역으로 확장되고, 그에 따라 기계와 접속하여 진행되는 '인간'의 활동은 그 기계와 결부된 생산활동의 일부가 된다. 역으로 인간의 활동은 많은 경우 기계와 결합해야만 하는 것으로, 혹은 네트워크와 접속해야만 이루어질 수 있는 것으로 변형된다. "컴퓨터 및 소통에 의한 생산혁명은 노동실행을 모두 정보 및 소통 기술 모델을 향하도록 변형시켜 왔다. 상호작용적이고 인공두뇌적인 기계들은 우리의 신체들과 정신들에 통합된 새로운 인공보철물이 되고 우리의 신체와 정신 자체를 재규정하는 렌즈가 된다."(네그리/하트, 『제국』, p. 383)

따라서 이제 기계와 인간을 대비하는 이분법은 기계를 정의하는 데도, 인간을 정의하는 데도 적합하지 않게 된다. 이미 인간적 성분 자체가 기계에 내장된 것 이상으로 기계적 성분이 인간의 활동에 필수적인 일부분이 되기 때문이다. 또한 모든 기계의 작동은 인간적 성분의 끊임없는 입력과 피드백을 통해 작동하듯이, 이제 인간 또한 기계와의 접속 없이는 어떤 일도 할 수 없는 사태가 충분히 예견될 수 있기 때문이다.

가령 TV는 그 자체로만 본다면 제2세대에 속하는 기계라고 말할지도 모르겠지만, TV 프로그램을 제작하는 과정에는 항상-이미 시청자의 반응에 대한 정보가 피드백되며 시청자의 반응을 결과치로 예상하며 만들어진다. 반대로 시청자들은 TV에서 제시되는 정보를 통해 사유하고 그것과 관련하여 말하며, 거기에 등장하는 것들을 통해 자신의 감각을 형성한다. TV가 양식(Good Sense)이며, TV가 상식(Common Sense)인 것이다. 비슷하게, 바코드로 입력되는 POS를 통해 우리의 구매행위는 생산을 기획하는 자본의 계획표에 입력되고, 우리의 구매성향과 취향은 거기서 피드백되어 생산과정 자체에 산입된다. 그리고 그렇게 만들어진 상품들의 흐름은 우리의 감각에 입력되어 우리의 감각과 취향을 구성하고 변형시키게 된다. 그렇다면 이제 기계와 접속하지 않은 노동을 상상하기 어려운 것만큼이나, 기계와 접속하지 않은 인간 또한 상상하기 힘들게 된 게 아닐까?

자본가는 바로 이런 접속의 효과를 이용하고 영유한다. 이전에 은행의 사무원이 하던 일을 현금인출기 앞에서 우리 자신이 해야 하고, 이전에 사무원이 하던 일을 상품을 주문하거나 구매하는 우리 자신이 직접 해야 한다. 물론 아무런 임금도 제공되지 않는다. 신문을 보고 TV를 보는 것도 자본의 증식에 이용된다. 자전거를 주면서까지 신문구독을 요청하는 것을 지나서, 돈을 받지 않고 읽어만 달라는 무가지(無價紙)들이 범람하며, 돈을 받던 이메일 서비스는 이미 오래 전에 모두 무료로 바뀌었다. 중요한 것은 직접적인 이용료보다 더 큰 것을, 접속의 효과 자체를 가치증식에 이용하고 착취하는 것이기 때문이다. 뿐만 아니라 자본은 우리의 미적 감각과 취향조차 이용하고 영유한다.

이는 무엇보다 우선 네트워크에서의 접속은 정보의 소비자로 접근하는 경우에도 의도와 무관하게 정보를 제공하는 정보생산자 기능을 동시에 수행한다는 사실로 인해 발생하는 것이다. 가령 웹 사이트의 가치를 그 접속자 수로 평가하는 경우가 단적으로 보여주듯이, 그 웹 사이트의 이용자는 다른 접속자들에 대해 정보제공자로 다가가게 되는 것이다. 웹 사이트만 그런 것은 아니다. 어떤 제품의 소비자로서 바코드로 입력되는 POS를 통해 회사에 접속되는 경우, 혹은 은행에 계좌를 트고 자동인출기로 입출금하는 경우, 혹은 전화나 이동전화를 사용하는 경우 등등이 모두 소비행위가 접속된 네트워크를 통해 '생산' 행위로 전화되는 아주 전형적인 경우들을 보여준다.

자동화와 함께 새로운 산업혁명의 한 축이었던 '정보화'는 이처럼 기계적 '접속'의 형태로 사회적 활동 자체를 자본이 착취하는 새로운 영역으로 만들었다. 이는 노동력의 구매 없이 사회적 노동을 직접 착취하는 새로운 방법을 제공한다. '노동력 없는 노동'을 착취하는 기계적 조건이 만들어진 것이다.

이런 점에서 자동화와 정보화는 '노동자 없는 노동'을 자본이 착취하는 두 가지 새로운 방법이라고 할 수 있다. 자동화가 노동자의 육체적 및 정신적인 활동능력을 기계화함으로써 노동자의 **노동능력 자체를 착취**하는 것이라면, 정보화는 **기계적 네트워크와의 접속을 수반하는 모든 종류의 활동을** 가치화하고 착취한다. 즉 자동화가 노동자의 고용 없이 인간의 노동능력 자체를 기계적으로 포섭하여 이용하고 착취하는 것이라면, 정보화는 노동자의 고용 없이 인간의 모든 사회적 활동을 기계적으로 포섭하여 이용하고 착취하는 것이다.

이처럼 노동능력 자체를 직접적으로 기계화하는 것, 그리고 모든 사회적 활동에 요구되는 접속을 기계적으로 포섭하고 장악하는 것, 이 모두는 노동이나 활동 자체를 기계적으로 포섭하는 것이란 점에서 공통적이다. 이 경우 노동이나 활동은 노동자나 활동을 하는 사람의 그것이 아니라 기계의 작동으로 나타나고, 노동이나 활동이 산출한 결과는 기계가 산출한 결과로 나타난다. 그리고 자본가는 그 결과를 가치화하여 잉여한다. 이처럼 노동이나 활동을 기계적으로 장악하고 포섭하는 것을 앞서 맑스의 어법을 따라 '**노동의 기계적 포섭**'이라고 부르자. 그리고 그러한 기계적 포섭 아래 노동자 없이 기계만으로 생산되는 잉여가치를, 그리고 기계와 인간의 접속에 의해 생산되는 잉여가치를 '**기계적 잉여가치**'라고 부를 수 있을 것이다.

간단히 덧붙이자면 유전공학과 분자생물학, 생명공학의 발전은 이제 생명활동 자체를 기계적으로 처리할 수 있는 가능성을 제공한다. 앞서 새로운 세대의 기계가 기계의 활동을 '정신화'하는 만큼 노동자의 활동을 기계화함으로써 인간과 기계의 경계를 넘어섰다면, 이는 생명 활동 자체를 기계적 활동의 영역으로 변환시킴으로써 기계와 생명 간의 경계를 넘어선다. 이제 생명 활동 자체가 '기계화'(mechanization)된다. 이식할 인간의 신장을 배양하기 위해 유전자 조작된 돼지는, 신장이란 기관을 인간에게 제공하기 위해 만들어진 기계다.

물론 이는 자본의 거대한 집적 없이는 실행될 수 없는 만큼, 생명 활동의 결과를 기계적으로 변형하여 새로운 가치증식의 원천으로 만드는 것을, 다시 말해 **'생명활동 자체의 가치화'**를 처음부터 피할 수 없는 것으로 만든다. 자본에 의한 자연의 착취는 인간의 능력이나 자연적 대상의 착취를 넘어서 생명활동 자체에 대한 착취로 발전한다. 이 또한 기계적 잉여가치의 또 다른 중요한 예라고 할 것이다.

노동의 기계적 포섭은 자본과 노동의 관계에 발생한 새로운 변화를 포착할 것을 요구한다. 절대적 잉여가치가 노동을 실질적으로 포섭하지 못한 상태에 상응하는 잉여가치의 주된 형태였고, 상대적 잉여가치가 기계적 대공업을 통해 자본이 노동을 실질적으로 포섭한 단계에 상응하는 잉여가치의 주된 형태였다면, 기계적 잉여가치는 기계 자체의 '노동'을, 혹은 인간과 기계와의 접속을 가치화할 수 있게 된 단계에 상응하는 잉여가치의 주된 형태라고 할 수 있지 않을까? 다시 말해 자본이 노동을 기계적으로 포섭한 단계에 상응하는 잉여가치의 주된 형태라고 할 수 있지 않을까? 역으로 기계적 잉여가치나 기계적 포섭이란 개념을 통해서 인간이 기계적 생산의 입력지점과 출력지점이 되는 방식으로 기계의 일부가 되는 양상을 읽을 수 있는 것은 아닐까?

### 3) 기계, 인간, 생명

노동의 기계적 포섭과 기계적 잉여가치의 개념을 통해 우리는 다시 노동가치론의 공리와 반하는 새로운 사태에 직면하게 된다. 자동화는 노동 자체를 기계화하여 영유하기에 노동자 없이 노동을 착취한다. 이 경우 잉여가치 생산의 원천에서, 아니 가치 생산의 원천에서 인간의 노동을 발견할 수 없다. 자동화된 생산이 아무런 새로운 가치를 생산하지 않는다고 주장할 수 없다면, 이제 가치는 오직 인간의 노동만이 생산한다는 리카도의 공리를 어떻게 유지할 수 있을까? 한편 정보화의 경우 자본이 새로운 잉여가치를 착취하는 것은 기계와 인간의 접속이었고, 접속의 효과였다. 여기서 자본이 가치화하여 획득하는 잉여가치의 원천은 기계와 인간의 접속이다. 다른 한편 유전자 조작된 돼지의 몸에서 생산된 신장은 과연 유전자 조작을 실행한 인간이 '생산'한 것일까?

이 모든 사태는 인간만이 가치 내지 잉여가치의 유일한 원천이라는 인간학적 관념에서 벗어날 것을 요구하고 있다. 노동자 없이 기계만으로 상품을, 가치를 생산하게 되었다면, 혹은 인간과 기계의 접속을 통해 잉여가치를 생산하게 되었다면, 인간이 잉여가치를 생산하는 것만큼이나 기계 또한 잉여가치를 생산하게 되었다고 말해야 하지 않을까? 유전자 조작으로 만들어진 돼지의 신장 또한 마찬가지다. 그것의 가치가 단지 유전자를 조작하는 데 걸린 시간으로 계산되어야 한다고 (불변자본 비용은 제외하고) 말할 수 있을까? 그건 차라리 인간의 유전자와 돼지 유전자가 '접속'하여 만들어낸 것이고, 유전자 조작한 인간과 그것을 키워낸 돼지의 생명력이 결합하여 만들어낸 것이라고 해야 한다. 그리고 그것의 가치는 그 결과물을 가치화함으로써 얻어지는 것이라고 해야 한다. 그렇다면 그것의 가치나 잉여가치를 생산하는 데는 인간만큼이나, 혹은 그것 이상으로 돼지가 관여되어 있다고 말해야 하지 않을까?

이러한 사태는 인간만이 노동하고 인간만이 가치를 생산한다는 인간학적 관념이 기계와 인간, 기계와 생명의 경계가 점차 소멸하고 있는 현재 세계에서 점차 지지할 수 없는 허구적 관념임을 드러내고 있는 게 아닐까? 기계도 무언가 생산하고 인간 아닌 생명도 무언가를 생산한다. 기계의 활동도 생명활동도 어떤 '가치있는 것'을 생산한다. 그것은 인간이 '가치있는 것'을 생산하는 것과 조금도 다르지 않다. 기계가 생산하는 마이크로 칩이나 식물이 생산하는 산소는 인간이 생산하는 어떤 것에 비교해도 충분히 가치있는 생산물이다. 주어진 대상을 변형시켜 다른 것으로 가공하는 '종합'이 발생하는 모든 경우에, 우리는 유의미한 활동을, '가치있는'(valuable) 생산을 발견할 수 있다. 그것을 인간의 손으로 비용을 들여서 생산할 때만 그것이 '가치있는' 것이라고 하는 것은 인간학적·경제학적 독단의 산물이라고 보아도 틀리지 않을 것이다.

자본은 그 모든 가치있는 것을 화폐로 바꾸고 가치화하려 한다. 마치 그 자체론 가치가 아닌 노동을 가치화했던 것과 마찬가지로, 그 자체로 경제학적 의미에서 가치를 갖지 않는 기계의 작동이나 생명의 활동을 가치화한다. 이로써 인간의 활동이 노동이 되었던 것과 마찬가지로, 기계적 종합활동도, 생물들의 생명활동도 '노동'이 된다. 가치 있는 모든 것을 가치화하고 상품화하는 것, 그런 식으로 자본은 모든 것을 화폐적인 비교공간, 동질화된 공간 속에 집어넣는다.

자본에 의해 행해지는 이러한 '가치화'가 어떤 결과를 야기할 것인가? 이미 우리는 화폐에 대해 다루면서 화폐가 화폐화될 수 없는 것, 다시 말해 가치화될 수 없는 모든 것을 '무화'하고 제거한다는 것을 본 바 있다. 자본주의는 가치화될 수 없는 것, 가치화되길 거부하는 모든 것에 대한 최악의 저주다. 그렇다면 모든 것을 가치화의 메커니즘 속에 사로잡는 자본의 주문(呪文)을 차단하지 않고서 어찌 자본의 저주를 벗어나 자본주의의 전복을 꿈꿀 수 있을까?

그렇다면 다시 질문해야 한다. 자본에 의한 가치화를 거부하는 방식으로 활동하고 그것을 거부하는 조건에서 생산하는 것은 불가능할까? 잉여가치의 착취 없이 기계와 접속하고, 잉여가치의 생산 없이 생명활동의 생산이 가능한 그런 지대는 불가능한 것일까? 모든 영역이 기계와 접속하여 생산할 수 있는 장이 되었다는 사실은 거꾸로 새로운 방식으로 생산자들이 연합할 수 있는 변화된 조건을 뜻하는 것은 아닐까? 그것은 자본에 고용되는 바 없이 생산과 활동이 가능한 어떤 조건을, 맑스 식으로 말하면 충분한 '생산수단의 사회화'가 이루어진 것을 뜻하는 건 아닐까? 그렇다면 거기서 우리는 자본에서 독립된 새로운 생산과 활동의 장을, 자본의 외부 내지 자본주의의 외부를 창출할 수 있게 된 건 아닐까?

하지만 그게 우리의 일이라고 해도, 자본가의 일은 아닐 것이다. 자본주의 아래서 자본에 의한 가치화를 막을 순 없을 게 분명하다. 가치화 자체를 막을 수 없다면, 차라리 이렇게 질문할 수 있지 않을까? 자본은 자신이 사용하는 모든 가치있는 것을 충분히 가치화하고 있는가? 자신이 사용하는 거대한 양의 산소, 거대한 물, 거대한 자연을 충분히 가치로서 지불하고 있는가? 그것을 가치화하고, 그것의 가치를 비용으로 지불하라고 자본가에게 요구해야 하지 않을까? 이 반어적 어법으로 우리는 자본의 가치화와 동일한 방향에서 자본에 대한 하나의 저항의 지점을 발견할 수 있는 건 아닐까? 그것은 아마도 자본이 사용하는 모든 가치있는 것을 화폐화된 비용으로 지불하게 하는 하나의 새로운 '경제학'을 요구하는 게 아닐까?

### 4) 훈육체제에서 통제체제로

노동의 기계적 포섭은 노동자를 착취하기 위해 노동자를 공장이라는 제한된 공간에 가두어둘 이유가 매우 적어졌음을 의미한다. 특히 생산의 정보화와 소통기술의 발전은 생산 자체의 탈영토성을 강화한다. 즉 생산이나 노동은 공장이라는 특별한 영토에 제한될 이유가 없으며, 심지어 공장이나 사무실이 있는 경우에도 접속가능한 네트워크가 있는 곳이라면 어디든 생산과정의 일부가 될 수 있다. 이는 노동과정의 분산을 야기한다. 공장의 거대한 어셈블리 라인은 비형태적이고 비가시적인 접속의 네트워크로 대체된다(카스텔, 『정보도시』, p. 200 이하 ; 네그리/하트, 『제국』, p. 387).

이는 기계와 접속하여 어떤 '가치있는' 활동을 생산하는 곳이라면 어디든 잉여가치를 착취할 수 있는 곳으로 변형되었음을 의미한다. 이미 말했듯이, TV를 보는 것도, 인터넷과 접속하는 것도, 신문을 보는 것도 자본이 잉여가치를 착취하는 계기가 된다. 네그리가 공장이라는 국지적 영역을 벗어나 사회 전체가 잉여가치를 생산하는 공장이 되었다는 의미에서 '사회적 공장'이라는 개념을 사용했던 것은(A. Negri,

*The Politics of Subversion*, p. 79) 아마도 이런 의미에서 이해할 수 있을 것이다.

이제 19세기적인 훈육의 체제를 새로운 규제 메커니즘이 대체한다. 앞서 본 것처럼 훈육의 체제는 일차적으로 공장이나 사무실, 학교, 병원, 감옥 등과 같이 공간적인 제한과 유폐, 그 안에서의 특별한 배열과 특정한 행동의 강제 등에 의해 작동할 수 있었던 것이다. 물론 그것은 단지 그런 유폐된 공간에서만 작동하는 게 아니라, 개방된 공간에서도 작동하는 것이지만, 그것은 유폐된 공간 안에서 반복적인 훈련과 교육을 통해 신체적으로 훈육한 결과로서만 그럴 수 있었다. 이런 점에서 그것은 개방된 공간조차 공장이나 감옥의 연장으로 만들고, 개방된 공간조차 공장이나 감옥처럼 작동하게 하는 그런 체제였다.

그런데 노동의 기계적 포섭으로 인해 생산에 관여된 사람들의 활동범위가 사회 전체로 확장되고, 노동자가 아닌 사람들의 활동을 영유하고 이용해야 한다는 사실은 이런 훈육적인 체제가 적절하게 작동하기 어렵게 되었음을 의미하는 게 아닐까? 공장이나 사무실에서 일하던 노동자들에게라면 외근을 하는 경우에도 일정한 요구를 하고 그것을 수행하라고 강제할 수 있겠지만, 노동자가 아닌 사람들에게 그것은 불가능하기 때문이다. 아무런 대가 없이 접속한 사람들이 그런 요구를 수용할 리도 없을 뿐 아니라, 오히려 더 큰 문제는 접속하지 않은 사람들을 접속하게 만드는 것이기 때문이다.

사람들로 하여금 어딘가에 접속하게 만들고 무엇인가를 보게 만들며 무언가를 사게 만드는 방법이 새로이 부상한다. 사람들로 하여금 무언가 사게 하고 무언가 보게 만드는, 그리고 접속하게 만드는 마케팅이 새로운 중심으로 부상한다. 가령 영화 제작비의 반 이상을 마케팅 비용이 차지한다는 것은 이미 잘 알려진 사실이다. 모든 유력한 사이트들은 광고판이 되어버렸고, 인터넷에서도 TV에서도 신문에서도 뉴스와 광고는 뒤섞여 점점 구별하기 힘들게 되었다. 마케팅의 파트너인 신용카드는 돈이 없어도 일단 구매하게 만드는 외상의 시대를 열었고, 지불없는 구매라는 손쉬운 착각(!)을 통해서 구매력을 인위적으로 확장했다. 그것은 사람들을 새로운 유형의 채무자들로 만들었고, 그 결과 개인 파산이 새로운 사회문제로 부각되었다.

더불어 다양한 종류의 인센티브(동기유발책)가 범람하게 된다. 이걸 하면 무언가 경제적 이득이 있다는 유혹으로 사람들의 활동을 끌어내야 한다. 심지어 공장이나 기업에서는 규율처럼 정해진 봉급의 체계가 아니라 활동능력에 따라 달라지는 인센티브의 집합으로 노동력을 구매한다. 이런 식으로 사람들의 모든 활동을 가능한 한 화폐로 유인하고, 화폐를 따라가며 진행되는 삶에 '파산'과 신용불량자라는 경계선을 쳐두고는 그 한계 안에서 스스로의 삶과 행동을 규제하고 통제할 것을 요구하는 그런 종류의 새로운 통제방식이 작동한다.

다른 한편 사람들의 모든 활동과 경력을 정보화하고 그 정보를 활동이 통과해야 할 모든 문턱에서 검사하고 확인하는, 컴퓨터 칩이 내장된 다양한 종류의 카드들이 등장한다. 전자신분증은 최근 새로이 국제적인 관심사가 되고 있으며, 건물들을 출입하기 위한 출입카드, 그리고 은행을 드나들기 위한 신용카드 등등이 사람들을 가둬두지 않은 대가로 사람들의 손에 하나하나 쥐어지고 있다. 신분확인과 검열이 훈육체제에서 통과관문이었던 시험을 대신하고 있다. 대학은 점점 기업의 프로젝트에 매달려 살게 되었고, 기업의 활동에 필요한 교육장이 되어가고 있으며, 교육은 노동을 대신하는 활동을 가르치고 있다. 예술은 얼마나 돈이 되는가에 의해 평가되고, 돈을 벌기 위해 춤을 추고 노래하며 영화를 찍는 것이 찬양된다. 무슨 영화 한 편이 현대자동차의 1년치 이윤보다 더 많은 이득을 남겼다는 식의 평을 우리는 얼마나 많이 듣게 되는가! 18세기 말에서 20세기 중반까지 이어지던 '훈육사회'가 이제 새로이 '통제사회'로 변화되고 있다는 들뢰즈의 지적(『대담』)은 바로 이런 맥락에서 이해할 수 있을 것이다.

공장의 안과 밖

윌리엄 호가스, 「목수의 일터」, 1727년경(위) / 「일러스트레이티드 런던 뉴스」에 실린 삽화, 1851년 10월(아래)

위 그림은 산업혁명 이전의 작업장(workshop)에서 일하던 풍경을 보여준다. 이것은 산업혁명을 거치면서 '공장'(factory)으로 대체되었다. 이와 나란히 물건을 팔던 '상점'(shop)은 물건을 쌓아두고 판매하는 '저장소'(store)로 대체되었다. 작업장에 붙어 있던 상점이 생산자와 소비자가 직접 대면하여 주문과 판매가 이루어지는 곳이었다면, 공장제 생산은 이 연관을 끊어버린다. 생산자와 소비자를 연결하는 새로운 방법이 발생했다. 쌓아놓고 파는 새로운 담당자가 출현한 것이다. 백화점(department store)은 정확하게 이런 '저장소'가 분화되고 집적되어 만들어진 것임을 보여주는 단어다.

5장_ 잉여가치와 계급투쟁 | 211

**윌리엄 호가스, 「맥주거리」, 1751년**

이 그림은 원래 진을 비난하고 맥주를 찬양하려고 그린 것이지만, 사실 어느 것이나 그 당시 사람들의 일상생활이 술과 아주 가까이 있었음을 보여준다. 뒤편에 보이듯이 건물을 짓다가 쉬며 맥주를 마시는 것은, 술 종류는 달라도 우리 주변의 공사장에서도 쉽게 보는 장면이다. 일이 끝나면 또 다시 한잔 하고, 좋은 일이나 궂은 일이 있으면 또 한잔 하고 하는 식의 생활. 이는 산업혁명 이전의 '노동자'들에게 매우 흔한 일상이었다. 이는 아직도 노동자들이 자본가들의 수중에 충분히 장악되지 않았다는 사실의 표현이기도 하다. 이 한가로운 시절은 산업혁명과 더불어 끝이 났다. 한없는 '근면'(industry)의 시대가 시작된 것이다.

**1850년경 미국의 시계점**
사방의 벽이 시계로 가득찬 시계점의 그림이다. 18세기까지만 해도 시계는 여전히 귀중품이고 사치품이었지만, 산업혁명을 거치면서 급속히 만들어지고 보급되기 시작했다. 이 그림이 그려진 1850년경이면 값싸다고는 할 수 없어도 공장이나 관청 등은 물론 좀 산다는 사람 집에서는 어렵지 않게 발견할 수 있는 물건이 된다. 19세기 후반 이후 시계를 대량생산하려는 시도가 집요하게 이루어지고, 1880년대에는 6달러짜리 시계가 만들어진다. 시계를 누구보다 긴요하게 필요로 했던 사람이 바로 자본가였는데, 그들에겐 정말 시간이 금(돈!)이었기 때문이다.

**찰리 채플린, 「모던 타임즈」 중 기계 앞에서 일하는 찰리**

나사공 찰리를 미치게 만든 것은 바로 차이 없이 반복되는 기계의 리듬, 그리고 근육을 짜내는 기계의 속도였다. 자본가는 이제 노동자 앞에서 명령하고 소리치지 않는다. 기계가 돌아가고 옆에서 일을 하는 동료가 "뭐하고 있어, 빨리 하지 않고!"라고 말하게 한다. 그 기계의 리듬에서 벗어나면 공장 밖으로 쫓겨나게 되고, 그 기계의 리듬을 따르면 기계 속으로 끌려 들어간다. 찰리는 두 가지 길을 모두 간다.

루이스 하인, 「마천루 끝에 매달린, 마천루를 만드는 노동자」, 1931년

루이스 하인은 엠파이어 스테이트 빌딩이 만들어질 때, 그것을 따라가면서 마천루를 만드는 노동자들의 모습을 계속해서 사진에 담았다. 위태롭게 철근에 매달린 채 거대한 부르주아의 건축물을 만들어가는 노동자, 그러나 그 뒤에 남는 것은 하늘을 찌를 듯한 건물뿐이다. 하인은 그것이 안타까웠던 것일까?

### 시간연구, 동작연구

**머이브리지, 「계단 오르내리기」, 1870년**

머이브리지(Eadweard Muybridge)는 연속촬영을 통해서 '활동사진'의 기초를 만든 사람이다. 자동셔터를 달고 일정한 시간마다 찍어대는 사진기 덕분에 사람이나 말의 동작을 자세하게 연구할 수 있었다. 애초에 사진가의 예술적 관심에서 시작한 이 작업은 이후 예술과 기술 모두에 큰 영향을 미친다.

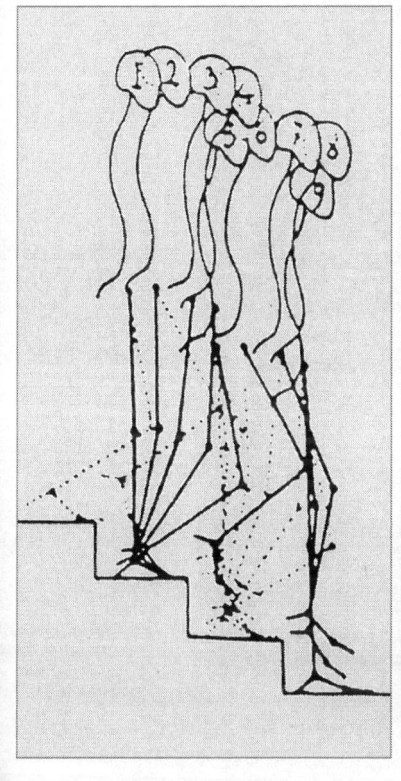 

©Marcel Duchamp / ADAGP, Paris – SACK, Seoul, 2004

폴 리셰, 「계단을 내려오는 사람」, 1895년(좌) / 마르셀 뒤샹, 「계단을 내려오는 누드 2」, 1912년(우)

많은 사람들에게 깊은 충격을 주었던 뒤샹(Marcel Duchamp)의 그림은, 보다시피 그 앞에 있는 리셰(Paul Richer)의 '생리학적' 연구에서 직접적인 영향을 받은 것이다. 물론 이는 머이브리지의 연속사진으로 다시 거슬러 올라가야 한다. 이처럼 연속동작을 통해 사람의 움직임을 묘사할 수 있다는 생각은 이후 이탈리아의 미래파 화가들에게 결정적인 영향을 미쳤다. 움직임, 속도, 그것이 보여주는 역동성, 이것이 바로 미래파의 주제였다.

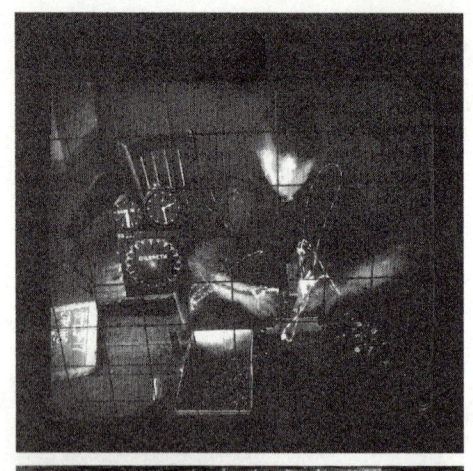

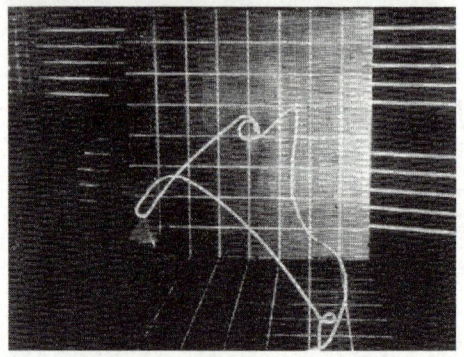

길브레스, 「단추 다는 여성의 시간-동작 연구」, 1917년(위) / 좌표상에 앉힌 표준 동선의 곡선(아래)

테일러의 제자 길브레스(Frank B. Gilbreth)는 선생의 '시간관리'가 실질적인 의미를 가지려면 구체적인 동작 하나하나를 과학적으로 분석해서 연구해야 한다고 보았다. 테일러와 달리 당시의 새로운 사진기술이나 '예술'에 관심이 많았던 그는 머이브리지 이후 크게 진전된 연속촬영 기술, 특히 영사기술을 동작연구에 직접 이용했다. 위의 그림은 단추를 다는 손의 움직임을, 손과 팔에 붙인 금속조각의 움직임을 통해서 구체적인 동선의 모습을 사진으로 보여준다. 옆에 보이는 시계 중 왼쪽 것은 바늘이 움직이며 찍힌 걸로 보아 초시계인 듯하다. 움직이는 여공의 모습 전체를 철사줄로 짠 격자망 안에 가둔 모습 또한 인상적이다. 그래, 이런 식으로 우리는 과학적 관리의 그물 안에 갇히게 된 거야! 아래 그림을 보면 이렇게 찍은 동선을 철사줄로 만들어서 격자망으로 만든 일종의 좌표 안에 앉혀놓았다(아, 물론 앞의 것과 같은 동작은 아니다). 그리곤 마치 예술가라도 되는 양 서명하고 전시했다.

# 6장_자본주의적 축적의 일반적 법칙

## 1. 자본의 축적

지금까지 우리는 노동가치론 공리계의 경계를 넘나들면서 "잉여가치가 어떻게 자본으로부터 발생하는가를" 보았다. 자본의 축적에 대한 연구는 반대로 "자본이 어떻게 잉여가치로부터 발생하는가를" 보여주는 것이다(I, p. 788). 이는 자본의 축적을 연구하는 맑스의 문제설정을 명료하게 표현한다.

다시 자본의 일반적 공식으로 돌아가자. $M-C-M'$ 여기서 $M'=M+\varDelta M$이었다. 잉여가치를 뜻하는 $\varDelta M$이 바로 상품교환과 구별되는 자본의 교환 목적이었고, 그러한 교환을 반복하게 하는 동력이었다. 증식된 가치로서 잉여가치, 그것이 바로 **자본의 욕망**이었다. 그것은 자본가로 하여금 자본의 대행자로 행동하도록 하는 '힘'을 행사한다는 점에서, 그리하여 노동력을 구매하여 사용하게 하고, 이를 위해 노동 자체를 포섭하고 장악하게 한다는 점에서 **자본의 권력**이기도 하다. 이런 의미에서 자본의 일반적 공식은 권력의 배치로서 자본을 표현하는 정의이기도 하다.

자본의 축적이란 무엇인가? 새로운 자본을 기존의 자본에 추가하는 것이다. 그 새로운 자본은 어디서 오는가? 이전의 자본이 획득한 잉여가치에서 온다. 따라서 자본의 축적이란 "잉여가치를 자본으로 사용하는 것, 즉 잉여가치를 자본으로 재전환시키는 것"이다(I, p. 788). 즉 축적이란 잉여가치를 자본으로 변환시키는 것이다. 앞의 공식이 M′→M+$\Delta$M을 설명하는 정의였다면, 이제 축적은 그 $\Delta$M이 자본의 새로운 유통을 시작하는 M이 되는 것이란 점에서 $\Delta$M→M이라고 표시할 수 있을 것이다.

이는 자본의 욕망이자 권력을 이루는 성분이 새로이 자본의 일부로 통합되고 누적되는 과정이다. 이러한 과정이 반복되면 매번 자본의 운동을 추동했던 욕망 내지 권력은 축적되고 집적되어 거대한 권력구성체가 된다. 축적 개념을 통해서 자본을 포착한다는 것은 이처럼 잉여가치의 집적물로서 자본을 포착하는 것이다. 이 경우 자본은 그 자체로 화폐의 집적인 동시에 거대한 상품의 집적이고, 또한 생산수단의 집적인 동시에 가변자본인 노동력의 집적이다. 즉 자본은 그 자체로 화폐와 상품, 노동력의 거대한 집적이고 통합체다. 구르면서 점점 커져가는 눈덩이처럼, 돈이 될 수 있는 것은 어떤 것이든 끌어당겨 자신의 일부로 만들며 점점 커져가는 덩어리.

그 거대한 힘, 만유인력의 법칙을 몇 번 거듭한 것보다 더 큰 그 거대한 권력은 이제 진리의 깃발을 내건 과학도, 선을 찬양하는 도덕도, 미적 가치의 고상한 날개를 달고 있던 예술도 모두 다 끌어들여 자신의 일부로 만들었다. 대체 어떤 과학이 자본과 기업에서 뿌리는 연구비 없이 실험하고 연구할 수 있단 말인가? 예술품은 부동산만큼이나 자본의 주요한 투자대상, 아니 투기대상이 되어버렸다. 돈이 된다는 사실은 거꾸로 수많은 예술가들의 '영혼'을 유혹하며 그리고 만들게 하고 있지 않은가! 도덕이나 윤리가 자본이나 기업에서 필요로 하는 삶의 방법을 가르치기 시작한 지는 이미 오래되지 않았던가! 진, 선, 미, 그것은 이제 화폐와 상품, 기계와 노동력으로 혼합된 신체에 깃든 자본의 영혼이 되었다. 대체 누가 자본에 대해 돈밖에 모르는 천한 영혼을 가졌다고 비난할 수 있단 말인가!

이리하여 자본은 직접적인 생산과정을 벗어나서 모든 삶의 영역을 지배하고 그것을 자본주의적 양상으로 통합하는 권력이 되었다. 이제 자본가가 아닌 사람들도 화폐의 증식을 활동의 일반적 공식으로 삼게 된다. 자본의 일부로 통합되는 것은 생존을 위한 필수적 조건일 뿐만 아니라, 자신의 유용성과 유능함의 증명이 된다. 자본과 겹치며 포개진 진리와 선, 미의 형상은, 그런 능력이 결코 수전노의 천한 욕망과 무관한 듯 보이게 만들어준다. 이제 자본의 능력은 자본에 의해 직접 고용된 노동자만이 아니라, 그에 고용되고자 하는 '산업예비군'이나 과잉인구, 심지어 자본으로부터 독립하여 활동하는 듯한 과학자나 철학자, 예술가까지도 지배하고 통제할 수 있는 일반화된 권력을 표시한다.

이런 이유로 인해 자본의 축적에 대한 연구는 생산과정의 내부에 국한되지 않는 영역으로 확장되어야 한다. 그것은 국민적 형식으로 축적되는 인구/주민(population) 자체를 대상으로 작동하는 자본의 효과를 연구하게 될 것이다. 근대적 주체화를 내포하는 19세기의 '인구/주민' 개념은 이처럼 자본의 '일반성' 내지 '보편성'을 통해 인민들을 훈육하고 길들임으로써 동질화된 또 다른 구성체(formation)가 된다. 푸코는 미시적인 차원에서 작동하는 권력에 대한 치밀한 연구를 통해서, 미시적인 권력과 그것에 의해 훈육되어 동질화된 '사람'의 축적이 긴밀하게 연결된 것임을 보여준다.

> "서양의 경제적 도약이 자본의 축적을 가능하게 한 여러 가지 방식과 더불어 시작되었다고 한다면, 전통적이고 제의적이며 폭력적이고 비용이 드는 권력형태와 관련해서, 그런 만큼 비록 폐기되긴 했지만 예속화의 교묘하고 계산적인 기술로 여전히 이어지고 있는 권력형태와 관련해서 정치적인 도약을 가능하게 한 것은 사람을 관리하는 방법들이었다고 말할 수 있을 것이다. 사실 **이 두 가지 과정, 사람의 축적과 자본의 축적은 결코 분리될 수 없는 것이었다.** 즉 사람들을 보유함과 동시에 사용할 수 있는 생산장치의 증가가 없었다면 사람들의 축적이라는 문제는 해결될 수 없었을 것이다. 역으로 사람들의 누적적인 다양체를 사용할 수 있게 해주는 [권력]기술이야말로 자본축적의 운동을 가속화해 주는 것이었다." (푸코, 『감시와 처벌』, p. 284)

## 2. 자본축적의 일반적 법칙

### 1) 축적과 재생산

자본의 축적은 자본을 새로이 자본으로 재생산하는 것이다. 그런데 그것은 잉여가치를 추가자본으로 전환하는 것이란 점에서 새로이 시작하는 자본의 규모를 확장한다. 다시 말해 축적된 자본은 이전보다 더 큰 규모로 새로운 가치증식운동을 시작하게 된다. 이런 의미에서 축적은 확대된 규모로 자본을 재생산하는 것이란 점에서 '확대재생산'을 야기한다.

한편 이와 달리 자본의 규모가 증가하지 않고 예전과 동일한 규모로 다시 시작하는 경우에도, 자본은 자본으로 재생산된다. 이는 획득한 잉여가치를 모두 자본가가 소비하는 경우다. 즉 지난해와 동일한 규모의 자본만이 자본으로 투여되고, 잉여가치는 모두 소비하는 것이다. 이를 확대재생산과 대비해 '단순재생산'이라고 부른다. 잉여가치에서 기인하는 "수입이 자본가에게 소비재원으로서만 사용된다면 ……〔그것은〕 단순재생산이"다(I, p. 770). 이는 자본의 축적을 수반하지 않는다.

하지만 자본의 욕망이 가치의 증식이라고 함은, 가능한 한 돈을 좀더 많은 돈을 버는 데 사용하려는 욕망임을 뜻한다. 돈을 보면 쓸 생각을 하는 게 아니라, '돌려서' 좀더 많은 돈을 벌려고 생각하는 것. 이는 자본을 굴려서 얻은 잉여가치에 대해서도 마찬가지다. 잉여가치가 생겼다고 모두 써버리는 것은 자본의 욕망이 아니다. '잉여가치로 얻은 돈을 예전 것에 추가해서 투자하면 얼마를 더 벌 수 있을 텐데' 하는 것이 바로 자본의 욕망이다. 따라서 자본의 욕망은 일차적으로 잉여가치를 다시 자본으로 재투자하는 것이다.

자신의 본업에 충실한 자본가, 훌륭한 자본가는 바로 이런 자본의 욕망에 따라 행동하고 살아가는 사람이다. '자본가란 자본의 대행자/담지자'라는 말은 바로 이런 뜻이다. 조금 벌었다고 흥청망청 써버리는 사람은 훌륭한 자본가가 아니다. 한푼이라도 아껴서 축적하고 자본으로 재투여하는 사람이 훌륭한 자본가다. 절약과 금욕, 그것을 통한 자본의 축적, 그것이 자본이 자본가에게 요구하는 첫번째 도덕률이다. "축적하라! 축적하라! 이것이 모세고 예언자다. '근면은 재료를 제공하고 절약은 그것을 축적한다.' 그러므로 절약하라 절약하라! …… 축적을 위한 축적, 생산을 위한 생산, 이 공식으로 고전파 경제학은 부르주아 계급의 역사적 사명을 표현하였다."(I, p. 811)

프로테스탄트 윤리가 이러한 도덕을 종교적 형식으로 제시했으며, 이것이 '자본주의 정신'을 형성했다는 것, 그리고 이것이 부르주아지의 이른바 '실천적 합리주의'의 모태가 되었다는 사실은 널리 알려져 있다(베버, 『프로테스탄트 윤리와 자본주의 정신』). 저축을 '유예된 소비'라고 정의하는 부르주아 경제학의 관념은 이러한 태도를 이론적으로 '승화'한 것이다.

맑스에 따르면 실제로 기계제 생산이 시작되기 전에는 공장주들이 저녁에 술집에서 만나 지출하는 것이라고는 펀치 한 잔 값 6펜스, 담배 1갑 값 1페니를 넘지 않았다고 한다. 1758년에도 자기 마차를 소유한 사업가는 단 한 명이었다고 한다. 기계제 대공업이 시작된 18세기의 마지막 30년에 들어가서야 사업의 확장과 사치와 향락이 함께 가기 시작한다고 한다(I, pp. 810~811). 이제 "자본가의 심중에서는 축적욕과 향락욕 사이에 파우스트적 갈등이 전개된다"(I, p. 809). 그러나 이러한 자본가의 '낭비'는 "축적을 방해하지 않았으며 축적의 증대와 더불어 증대"했는데, "어느 정도의 낭비는 부의 과시로서 또 신용획득의 수단으로서 '운이 나쁜' 자본가의 사업상의 필요로까지 된다"고 한다(I, p. 809). 이는 사치와 향락에 대한 욕망조차 축적의 욕망 안에 존재했으며, 그런 한에서 부르주아적 '합리주의'의 또 다른 양상을 이루는 것이기도 했다.

축적욕과 향락욕 사이에서 자본의 축적률이 결정된다. 즉 생산된 잉여가치를 축적에 투여하는 부분과 향락과 소비에 지출하는 부분으로 나누는 비율에 의해 축적률이 결정된다. 축적률은 생산된 전체 잉여가치($s$)와 그 중에서 자본(불변자본$c$+가변자본$v$)으로 전환되는 부분의 비로 정의된다. 축적률을 $\alpha$(알파)라고 하면,

$$\alpha = \frac{S_c + S_v}{S}$$

(단, $s$는 잉여가치고, $S_c$는 잉여가치 중 불변자본으로 전환되는 부분, $S_v$는 가변자본으로 전환되는 부분이다.)

이 경우 자본 규모의 증가를 표시하는 자본성장률은 기존의 투하자본($c+v$)에 대한 추가적인 투하자본($S_c+S_v$)의 비율로 표시할 수 있다. 즉 자본성장률을 $\gamma$(감마)라고 하면,

$$\gamma = \frac{S_c + S_v}{c + v} *$$

예를 들어 A 기업에서 4000만원의 불변자본과 1000만원의 가변자본(임금)을 들여서 6000만원어치 상품을 생산했다고 하자(따라서 잉여가치는 1000만원이 된다). 편의상 만원 단위를 생략해서 쓰기로 하고, 숫자 옆에 $W, c, v, s$를 각각 붙여서 표시하기로 하면, A 기업이 생산

---

* 여기서 자본성장률은 축적률과 이윤율의 곱으로 표시할 수 있다. 이윤율을 $p'$으로 표시하면
$$p' = \frac{s}{c+v}$$
이때 자본성장률 $\gamma = \frac{S_c + S_v}{c+v} = \frac{S_c + S_v}{S} \cdot \frac{S}{c+v} = \alpha \cdot p'$
즉 자본성장률=축적률·이윤율이다.

한 생산물의 가치 $W$는 다음과 같이 구성되어 있다고 쓸 수 있다.

$6000W = 4000c + 1000v + 1000s$

여기서 생산된 잉여가치(1000)를 반(500)은 소비하고 반은 축적한다고 하면($400c + 100v$의 비율로 축적한다고 하자),

축적률 $\alpha = \dfrac{500}{1000} = 50\%$고,

자본성장률 $\gamma = \dfrac{400+100}{4000+1000} = 10\%$이다.

이처럼 축적률이 양의 값을 가질 경우, 즉 생산된 잉여가치의 일부를 자본으로 전환시키는 경우, 자본은 확대된 규모로 재생산된다.

그런데 만약 이런 비율로 계속해서 축적할 경우 7년이면 확대된 규모의 자본은 원래 자본의 거의 2배가 되고, 12년이면 3배가 넘게 되고, 15년이면 4배, 17년이면 5배, 19년이면 6배 등으로 가속적으로 증가한다. 20년도 채 되기 전에 애초의 자본은 6배를 넘는 규모로 확대된다. 이러한 증가속도는 갈수록 빨라지며, 따라서 "생산의 홍수 속에서 최초의 총투하자본은 직접적으로 축적된 자본(즉 자본으로 재전환된 잉여가치 또는 잉여생산물)과 비교하면 무한소량이다"(I, p. 800).

요컨대 자본의 축적이 진행됨에 따라, 최초에 투여된 자본은 무한소에 가까운 크기로 줄어들고, 잉여가치에서 연원하는 자본이 실제로 가동되는 대부분의 자본을 차지하게 된다는 것이다. 이를 맑스는 '소유의 법칙'이 '자본주의적 영유법칙'으로 전환된다고 한다(I, p. 800). 이제 소유를 대신해 착취가 지배하게 된다. 착취한 잉여가치가 자본이 되어 다시 잉여가치를 착취하는 자본주의적 영유법칙을 통해 노동자는 자신이 생산한 잉여가치에서 더욱더 멀어지고, 더욱더 적대적인 관계에 놓이게 된다.

## 2) 자본의 유기적 구성

자본은 생산수단과 노동력을 구매하여 생산과정을 시작하고 재시작한다. 생산과정에서 노동력은 생산수단과 결합한다. 이 양자는 자본을 구성하는 두 가지 핵심적인 요소다. 그래서 이 양자의 비율을 '자본의 구성'이라고 부른다. 자본의 구성을 표시하는 방법에는 크게 세 가지가 있다. 소재적 측면에서 생산수단과 노동량의 비를 표시하는 '자본의 기술적 구성', 가치의 측면에서 불변자본과 가변자본의 비를 표시하는 '자본의 가치구성', 그리고 기술적 구성을 가치량으로 표시하는 '자본의 유기적 구성'이 그것이다. 이를 맑스는 이렇게 정의한다.

> "자본의 구성은 두 측면에서 고찰할 수 있다. 가치의 측면에서 고찰하면, 이 구성은 자본이 불변자본[즉 생산수단의 가치]과 가변자본[즉 노동력의 가치 또는 임금총액]으로 분할되는 비율에 의해 결정된다. 생산과정에서 기능하는 소재의 측면에서 고찰하면, 어떤 자본이든 생산수단과 살아 있는 노동력으로 분할되는데, 이 구성은 사용되는 생산수단의 양과 이 생산수단의 활용에 필요한 노동량 사이의 관계에 의해 결정된다. 나는 전자를 자본의 가치구성이라고 부르고 후자를 자본의 기술적 구성이라고 부른다. 양자 사이에는 긴밀한 상호관계가 있다. 이 상호관계를 표현하기 위해 나는 **자본의 가치구성이 자본의 기술적 구성에 의해 결정되고 또 기술적 구성의 변화를 그대로 반영하는 경우, 그것을 자본의 유기적 구성이라고 부른다.**" (I, pp. 836~837)

그리고 간단히 자본의 구성이라고 할 경우 그것은 항상 자본의 유기적 구성을 의미하는 것이라고 추가하고 있다. 맑스 말대로 간단하게 '자본의 구성'이라고 할 때, 이를 통상 $z=\frac{c}{v}$로 정의하고, 유기적 구성을 의미하는 것으로 사용한다. 그런데 여기서 주의할 것이 있는데, 분자의 $c$는 상품의 가치구성을 표시할 때 사용되는 가령 기계의 감가상각액이 아니라 투하된 불변자본 비용 전체를 의미한다. 왜냐하면 기계는 가치형성 과정에는 언제나 부분적으로(감가상각비만큼) 참여하지만, 노동과정에는 항상 전체로서 참여하는데(I, p. 520), 자본의 유기적 구성은 노동과정에서 이른바 노동량과 생산수단의 비율을 표시하기 때문이다. 그래서 이를 구별하기 위해 $c$ 대신 대문자로 써서 $C$라고 쓰기로 한다. 그러면 유기적 구성은 $z=\frac{C}{v}$라고 쓸 수 있다.

자본의 기술적 구성은 생산수단과 노동력의 물리적인 양의 비율인데, 거칠게 말해, 가령 한 사람이 방추를 한 개 사용하는 경우와 비교할 때, 새로운 방적기를 통해 방추를 12개 다루게 되는 경우 기술적 구성은 12배가 된다. 한 공장에서 사용되는 생산수단을 그 공장에서 일하는 노동자의 수로 나누면 개별자본의 기술적 구성을 구할 수 있다. 즉 기술적 구성을 $z_0$라고 하면,

$z_0=\frac{C}{n}$ (단, $n$은 노동자의 수)

한 나라의 사회적 총자본의 기술적 구성은 총불변자본을 총노동자 수 $N$으로 나누면 된다. 즉

$$z_0=\frac{C}{N}$$

다음으로 자본의 가치구성은 불변자본과 가변자본의 비로 구할 수 있다. 자본의 가치구성을 $z$로 표시하면, 개별자본의 가치구성은

$$z=\frac{C}{v}$$

가령 앞서 A 기업의 경우 $c=4000$이고($c=C$라고 하자), $v=1000$ 이므로 이 기업의 자본의 가치구성은

$$z=\frac{4000}{1000}=4$$가 된다.

자본의 가치구성을 사회적 총자본 수준에서 검토할 경우, 그 사회의 불변자본 총액을 임금총액으로 나누면 된다. 불변자본 총액을 $C$로 쓰고, 임금총액을 $L$이라고 하면, 자본의 가치구성은

$$z=\frac{C}{L}$$

노동자가 다루어야 할 기계의 규모가 커지고, 다루어야 할 원료의 양이 증가하면, 당연히 자본의 가치구성 또한 증가한다. 이는 통상 노동생산성의 증가를 수반한다. 생산성이 증가하면 기계나 원료의 개별 가치가 떨어진다. 이 경우 기계의 물리적 규모는 증대했지만, 가치는 반드시 증가한다고는 할 수 없다. 그러나 자본의 가치구성이 기술적 구성의 상승을 반영하는 경우, 다시 말해 기술적 구성이 상승함에 따라 자본의 가치구성이 상승한다면(혹은 반대로 기술적 구성이 하강함에 따라 가치구성 역시 하강한다면), 이때 자본의 가치구성을 맑스는 '자본의 유기적 구성'이라고 부른다. 대부분의 경우 자본의 축적에 따라 기술적 구성은 자연히 증가한다. 생산성 증가로 인한 가치저하가 자본의 가치구성 자체를 저하시키는 경우가 아니라면, 그에 따라 자본의 유기적 구성도 증가한다고 말할 수 있다.

미리 말해 두자면 총비용에 대한 잉여가치의 비율은 이윤율 $p'$을 표시한다. 즉

$$p'=\frac{s}{C+v}$$

여기서 $C$ 또한 유기적 구성의 경우처럼 감가상각분이 아니라 총

투하자본이다. 이는 자본이 이윤율을 계산할 때, 감가상각분에 대해 계산하는 게 아니라 총투하자본에 대해 계산하기 때문이다. 앞서 A 기업의 경우 이윤율은

$$p' = \frac{1000s}{4000C + 1000v} = \frac{1}{5} = 20\%$$

그런데 이윤율은 자본의 유기적 구성과 직접적 관계를 갖는다. 즉

$$p' = \frac{\frac{s}{v}}{1 + \frac{C}{v}} = \frac{s'}{1+z}$$

여기서 $s'$은 잉여가치율이고 $z$는 자본의 유기적 구성이다. 이는 이윤율 $p'$은 잉여가치율에 비례하고, 자본의 유기적 구성에 반비례한다는 것을 보여준다. 이에 대해서는 나중에 이윤율을 다루면서 다시 언급하게 될 것이다.

### 3) 자본주의적 축적의 일반적 법칙

자본의 축적은 불변자본 및 가변자본에 대한 추가적 투자를 통해 진행된다. 불변자본에 대한 새로운 투자는 생산수단의 추가적 구매로 진행되고, 가변자본에 대한 새로운 투자는 노동력의 추가적 구매로 진행된다. 즉 자본의 축적은 생산수단의 구입과 더불어 추가적인 노동자의 고용을 야기한다. 노동력에 대한 수요가 늘어나므로 고용은 증가하고 임금은 상승해야 하지만, 사태가 반드시 그렇게만 진행되는 것은 아니다. 이를 이해하기 위해선 자본의 축적이 자본의 유기적 구성의 변화——대개는 증가——를 동반한다는 점을 고려해야 한다. 유기적 구성이 증가한다는 것은, 가변자본에 비해 불변자본 비율이 더 커진다는 것을 뜻한다. 즉 노동자에 비해 기계의 비중이 좀더 커진다는 것을 뜻한다.

하지만 먼저 자본의 구성이 변화하지 않은 경우를 먼저 살펴보자. 가령 앞서 A 기업의 경우 불변자본 $c$와 가변자본 $v$의 비율은 $4000c : 1000v$였는데, 새로이 축적되는 자본 또한 이 비율(유기적 구성)을 그대로 유지하면서 $400c : 100v$로 분할되어 투자되었다. 이처럼 자본 구성이 불변인 경우 자본의 축적은 임금에 투여되는 자본의 증가를 수반한다. 이는 임금상승으로 이어지거나, 임금이 그대로라면 노동력의 고용이 증가함을 의미한다. 앞의 경우 $100v$만큼이 노동자의 임금이나 고용에 추가된다.

즉 유기적 구성이 변하지 않은 채 축적이 이루어지는 경우, 축적되는 자본의 일부는 가변자본으로 전환되어야 하며, 이 경우 "노동에 대한 수요와 노동자의 생활을 위한 재원은 분명히 자본에 비례해 증가"한다(I, p. 837). 나아가 "자본의 축적욕이 노동력(또는 노동자의 수)의 증가를 능가할 수 있으며, 노동자들에 대한 수요가 그 공급을 능가해 임금이 등귀할 수 있다"(I, pp. 837~838). 따라서 "자본의 축적은 프롤레타리아의 증식"을 야기한다(I, p. 838).

그런데 이때 유념할 것은 임금률의 변동은 자본의 축적 속도(축적률)에 의해 규정된다는 점이다. "수학적 표현을 빌리면, 축적률이 독립변수고 임금률은 종속변수지, 그 반대가 아니다."(I, p. 847) 그리고 축적되는 자본이 "[자본으로 전환된] 불불노동"[잉여가치]임을 안다면, 축적되는 자본과 임금에 추가되는 자본은 "두 개의 서로 독립적인 양[즉, 자본의 크기와 노동인구수] 사이의 관계가 아니라, 결국은 동일한 노동인구의 불불노동과 지불노동 사이의 관계에 불과하다"(I, p. 848).

다음으로 자본의 구성이 변하는 경우를 보자. 가령 앞의 예에서 A

기업은 500의 축적분을 원래의 구성대로 $400c : 100v$로 나누었지만, 이 비율을 가령 $450c : 50v$로 투자하는 경우가 그런 경우다. 이 경우에는 유기적 구성이 그대로인 경우보다 미약하긴 하지만 그래도 $50v$만큼 노동자에게 투여되는 부분이 늘어난다.

사실 자본의 축적은 일반적으로 노동생산성의 발전을 수반한다. 이는 "노동에 의해 움직이는 생산수단의 양에 비해 노동량이 감소"(I, p.850)하는 것을 의미한다. 즉 노동력의 양에 비해서 생산수단의 양이 증가한다. '기술적 구성의 상승'은 이러한 사태를 표현한다. 이 경우 노동력에 비해 생산수단(기계 등)에 좀더 많은 돈을 써야 한다. 즉 새로운 기계의 채택은 가변자본에 비해 불변자본 비용을 크게 할 것이다. 물론 기술의 발전에 따라 가령 컴퓨터 값이 매년 내려가듯이 기계의 가격(가치)이 내려가기는 하겠지만, 아무리 그래도 기계의 규모나 비중이 커짐에 따라 노동력에 비해 기계에 투여되어야 할 돈이 점점 커지게 될 것은 분명하다. '자본의 유기적 구성의 상승'은 바로 이런 사태를 표현한다.

이처럼 생산성이 상승하면서 유기적 구성이 상승하는 것은 자본주의에서는 일반적으로 나타나는 현상이다. "자본의 가변부분에 비한 불변부분의 점진적인 증대라는 이 법칙은 [상이한 경제적 시기를 비교하든 동일한 시기의 상이한 나라들을 비교하든] 상품가격의 비교분석에 의해 모든 단계에서 확인된다."(I, pp.850~851) 가령 방적업의 경우 18세기 초에는 자본의 가치구성이 100%($C=\frac{1}{2}, v=\frac{1}{2}$)였지만, 맑스가『자본』을 쓰던 당시에는 700%($C=\frac{7}{8}, v=\frac{1}{8}$)로 바뀌었다고 한다(I, p.851).

이는 농업에서 좀더 확연하다. 모를 내고, 김을 매고, 농약을 치고,

수확을 해서 탈곡하는 일에 이르기까지 예전에 사람이 하던 모든 일들이 지금은 이앙기와 트랙터 등의 기계로 거의 대체되었다. 이제 논에서 많은 사람이 한 줄로 서서 모를 내는 장면은 보기 힘들다. 이럼으로써 이전에는 일꾼(노동자)에게 주었을 품삯(임금)이 현저히 줄어들고, 대신 기계와 기름값 등에 대부분의 돈이 투여되게 되었다.

그렇지만 자본의 유기적 구성이 상승하는 경우에도 자본의 축적은 가변자본 부분의 증가를 포함하므로, 일단 추가되는 부분만을 본다면 노동력의 절대적 증가를 수반한다고 할 수 있다. 그러나 생산수단의 갱신이 추가되는 자본에 대해서만 일어날 리는 없다. 새로운 기계의 도입은 이전에 사용하던, 즉 원래 자본부분에 있던 기계 또한 새로운 것으로 대체하는 것과 함께 일어난다.

앞의 예(A 기업)로 다시 가자. 좀전에는 새로 추가되는 자본이 $450c : 50v$로 분할되어 투자된다고 했지만, 이제 이 새로운 비율에 따라 전체가 조정된다고 하자. 예컨대 컴퓨터를 이용한 기계를 새로 구입해서 사용하게 되었다고 해보자. 그러면 애초에 $4000c : 1000v$였던 비율은 $4500c : 500v$로 재조정되어야 한다. 새로 추가되는 자본을 각각 합하면, 자본의 구성은 $(4500+450)c : (500+50)v$가 된다. 그러면 전체 자본의 유기적 구성은 $4950c : 550v$가 된다.

이는 애초에 $4000c : 1000c$였을 때보다 임금에 투여되는 자본이 오히려 450만큼 줄어들었음을 보여준다. 자본이 축적되어 전체 투하자본의 양은 5500으로 늘어났지만, 임금에 투여되는 부분은 거꾸로 $1000v$에서 $550v$로 줄어든 것이다. 따라서 이런 경우 자본의 축적이 고용의 증가나 임금의 증가를 수반하는 게 아니라 반대로 고용의 감소나 임금의 삭감을 수반한다. 이제 자본은 새로운 노동자를 고용하는 게 아니라 있던 노동자를 내보내야 한다.

여기서 보듯이, 자본의 유기적 구성은 더욱 높은 비율로 상승하며, 고용되는 노동력의 절대적 감소를 동반할 수 있다. 가령 자동차 공장에서 빈번히 보이듯이 자동화 전략을 채택해서 로봇을 비롯한 기계들을 대거 도입하는 경우, 노동력에 투여되는 비용은 급속히 줄어들고 노동자의 고용도 줄어든다. 흔히 '구조조정'(restructuring)이라고 불리는 조치가 이와 관련되어 있다. 좀더 효율이 좋은 기계를 쓰고, 대신 노동자 고용을 줄이거나 임금을 삭감하는 것.

자본이 축적되고 생산성이 상승하면서 이처럼 자본의 유기적 구성이 상승하는 것은 산업혁명 이후 자본주의에서는 언제 어디서나 발생하는 '일반적 법칙'이다. 이를 '자본주의적 축적의 일반적 법칙'이라고 말할 수 있다. 그 결과 "자본주의적 축적 그 자체가 [자기 자신의 정력과 규모에 비례해] 상대적으로 과잉인 [즉 자본의 평균적인 자기증식욕에 필요한 것보다 더 큰 규모의] 노동인구를 끊임없이 생산해내고 있는 것이다"(I, p.860). 이는 개별자본이 아니라 사회적 자본 전체 수준에서 보아도 마찬가지로 타당하다. 생산성의 증가는 자본의 기술적 구성과 유기적 구성을 상승시키고, 그에 따라 "노동인구는 그들 자신이 생산하는 자본축적에 의해 그들 자신을 상대적으로 불필요하게 만드는 [즉 상대적 과잉인구로 만드는] 수단을 점점 더 큰 규모로 생산한다"(I, p.861).

요컨대 자본의 축적은 자본의 유기적 구성의 상승을 수반하고 이로 인해 노동력에 투여되는 가변자본 부분이 항상 상대적으로, 많은 경우에는 절대적으로 줄어든다. 임금을 삭감하거나, 그게 쉽지 않을 때는 노동자를 해고한다. 이를 그들은 "노동을 절약한다"고 말한다. 따라서 자본의 축적은 고용된 노동자의 증가보다는 오히려 과잉화된 노동인구의 증가를, 쉽게 말해 실업자의 증가를 야기하고 임금률을 낮춘다. 자본주의 하에서 어디나 있게 마련인 과잉인구는 바로 이런 자본의 축적에 따라 만들어진 것이지, 식량에 비해 빠른 속도로 증가하는 인구 때문에 발생하는 것이 아니다. 이것이 바로 자본주의적 축적의 일반적 법칙이며, "자본주의적 생산방식에 특유한 인구법칙"(I, pp. 861~862)이다.

### 4) 과잉인구, 혹은 산업예비군

비록 해고되어 쫓겨나는 실업자 입장에선 더없이 끔찍하겠지만, **자본의 입장에서 보면** 이는 단지 자본의 축적에 따라 발생하는 피하고 싶은 '부작용'만은 아니다. 자본의 축적이 만들어내는 이러한 과잉인구는, 자본의 축적에 필요한 새로운 추가적 노동인구를 언제든 제공할 수 있는 조건이 된다. 경기가 활성화되어 좀더 많이 생산해야 하게 되었을 때, 자본가는 새로운 노동자를 (물론 새 생산수단과 함께) 고용해서 생산규모를 늘려야 한다. 혹은 새로운 생산부문이 만들어져 새로이 창업하는 자본이 급격히 증가할 때도 자기 공장에서 일할 새로운 노동자를 고용해야 한다.

그러나 새로운 생산수단이야 시장에서 사면 된다지만, 일할 수 있는 노동자가, 이처럼 새로운 수요가 있다고 해서 새로이 만들어지거나 늘어날 순 없는 일이다. 새로 낳은 아기나 어린애를 고용할 순 없기 때문이다. 물론 19세기에는 대여섯 살 된 어린애까지 고용할 수 있었고, 열 살 넘으면 광산에서 탄차를 끌게 할 수도 있었지만, 이는 유아노동이 금지된 20세기에선 곤란한 일이다. 그게 아니어도 열 살난 애라도 새로이 '공급' 받으려면 10년을 기다려야 하지 않는가!

이는 노동력이라는 상품이 사실은 상품이 아닌 것을 상품화한 것이란 점에 기인하는 것이다. 노동력이란 일정 시간만 투여하면 맘대로 찍어낼 수 있는 상품이 아닌 것이다. 따라서 이런저런 이유로 노동자가 필요하게 되었을 때, 특히 노동력에 대한 수요가 급증했을 때는 돈을 준다고 해도 노동자를 구할 수 없는 사태가 발생하게 될 것이다. 이 경우 노동력의 가치는 크게 상승할 것이고, 자본가는 노동자를 상전 모시듯 해야 할지도 모르는 일이다. 자본가에게 이보다 더 끔찍하고 고통스러운 것은 없다.

그런데 정말 다행하게도 자본 자신이 축적하면서 지속적으로 만들어내는 과잉인구와 실업자, 유휴노동력은 이처럼 노동력에 대한 수요가 증가했을 때, 자본이 손쉽게 구할 수 있는 노동력 풀(pool)을 형성한다. 이런 과잉인구가 있기에, 노동력에 대한 수요가 늘어나도 자본가는 "일힐 사람은 얼마든지 있어!"라며 여유를 부릴 수가 있는 것이고, 목에 힘을 주는 노동자를 얼마든지 해고할 수 있는 것이다. 과잉인구가 있기 때문에 임금이 올라도 그 폭은 매우 적을 수 있다. 자본가에게 실업자 내지 과잉인구란 노동력에 대한 추가적인 수요에 대비한 일종의 '예비군'인 셈이다. 그래서 이들의 처지를 맑스는 '산업예비군'이라는 말로 요약한다. 자본의 축적이 필연코 생산하는 "과잉 노동인구는 [마치 자본이 자기 비용으로 육성해 놓은 것처럼] 절대적으로 자본에 속하며 자본이 마음대로 처분할 수 있는 산업예비군을 형성한다"(I, p. 862).

자본을 축적하면서는 노동자를 해고하고, 그렇게 해고된 자들 덕분에 노동력이 필요하게 되었을 때도 아쉬운 소리 하지 않고 비싸지 않은 값에 그들을 새로 고용하면 된다. 감사의 인사를 해야 할 것은 자본가지만, 실제로는 다시 고용되는 노동자가 감사하게 만든다. 꿩먹고 알먹고, 감사의 인사까지 듣는다! 오, 우리의 자본가들은, 아니 '자본축적의 일반적 법칙'은 얼마나 현명한 것인지……. 냉정함 없는 현명함이란 원래 없는 법이니, 이 위대한 지혜에 수반되는 참혹함을 너무 원망하지 말기를!

이런 점에서 과잉인구는 자본주의적 축적의 필연적 산물인 동시에 "자본주의적 생산양식의 생존조건"(I, p. 862)이 된다. 인구의 과잉을 자연법칙으로 간주하여 떠들썩하게 했던 맬서스(Th. Malthus)조차 "과잉인구가 근대 산업의 하나의 필요조건이라는 것을 인정하고 있다"(I, p. 865). 이러한 과잉인구가 노동력에 대한 수요와 공급, 임금률의 변동을 가능하게 하는 전제조건이다(I, p. 872). 다시 말해 노동력의 가격을 결정하는 가치법칙은, 혹은 수요와 공급의 법칙은 이러한 과잉인구를 전제와 배경으로 해서만 작동할 수 있다. 자본축적의 일반적 법칙이 자본축적에 따라 상대적 과잉인구가 필연적으로 생산되는 **자본주의적 인구법칙**이라고 한다면, 이 자본주의적 인구법칙이야말로 노동력 상품을 교환하는 영역에서 가치법칙이 작동하는 전제조건을 형성한다는 것이다. 따라서 이는 가치법칙의 외부, 그러나 그것이 필연적으로 요구하고 도입하는 '내적인 외부'인 것이다.

맑스는 이러한 과잉인구의 존재양상을 그 처지와 조건에 따라 네

가지로 구별하고 있다. 첫째는 유동적 과잉인구다(I, p. 875). 이는 산업부분에서 고용되었다가 해고되어 다시 고용될 때를 기다리며 고용자를 찾아다니는 노동자들로서, 자본축적의 신축에 따라 함께 신축적으로 유동하는 과잉인구다. 직업이 없지만, 직업을 구하기 위해 돌아다니는 사람들. 「풀 몬티」처럼 실업을 다룬 영화에서 실업연금을 타는 장면을 보면 "지난 일주일간 직업을 갖지 않았나요?" 하고 물으면서 다시 한 번 묻는다. "지난 일주일간 직업을 찾기 위해 노력했나요?" 이들만이 자본주의가 정의하는 실업자에 들어간다. 실업통계에서 정의하는 실업자는 대개 이런 사람들만을 포함한다.

둘째는 잠재적 과잉인구(I, p. 877). 이는 주로 농촌에 있으면서, 자본주의적 생산의 발전에 따라 도시로 나와 노동자가 되고자 하는 사람들로서, 자본주의적 발전의 초반에 매우 중요한 역할을 하는 과잉인구다. 18세기 말 이후의 산업혁명은 이들을 도시로, 공장으로 끌어들임으로써 거대한 '발전'을 이룰 수 있었다. 한국의 경우에도 1960년대에는 50%대였던 농촌인구가 1980년대 말에 이르면 10%대에 이르게 되는데(가령 1966년 52.78%, 1989년 15.99%), 이는 모두 도시로 나가 공장에 들어갔기 때문이었다. 이들이 바로 잠재적 과잉인구가 자본주의 발전에 이용되면서 자본에 흡수되는 양상을 보여준다. 그 결과 지금 농촌엔 일할 만한 사람이 별로 남지 않았다. 모두 도시로 가서 취직하기 때문이다. 물론 이런 기여의 대가는 '슬럼'이라고 불리는 도시의 빈민굴과 끔찍한 주거지, 그리고 최하층의 생활이었지만 말이다.

셋째는 정체적 과잉인구로(I, p. 877), 불규칙하고 불완전한 고용, 임시 고용, 가내노동이나 날품팔이 노동 등과 같이 현역 노동자와 산업예비군에 동시에 속하는 하층민들이다. 새벽이면 서울역 앞의 '인간시장'에 모이는 사람들, 혹은 '노가다'라고 불리는 건설잡역부, 파트타임으로 일하는 여성이나 주변 노동자들, 임시직으로 일하다 필요 없어지면 짤리고 마는 임시직 노동자들 등등, 우리 주변에서 쉽게 볼 수 있는 사람들이 그들이다. 이들은 '실업자'에 포함되지 않는다. 왜냐하면 "지난 일주일 안에 일을 한 적이 있기" 때문이다. 이들은 당연히(?) 실업통계에 포함되지 않으며, 실업연금——이런 게 있는 나라의 얘기지만——도 받지 못한다. 조금이라도 일을 했기 때문이다. 그들은 아직 충분히 실업자가 되지 '못한' 것이다.

마지막은 과잉인구의 최저 침전층으로(I, p.878), 부랑자나 극빈민, 고아, 불구자 등 대부분 고용 가능성이 거의 없는 사람들로, 산업예비군의 묘지를 형성한다. IMF 사태 이후 급속히 늘어난 부랑자들은 이런 사람들이 어디서 어떻게 만들어지는지를 보여준다. 이들 역시 실업자에 들어가지 않는다. 왜냐하면 그들은 "지난 일주일간 일자리를 찾기 위해 노력하지 않았기" 때문이다. 그들은 실업연금도 받을 자격이 없는 사람들인 것이다.

지금까지 우리는 자본축적의 일반적 법칙이 자본의 유기적 구성의 상승이란 개념을 거쳐 상대적 과잉인구의 창출로 귀결됨을 보았다. 여기서 맑스는 자본축적의 일반법칙을 경제학적 법칙이라기보다는 차라리 '인구학적' 법칙이라고 해야 할 기이한 결론을 도출하고 있다. 그리고 그러한 자본주의적 인구법칙이, 노동력 상품의 가치를 결정하는 가치법칙의 전제조건임을 명시적으로 보여주고 있다. 즉 자본의 축적은 노동력을 과잉화함으로써, 다시 말해 판매할 수 없는 과잉노동력을 생산함으로써만 노동력 상품의 가치를 수요와 공급의 법칙에 종속시키며, 이를 통해 노동력 상품의 가치를 끊임없이 저하시킨다. 이는 자본주의적 축적이 **노동력이란 상품을 비상품화하는 방식으로만 상품화하며, 노동을 탈가치화(Entwertung)하는 방식으로만 노동을 가치화한다**는 것을 의미한다.

노동가치론의 공리계는 여기서 또 다시 그 외부로 열리고, 그 외부를 암묵적으로 끌어들이고 있었음이 드러난다. 따라서 이렇게 말할 수 있다 : **가치론의 공리계 내부에서 볼 때, 자본축적의 일반적 법칙은 가치론의 공리계에 외부적이다.** 이런 의미에서 자본축적의 일반법칙에 대한 맑스의 결론은 노동가치론의 공리계에 대한 또 다른 근본적 비판임을 보여주고 있는 셈이다. 바로 이런 점에서, 아니 바로 이런 점에서만 '자본주의적 축적의 일반법칙의 예증'이란 제목을 달고 있는 『자본』 I권의 제25장 5절에서 맑스가 축적이나 공황에 따른 노동자와 실업자, 유랑민, 그리고 농업노동자 등의 생활양상의 변화를 다루는 것(I, pp. 885~976)이 결코 '어이없는' 일이 아니라는 것을, 그것이야말로 그 법칙을 통해서 그가 말하고자 하는 바에 지극히 충실한 것이었음을 이해할 수 있을 것이다.

## 3. 자본의 축적과 '인간'의 축적

### 1) 동일자와 타자

자본주의와 노동가치론은 부지런히 노동하는 사람만을, 그래서 가치를 생산하기에 가치화에 기여할 수 있는 사람만을 유일하게(경제적으로, 혹은 경제학적으로!) 가치있는 사람으로 간주한다. 철학적 인간학은 노동을 인간의 본질이라고 정의하며, 따라서 노동하는 자만이 인간임을 선언한다. '근면'을 뜻하는 단어 인더스트리(industry)는 이제 사람들을 근면하게 일하도록 강제하는 근대 '공업'을 지칭하는 말로 사용되게 된다. 공업(산업)은, 혹은 그것을 운영하는 자본은, 사람들로 하여금 노동하게 함으로써 그들이 '인간'이 될 수 있는 조건을 부여하는 세계가 된다.

정치경제학과 노동가치론, 그리고 철학적 인간학은 이처럼 자본의 별 주위를 돌고 있는 자본의 인공위성들이다. 그 인공위성들은 끊임없이 자본의 메시지를 그 별의 주민들에게 쏘아보내고 있다. "노동하는 자만이 인간이다." "노동만이 가치를 창조한다." "우주는 인간을 위해 창조되었다." "인간의 역사는 생산성 발전의 역사다." "게으름은 문명의 적이다." 그리고 자본이 지배하는 그 세계의 입구에는 이런 팻말이 붙어 있다. "노동을 모르는 자는 이 별에 들어올 수 없다." "일하지 않는 자는 먹지도 말라." "일체의 게으름은 여기서 죽는다."

그러나 우리는 오직 자본만이 유일한 지배자요 모든 것을 통합하고 통제하는 권력인 이 별에 노동하지 않는 자나 '게으른 자'들이 너무도 많다는 것을 잘 알고 있다. 인공위성에서 쏘아보내는 자본의 메시지들을 철저하게 신뢰함에도 불구하고 인간이 될 기회를 얻지 못한 사람들, 가치를 창조하지 못하는 사람들이 이 '아름다운' 별을 좀먹고 있음을 알고 있다. 그런데 맑스는 그들을 끊임없이 생산하고 그 규모를 확대하고 있는 것은 바로 자본이요 자본의 축적법칙이라는 것을 보여주었다. 이는 너무도 어이없는 아이러니처럼 보인다. 자본은 '노동하는 인간'을 모델로 삼고, 그것을 절대적 도덕으로 강요하고 있음에도 불구하고, **자본 자신이** 그에 반하는 비인간들을, 무가치한 노동력을 반복하여 생산하고 있는 것이다.

만약 동일자와 타자의 관계에 큰 관심을 갖고 있는 철학자 푸코라면 자신이 정신병원과 수용소, 혹은 감옥 인근에서 발견했던 '타자들'(the others)을, 그리고 그러한 '타자들'을 통해 정의되고 만들어지는 '동일자'(the Same)들을 여기서 다시 발견할지도 모른다. '타자'란 '동일자'에 의해 억압되고 배제된 자들이다. '동일자'란 정상적이고 건전한 것, 세간의 양식(良識)에 부합하는 것이다. 세간의 척도에 따른 것이고, 다른 것들로 하여금 그 척도에 따라 동일화되게 만드는 것이다.

하지만 좀더 정확하게 말하면 동일자란 '타자가 아닌 것'이다. 이성이란 '미치지 않은 것'이고, 정상이란 '비정상이 아닌 것'이다. 그래서 동일자는 그 안에 포함된 것이 '정상'임을 입증하기 위해 타자들을 가두거나 억압하고 배제하거나 조롱한다. 저기 따로 갇혀 있는 광인들이 있기에, 갇히지 않은 우리가 이성을 가진 존재임을 확인할 수 있는 것이고, 저기 따로 갇혀 있는 죄지은 자들이 있기에 죄 없는 우리의 순결성을 확인할 수 있는 것이다.

정확하게 이런 의미에서 '노동하는 인간', 그것은 분명히 자본이 지배하는 질서의 중심에 자리잡고 있는 동일자의 표상이다. 반면 실업자와 빈민, 부랑자는 그러한 동일자의 정상성과 복됨을 확인해 주는 타자들이다. 노동하지 않는 자의 저 끔찍한 비참함이 없다면, 대체 누가 노동하는 사람의 복됨을 믿을 수 있을 것이며, 노동하지 않는 자들을 아무런 가치도 창조하지 못하는 비생산적이고 무능한 자들이라고 비난하지 않는다면, 대체 노동하는 어떤 사람이 자신의 가치와 능력을 믿을 수 있을 것인가! 일하지 않는 자들이 충분히 생존을 유지할 수 있다면, 대체 누가 고통을 참으며 일하려고 할 것인가! 따라서 자본은 노동하는 인간을 자신의 모델로, 동일자로 만들어내지만, 동시에 이를 위해서라도 그것의 타자들, 일하지 않기에 먹을 수 없으며 노동하지 않기에 비참한 상황을 피할 수 없는 그런 타자들을 만들어내야 한다.

자본의 축적이 필연적으로 만들어내는 실업자 내지 과잉인구란 바로 이런 타자들의 구체적 양상들이다. 따라서 실업자들에게 생존을 위한 돈을 제공하고, 노동하지 않는 자들에게 먹을 것을 제공하는 것은, 자칫하면 이런 방식으로만 유지될 수 있는 자본의 지배, 자본의 질서를 근본적으로 위협하는 것일 수 있다. "복지정책이나 실업기금은 게으름과 무력증을 전 사회적으로 확산한다." 따라서 노동과 비노동은 가능한 한 그저 '시장의 논리'에 맡겨두어야 한다. 노동력을 팔지 못하는 사람들의 비참함이 충분히 가시화되어야 하며, 그것을 통해 생존본능이 노동을 향한 쉼 없는 불꽃으로 사람들의 가슴마다 타오르게 해야 한다. 시장의 냉정함이 그것을 가능하게 할 것이다! '자유주의'란 어떤 형식으로 말해지는 것이든 간에, 노동을 향한 열정을 일으키는 냉정한 시장의 역설적 권력에 대한 찬미를 항상 내포하고 있다.

시장의 권력이란 노동하지 않는 삶을 '죽음'이란 극한값을 향해 수렴하게 하며 작동하는 권력이다. 그러나 그것은 자본에 스스로를 판매함으로써만 생산수단을 이용할 수 있는, 반대로 그렇지 못하다면 일하고 싶어도 일할 수 없는 그런 조건 위에서만 그렇게 작동한다. 노동력을 상품화하는 조건과 동일한 이런 조건은 근대 서구의 부르주아지들에 의해 인위적으로 창출된 것임은 이미 언급한 바 있다. 비-노동과 죽음을, 타자와 죽음을 수렴하게 함으로써 자본의 동일자는 개개인의 삶에 직접적으로 작용하며, 그것을 자본의 축적된 권력 아래 통합한다. 여기서 실업이란 죽음을 향한 '치명적 전략'이다.

### 2) 실업화 압력

노동하지 않는 자들, '인간'이 아닌 자들에게 주어지는 자본의 저 참혹한 저주는, 노동하지 않는 자뿐만 아니라 취업해 일하고 있는 자 또한 항상 "죽음으로 미리 달려가 보게 함"으로써 노동과 '삶'의 동일성, 노동자와 '인간'의 동일성을 확인하게 한다. 실업자의 저 비참한 삶을 대강이라도 안다면, 그래서 '인간답게' 살고 싶다면, 열심히 일해야 하고 고용주의 눈에 벗어나지 않도록 최선을 다해야 한다. "자네도 언제든 실업자가 될 수 있어!"라는 말을 실어나르는 자본가의 시선이 취업한 노동자의 신체를 언제나 지켜보고 있는 것이다.

뿐만 아니라 그것은 아직 취업하지 않은 자들에게 '인간다운 삶'을 사는 노동자와 그렇지 못한 실업자의 모습을 극단적 대조와 대비 아래 제시한다. 저렇게 되고 싶지 않다면, 어떻게 해서든 자본가들이 구매하고 싶은 노동력이 되어야 한다. 취업하기 이전에 이미 고분고분하고 부지런하며 복종적인 정신이 사람들의 신체에 깃들게 된다.

이에 대해 맑스는 이렇게 쓰고 있다. "실업자들의 압력은 취업자들로 하여금 더 많은 노동을 수행하지 않을 수 없게 하며, 따라서 일정한 정도까지는 노동의 공급을 노동자의 공급과 무관한 것으로 만든다. 이러한 토대 위에서 행해지는 노동의 수요 및 공급의 법칙의 작용은 자본의 독재를 완성한다."(I, pp. 873~874) 취업한 자마저 실은 언제나 실업자일 수 있음을 상기시키는 이러한 압력을 '실업화 압력'이라 부르자.

요컨대 실업화 압력은 실업자라는 타자의 존재를 통해서, 공장의 창 밖에서 퍼붓고 있는 거친 폭풍우를 통해서, 노동하는 사람들로 하여금 더욱더 자본의 지배 아래 묶어놓는 내면적 속박이다. 노동하지 않는 자의 끔찍한 비참함을 통해서, 아직 노동하지 않는 사람들로 하여금 노동과 근면을 필사적인 정언명령(定言命令)으로 받아들이게 만드는 도덕적 채찍이다. "상대적 과잉인구 또는 산업예비군을 언제나 축적의 규모 및 활력에 알맞도록 유지한다는 법칙은 헤파이스토스의 쐐기가 프로메테우스를 바위에 결박시킨 것보다도 더 단단하게 노동자를 자본에 결박시킨다."(I, p. 881)

공장에서 작동하는 훈육체제가 일차적으로 자본의 경계 내부에서 노동자들을 자본의 권력 아래 통합하고 그에 부합하는 삶의 방식에 길들이는 메커니즘을 표시한다면, 실업화 압력은 노동자와 비노동자, 인간과 비인간, 동일자와 타자의 경계에서 그 내부와 외부를 향해 동시에 작용하여 개개인을 자본이 요구하는 '인간'의 형상에 따라 동일화하는 메커니즘을 표시한다.

"자본주의적 착취의 욕구를 항상 충족시켜주기 위해 비참한 상태에 묶어두고 있는 산업예비군이라는 괴물은 [어떤 종류의 노동이라도 절대적으로 할 수 있는] 개인으로 대체되어야만 한다. 즉 부분적으로만 발달한 개인[그는 다만 하나의 특수한 사회적 기능의 담지자일 뿐이다]은 전면적으로 발달한 개인[그에게는 각종의 사회적 기능은 그가

차례차례로 행하는 각종의 활동방식에 불과하다]에 의해 대체되어야 한다."(I, p. 653)

이로써 자본의 권력은 노동자뿐만 아니라 비노동자까지도, 다시 말해 자본주의 사회의 개개인 모두를 '정상성'이란 이름의 **보편화되고 동질화된** 주민/인구(population)로 만들어낸다. '인간'이란 이러한 인구/주민에 철학자들이 부여한 관념적 형상의 이름이다. 다양하고 이질적인 사람들이, '노동하는 동물'(homo faber ; 호모 파베르)로서 '인간'이라는 하나의 명칭 아래 동질화된다. 이질적인 흐름들을 빨아들이는 동질성의 소용돌이를 향해 휩쓸리며 빨려들어간다. 그리고 그렇게 빨려들어간 사람들은 기계처럼 강력한 힘을 갖는 규율을 통해 훈육된다. 동일한 박자에 따라 동일한 양상으로 움직이고, 동일한 방식으로 사고하는 '인간'의 보편적 능력 아래 동질화된다. '인간'이란 이름이 하나의 현실성을 갖게 되었다면, 혹은 하나의 명칭으로 묶을 만한 단일성·총체성을 갖게 되었다면, 이는 아마도 저 거대한 동질화의 소용돌이 때문이라고 해야 하지 않을까?

반면 그 와류(渦流)의 저편에서 동질화의 흐름을 타지 못한 자들은, '인간'이란 이름을 거부한 혹은 인간으로 채 포섭되지 못한 자들에게 주어지는 비참하고 슬픈 운명을 감수해야 한다. 그게 싫다면 스스로 노를 저어서라도 저 와류가 힘을 미치는 '인간의 장'에 들어가야 한다. 시간표에 따라 생활하는 습속을 익혀야 하고, 명령에 복종하는 훈련이 되어 있어야 하며, 노동에 필요한 지식을 배워야 한다. 학교에서 배우는 것으로 모자란다면, 자기 돈을 들여서라도 영어를 배우고, 컴퓨터를 배워야 한다. 남보다 잘해야 남보다 쉽게 취직하고, 남이 해고될 때도 살아남을 수 있을 테니까 말이다.

### 3) 자본의 요구, 노동자의 욕망

이처럼 실업화 압력으로 인해 취업자나 비취업자에 대한 자본의 요구는 '인간'으로 살기 위한 조건으로 제시된다. 즉 그것은 이제 '인간의 조건'이 된다. 여기에다 더해, 자본이 만들어낸 계약의 형식은, 자본이 제시하는 수많은 요구를 자신이 선택한 **자기 자신의 욕망**으로 받아들이게 한다.

노동력의 판매는 '인간' 개개인의 자유의사에 따른 것이며, 싫으면 하지 않아도 된다. 당신이 하지 않아도 일할 사람은 '과잉인구'로, 저렇게 광범하게 존재하고 있지 않은가! 죽음으로 수렴되는 실업의 고통, 비노동의 고통은, 노동력 판매의 자유를 어느새 강제로 바꾸어놓지만, 그것은 항상 자신의 의사에 의한 자유로운 판매로 표상된다. 그것은 죽음으로 미리 달려가 봄으로써 내가 선택한 '실존적 선택'이요, 내 자신의 욕망인 것이다. 이로써 '인간'이 되려는 자에게 제시되는 자본의 요구(demand)는 노동자 자신의 욕망(desire)이 된다. 이런 의미에서 맑스는 다음과 같은 제임스 스튜어트(James Steuart)의 말을 인용하고 있다. "'노예제에서는 사람들을'(일하지 않는 사람들을 위해) '근면하게 하는 폭력적 방법이 있었다. …… 지금은 사람들이 **자기 자신의 욕망의 노예이기 때문에** 노동'(즉 일하지 않는 사람들을 위한 무상노동)을 강요당한다."(I, p. 883)

여기에 경쟁이 개재되면 이제 노동과 취업은 **능력**의 문제로 비약한다. 즉 취업이란 자본가의 선별(selection) 기준에 자신이 적절하게 부합했음을, 경쟁하는 다른 사람보다 나의 능력이 더 우월했음을 의미하는 것이다! 이제 노동자나 노동하려는 자는 **자본의 시선으로** 자신의 신체를 보고, **자본의 시선으로** 자신의 능력을 보게 된다. 이는 취업하려는 자, 자신의 능력과 신체를 생산하려는 자로 하여금 자본의 입장에서 좀더 필요한 능력을 갖추고자 노력하게 하고, 취업자마저도 자본의 입장에서 보아 좀더 나은 노동력임을 입증하기 위해 노력하게 한다. 옆에 앉아 공부하는 사람, 옆에서 일하는 사람은 그런 능력의 우월성을 인정받기 위한 경쟁에서 좋든 싫든 싸워야 할 상대일 뿐이다. **실업자와 취업자의 대립**으로 전환된 자본과 노동의 대립이, 이번에는 다시 **노동자간의 대립**으로 전환된다. 자본과 노동의 적대가 경쟁하는 노동자간의 적대로 이전된 것이다.

이러한 적대는 존재하는 노동자간의 적대일 뿐 아니라 취업을 두고 경쟁하는 모든 사람들, **나와 다른 모든 사람들에 대한 대립과 적대**로 비화된다. '나를 위한 것'과 '남을 위한 것'은 화해할 수 없는 대립 속으로 들어간다. "인간이란 본성상 어차피 이기적이게 마련이야! 어디 인간뿐인가? 안 그런 생물이 대체 어딨어! 유전자 자체가 원래 이기적이래!" 사고의 중심엔 언제나 자기가 있고, 좋고 나쁨은 언제나 그 '자기'를 기준으로 결정하며, 사람들의 관계는 언제나 이해관계의 선을 따라 진행되고, 생각할 수 있는 공동체란 자신이 생계를 책임져야 할 가족의 범위를 결코 넘지 않는 근대적 개인주의가 이와 무관한 것일까?

그러나 자유주의와 개인주의의 형식으로 표현되는 이러한 이기주의는, 비슷한 사람들이 옆에 있다는 사실에서 평온 대신에 불안을 느껴야 하고, 그들에 대해 애정 대신에 적대감을 가져야 한다는 참혹한 대가를 요구한다. "지옥이란 바로 타인들이다"라는 실존주의자 사르트르의 고독한 비명이 과연 이와 무관한 것일까?

요약하면, 자본의 축적이 필연적으로 생산하는 실업자의 존재는 단지 임금을 낮춘다는 경제적 효과로 제한되지 않으며, 상대적 과잉인구를 생산한다는 인구학적 효과에 국한되지도 않는다. 그것은 끊임없이 자본주의 사회의 '타자'를 생산함으로써, 그 타자를 통해 '인간' 내지 주민/인구라는 개념으로 요약되는 '동일자'의 형상을 개개인의 욕망으로 전환시키며, 그것을 통해 개개인을 자본의 어떠한 요구에도 부응할 수 있는 그런 '인간'으로 만들어낸다. 근대에 출현한 지배적인 인간의 형상은, 그래서 많은 '인간과학'(human science)에 의해 다양한 방식으로 묘사되었던 인간의 형상들은, 이런 '인간'에게 요구되었던 형상의 다면성에 대응하는 것은 아니었을까? 그렇다면 차라리 '인간'이란 이름으로 동일화를 요구했던 수많은 철학에 반하여 "인간이란 넘어서지 않으면 안 될 그 무엇이다"라고 갈파했던 니체의 명제는, 자본의 권력에 반하여 그것의 외부를 사유하려는 맑스의 사유와 보기보다 훨씬 가까운 것이라고 할 수 있지 않을까?

## 4. 자본주의의 미래, 혹은 미래의 자본주의

### 1) 생산의 사회화, 자본의 딜레마

18세기 말 이래의 산업혁명이 인간의 육체노동을 기계화함으로써 인간의 노동 자체를 '기계적 노동'으로 바꾸었다면, 1960~70년대 시작된 '새로운 산업혁명'은 인간의 정신노동을, 그리고 상이한 프로세스를 결합하는 결합노동을 기계화함으로써 노동자 없는 노동을 향해 결정적인 일보를 내딛었음을 앞서 보았다. 육체노동의 기계화와 정신노동의 기계화를 융합함으로써 자동화는 노동자들을 대신하여 노동하는 새로운 생산의 장을 가능하게 했다. 이제 로봇은 더이상 공상과학소설이나 영화에 등장하는 상상적 대상이 아니라, 우리가 사용하는 상품을 생산하는 현실적 '주체'가 되었다.

덧붙여 컴퓨터 및 정보통신 네트워크의 급속한 발전과 더불어 급진전되고 있는 이른바 '정보혁명'은 그 '노동'하는 기계들과 기계들을, 그리고 그 기계들과 인간의 일상적 활동을 결합하는 새로운 양상의 결합노동을 만들어내고 있다. 자본이 이러한 결합노동을 이용하고 착취함으로써 노동력의 구매 없이 사람의 활동을 착취하고 있음 또한 앞서 지적한 바 있다. 이 경우 네트워크를 통해 연결되는 기계들은 입출력 지점에서 접속되는 다양한 대중의 활동과 더불어 작동하는 기계가 된다. 입출력 지점에서 그것들은 기계적 처리를 이용하는 사람들의 수족과 연결된 신체의 일부가 된다. 또 인터넷처럼 정보적 네트워크는 공간적으로 분리된 인간들을 연결하는 새로운 신경망이 되고, 이 신경망을 통해 대중들은 다른 기계 및 인간들과 **하나의 새로운 집합적 신체**를 구성하게 된다. 즉 접속된 대중들 역시 그 기계와 하나로 결합하여 작동하는 일종의 '사이보그'가 된다.

그런데 여기서 자본은 일종의 역설 내지 딜레마에 당면하게 된다. 그런 식으로 사람들의 일상적 활동을 임금의 지불 없이 이용한다는 것은 그들의 일상적 활동, 일상적 삶이 갖는 창조성과 생산성을 착취하는 것이다. 단순한 접속행위를 넘어서는 활동의 착취라면 그것의 창조성과 자율성은 그 생산적 효과의 요체라고 할 만큼 중요한 비중을 갖는다. 가령 소비활동을 통해 대중의 감각과 취향을 착취하는 것은, 소비와 결부된 욕망이 다양하면 다양할수록, 그와 결부된 활동의 창조성이 크면 클수록 유리하다. 반대로 고답적인 욕망과 행동에선 새로이 착취하고 이용할 만한 것이 적게 마련이다. 이를 알려면 가령 휴대전화를 단지 이동 가능한 전화기 이상으론 사용할 줄 모르는 낡은 세대와, 그것을 문자전송과 게임, 영화나 TV, 인터넷, 지불수단 등의 다양한 방식으로 사용하는 젊은 세대를 이동전화회사 입장에서 비교해 보는 것으로 충분할 것이다.

따라서 자본은 대중들의 욕망의 다양성, 활동의 창조성이 표현될 수 있는 상황을 필요로 한다. 이는 당연하게도 대중들의 자발성, 자율성이 확장될 것을 전제한다. 억압적이고 타율적인 상황에서 창조성이란 나무 위에서 고기를 잡는 것만큼이나 생각하기 힘든 것이기 때문이다. 그러나 이처럼 대중 자신의 자발성과 자율성, 창조성이 확장되는 것은 그들의 삶과 활동방식에 대한 자본 자신의 통제력이 축소되고 협소화된다는 것을 의미한다. 그처럼 자본의 통제에서 벗어난 대중, 나아가 더이상 자본의 시선으로 자신을 보기를 중단한 대중, 자본의 요구를 자신의 욕망으로 간주하기를 중단한 대중이 확장된다면 자본 자신이 지배하고 통제할 수 있는 체제 자체의 동요와 붕괴 위협을 피할 수 없게 된다. 즉 그들의 자율성과 창조성이 확장될수록 그것을 자본이 이용하고 착취하기는 점점 곤란해진다.

여기서 자본은 한편으로는 대중의 자율성과 창조성이 확장되는 것을 이용해야 하지만, 동시에 그것을 일정한 한계 안에 가두고 통제해야 한다는 이율배반적인 요구에 직면하게 된다. 창조성과 자율성을 '허용'하는 동시에 제한하고 억압해야 한다는 딜레마. 이는 사실 산업혁명 이전의 장인적 생산에서부터 공장체제로 귀결된 산업혁명기의 생산에 이르기까지 이미 자본이 미미하게나마 피하기 힘들었던 딜레마였다. 산업혁명 이전에는 그것을 실질적으로 통제할 수단이 없었기 때문에 노동자들의 자율성과 창조성에 전적으로 의존해야 했다면, 산업혁명 이후에는 그것을 실질적으로 통제할 수단을 강하게 틀어쥐고 창조적 생산성을 기계의 생산성으로 이전하고 위임하는 식으로 대처했다. 생산자의 창조성보다는 단순화를 이용하는 규모의 경제, 속도의 경제가 상대적으로 중요하게 부상한 시기였다고 해도 좋을 것이다.

그러나 정보혁명이 창출해낸 새로운 생산의 조건은 대중들의 결합노동을 이용하는 방법에서 창조성을 요구할 뿐 아니라, 대중 자신의 일상생활 자체가 자율적일 것을 요구한다. 생기발랄한 대중들의 욕구와 욕망이야말로 새로운 착취의 중요한 자원이다. 더구나 그들의 행동이나 활동은 임금을 지불한 것이 아니기에 개별자본이 명시적으로 통제할 수 있는 것도 아니다. 통상 국가가 대행하는 총자본의 요구를 통해서만 대중의 삶과 활동에 대한 통제가 이루어질 수 있다. 따라서 정보혁명이 자본에게 비용의 지출을 극소화한 새로운 착취의 조건을 제공한다면, 바로 동일한 이유로 인해 그것은 대중들에게 자율적이고 창조적인 삶의 확대된 가능성을 제공한다.

이는 다른 식으로 표현하면, 생산 자체가 '공장'으로 상징되는 개별자본의 영역을 벗어나 사회 전체로 확장되는 경향을 띠게 되었음과 동시에, 대중의 생산적 능력이 개별자본의 통제력 밖으로 점차 벗어나는 경향을 띠게 되었음을 뜻한다고 할 수 있을 것이다. 공장의 벽을 넘어 사회 전체가 공장이 되었고, 노동자 또한 공장에서 일하는 사람의 범위를 넘어 사회 전체의 인민대중으로 확대되었다는 의미에서 '사회적 공장'과 '사회적 노동자'라고 명명했던 네그리의 개념은 이러한 사태를 적절하게 표현하고 있다(A. Negri, *The Politics of Subversion*, p. 79).

다른 한편 그것은 자본이 생산자의 노동 자체를 가변자본의 지출 없이 착취할 수 있게 된 것과 동시에, 생산적 활동이 공장 안에서 자본에 의해 조직되는 '노동'에서 벗어나 '탈노동화'되는 경향이 강화되고 있음을 뜻하는 것이라고 하겠다. 노동의 형식을 취하지 않는 생산의 확장, 이는 20세기 말 이래의 새로운 생산조건 하에서 생산의 또 하나의 새로운 양상을 보여주는 것이라고 할 수 있지 않을까?

이미 맑스는 자본의 축적이 진행됨에 따라 유기적 구성이 상승된다는 명제를 통해서, 축적에 따른 생산의 사회적 성격이 점차 확장된다는 점을 보여주었다. 한두 사람의 노동자가 아니라 기계와 결합된 거대한 집합적 노동자가 생산하게 되었다는 사실은 이러한 경향이 매우 현저하게 진전되고 있음을 보여주는 단적인 사례일 것이다. 전체가 동시에 그런 것은 아니라 해도, 자본의 점점 더 많은 부분이 그런 거대한 집합적 노동자에 의존하게 되어가는 경향을 누가 부정할 수 있을까? 이는 직접적인 노동만이 아니라, 노동과 결부된 요인들이 생산 자체와 더욱더 결합되어 사용되게 되는 경향을 수반한다. 그래서 맑스는 '자본 축적의 역사적 경향'에 대해 서술하는 장에서 이렇게 쓰고 있다.

"노동과정의 협업적 형태의 성장, 과학의 의식적 기술적 적용, 토지의 계획적 이용, 노동수단이 공동으로만 사용할 수 있는 형태로 전환되는 것, 모든 생산수단이 결합된 사회화된 노동의 생산수단으로 사용됨으로써 절약되는 것, 각국의 국민들이 세계시장의 그물에 얽히게 되는 것, 따라서 또 자본주의 체제의 국제적 성격의 증대 등등이 더욱 더 대규모로 일어난다." (I, p. 1049)

조금 전에 말했던, 20세기 말 이후의 새로운 생산의 조건이 이러한 경향의 확장이고 심화라는 것을 다시 말할 필요가 있을까? 생산의 사회화가 공장의 벽을 넘어서 전사회로 확장되고, 생산의 기계화가 탈노동화의 양상으로 확장되는 것이, 과학이나 협업(결합노동!), 생산수단 등 노동과 결부된 모든 것이 점점 더 공동으로만 사용될 수 있는 것으로 전환되는 경향과 결부되어 있다는 것을 굳이 길게 설명할 필요가 있을까?

문제는 차라리 맑스가 방금 인용한 문장 뒤에 덧붙이고 있는 것처럼, 이런 경향과 나란히 "이 전환과정의 모든 이익을 가루채고 독점하는 대자본가"들 자신이 이러한 경향을 얼마나 견뎌낼 수 있을 것인가 하는 점이다. 왜냐하면 자본이 감당해야 했던 저 딜레마는, 이제 공장의 벽을 넘어서까지 사회화가 확장된 조건에서 더욱더 참기 힘들 정도로 확대되고 있기 때문이다. 네트워크의 사용자들을 자신의 통제 안에 가두고 포섭하려는 마이크로소프트사의 시도가 오히려 초라하고 구차해 보이는 것은, 사용자들의 창조성과 자율성이 이미 그 거대한(!) 자본의 힘으로도 가둘 수 없는 것임이 점점 분명해지고 있기 때문은 아닐까? 개인이 가진 것을 거대한 공유재산으로 변형시켰던 이른바 '냅스터(Napster) 코뮨주의'가 다른 형태로 반복되고 있다는 사실과, 그에 대해 오직 법적인 금지와 처벌로써 응수하는 자본의 대응이 반복되고 있다는 사실이 이런 점에서 아주 상징적인 것처럼 보인다.

### 2) 탈노동화, 혹은 '노동의 종말'

생산이 공장의 범위를 넘어 전사회적 범위로 확장되는 것, 생산이 노동 없이 가능하게 되는 것, 이는 분명히 사람들의 삶에 주는 거대한 희망의 징후들이다. 그것은 이제 노동 없이 살 수 있게 되었음을, 노동한다는 생각 없이 진행되는 일상 자체가 생산의 중요한 원천이 되었음을 뜻하기 때문이다.

그러나 자본은 그것을 희망 아닌 절망의 이유로 만든다. 왜냐하면 자본의 한계 안에서 생산의 사회화란 공장을 벗어난 사회 전체 규모에서 생산적 활동의 결과를 자본이 독점적으로 영유하는 것을 의미하기 때문이고, 노동 없는 생산 가능성으로서 탈노동화란 이제 거대한 규모의 노동자들이 노동할 곳을 잃고 죽음과도 같은 실업의 운명을 감내해야 하는 것을 의미하기 때문이다. 자본축적의 역사적 경향을 단지 '생산의 사회화와 탈노동화'로 요약할 수 없는 이유가 바로 이것이다. 자본의 한계 안에서 '노동 없는 생산'이란 '비용의 지불 없는 착취', 다시 말해 '고용 없는 착취'를 의미한다. 자본의 한계 안에서 노동의 절약은 노동자에게 투여되는 비용의 절약을 뜻하고, 기계에 의해 대체되는 노동자의 절망을 뜻한다.

이른바 '정보혁명'이 고용의 증가를 별로 수반하지 않는다는 건,

정보혁명의 예찬자조차 인정하고 있는 사실이다. 카스텔(M. Castells)에 따르면, 1990년 모든 G7 국가에서 제조업 고용에 대한 정보처리고용의 비율이 1을 넘지 않았으며, 특히 정보화에 선진적이었던 일본의 경우 1920~70년 사이에 그 비율이 0.3에서 0.4로, 1970~90년 사이에는 0.4에서 0.5 미미하게 증가했을 뿐이었다고 한다. 이런 점에서 "정보고용의 증가와 '정보사회'의 발전은 상호관련되는 과정이긴 하지만 다른 과정이다"고 말한다. 즉 '정보혁명'을 통해 경제를 작동시키고 사회를 조직하는 데 정보가 매우 중요한 요소가 되긴 하지만, 그것이 정보관련 고용과는 별로 직접적인 연관이 없다는 것이다(카스텔, 『네트워크 사회의 도래』, pp. 288~289).

정보화가 새로운 고용 없이 거대한 정보관련 이윤의 증가를 가능하게 했다면, 자동화는 개별 공장에서 직접적인 노동자 고용의 감소를 야기한다. 자동화는 노동자 없이 노동능력만을 사용하겠다는 자본의 전략과 결부되어 있으며, '노동자 없는 공장'을 그 이상(理想)으로 한다. 자동차 산업이나 철강 산업 등에 많이 사용되는 로봇은 이런 이상에 근접할 경로를 보여주는 셈이다. 일본의 경우에는 약간 차이를 보이지만, 미국이나 이탈리아, 프랑스 등 대부분의 나라에서 로봇은 애초부터 노동을 절약하려는 목적으로 도입되었다. 그 결과 상대적으로 적은 수의 로봇이 많은 노동자들을 대체하게 되었다.

예를 들어 미국의 경우 1979~84년 사이에 5,000~7,000대의 로봇이 도입되어 10,000~15,000명의 노동자를 대체했고, 프랑스는 800대의 로봇이 1,000명의 노동자를, 이탈리아는 800대의 로봇이 2,400명의 노동자를 대체했다. 로봇 한 대로 인해 대체되는 노동자의 수는 대략 3~4명 정도고, 로봇 1대를 유지하기 위해 필요한 노동자의 수는 가장 적은 경우 0.1명 정도에 지나지 않는다. 즉 한 명의 노동자가 10대의 로봇을 관리할 수 있다는 것이다(카스텔, 『정보도시』, p. 247). 1978년 7,000대에 불과했던 전세계 로봇의 숫자는 1981년 15,000대로 두 배가 증가했고, 1989년에는 81년의 15배가 넘는 25만 대로 늘어났다(박형준, 『현대 노동과정론』, p. 189). 이러한 증가속도가 갈수록 가속될 것이며, 로봇의 '노동절약' 기능을 배가시키며 진행될 것이라는 말을 덧붙일 필요가 있을까? 이 증가속도에 맞추어 자본가는 공장에서 노동자를 내쫓았다.

이는 로봇뿐만 아니라 다른 자동화 기계의 경우에도 마찬가지인데, 가령 컴퓨터와 자동화 기계의 결합은 은행의 자동인출기가 보여주듯 사무직 노동 자체를 크게 감소시킨다. 사무자동화는 부기나 장부정리를 단지 숫자를 입력하고 확인하는 단순한 노동으로 변화시킴으로써 전통적인 '상업' 학교의 기능 자체를 무력화시키고, 자동화기기는 그런 입력과 확인 절차조차 '고객'이 직접 하도록 함으로써, 사무직 노동 자체를 급격히 축소시킨다. 다양한 종류의 수치제어 공작기계는 이전에 필요하던 손노동을 기계로 이전함으로써, 사람에게는 단지 기계를 감시하고 관리하는 노동이면 충분하게 바꾸어버린다. 또한 CAD(Computer Aided Design)나 CAM(Computer Aided Manufacturing) 등을 이용해 건축이나 기계의 설계 등이 '기계화' 됨에 따라 숙련을 보존하고 있던 제도나 설계 작업 자체는 단순화되고 데이터베이스화된다. 사무자동화나 CAD 등의 경우나, '정보시스템'의 진전과 도입은 새로운 인력을 필요로 하지만, 정보화가 정보처리인력의 고용을 증가시키는 정도는 그다지 크지 않다는 것은 앞서 본 바와 같다.

　이러한 자동화가 개개 공장에서 노동자의 고용을 얼마나 감소시키는가? 예컨대 자동화로 진행되는 신형 미니 제철소는 화학, 금속학, 컴퓨터 프로그래밍에 숙련된 소수의 작업자들만으로 이전에는 12일 걸리던 작업을 단 1시간 만에 처리한다. 여기서는 이전의 거대한 종합제철소의 노무비의 1/12도 안 되는 원가로 철을 생산한다. 한편 미국의 최대 철강회사인 유에스 스틸(US Steel)은 1980년 12만 명의 노동자를 고용하고 있었으나 1990년 단지 2만 명의 노동자로 거의 동일한 양의 철을 생산하였다. 이는 컴퓨터화된 제조공정이 도입됨에 따라 더욱 급감할 것으로 예상된다. 미국의 전자회사인 제네럴 일렉트릭은 판매액을 3배 증가시키면서도 1981년 40만 명를 고용하던 것을 1993년 23만 명으로 줄였고, 일본의 빅터사는 150명의 노동자가 일하던 캠코더 공장에 자동화 설비를 도입함으로써 단 2명의 노동자만 남겨두었다(리프킨, 『노동의 종말』, pp. 185~191).

　아로노비츠(S. Aronowitz) 등에 따르면 1971~90년의 기술적 변화는 합병 등과 맞물려 800만 개의 공장 일자리를 제거했다. 1990년대 자동차 산업에서는 전체의 25%에 이르는 15만 개의 일자리가 감소되었고, 철강 산업에서는 60%인 22만 5,000개의 일자리가 사라졌다(S. Aronowitz/J. Cutler ed., *Post-Work*, pp. 42~43). 거대한 '실업사회'를 경고하는 리프킨 또한 비슷하게 말한다. "컴퓨터 혁명과 작업장 리엔지니어링의 효과는 제조업 부분에서 가장 심각하다. …… 1981년에서 1991년 사이 미국의 제조 부문에서 180만 개의 일자리가 사라졌다. 독일의 제조 부문의 경우 1992년에서 1993년 사이 단 12개월 동안에 50

만 개의 일자리가 사라졌다."(『노동의 종말』, p. 26) 1996년 현재 독일의 실업자 수는 6백만 명을 넘었다. "독일의 유명한 경영자문회사인 롤란트 베르거에서는 앞으로 10년 안에 제조업에서만 150만 개의 일자리가 사라질 것이라고 내다보고 있다. '게다가 중간 관리자 층에서도 두 명 중 한 명은 일자리를 잃게 될 것'이라고 한다."(마틴/슈만, 『세계화의 덫』, p. 28)

이런 의미에서 아로노비츠 등은 이렇게 말한다. "과거에 생산성을 추구하는 경제적 팽창은 좀더 많은 일자리의 증가와 임금의 상승을 야기할 수도 있었다. 그러나 새로운 전지구적 고도기술경제에서는 노동자는 이른바 '경제적 재구조화'에 의해, 그리고 레이저, 로봇, 수치제어기계, 전자통신장비 및 워드 프로세서 등과 같은 컴퓨터화된 기계에 의해 대체될 수 있다."(*Post-Work*, p. 42)

리프킨은 대다수 산업국가의 노동력의 75% 이상이 단순 반복 작업에 종사하고 있다면서, 이런 작업은 자동기계나 로봇, 컴퓨터에 의해 대부분 수행될 수 있기 때문에 결국 기계에 의해 대체될 것이라고 하면서 다음과 같은 레온티예프(W. Leontief)의 말을 인용하고 있다. "보다 정교한 컴퓨터의 도입으로 인해 마치 농경시대에 말의 역할이 트랙터에 의해 감소되고 제거된 것처럼, 가장 중요한 생산요소로서 인간의 역할이 감소하게 될 것이다."(『노동의 종말』, p. 24) 리프킨이나 아로노비츠는 이러한 과정을 거쳐서 결국 '노동자가 대부분 공장에서 쫓겨나 실업자로 살아가야 하는 사회'에 이르게 되는 우울한 전망을 그리고 있다. 이 어두운 미래를 리프킨은 '노동의 종말'이란 말로 명명한 바 있다.

### 3) 사회적 양극화?

정보혁명에 호의적인 카스텔은 이러한 사람들의 주장과 달리 미국 등의 국가 전체적인 고용의 감소는 발생하지 않았다고 반박한다. 그렇지만 정보화와 자동화가 개별 자본의 경우에 고용을 이처럼 현저하게 축소시키고 노동자를 해고하게 한다는 점을 과연 누가 부정할 수 있을까? 더구나 자동화와 정보화를 밀고 가는 그 공장들이 자본주의의 '미래'를 선도하는 주도적인 경향을 체현하고 있다는 사실 또한 누가 부정할 수 있을까? 다만 그런 공장에서 노동자가 거대한 규모로 해고된다고 하더라도 국가적 규모에서 전체 고용이 줄어드는가는 다른 문제라는 것을 고려할 필요가 있음은 사실이다.

먼저 카스텔이 지적하는 것은 그러한 변화로 인해 상품가격이 하락하고 그에 따라 새로운 수요가 발생하며, 이에 맞추어 새로운 공장이 확장된다는 것이다. 분명히 그럴 수 있다. 반도체나 TFT(액정화면), 개인용 컴퓨터의 가격 저하가 그것을 사용하는 영역을 확대하는 경우가 그것이다. 그러나 그렇게 확장되는 공장 역시 자동화 내지 정보화 기술을 사용한다면, 그것이 고용의 확대로 생각만큼 쉽게 이어지긴 어렵지 않을까? 아마도 이는 새로운 수요의 확장이 거대한 농촌인구를 흡수하며 진행됐던 19세기 산업혁명과의 근본적인 차이 중 하나일 것이다.

또 다른 문제는 그런 식의 확장은 언제나 새로운 자본의 진입을 자극한다는 것이다. 돈이 된다면 어디든 찾아들어가는 것이 자본의 논리 아니던가! 실제로 1980년대 중반까지만 해도 전세계에 몇 개 안 되던 컴퓨터 생산업체는 10여 년이 지난 뒤 셀 수도 없을 정도로 많아졌다. 이로써 자본간의 경쟁은 격화되고, 각각의 분야마다 생산은 과잉이 되고, 생산설비 또한 과잉되게 된다. 이러한 요인들은 이윤율의 저하를 야기한다. 1960년대 말 이래 G7 국가의 제조업 분야 순이윤율은 25~30% 정도에서 15% 정도로 하락했다. 브레너(R. Brenner)에 따르면 1970년대 초 이래 20년 가까이 지속된 서구의 장기적인 불황은 바로 이런 요인에 의한 것이다(브레너, 『붐 앤 버블』, pp. 75~80). 자본이 생산에서 벗어나 금융적인 투기시장으로 몰려다니는 금융화가 급속하게 진행된 것도 바로 이런 조건에서였다.

이런 조건 속에서 자본은 과잉설비와 과잉생산의 출구로 외국 시장을 더욱 적극적으로 찾아나서게 된다. 국제적 규모에서 상품시장을 찾는 것이나 과잉자본의 투자처를 찾는 것은 '제국주의' 시대 이래 일반화된 것이지만, 이제는 판매는 물론 상품의 기획과 설계, 고용과 생산에 이르기까지 전세계적 연결망 속에서 세계시장을 상대로 이루어지고 있다. 역시 네트워크와 정보화 기술의 발전은 전지구적 규모에서 벌어지는 초국적 생산과 판매의 새로운 수단을 제공한다. 기존의 자본이 새 시장을 찾아 외국에 '진출'하는 게 아니라, 가장 싼 지역에서 조달된 원료와 노동력을 세계 각 지역의 시장에서 입력되는 취향에 따라 중앙에서 디자인하고 변형시키는 과정이 네트워크를 통해서 실시간으로 결합되는 새로운 생산과 유통이 가능하게 된 것이다.

이른바 '지구화'(globalization)라고 불리는 새로운 양상의 세계화는 이와 무관하지 않을 것이다. 맑스는 이미 오래 전에 "자본에는 국경이 없다"고 갈파한 적이 있지만, 제국주의 시대에 이르기까지 자본은 국경을 넘나들기 위한 수단으로 국민국가를 이용했고, 국경을 넘는 것은 이미 존재하던 제국주의 국가의 자본이 새로운 영역을 찾아 진출하는 것이었다. 반면 이제 세계시장은 자본이 상품의 기획과 생산, 판매 등 모든 과정에서 처음부터 고려하는 초기조건이 되었다.

정보화나 자동화와 나란히 진행되는 현상 가운데 또 하나 중요한 것은 파트타임 노동자를 비롯한 다양한 비정규직 노동자 비중이 증가한다는 사실이다. 네트워크를 비롯한 생산수단의 사회적 성격이 확대됨에 따라, 파편적인 노동, 시간적으로나 공간적으로 분산된 노동을 하나의 기업에서 통합하여 이용하는 것은 점점 더 수월해지기 때문——그럼, 고용되지 않은 사람도 이용하는데!——에, 그때그때 필요할 때만 이용할 수 있는 노동자의 고용을 선호하게 된다(이같은 '노동의 개별화'나 '파편화'가 생산의 사회화라는 전통적 경향과 대립된다고 보는 카스텔의 생각[『네트워크 사회의 도래』, p. 352]은 실망스러울 정도로 피상적인 것이다).

이로 인해 이른바 '노동의 유연성'이 증가하고, 단일 직종에서 1년 내내 풀타임으로 근무하는 '전통적 직무'는 줄어든다. 대신 파트타임 노동이나 임시직 노동, 프리랜서, 하청이나 외주를 위해 별도의 고용회사를 통해 노동자를 고용하는 경우 등의 '비정규 노동'이 급격하게 늘어난다. 1995~99년 미국의 경우 비정규 노동자의 비율은 전체 피고용자의 30% 정도에 이르는데(정이환 외, 『노동시장 유연화와 노동복지』, pp. 276~277), 이른바 선진국에 속하는 다른 나라들에서는 대개 이 비율이 더 높은 편이다. 이는 '첨단산업'에서 더욱 심해서, 실리콘 밸리의 심장부에 속하는 산타클라라 카운티의 경우 1984~97년 사이에 발생한 신규고용의 80% 정도가 이른바 '비전통적 직무'에 속하는 것이었다고 한다(카스텔, 『네크워크 사회의 도래』, pp. 359~360).

이런 여러 가지 요소들이 자동화나 정보화에 따라 개별 기업이나 공장에서는 기계에 의해 노동자가 축출됨에도 불구하고 국가 전체 수준에서는 아직 고용의 축소가 그처럼 현저하지 않은 이유를 제공할 것이다. 그러나 비정규직 노동의 증가 정도는 고용의 축소 정도를 통계숫자가 보여주는 것보다 훨씬 심각하게 받아들여야 한다는 것을 뜻하는 게 아닐까?

이와 반대로 자동화와 정보화 등을 주도하고 그것을 설계하고 기획하며, 네트워크를 통해 입력되는 사람들의 취향이나 활동양상을 분석하여 새로운 생산의 기획으로 변환시키는 다양한 고숙련 전문직은 필경 증가할 것이다. 실제로 첨단산업이 주도하는 곳에서는 역설적이게도 '인력 부족' 현상에 직면하고 있다고들 말한다. 이들에게 주어지는 이득의 양과 종류도 매우 크게 늘어나고 있다. 이른바 '스톡옵션'을 비롯한 다양한 보상체계가 이들을 유인하기 위해 사용되고 있다. 그러나 이들의 소득은 엄청난 속도로 증가하는 데 비해 이들의 비율이 증가하는 속도는 상대적으로 매우 제한적이다. 나라마다 차이가 있지만, 미국의 경우 관리직에 속하는 사람들의 비율은 1970년 10.5%, 1980년의 11.2%에서 1991년 12.8%로 약간 증가했을 뿐이고, 기술공과 전문가에 속하는 사람의 비율은 1970년 14.2%, 1980년 16.1%에서 1991년 16.9%로 증가했다(카스텔, 『네트워크 사회의 도래』, p. 400).

이런 점에서 새로운 생산조건 속에서 사회의 '양극화'가 새로운 양상으로 진행되고 있다고 말해도 좋을 것이다. 고전적인 의미에서 양극화란 '계급적 양극화'였다. 즉 소농민이나 소생산자, 소소유자 같은 중간계급인 소부르주아지가 분해되어 아주 적은 일부는 부르주아지가 되고, 대부분은 프롤레타리아트로 전락하는 것을 뜻했다. 그런데 지금 어느 정도 가시화된 '양극화'의 양상은 부르주아지에 편입되는 소수의 고숙련 전문가들이 한편에서 느린 속도로 늘어나는 것과 동시에, 이전에 전통적인 노동자계급(프롤레타리아트!)에 속했던 사람들의 많은 부분이 기계에 의해 밀려나면서 실업자가 되거나 다양한 종류의 비정규직 노동자가 되는 양상으로 진행되고 있다. 즉 소부르주아지의 분해로 인한 양극화가 아니라, 노동자계급이라고 하기 힘들던 소수의 고숙련 전문직과 기술직에 속하는 사람들이 더욱 확고하게 부르주아지화되는 것과 더불어, 노동자계급이 전반적으로 하강하는 가운데 정규직과 비정규직, 노동자와 실업자로 층화되는 양상으로 진행되고 있는 것이다.

이로 인해 사회 전체가 분절된 두 개의 층으로 분할되는 경향이 점차 강화되고 있으며, 그 분할의 경계는 점점 더 불연속적인 것이 되고 있는 것이다. 미국의 경우 1989년 상위 1%의 가정이 미국 총수입의 14.1%를 벌어들였고, 총순자산의 38.3%와 미국금융자산의 50.3%를 소유하고 있으며, 상위 소득자 20%의 소득이 하위소득자 80%의 소득 총액보다 많다고 한다(리프킨, 『노동의 종말』, pp. 236~237). 이러한 양극화의 양상을 '사회적 양극화'라고 부르자. 이는 물론 고전적 계급분해와 다른 양상을 띠고 있지만, 그것과 대립되는 것이라기보다는 그것의 현대적 양상이라고 해야 적절할 것이다.

덧붙여 제도나 설계, 프로그래밍 등처럼 어느 정도 숙련을 요하던 노동들은 점차 기계로 이전되면서 새로운 반숙련 노동으로 변하고 있다. 그리고 이른바 3D 업종처럼 사람들이 기피하는 하급 직무들은 외국인 이주노동자 같은 주변인들에게 주어지고 있음 또한 추가해야 한다. 이 모두가 기존의 노동자 내지 노동 자체가 기계와 네트워크로 요약되는 새로운 생산체제 아래서 하향의 길을 걷고 있는 경향으로 요약된다.

한편 제조업 고용이 감소하는 데 반해 서비스직이 늘고 있다는 점은 사실이다. 그러나 증가하는 서비스직이 이전에는 자본의 활동에 포함되어 있던 유통이나 금융 등이 독립된 것이거나, 아니면 자본가나 상층 고숙련 전문가 등의 소비——절약과 금욕이 1929년 공황과 2차대전을 거치면서 어떻게 '소비'라는 덕목으로 대체되었는가는 앞서 본 바 있다——를 뒷받침하는 것이란 점을 이해한다면, 그것은 새로운 '사회적 양극화'의 양상에 반하는 것이라기보다는 차라리 그것에 기생하는 부산물 내지 보충물이라고 해야 하지 않을까?

### 4) 자본주의적 축적의 역사적 경향

전체적으로 요약하자. 노동자의 산 노동을 점점 기계들의 죽은 노동으로 대체하는 자본축적의 일반적 법칙은 그러한 대체과정과 나란히 생산의 사회적 성격, 생산수단의 공동적 성격을 증대시킨다. 맑스가 '생산의 사회화'라고 명명했던 이러한 과정은 20세기 말의 이른바 정보혁명 내지 '극소전자기술혁명'을 거치면서 더욱더 가속화되고 있다. 생산수단의 사회화 규모는 이제 인터넷이나 POS 등의 정보적 네트워크, 다양한 활동능력을 가르치는 학교 등의 교육시설, 소비규범이나 감각과 취향을 전달하는 다양한 매체들, 혹은 방송국, 도로망 등의 다른 사회적 생산수단에서 보이듯 개별자본의 범위를 벗어나 공동으로 사용되는 사회적 생산수단의 규모를 확장해 가고 있으며, 심지어 대중들의 일상생활조차 그것 없이는 곤란한 것으로 밀고 가고 있다. 이런 이유에서 대중은 자신의 '노동'과 무관하게 이 사회적 생산수단과 접속하며 활동하고 있다. 이는 역으로 이들 활동을 자본이 무상으로 이용하고 영유할 수 있는 조건을 제공하고 있다. 모든 활동이 아무런 지불 없이 '노동'으로 이용되는 그런 세계를 떠올리는 것은 이런 경향의 극한을 표시하는 하나의 방법일 것이다. 더불어 자본에 의한 생산 및 유통의 전체 과정이 이미 지구 전체를 처음부터 상정하고 진행되는 '세계화' 또한 이러한 생산의 사회화 경향 안에서 이해할 수 있는 것이다.

다른 한편 노동력의 사용가치를 노동자로부터 분리하려는 경향은 노동자 없이 노동만을 이용하고 영유하는 기술의 발전으로 나아갔다. 육체노동의 기계화에서 정신노동의 기계화로 나아가는 그러한 기술의 발전은 '자동화'를 통해서 노동자 없는 노동, 혹은 노동 없는 생산을 향해 또 하나의 문턱을 넘었음이 분명하다. 그러나 기계의 사용이 노동을 절약하는 것이지만 자본의 한계 안에서 그것이 노동을 강화하고 증대시켰던 것처럼, 자동화가 노동 없이 생산할 수 있는 능력의 증가임에도 불구하고 자본의 한계 안에서 그것은 노동자를 축출하는 일방적 수단이 되고 있다. 이로써 '탈노동화'의 가능성은 거대한 실업자의 양산을 의미하는 '노동의 종말'로 진행되고 있다. 이 또한 자본축적의 역사적 경향을 표시하는 또 하나의 극점이라고 할 것이다. 이러한 경향이 인민대중을 불연속적인 두 개의 부분으로 '양극화'하고 있다는 것 또한 이러한 자본축적의 역사적 경향 안에서 이해할 수 있는 것이다.

그렇다면 현재와 이 두 개의 극점 사이에서 다음과 같은 상황이 형성되리라고 말할 수 있지 않을까? 모든 사람들이 거대한 기계적·정보적 네트워크의 단말기와 연결되어 활동하며 기계적 생산과정의 입·출력 지점이 되는 상황, 그리하여 기계가 그런 인간들 신체의 일부가 되고 인간이 그런 기계의 일부가 되는 상황, 나아가 그러한 접속의 네트워크가 세계화의 장 안에서 거칠게 연결되는 상황, 그리하여 세계 전체의 인민이 거대한 사회적 양극화의 경향 아래 불연속적인 두 개의 세계로 나뉘어 생존하게 되는 상황.

물론 이 두 개의 극점은 자본이 결코 도달할 수 없는 그런 극한임이 분명하다. 왜냐하면 이미 노예제를 이용한 미국이나 영국의 자본주의가 보여준 것처럼, 자본은 비용과 이윤의 계산 아래 그와 다른 수많은 이질적 요소들을 착취하고 영유하면서 생산하기 때문이다. 이로 인해 '낡은' 공장의 요소들은 물론 여전히 비자본주의적인 착취의 형태 또한 그 극한 안에서 지속적으로 온존되는 경향이 있기 때문이다. 또한 현실적인 개별적 자본들은 그러한 하나의 경향 아래 서로 가까워지는 순간 서로간에 경쟁과 갈등이 격화되며 상쟁하고 밀쳐내는 반발의 힘을 필수적으로 내장하고 있지 않은가? 그럼에도 불구하고 자본주의적 축적의 역사적 경향을 보여주는 그런 극한이 존재한다는 사실 자체를 부정할 수 있을까? 그 극한적인 종점에 도달하지는 않겠지만, 그런 극한을 향해 나아가는 지속적인 경향이 존재한다는 사실을 부정할 수 있을까?

자본주의적 축적에서 발견되는 이러한 역사적 경향 속에서 노동자는, 아니 노동할 수 없게 된 대중들은, 노동 없이 착취당하는 생산자들은 그 극한에서 대체 어떤 삶의 양상을 예측해야 하는 것일까? 노동하지 않고는 생존할 수 없는 세계에서 대부분의 사람들이 노동할 수 없게 된 사태, 그 거대한 경제적 '홀로코스트'를 상정해야 하는 것일까? 노동 없이 살 수 없는 사람들의 음울한 절망이, 마치 생의 저 끝에서 기다리고 있는 죽음처럼, 자본의 운동 그 끝에서 기다리고 있는 것일까?

그러나 자본의 역사적 경향에 그저 따라갈 수밖에 없는 순종적이고 복종적인 대중을 어떻게 상상할 수 있을까? 그것은 다가오는 맹수 앞에서 그저 순순히 목을 내놓는 동물을 상상하는 것보다도 더 어려운 일이다. 자본의 역사적 경향이 인민대중들의 삶에 지대한 영향을 미치리라는 것은 분명 사실이지만, 그것은 '자본의' 경향일 뿐, 인민대중 자신의 삶을 결정하는 것은 아니다. 더구나 자본은 인민대중들의 활동의 자율성, 욕망의 다양성, 능력의 창조성을 통해서만 잉여가치를 착취할 수 있다는 사실로 인해, 그런 역사적 경향은 거꾸로 인민대중의 자율성과 다양성, 창조성을 확대시키며 진행되어야 한다는 역설적 경향 또한 함축하고 있지 않은가? 그렇다면 차라리 자본의 세계화에 따라 대중들의 투쟁 자체가 세계화되는 것처럼, 자본의 경향에 대항하는 대중 자신의 투쟁을 상정하는 것이, 그것을 통해 자본이 내리는 사형선고를 되돌려주는 것을 상상하는 쪽이 훨씬 더 사실에 근접하지 않을까?

그래서 맑스는 말했을 것이다. 자본의 독점적 영유 안에서 진행되는 생산의 사회화가 대중들의 삶을 비참하게 하는 만큼 그것은 빈곤과 비참을 떨쳐내려는 대중 자신이 자본의 지배에 조종(弔鐘)을 울리게 되리라고(I, p. 1050). 생산의 사회화와 탈노동화에 따른 대중의 자율성과 다양성이 확장되는 경향이, 그리고 그에 수반되는 사회적 양극화의 경향이 그런 맑스의 예측과 모종의 연속성을 가질 것이라고 말한다면 너무 순진한 것일까? 그러나 장렬하고 폭발적인 양상의 '조종'(弔鐘)을 떠올리지는 말자. 자본주의 안에서 자본 자체가 스스로를 잠식하는 방식, 스스로 자본주의의 한계를 끊임없이 확장하면서 그 내부에 자신의 외부를 만들어낼 수밖에 없는 필연성, 아마도 그것이 자본주의가 사회화의 극한에서 자신의 적대자를 양산해 온 사태의 필연적 귀착점이 아닐까?

공장의 외부에서 진행되는 사회적 활동 자체를 착취한다는 사실, 그리하여 노동력의 판매 없이 활동 그 자체가 생산활동이 되게 되었다는 사실은, 그것이 자본의 착취 영역이 사회 전체로 확장되었음을 의미하지만, 동시에 생산하는 대중들의 능력이 공장이나 자본의 지배에서 벗어난 정도를 보여주는 것이다. 자본이 노동력의 구매 없이 생산하게 되었다는 사실은 역으로 정확하게 노동자가 노동력의 판매 없이 생산할 수 있게 되었다는 것을 의미한다. 이미 간단하게 말한 것처럼, 노동력을 판매해야 했던 건 생산수단을 생산자들에게서 탈취하여 분리했기 때문이다. 그러나 생산의 사회성이 확장되면서 중요한 생산수단이 이미 개인적 자본가의 소유에서 벗어나 사회적으로 공유되는 상황에 이르렀다면, 이전에 탈취당했던 공유지를 대신하는 새로운 공동의 생산수단이 등장하게 되었음을 의미하는 게 아닐까? 그렇다면 이는 자본가에 노동력을 팔아야만 생산수단과 결합될 수 있었던 치명적 조건이 생산의 사회화를 통해 어느새 소멸하고 있음을 뜻하는 게 아닐까?

여기서 다시 자본의 한계 안에 들어가, 자본의 논리를 따라, 가치화의 논리를 따라 사고해 보는 것도 좋을 듯하다. 노동이 종말을 고하고, 생산은 사회화되어 모든 활동을 지불 없이 가치화하게 되는 상황은 아마도 정보적 및 기계적인 네트워크의 확장과 침투를 통해서 이루어질 것이다. 이 경우 그 네트워크에 접속하는 우리의 모든 활동은 생산적 활동이 되고, 필경 자본에 의해 가치화되고 착취될 것이다. 그 모든 활동은 기계적으로 잉여가치를 생산하는 프로세스의 입출력과정이 된다. 그렇다면 우선, 이미 개별자본의 규모를 넘어선 사회적 생산수단에 대해, 그리고 가치생산의 원천이 되는 대중들의 일상적인 접속활동 자체에 대해 자본의 지불을 요구해야 하지 않을까? 노동없이 생산한다면, 노동없이 지불해야 한다고 당당하게 말해야 하지 않을까? 자신이 지불하지 않은 생산수단과 활동 자체에 대해, 그것을 가치화하는 만큼 가치대로 지불할 것을 요구해야 하지 않을까? 그것은 노동없는 세계에서 대중들의 '생존권'에 대한 구차한 요구가 아니라, 자신이 생산한 것을 가치화하는 데 대해 가치화의 대가로 답할 것을 요구하는 것이다. '가변자본'의 개념을 벗어난, 임금에 대한 새로운 개념이 불가피하게 된 건지도 모른다.

아니면 반대로 지불없는 가치화를 거부하는 생산자들의 '연합체', 활동가들의 '공동체'를 통해 자본에 대해 집합적으로 지불받는 새로운 관계를 구성할 수 있지 않을까? 자본에 대해서는 지불받지만 비자본주의적 관계 안에서는 가치화에 반하는 그런 역설적 공동체가 가능하지 않을까? 혹은 자본에 대해 스스로 자본가와 동일한 양상으로 대처하면서 그렇게 가치화된 결과를 내부에서는 비자본주의적으로 사용하는 그런 '공동체'를 구성할 수 있지 않을까? 이 경우 생산의 사회화와 탈노동화란 노동없이 살 수 있는 새로운 세계에 대한 희망을 뜻하는 게 아닐까? 정말 우리는 다시금 "생산수단의 집중과 노동의 사회화는 마침내 자본주의적 외피와 양립할 수 없는 점에 도달한다"(I, p. 1050)는 맑스의 말을 다시 상기해야 하는 게 아닐까?

자본이 대중의 일상적 활동을 착취하기 위해선 대중의 창조성과 자율성을 보장하거나 심지어 촉진해야 한다는 점을 여기에 다시 추가해야 한다. 물론 자본은 자신의 통제 안에 그것을 제한하고자 하겠지만, 이미 개별자본의 범위를 넘어서 사회화된 생산수단과 대중들을 어떻게 그 안에 가둘 수 있을까? 이처럼 대중 자신의 능력이 성장한다면, 그런 능력의 대중을 어떻게 "일하지 않는 자는 먹지도 말라"는 정언명령만으로 노동없는 사회 안에, 실업과 굶주림 안에 가두어둘 수 있을까? 그런 대중적 능력의 성장이란 차라리 자본의 지배에서 벗어난 외부, 자본주의의 외부의 가능성이 성장함을 뜻하는 게 아닐까?

노동이 기계의 일부가 되는 만큼 기계가 인간의 일부가 되는 새로운 결합의 시대에 '노동'도, '인간'도 종언을 고하는 이 시기에, 아직도 우리는 노동하는 인간이 되기 위해 각고의 노력을 해야 하는 것일까? 이른바 '20대 80의 사회'가 상식처럼 예견되는 이 시기에, 아직도 우리는 인간이 되기 위해 그 20% 속에 들어가고자 피나는 노력을 해야 하는 것일까? 아니, 적어도 노동할 수 없게 될 80%에게 그래도 아직은 노동하는 자로서 '인간'의 대열에 들어가야 한다고 권유해야 하는 것일까? 아직도 우리는 노동 없이 사는 사회를, 자신의 활동을 굳이 가치화하지 않고 살아가는 삶을 꿈꾸어선 안 되는 것일까? 인간의 일부가 되어버린, 이미 자본의 손아귀에서 벗어나기 시작한 저 기계들의 네트워크와 더불어 노동없이 생산하고 노동없이 활동하는 새로운 세계를 꿈꾸어선 안 되는 것일까?

마지막으로, 세계적 규모에서 생산의 사회화가 진행되리라는 점을 고려한다면, 새로운 국제주의의 시대가 도래하리라는 예측을 덧붙여도 좋을 것이다. 자본이 세계적 시장 안에서 생산하고 판매하며 착취하는 만큼 노동의 흐름 내지 대중의 흐름 자체도 그와 더불어 세계화될 것이 이미 분명하게 드러난 셈이다. 한국처럼 지리적 및 정치적으로, 그리고 인종적으로 고립된 나라조차 외국인 이주노동자가 자본의 재생산에 필수적인 성분이 되었다는 사실은 이런 점에서 아주 징후적이라고 할 것이다. 남은 것은 그런 노동 내지 대중의 흐름이 자본만큼이나 자유로울 수 있도록, 국경을 넘어서 자유로이 흘러다니고 만나고 접속할 수 있도록 요구하는 것이다. 상이한 피부, 상이한 언어의 대중들 사이에, 민족적 경계를 넘는 새로운 연대의 장이 만들어져야 한다. 그렇다면 1848년에 맑스가 외쳤던 구호를 이제 새로운 맥락에서 다시 외쳐야 하게 된 건지도 모른다 : "만국의 노동자여, 단결하라!"(Proletarier aller Länder, vereinigt euch!)

## 자본축적의 일반적 법칙

루이스 하인, 「통조림 공장에서 일하는 아이들」, 1910년(위) / 「발전기 앞의 인간」, 1930년(아래)

하인의 이 두 사진은 자본의 기술적 구성의 차이, 혹은 유기적 구성의 차이를 보여준다. 위의 사진에서 불변자본과 가변자본의 기술적 비율은 여성이나 아이들이 각각 손에 들고 있는 것들과 노동자의 관계로 표시된다면, 아래 사진에서는 거대한 바퀴로 상징되는 기계와 거기에 달라붙어 있는 노동자의 관계로 표시된다. 유기적 구성은, 위 사진의 경우 아이 한 명 당 사용하고 있는 부품이나 기계 값의 비율이라면, 아래 사진에서는 노동자와 그가 사용하는 기계의 값의 비율로 표시된다. 기술적 구성이나 유기적 구성 모두 위의 경우에 비해 아래의 경우가 훨씬 크다. 그래서인지 위 사진에서는 공장이 좁을 정도로 고용된 노동자가 많은 데 반해 아래 사진에서는 거대한 기계 앞에 덜렁 노동자 한 명이 일하고 있을 뿐이다. 자본축적의 일반적 법칙!

## 휴머니즘과 실업자

**라파엘 소이어, 「도시의 공원에서」, 1934년**

숙인 고개가 거세의 징표라면, 초점을 잃은 눈은 절망의 징표다. 담배 하나에 기댄 신체, 주어진 현실을 잊으려는 듯 입을 벌린 채 잠든 얼굴. 이 또한 모두 실업자라는 '타자'의 얼굴이다. 'industry'가 지배하는 세계에서 이들 할 일을 잃은 자들은 자동으로 게으른 자들이 된다. 노동해야만 인간이 될 수 있는 세계에서 이들은 인간의 범주에서 제외된 자들이다. 힘없이 외면한 눈동자의 반대편에는 화사하게 차려입은 '인간'들이 있다. 명령하듯 서 있는 기마상 아래, 저 '인간'들 저편에 역시 고개 숙이고 눈을 감은 비인간들이 쪼그리고 앉아 있다. 어디서나 공원은 이처럼 인간과 비인간이 만나고 갈라지는 공간이다.

**무명씨, 「부랑자와 노동자 사이」, 1875년경**

전/후를 대비시키는 자주 쓰이는 대조법이 여기서도 사용되었다. 꼬마 부랑자였던 시절과 노동자가 된 지금이 상반되는 옷차림과 용모를 통해 대비되고 있다. 혹시라도 못 알아볼까 싶어 밑에다가 '똑같은 녀석'이라고 써놓았다. '부랑자-비인간'과 '노동자-인간' 사이의 이러한 대조가 뜻하는 게 무언지 아직도 모른다면 자본주의 없는 다른 별을 찾아보는 게 좋을 것이다. 그런데 '인간의 본질은 노동'이라는 관념이야말로 이런 대비를 동일하게 사용하고 있는 것은 아닐까?

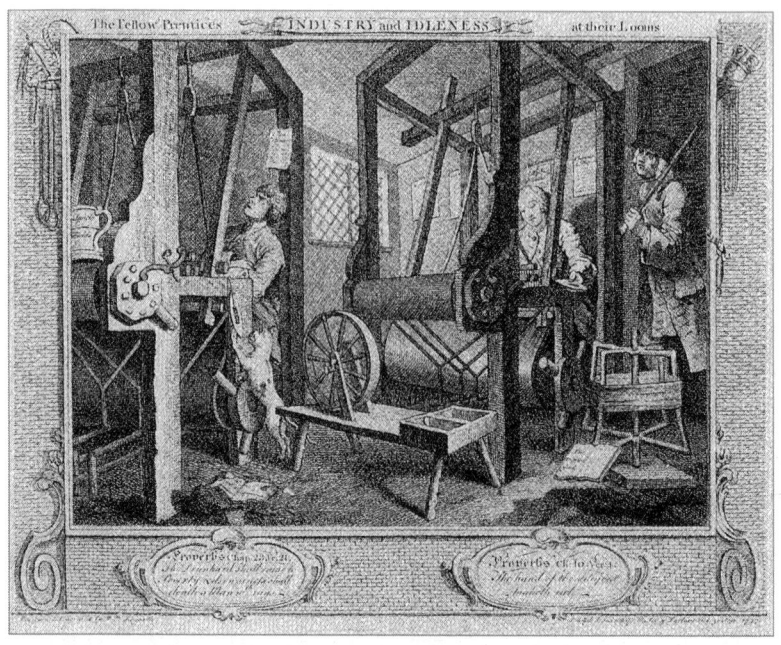

**윌리엄 호가스, '근면과 게으름' 연작 중 「베짜는 견습공」, 1747년**

'부지런히' 일하는 노동자와 하기 싫은 표정으로 간신히 달라붙어 있는 '게으른' 노동자가 대비되고 있다. 호가스는 이 민삭에서 근면과 게으름을 상징하는 이 두 인물의 인생을, 해도 너무한 과장법으로 대비하여 극화한다. 게으른 자는 쫓겨나서 부랑하다가 범죄에 휘말려 재판정에 이른다. 반대로 근면한 자는 주인의 딸과 결혼하여 부르주아가 되고 관청에 드나드는 관리가 된다. 두 사람은 재판정에서 만나고, 다시 헤어져 하나는 형장으로 가고, 다른 하나는 런던 시장이 된다! 근면성(industry)의 신화. 이 근면성이 나중에 '공업'(industry)이 된다. 공업의 신화! 호가스 극본의 저 단조로움과 유치함은 이런 식으로 만들어지는 신화의 공통된 특징이다.

해리 스턴버그, 「남부의 성스러운 날」, 1935년

'휴일'이라고 번역하기엔 이 그림에서 holyday의 뉘앙스가 살아나지 않는다. 지금도 근본주의적 개신교가 꽉 잡고 있는 미국의 남부는, 흑인들이 노예신분에서 벗어나자마자 흰 이불을 뒤집어 쓴 백인들의 참혹한 린치에 죽어가야 했던 곳이다. 백인들은 그 대륙에 들어오면서 신의 이름으로 원주민들을 살육했고, 대륙에 자리잡은 뒤엔 결코 '인간'이라고 생각할 수 없는—그건 "자신의 모습대로 인간을 지은" 신에 대한 모욕이다!—흑인들을 부려먹다 저렇게 처형했다. 잘려진 남근보다도 더 인상적인 것은 흑인을 매단 그리스 풍의 고전적 기둥이다. 르네상스란 이름으로 휴머니즘을 부르짖으며 그 기원으로 되살려낸 그들의 허구적 고향. 그 고향의 예술적 상징에 인간의 이름으로 검은 동물을 매달아 죽인 것이다! 그 뒤로 공장과 교회가 마치 '배경'처럼 서 있다. 이것이 서구의 휴머니즘이 갖는 진면목이라고 말하려는 것일까?

# 7장_이른바 '본원적 축적'과 자본의 계보학

## 1. 자본의 기원 신화

맑스는 앞서 자본의 축적이란 잉여가치가 자본으로 변환된 것일 뿐이며, 그것이 일정 시간을 지나면 원래의 자본을 무한소에 가까운 크기로 만들 만큼 급속하게 증가한다는 것을 보여주었다. 즉 그 극소량의 원래 자본을 제외한 자본의 대부분은 사실상 노동자들이 생산한 잉여가치라는 것을 보여준 셈이다. 이로써 자본은 통상 경제학자나 법률가들이 경건하게 절대적인 것으로 찬미하는 '사적 소유의 신성한 법칙'과는 다른 종류의 법칙에 따라 작동한다는 것이 드러난다. 다시 말해 자본은 노동자가 생산한 것으로 노동자를 착취하는 '자본주의적 착취법칙'에 따라 작동하고 성장한다는 것이다. 『자본』 I권의 마지막 장에서 맑스는 이렇게 지적한다. "정치경제학은 판이한 두 종류의 사적 소유를 원칙상 혼동하고 있는데, 그 중 하나는 생산자 자신의 노동에 입각하는 것이며, 다른 하나는 타인노동의 착취에 입각하는 것이다." (I, p. 1052)

맑스는 소유나 축적에 대한 이러한 관념을 단지 비판하는 데 머물지 않는다. 다시 자본축적의 법칙에 관한 정치경제학의 개념들을 받아들이곤, 그것을 더욱더 멀리 밀고 나간다. 그리하여 자본의 축적법칙에 대한 경제학적 서술이 실제로는 실업자를 포함한 다양한 과잉인구를 반복해서 생산하는 법칙임을 보여준다. 그리고 동시에 그러한 축적법칙이 사실은 이미 그런 과잉인구를 전제로 하고 있음을 보여준다. 정말 집요하게 정치경제학의 논리를 따라가면서, 혹은 보충해 주면서 새로 비판하고 다시 또 비판한다.

이런 식의 추적과 비판에 대해 정치경제학은 자본이 잉여가치를 획득하는 것이 정당하다고 할 이유를 다시 제시하고자 한다. 애초의 자본, 혹은 '시초의 자본' 내지 '본원적 자본'이 그것이다. "그럼에도 불구하고 그 모든 것이 '사전에 축적'되어 있던 '본원적 자본'이 없었다면 대체 어떻게 가능했겠는가" 하는 것이다. 눈덩이가 커진 것이 굴리면 달라붙은 눈들 때문이라고 해도, 애초에 굴리기 시작한 최초의 눈덩이가 없었다면 그 큰 눈덩이가 대체 어떻게 가능하겠느냐는 것이다. 이처럼 '최초의 축적'을 스미스는 잉여가치의 변환을 통해 이루어진 축적 이전의 축적이란 점에서 '사전(事前)의 축적'이라고 부른다.*

이는 현재 존재하는 착취와 축적을 최초의 '기원'을 찾아 거슬러 올라감으로써 정당화하는 방법을 전형적으로 보여준다. 마치 우리가 현재의 기원이 되는 '선조'와 '아버지'를 찾아 족보의 선을 따라 영광스런 출발점을 찾아가듯이, 혹은 신학자들이 현존하는 모든 것의 기원을 찾아 그것을 만드신 분에게로 거슬러 올라가듯이, 정치경제학은 자본의 신화적 기원을 찾아 올라간다. 그 기원의 영광된 광채를 통해 현재의 자신이 영광된 존재임을 증명하는 후광을 만든다. "아득한 옛날에 한편에는 근면하고 영리하며 특히 절약하는 특출한 사람이 있었고, 다른 한편에는 게으르고 자기의 모든 것을 탕진해 버리는 탕자가 있었다"는 식으로(I, p. 979).

결국 베짱이처럼 탕진하던 게으름뱅이와 반대로 개미같이 부지런히 일하고 절약하던 특출한 사람은 아끼고 아껴 돈을 모을 수 있었고, 그 돈이 바로 남을 고용할 수 있는 '최초의 자본'이 되었다는 것이다. 최초의 자본을 만든 저 '개미'의 축적이 바로 '사전의 축적'이라는 것이다. 이로 인해 저 개미-자본가는 이후 일을 안하고 먹고 살게 되었지만, 베짱이 역을 맡은 게으른 바보들은 이후 평생 노동을 하게 되었다는 것이다. 이런 점에서 "본원적 축적이 정치경제학에서 하는 역할은 원죄가 신학에서 하는 역할과 거의 동일하다". 물론 이로써 신학은 인간이 낙원에서 쫓겨나 "스스로의 이마에 땀을 흘리면서 밥을 얻어먹지 않으면 안 될 운명에 빠지"게 되었음을 설명해 주는 반면, 정치경제학은 "그렇게 할 필요가 전혀 없는 인간들이 어떻게 나타나게 되었는가"를 설명해 준다는(I, pp. 979~980) 점에서 다르지만 말이다.

---

\* 지금 인용하는 김수행 역, 『자본론』에는 'ursprüngliche Akkumulation' (영어로는 primitive accumulation)이 '시초 축적'이라고 번역되어 있는데, 단지 시작이란 의미 이상으로 모든 축적의 '기원'이며 모든 가치증식의 '본래적' 정당성을 입증하는 원천이란 의미에서 '본원적 축적'이란 개념이 더 적절한 번역어로 보인다. 그래서 우리는 '본원적 자본' 내지 '본원적 축적'이란 번역어를 사용할 것이다. 맑스는 기원으로 거슬러 올라가 현재를 정당화하려는 그런 개념에 대해 '이른바' (경제학자들이 말하는 바)라는 부사를 덧붙임으로써 비판적 거리를 표시해 두었다. 그리고 'previous accumulation'이라는 스미스의 용어는 '이전(以前)의 축적'으로 번역되어 있는데, 이보다는 사전에 진행된 축적이란 점에서 '사전의 축적' 내지 '사전적 축적'이 더 나은 것 같다.

신화를 곧이곧대로 믿는 것처럼 어리석은 일도 없음을 우리는 잘 안다. 하지만 신화를 사실로 믿거나 기원에 관한 그 이야기를 과학이라고 믿는 사람들이 결코 적지 않다는 것 또한 우리는 잘 안다. 당시 정치경제학자들이 로빈슨 크루소를 너무도 좋아했다는 건 잘 알려져 있다. 그들에게 로빈슨 이야기는 결코 문학적 허구가 아니라 자본주의적 소유와 생산, 자본축적의 기원을 알려주는 '과학적 사실'이었던 것이다.

그래서 맑스는 다시 이들의 주장을 따라가면서 이른바 '본원적 축적'이 무엇인지를 드러내준다. '본원적 축적의 비밀', 그것은 한마디로 말하면 "생산자와 생산수단 사이의 역사적인 분리과정 이외의 아무것도 아니다"(I, p. 981). 그것은 멀쩡히 평화롭게 살아가던 사람들에게서 모든 생산수단과 생존수단을 박탈하여 죽음과도 같은 궁핍과 고통으로 몰아간 역사였고, 그들을 길들이기 위해 모든 국가적 폭력을 동원했던 역사였으며, 그들의 삶의 기초를 이루던 모든 토지의 약탈을 통해, 또 노예무역을 비롯한 식민지의 착취 등을 통해 '본원적 자본'을 형성했던 역사였다. 최초의 자본을 형성한 '개미'——개미들이여, 용서하시라!——들이 부지런했다면, 그건 일하고 돈을 모으는 데 부지런했던 게 아니라 다른 이들의 토지를 약탈하고 그들을 궁핍과 기아 속으로 몰아넣는 데 부지런했던 것이다. "이 수탈의 역사는 피와 불의 문자로 인류의 연대기에 기록되어 있다."(I, p. 982)

이제 맑스는 『자본』의 제8편에서 이른바 '본원적 축적'의 계기를 크게 세 가지로 나누어 설명한다. 첫째로, 생산자와 생산수단의 분리라고 요약되는 근대적 무산자의 창출, 둘째, '산업 자본을 위한 국내 시장의 조성', 셋째, 국가장치를 이용한 '본원적 축적'이 그것이다.

## 2. 근대적 무산자의 창출

노동력을 상품화하는 것은 생산수단으로부터 분리된 근대적 무산자를 창출하는 과정인 동시에, 어떠한 고통에도 불구하고 자본가가 그들의 노동력을 사용할 수 있도록 새로운 종류의 규율에 길들이는 과정이다. 전자는 토마스 모어(Thomas More)가 "양들이 사람을 잡아먹는다"고 말했던, 농촌 주민들을 토지로부터 쫓아내는 토지약탈 과정이었다. 후자는 그렇게 대대적으로 창출된 무산자들, 그러나 자본이 제대로 흡수하지 못해 양산된 빈민들이 부랑하는 것을 막는 유혈적인 법들과 거대한 감금으로 요약된다.

### 1) 농민으로부터의 토지약탈

#### ① 제1차 엔클로저 운동

"자본주의적 생산양식의 토대를 마련한 변혁의 서곡은 15세기 마지막 1/3기와 16세기의 첫 수십 년 동안에 연주되었다."(I, p. 986) 통상 '엔클로저'(enclosure)라고 불리는, 토지에 울타리를 치고 농민들을 그 밖으로 쫓아내는 운동이 그것이었다. 도시간 교역의 중심지 가운데 하나였던 플랑드르 지방에서 양모 매뉴팩처가 발전하면서 양모 수요가 증가하자, 거기에 가까이 있던 영국의 양모 가격이 급등한 것이 직접적인 계기가 되었다. 이미 돈맛에 취해 있었던 대지주나 귀족, 혹은 봉건영주들은 경작지를 양을 키우는 목장(목양지)으로 바꾸고자 했다. 그들은 농사를 짓던 소농민들을 경작지로부터 대대적으로 내쫓기 시작했고, 그들이 살던 집을 부수고 불태워버렸다. 그리고 목양지로 변한 '자신의' 땅에 울타리를 둘러쳤다. 자본주의의 역사를 연구했던 경제인류학자 폴라니는 엔클로저 운동에 대해 이렇게 말한다.

"엔클로저 운동은 빈민에 대한 부자의 '혁명'이라고 부르는 것이 타당할 것이다. 지주와 귀족들은 때로는 폭력을 수단으로, 때로는 강압과 협박으로 사회질서를 뒤엎고 고래의 법과 관습을 파괴하고 있었다. 그들은 문자 그대로 빈민으로부터 공유지 사용권을 박탈하고, 아직 망각했던 관습에 의해 빈민들이 자기네 것으로 알았던 가옥들을 허물어버렸다. 사회의 골격은 무너져버렸다. 황량한 마을과 거주지의 폐허는 그 혁명의 격렬성을 말해 주었다. 그것은 국토를 위협하고, 도시를 피폐하게 만들고, 인구를 급격히 감소시키고, 지력이 고갈된 토지를 먼짓더미로 만들어버리고, 사람들을 괴롭혀 예절바른 농부를 거지와 도적의 폭도로 만들어버렸다."(폴라니, 『거대한 변환』, p. 53)

이로써 "새로운 귀족은 화폐가 모든 권력 중의 권력으로 된 그 시대의 자식"이 되었다(I, p. 986). 이에 대해 헨리 7세 이래 150년에 걸친 반(反)-엔클로저 입법이 있었지만, 반-엔클로저 입법은 엔클로저 운동을 차단시키기는커녕 제대로 방해조차 못했던 것처럼 보인다"(폴라니, 앞의 책, p. 55).

② 제2차 엔클로저 운동
이러한 엔클로저 운동은 16세기 내내 지속되었고, 17세기에도 결코 저지되지 않고 계속되었을 뿐 아니라, 18세기에 이르면 다시 한번 대대

적으로 발생한다. 다만 다른 것은 "이 무렵(18세기)에는 엔클로저 운동의 주체가 영주나 귀족이라기보다는 부유한 향신(gentry)이나 상인들인 경우가 많았다"(폴라니, 앞의 책, p. 54). 이 시기 엔클로저의 주 타깃은 개방경지라고도 불린 공동용지, 그리고 공동지, 공동황무지, 공동목초지 등이었다. 이때 울타리친 토지에서 행해진 것은 1차 엔클로저와 달리 목양으로 제한되지 않았고, 곡물의 경작이나 목양은 물론 쇠고기를 위한 소 목축이 대대적으로 그리고 본격적으로 행해지기 시작했다. 즉 2차 엔클로저는 대규모 토지에 울타리를 둘러치고 곡물을 대규모 경작하거나 가축을 기르는 새로운 양상을 포함하고 있었고, 그 계급적 중심 또한 이미 충분히 달라졌던 것이다.

"맨 처음으로 새로운 농업의 규준에 따라 소유지를 조직적으로 개발한 데 착수한 것은 대지주들이었다. 그들은 개방경지제도가 부과하는 규제들을 가장 못견뎌하던 사람들이었다. 그래서 그들은 거의 모든 경우에 엔클로저 법안을 마련하라고 의회에 청원하는 데 앞장섰다. …… 회의에서의 결정은 단순히 다수결에 의하는 것이 아니라 각 **투표권은 소유토지의 면적에 비례**했다. …… [그 결과] 어떤 청원서에는 2, 3명의 이름만이 들어 있었고, 어떤 것에는 단 하나의 이름만을 볼 수 있었다. 그것은 사회적으로 위세가 당당한 이름들로서, 의회의 주의와 경의를 환기시키는 직위와 칭호들이 거기에 포함되어 있었다."(망투, 『산업혁명사』(상), pp. 197~198)

그러나 좀더 근본적인 차이는 이전과 달리 "18세기에는 법률 자체가 국민의 공유지를 약탈하는 도구로 되었다는 점 …… 이다. 이 약탈의 의회적 형태는 '공유지 엔클로저 법', 다시 말해 지주가 국민의 토지를 사유지로 자기 자신에게 증여하는 법령, 국민 수탈의 법령"이 잘 보여준다(I, p. 995). 즉 이전에는 엔클로저 운동이 반-엔클로저 법과 싸우면서 진행되었다면, 이번에는 법을 이용해서 인민의 공유지를 지주들의 토지로 사유화하면서 진행되었다는 것이다.

이런 식의 엔클로저 법은 앤 여왕의 치세 12년 동안에는 3개의 법밖에 없었지만, 그후 1720년까지는 해마다 하나 꼴로 새로 만들어졌고, 1720~50년 사이에는 약 100개 이상의 새로운 법이 만들어졌으며, 1750~60년에는 156개, 1760~70년에는 424개, 1770~80년 사이에는 642개가 새로 만들어졌다. 다음 10년간에는 284개로 새로 만들어진 법의 숫자가 내려가지만, 그 다음에는 506개로 증가하고, 1800~10년에는 960개의 법이 의회를 통과한다(망투, 앞의 책, p. 164). 그래서 가령 1801~31년 사이에 지주들로 구성된 의회는 3,511,770에이커의 토지를 농촌주민에게서 약탈하여 지주에게 나누어주었다고 한다(I, p. 1000).

엔클로저 운동을 통해 거대한 공유지를 포함하는 대규모 토지가 '지주'의 손에 '축적' 되었다. 19세기에 리카도 등이 '곡물법'을 둘러싸고 논쟁을 벌일 때, 거기에는 곡물가를 낮추어 임금을 줄이려는 산업자본가와, 이미 이처럼 또 다른 부와 권력을 형성한 지주들의 이해관계가 충돌하고 있었다고 흔히 말하는데, 이것은 이런 식으로 지주들이 축적한 권력과 부가 이 시기 산업자본가들과 대결할 만큼 거대한 것이었음을 보여주는 것이라고 하겠다.

### ③공유재산 횡령

이런 식으로 토지로부터 인민들을 축출하는 방법은 단지 엔클로저 운동에 국한된 게 아니었다. 당시 가톨릭은 영국 토지의 거대한 부분을 소유하고 있었는데, "16세기의 종교개혁과 그에 따르는 교회재산의 방대한 횡령"은 대대적으로 프롤레타리아를 양산했던 또 하나의 중요한 계기였다. 왜냐하면 그들의 토지를 농민들이 소작하고 있었던 것이다. 이 토지가 "왕의 총애를 받는 탐욕스런 신하들에게 증여되거나, 투기적인 차지농업가와 도시 부르주아에게 헐값으로 팔아 넘겨졌는데, 이들은 종전의 세습적 소작인들을 대량으로 축출하고 그들의 경영지를 통합해 버렸다"(I, p. 990).

또 하나 "농촌주민으로부터 토지를 빼앗은 최후의 대수탈과정은 이른바 '사유지 청소' (즉 사유지로부터 인간의 청소)다. 위에서 본 모든 영국식 수탈방법 중에서 '청소'가 그 절정을 이룬다"(I, p. 1000). 맑스는 스코틀랜드 고지에서 발생한 '사유지 청소'를 예로 들고 있다. 그에 따르면, 스코틀랜드 고지의 켈트 족은 씨족으로 조직되어 있었고, 각 씨족은 자신이 정착하는 토지의 소유자였다. 그런데 이 토지의 명목상의 소유인인 씨족 대표자는 그 "명목상 소유권을 사적 소유권으로 전환시켰으며, 씨족원들의 반항에 봉착하자 공공연한 폭력으로 씨족 구성원들을 토지에서 추방하기로 결심했다. …… 18세기에는 게일인(스코틀랜드 고지인)들은 토지에서 축출되었을 뿐 아니라 국외로 이주하는 것마저 금지되었는데, 그것은 그들을 글래스고나 기타 공장도시들로 몰아넣기 위한 것이었다"(I, pp. 1001~1002). 또 19세기에 행해진 방법의 대표적 예로, 서덜랜드 여공(女公)을 들고 있다. 그는 씨족의 수장이 되자마자 그나마 앞서의 과정으로 15,000명으로 감소되어 있던 서덜랜드 주의 주민 전부를 체계적으로 축출했다. "그들의 모든 촌락은 파괴되고 소각되었으며 모든 경지는 목장으로 전환되었다. 영국 병사들이 이것을 집행하기 위해 파견되었으며 주민들과 싸움까지 벌이게 되었다. 자기의 오두막집에서 떠나기를 거부한 노파는 불길 속에서 타 죽었다."(I, p. 1003)

농민으로부터 토지의 약탈이라고 말하는 이상의 사실을 맑스는 이렇게 요약한다. "무자비한 폭력 아래에서 수행된 교회재산의 약탈, 국유지의 사기적 양도, 공유지의 횡령, 봉건적 및 씨족적 재산의 약탈과 그것의 근대적 사유재산으로의 전환——이것들은 모두 본원적 축적의 목가적 방법이었다."(I, pp. 1007~1008)

## 2) 유혈입법과 감금

상품이 아닌 노동력을 상품으로 만드는 과정은 이처럼 농민들을 삶의 터전이었던 토지로부터 분리시키고 그들로부터 일체의 생산수단을 탈취하는 과정이었다. 그러나 "한쪽 끝에는 노동조건들이 자본으로 집중되며, 다른 한쪽 끝에는 자기 자신의 노동력 이외에는 아무것도 팔 것이 없는 사람들이 나타난다는 것만으로는 불충분하다. 또한 그들이 자발적으로 자신을 팔지 않을 수 없게 되는 것만으로도 불충분하다"(I, p. 1013). 왜냐하면 "그들의 관습으로 된 생활궤도에서 갑자기 내몰린 사람들이 그만큼 갑자기 새로운 환경의 규율에 순응할 수도 없"기 때문이다(I, p. 1009).

새로운 규율에 길든, 혹은 자본이 요구하는 규율에 순응할 수 있는 신체를 만들어내는 것, 그것은 노동력의 상품화가 실질적으로 유효하게 되기 위한 또 하나의 필수적 조건인 것이다.

## ① '빈민법'

15세기 말~16세기 전체에 이르기까지 믿을 수 없는 잔혹한 피의 입법들이 만들어지고 시행된다. 또 17세기에는 유럽 전역에 수용소가 만들어지고 엄청난 규모의 감금이 행해진다. 그것이 직접적으로 겨냥하고 있는 것은 대대적으로 발생한 부랑자와 '실업자'였다. 맑스가 지적하듯이, 농민들이 토지로부터 축출된 16세기 이래 영국뿐만 아니라 유럽 전역이 일할 수단을 상실한 '실업자'들, 극빈자와 부랑자들로 넘쳐나게 된다. "이 무일푼의 자유로운 프롤레타리아는, 그들이 세상에 나타난 것과 동일하게 빠른 속도로 신흥 매뉴팩처에 흡수될 수는 도저히 없었다."(I, p. 1009) 토지수탈은 대규모적이었지만, 16세기에 이들을 고용할 수 있는 자본의 성장은 매우 미미했기 때문이다.

 이들은 질서와 안녕을 삶의 신조로 삼고 사는 지배층의 많은 사람들을 불안과 두려움에 떨게 했다. 이는 다음 세기에도 근본적으로 달라지지 않았다. 가령 한 영국인은 이렇게 말한다. "많은 소교구에서 가난한 사람들과 노동을 싫어하는 건강한 노동자들이 생존을 위해 구걸, 소매치기, 도둑질로 눈을 돌린다. 그래서 온 나라에 걸인, 소매치기, 도둑이 들끓게 되었다."(푸코, 『광기의 역사』, pp. 146~147) 더구나 이들이 한 곳에 머물러 있지 않고 전국을 돌아다닌다는 사실은 그들로선 더욱더 두려운 것이었다. 그들이 보기엔 이 부랑자들은 "도시로 모여들어 공공질서를 깨뜨리고 마차를 에워싸며 교회와 주택의 문 앞에서 큰 소리로 구걸하는 사회적 해충"이었다(푸코, 앞의 책, p. 147).

따라서 국가와 입법자들은 이들을 이미 부랑하고 걸식한다는 사실 그 자체만으로 '자발적인 범죄자'로 취급하였고, 전혀 노동할 조건이 없음에도 불구하고 그들이 노동하지 않는 것을 그들의 의지 문제로 간주했다. 그래서 1530년의 조례에서는, 노동능력이 없는 거지는 면허를 발급받아야 했고, 건장한 부랑자는 "달구지 뒤에 결박되어 몸에서 피가 흐르도록 매를 맞고 그 다음에 그들의 출생지 또는 최근 3년간 거주한 곳으로 돌아가 '노동에 종사하겠다'는 맹세를 한다". 이는 나중에 다음과 같이 보완된다. "부랑죄로 두 번 체포되면 다시 태형에 처하고 귀를 절반 자르며, 세 번 체포되면 그는 중죄인으로 또 공동체의 적으로서 사형에 처한다."(I, p. 1010)

또 1547년 법령에 의하면 "노동하는 것을 거절하는 사람은 그를 게으름뱅이라고 고발하는 사람의 노예로 된다. …… 그는 채찍과 쇠사슬로 노예가 아무리 싫어하는 일이라도 시킬 수 있는 권리를 가진다. 만약 노예가 도주해 2주일이 되면 그는 종신노예의 선고를 받으며, 그의 이마나 등에 S자의 낙인이 찍히며, 만약 그가 세 번 도주하면 반역자로 사형을 당한다. …… 만약 부랑자가 3일간 일없이 돌아다닌 것이 판명되면 그는 출생지로 끌려와 불에 달군 쇠로 가슴에 V자의 낙인이 찍히며, 또 거기에서 쇠사슬에 매여 도로작업 및 기타 작업에 사용된다. …… 누구나 부랑자의 자녀를 그로부터 빼앗아 도제(徒弟)로 남자는 24세, 여자는 20세까지 사용할 권리가 있다"(I, p. 1010).

빈민들의 부랑을 금지하고 처벌하는 이런 법들을 통칭해서 '빈민법'(The Poor Law) —— 흔히 '구빈법'이라고도 번역된다 —— 이라고 불렸다. 차마 그 내용을 직설적으로 붙이기엔 미안해서 이런 이름을 붙였던 것일까? 아니면 일종의 반어(irony)적인 수사법을 사용한 문학적 표현이었을까? 그게 아니면 "빈민들의 위협으로부터 '우리'를 구하는 법"이란 의미를 우직하게 직설적으로 명시한 것이었을까? 이 명칭을 보면서 빈민을 보호하는 법을 떠올리는 우리의 평범한 상상력이 차라리 다행스레 느껴진다.

②대감금

부랑을 막기 위해 사용된 방법이 때리고 귀를 자르고 목을 자르는 잔혹한 형벌들만 있었던 것은 아니다. 17~18세기를 전후해서 유럽에서는 실업자, 가난뱅이, 게으름뱅이, 거지, 광인, 범죄자 등을 모두 잡아서 감금하는 방법을 널리 사용했다. 가령 프랑스의 경우, "1532년 파리 고등법원은 거지들을 체포하여 두 사람씩 쇠사슬로 묶어 하수구에서 일을 시키도록 결정했다. …… 앙리 4세가 파리를 공략하기 시도하던 시기에, 인구 10만도 안 되는 이 도시에는 3만 이상의 거지가 있었다. 17세기 초 경제가 회복되기 시작하면서 사회에서 일자리를 얻지 못한 실업자들을 강제로 감소시키려는 결정이 내려진다. 1607년의 고등법원 판결에 의하면 파리의 거지들은 공공장소에서 채찍질을 당하고 어깨에 낙인이 찍히며 머리털을 바짝 깎인 다음에 도시 밖으로 내쫓기게 되어 있었다. 그들이 도시 안으로 되돌아오는 것을 막기 위해서 1607년의 한 행정명령에 의해 경찰대를 성문에 배치하여 모든 빈민들의 입성을 막게 했다"(푸코, 『광기의 역사』, p. 143). 또 1657년 칙령은 이 무차별적인 대중들에게 이유여하를 막론하고 모든 형태의 구걸을 금지했다. "구걸하다 처음 적발되는 경우에는 태형에 처하고, 두번째 적발되는 경우에는 남자는 노예선으로 보내지고 여자는 시 밖으로 추방된다."(푸코, 앞의 책, p.145)

17세기에 유럽 전역에서는 이들을 감금하는 거대한 수용소들이 만들어진다. 프랑스의 경우 그 수용소는 '종합병원'(l'hôpital général)이라고 불렸고, 독일이나 영국은 '교화소'라는 이름으로 불렸다. 종합병원의 탄생을 가져온 프랑스의 1656년 칙령에 따르면, 그 제도의 목적은 "모든 무질서의 원천인 구걸과 게으름을 막는 것"이었다. 이는 "르네상스 시대 이래 실업 또는 적어도 구걸을 종식시키기 위해 취해져 온 중대한 조치들 중에서 최종적인 것이었다"(같은 책, p.143). 즉 종합병원은 의학적인 의미의 병원으로서 탄생한 것이 아니며, "어떠한 의학적 관념과도 관련이 없는" 장치였다. "종합병원은 의료기관이 아니다. 그것은 오히려 기존의 권력기구들과 나란히 재판소 밖에서 결정하고 판결하며 집행하는 준-사법적 조직이자 일종의 행정단위다."(같은 책, p.120)

이러한 감금의 규모는 너무도 거대했다. 17세기 파리에서는 시민 100명 중 한 명을 '종합병원'에 가두었다고 한다. 이를 두고 푸코는 '거대한 감금'이라고 불렀다. 이 대대적인 감금은, "실업을 서서히 해소하거나 적어도 실업이 사회에 미치는 가장 가시적인 영향을 없애고 너무 오를 우려가 있는 물가를 억제하는, 이를테면 인력시장과 생산물의 가격에 교대로 작용하는" 이중의 역할을 위해서 이용되었다. 하지만 푸코는 이러한 역할보다는 차라리 "실업자들의 비참한 형편을 가리고 실업자들의 동료로 인해 야기될 사회적 및 정치적 난관을 방지하는 것"이, 수용소로 실업자를 흡수했던 감금의 실질적인 기능이었다고 말한다(같은 책, p. 152). 하긴 대책 없이 무턱대고 부랑자의 신체를 때리고 자르고 처벌하는 '빈민법'에 비하면, 감금은 가두어두고 밥은 최소한 먹여주었으리란 점에서, 그나마 좀더 '인간적인' 해결책이었음이 틀림없다.

③ 노동교화

감금의 직접적인 목표는 일자리를 주는 게 아니라 구걸을 막고 부랑자를 가두는 것이었지만, 가두는 사람들은 가둔 사람들을 노동을 통해 '교화' 할 수 있으리라고 믿었다. 다시 푸코의 말을 빌리면, 브리스톨에 수용소를 세울 때 가장 중요하게 생각했던 것은 '노동에 대한 필요성'이었으며, 프랑스의 재상 콜베르 또한 영국인과 마찬가지로 "노동을 통한 빈민구제에서 실업대책과 동시에 사업체의 발전을 위한 활력소를 보았던 듯하다". 확실히 이런 점에서 보자면, "산업화의 그 초기 국면에서는 노동은 산업화가 야기한 문제가 아니라 반대로 그것의 일반적 해결책, 최선의 만병통치약으로, 일체의 빈곤에 대한 처방으로 인식된 것 같다. 노동과 빈곤은 단순한 대립관계로, 즉 간단한 반비례관계로 파악되었다"(같은 책, p. 153).

이런 점에서 노동이란 일반화된 하나의 도덕적 힘이었다. 부랑을 금지하는 유혈입법이나 거대한 감금시설에서 노동이란 원죄 이래로 인간이 받아야 할 불가피한 징벌이며 모든 악의 치유책이요 구원의 보증이었다. "수용소에서의 노동은 윤리적 의미를 갖는다. 즉 게으름은 일종의 반역으로 규정되었기 때문에, 일이 없는 사람들에게 아무런 유용성도 없고 아무런 이득도 없는 노동이 막연한 여가활동으로 강요된 것이다. 감금에 대한 경제적이고 도덕적인 요구는 바로 이러한 노동 경험의 형태로 제기되었다. 고전주의 시대〔17~18세기〕에 노동과 게으름 사이에는, 이전의 나병환자의 대대적 배제를 대신하는 하나의 분계선이 자리잡고 있었다."(같은 책, p. 156)

결국 감금된 수용소에서 노동이란 무엇을 생산하는 활동이 아니라 징벌과도 같은 고통을 참고 견디는 훈련을 뜻하는 것이었던 셈이다. 노동을 뜻하는 프랑스어 트라바유(travail)에 고문과 관련된 의미가 있다는 것은 바로 이런 역사의 흔적인지도 모른다.

④ 경찰

이로써 이제는 "도덕이 경제나 상업처럼 행정의 대상이 되었다"(같은 책, p. 160). 감금과 노동을 연결하며, 그것을 통해서 '도덕화된 인간', '도덕화된 신체'를 만들고자 하는 이러한 조치의 요체를 '치안/경찰' (police)의 문제라고 푸코는 요약한다. "고전주의 시대에 치안/경찰이라는 낱말은 매우 구체적인 의미, 다시 말해 **노동 없이는 살아갈 수 없는 모든 이에게 노동을 가능한 동시에 불가피한 것으로 만들어주는 수단들 전체**라는 의미를 갖는다. …… '무엇이라고? 당신은 당신 자신을 국민으로 확립한 마당에, 모든 부자들이 모든 빈민으로 하여금 노동하도록 강제할 수 있었던 비결을 아직도 모른단 말인가? 그렇다면 당신은 아직도 치안/경찰이라는 첫번째 원리를 모르고 있는 셈이다.'"(같은 책, p. 142)

이는 노동과 치안, 혹은 노동자와 경찰이 단지 시위와 파업이란 사건의 현장에 양자가 반대편에서부터 집결하여 마주선다는 사실보다도 훨씬 더 근본적이고 직접적인 관계가 있다는 것을 알려준다. 여기서 '노동'이란 부랑이나 게으름에 반하여 외적으로 주어지는 규율과 명령을 받아들이고 그것에 순응하는 인간을 만들어내는 기술이자 도덕이며, 강제적으로 시행되는 훈련인 것이다.

⑤ 빈곤의 힘

하지만 노동과 빈곤이 도덕적으로 대립되는 것이었음에도 불구하고, 실제로 양자는 상보적인 관계를 형성하고 있었다. '종교개혁'의 유명한 지도자 중 한 사람이었던 칼뱅(Calvin)은 이를 잘 알고 있었다. "'민중'은, 다시 말해 노동자와 수공업자 대중은 오직 빈곤한 경우에만 신에게 복종한다." 프로테스탄트의 윤리에 대한 유명한 책에서 사회학자 막스 베버는 칼뱅의 이 말을 인용하며 이렇게 덧붙인다. '네덜란드인은 이 말을 '세속화'시켜서, 대중은 오직 빈곤에 의해서만 노동하게 만들 수 있다고 했다.……[이로써] 저임금의 '생산성'에 관한 이론이 나타난 것이다."(베버, 『프로테스탄티즘의 윤리와 자본주의 정신』, p. 132)

18세기 말 내지 19세기의 정치경제학자들은 '빈곤'에 만족하지 않았다. 그들은 '빈곤'이란 말을 좀더 강력한 개념인 '기아'로 대체한다. 그들 또한 칼뱅처럼 '기아'의 '도덕적 기능'이 바로 노동자를 길들이는 것이었다는 점을 명시적으로 지적한다. 예를 들어 타운센드(W. Townsend)는 **기아의 동물학**에 기초해 '구빈법' (다시 또 '구빈법'이다!)을 제정해야 한다고 주장한다. 즉 그는 출처를 알 수 없는 예를 들면서 무인도에 사슴들만 있는 경우에 비해 그것을 쫓고 잡아먹는 개나 늑대가 있는 경우가, 약한 것들이 도태되어 전체적으로 사슴들이 훨씬 더 건강하게 자라게 되는 비결이라고 말한다. 죽고 도망치면서 건강해지는 사슴들. 따라서 빈민들 역시 그들을 쫓는 동물이 있어야 훨씬 더 도덕적으로나 경제적으로 건강해진다. 기아가 바로 그 동물이다. "기아는 가장 광폭한 동물도 길들일 수 있을 것이고, 가장 사악한 동물에게 고상함과 예의·복종 및 종속을 가르칠 것이다. 일반적으로 말해서 그들(빈민)을 자극하여 노동하도록 몰 수 있는 것은 기아밖에 없다."(W. Townsend, *Dissertation on the Poor Laws*; 폴라니, 『거대한 변환』, p. 145에서 재인용)

고통과 쾌락의 계산을 신조로 삼았던 벤섬(J. Bentham)은 빈곤이란 사회에 잔존하고 있는 '자연'이고, 따라서 그에 대한 육체적 제재가 바로 기아라고 보았다. 이러한 "'육체적 제재의 힘이 충분하다면 정치적 제재의 채택은 불필요할 것이다.' 필요한 것은 빈민을 (강제적이고 정치적인 것과 대비되는 의미에서) '과학적이고 경제적으로' 취급하는 것뿐이다"(폴라니, 앞의 책, p. 149). 버크(E. Burke)는 빈민들에게 주어지는 '기아'에서 동정을 느끼는 것이 얼마나 위험한지 지적한다. "그들이 노동하지 않는다면 세상이 존재할 수도 없는 그런 사람들에게 동정을 베풀 때, 우리는 인류의 조건을 경솔히 다루고 있는 것이다."(같은 책, p. 151)

확실히 이런 점에서 우리는, 비록 이들만큼은 아니더라도, 동물학에 대해서, 동물의 육체에 대해서, 아니 살아 있는 것들에 대해서 좀더 진지해질 필요가 있다는 건 분명히 사실인 듯 싶다. 흠, 동물학이라······.

⑥ '전방위 감시장치'

한편 경제가 정치로부터 충분히 독립되었던, 그래서 정치와 무관하게 경제가 충분히 존립하며 작동한다고 생각했던 19세기의 통상적인 정치경제학자들처럼, 벤섬은 이전 시기에 빈민을 노동하게 했던 '치안' 내지 '경찰'이란 정치학적 장치를, 자동적으로 작동하는 다른 종류의 비정치적 장치로 대체할 수 있음을 보여주고 싶어했다. 유명한 '전방위 감시장치'(panopticon)가 바로 그것이었다.

가령 감옥이라면 죄수들이 있는 방들을 원형으로 만들어 배열한다. 그 원의 중심에는 방들보다 높은 감시탑을 세운다. 방들의 뒤쪽에서 해가 들게 만들 수 있으면 더 좋다. 그러면 감시자는 그 감시탑에 앉아서 눈을 돌리는 것만으로 모든 죄수들을 감시할 수 있다. 게다가 감시탑은 감방보다 높기 때문에, 감시자는 죄수들의 일거수일투족을 볼 수 있지만, 죄수들에겐 감시자가 보이지 않는다. 따라서 죄수들은 감시자가 있든 없든 있다고 가정하고 행동해야 한다. 이를 벤섬은 '팬옵티콘'(panopticon)이라고 명명했다. 모든 방향으로(pan) 시선이 동시에 작용하게 하는 광학적(optic) 장치라는 뜻에서.

이는 감옥은 물론 공장과 학교, 심지어 내각에 이르기까지 단 한 사람의 감시자만으로 모든 사람의 행동을 감시하고 통제할 수 있는 자동장치다. 벤섬을 비롯한 공리주의자들은 '최소 비용에 의한 최대 다수의 행복'이라는 슬로건을 내걸었다. 이는 좀더 정확하게 말하면 '최소 비용에 의한 최대 효과'를 의미한다. 이들을 지칭하는 공리주의(功利主義)란 utilitarianism이란 말의 번역인데, 그 말은 최소 비용으로 utility(유용성)를 최대한 얻고자 한다는 것을 뜻한다. 이런 입장에서 본다면 전방위 감시장치는 최소 비용으로 최대 효과를 거두어야 한다는 경제학적 원리를 모든 영역에서 시행하고자 했던 공리주의자의 유토피아였다.

실제로 벤섬은 그것을 단지 감옥의 모델로만 제시한 게 아니라, 학교와 공장, 병원은 물론 정부의 내각조차 수상 한 사람이 모든 관리들을 감시할 수 있는 것으로 만들고 싶어했다. 이기적 본성을 갖는 개인들이란, 감옥에서든 학교에서든, 심지어 정부청사에서든 이런 감시를 통해서만 비로소 요구되는 규율에 따라 '선량하게' 행동하게 된다는 것이 그의 신념이었다. 그들에게 전방위 감시장치란 "악한을 갈아서 선량하게 만들고, 게으른 자를 갈아서 근면하게 만드는 맷돌"(스티븐, 『영국의 공리주의자들』; 폴라니, 『거대한 변환』, p. 154에서 재인용)이었던 것이다. 따라서 감옥에나 어울릴 듯한 전방위 감시장치에서 공리주의자들이 유토피아를 발견했다는 말을 그저 악의에 찬 조롱이나 반어로 받아들여선 안 된다. 반대로 그런 사실이야말로 전방위 감시장치가 공리주의적 유토피아가 될 수 있었던 실질적 이유였던 것이다.

부랑과 구걸을 처벌하는 끔찍한 피의 법률들이나, 아니면 그런 사람들을 추방하거나 가두는 거대한 장치들, 그리고 그와 더불어 노동자나 빈민들에게 도덕을 가르치며 강제되는 빈곤과 기아 등, 부랑자들의 '자유'를 강제 정착과 노동으로 길들이려는 조치들이 삶의 모든 영역에서 거대한 규모로 시행된다. 이것이 정말 '예비 노동자'의 훈육을 명시적인 목표로 하고 있었던 것인가를 다시 물을 필요가 있을까? 적어도 분명한 것은, 이러한 조치들을 통해서 사람들이 새로운 종류의 규율을 현실로 받아들이고 그것에 순응하기 쉽게 변화되었으리란 점이다.

"이와 같이 처음에는 **폭력적으로 토지를 수탈당하고 추방**되어 부랑자로 된 농촌주민들은 그 다음에는 **무시무시한 법령들에 의해 채찍과 낙인과 고문을 받으면서 임금노동의 제도에 필요한 규율을 얻게 된 것이다.**"(I, p. 1013)

### 3) 자본의 혈통

앞서 본 것처럼 자본은 단순히 화폐의 축장이나 집적을 의미하지 않는다. 그것은 자기증식을 위해 투여되는 화폐다. 노동자를 착취하여 잉여가치를 획득할 수 있을 때 화폐는 비로소 자본이 된다. '사전에 이루어진 화폐의 집적', 그것은 로마에도 있었고, 고대 중국에도 있었으며, 고리대자본과 상인자본의 형태로 서양의 중세에도 있었다. 집적된 화폐조차 자본이 되려면 그런 가치증식의 조건을 발견해야 한다. 가치증식의 조건, 노동력이 상품화될 수 있는 조건, 그것이 바로 화폐가 자본이 되는 조건이고, 자본축적이 시작될 수 있는 조건이며, 자본주의가 시작될 수 있는 조건이다.

'사전의 축적' 혹은 본원적 축적이 자본의 발생지를 표시하는 지점이라면, 그곳은 근면 성실하게 일하며 아끼고 절약해서 돈을 모은다는 상투적인 신화가 아니라 바로 이처럼 화폐가 자본으로 전환될 수 있는 현실적 전제조건을 형성하는 곳이다. 노동력을 상품으로 판매하고자 하는 사람들의 존재, 그래서 자본가가 자신의 노동력을 사용하게 하고자 하는 사람들의 존재, 바로 그것이 '자기증식하는 자본'의 비밀이란 점을 우리는 앞서 충분히 살펴보았다.

이 비밀을 해결할 수 있는 열쇠, 그것은 자본의 증식의 전제조건인 노동력의 상품화를 이루기 위해 생산자로부터 토지를 비롯한 생산수단을 약탈하고 그들의 생존수단을 빼앗음으로써 그들이 자신의 노동력을 팔 수밖에 없도록 하는 것이다. 거기에 덧붙여 좋든 싫든 자본의 명령과 자본이 제시하는 새로운 규율에 순응하는 '습속의 도덕'이 부가되어야 한다. 그렇지 않다면 대체 누가 감옥과도 같은 공장에서 행해지는 저 참혹하고 고통스런 '노동력의 사용'에 자신을 맡기려 할 것인가! 상품이나 가치와는 전혀 무관하던 삶이, 생산이나 활동이, 이로써 가치를 생산하고 가치화되는 과정 속으로 들어가게 된다. 이것은 자본주의의 탄생을 위해 요구되는, 화폐나 토지의 거대한 집적보다도 훨씬 더 일차적인 전제조건이다.

물론 이런 발생적 혈통은 거대한 규모로 축적되고 집적된 자본에 가려 보이지 않을지도 모른다. 혹은 태양을 능가하는 화폐의 광채로 인해, 무소부재하고 전지전능한 화폐의 권력으로 인해 보이지 않게 되었을지도 모른다. 가치법칙은 그 모든 약탈의 흔적을 스스로 지우면서 작동한다. 마치 공리주의자 벤섬이 모든 정치적 강제와 억압을 순수하게 경제적인 법칙의 강제, 순수하게 기하학적이고 건축적인 구조의 강제로 바꾸어버렸던 것처럼. 이로써 착취와 잉여가치마저도 노동이 생산한 가치와 노동력 상품의 가치 간의 냉정하고 차분한 경제학적 계산의 문제가 되었다.

그러나 가치법칙에서 착취의 채찍을 보지 못한다면, 노동가치론의 공리계에서 그 틈새마다 비어든 계급투쟁의 처절한 흔적을 보지 못한다면, 마치 본원적 축적에서 참혹한 피의 흔적을 보지 못하는 것과 마찬가지로, 아무것도 보지 못하는 것이다.

## 3. 국내시장의 창출

### 1) 자본주의적 시장

생산수단을 잃었기에 자신의 노동력이라도 팔아야만 하는 광범위한 무산자의 존재와 더불어, 자기증식하는 화폐로서 자본의 정의가 가능하게 했던 실질적이고 역사적인 또 하나의 조건은 시장이었다. 이미 거듭해서 말했듯이 노동력을 팔려는 무산자의 존재 자체는 바로 노동력 상품의 시장(흔히 '노동시장'이라고 한다)이 존재하게 되었음을 의미하는 것이다. 그것은 자본주의적인 생산의 조건이다. 그렇지만 그것만으론 부족하다. 자본은 또한 자신의 생산물을 판매할 수 있는 상품 시장을 필요로 한다.

물론 가령 5일 만에 서는 시골의 '장'처럼 국지적이고 제한적인 소규모의 시장은 그 이전에도 있었고, '본원적 축적'이라 불리는 저 끔찍한 수탈의 시기에도 이미 존재하고 있었다. 자신의 생산수단을 갖고 있으며, 먹고살기 위해 생산하고, 남는 생산물을 다른 것과 교환하기 위해 들고 나가는 소생산자들의 시장이 그것이다. 예컨대 넓지 않은 땅을 소유하고 있으며, 거기서 농사를 지으며 생계를 유지하고 생계수단을 초과하는 부분은 시장에다 내다 파는 농민을 떠올리면 좋을 것이다.

형태들은 때와 곳마다 다르겠지만, 이런 식의 시장은 오랜 시간 이전으로 거슬러 올라가도, 또 '교환'이 발생하는 모든 공간으로 확장되어도 어디서나 쉽게 발견된다. 이것이 아마도 '인간이 존재하는 한 시장은 존재한다'는 식의 생각을 떠받치고 있는 그런 시장의 관념일 것이다. 이는 노동시장의 경우에도 마찬가지였다. 14세기 이래 유럽에서는, 대개 도시 지역에 한정된 것이긴 하지만, 매우 제한적인 규모에서나마 일자리를 구하는 수공업자나 노동자들이 있었고, 또한 필요한 인력을 구하는 시장이 있었다.

그러나 자본의 증식운동은 이러한 시장에서는 제대로 진행되지 못한다. 이미 C—M—C′이란 소생산의 공식과 M—C—M′이란 공식에 대해 언급하면서 자세히 살펴본 바 있듯이, 자본은 필요에 의해 상품을 생산하는 게 아니라 팔기 위해 생산한다. 그렇기에 그 상품들은 팔지 않으면 별다른 쓸모가 없다. 즉 창고에 쌓아두거나, 그나마 창고비마저 부담스러우면 내다버려야 한다. 따라서 생산한 상품은 무슨 일이 있어도 팔아야 한다. 게다가 자본은 '최소 비용에 의해 최대한 많이 생산한다'는 것을 원칙으로 삼고 있다. 개개 상품의 비용을 낮추어야 다른 자본과의 경쟁에서 유리하기 때문이다.

반면 소생산자들은 자신이 필요한 것을 스스로 생산하며, 남는 잉여생산물만을 시장에 들고 오기 때문에, 이들이 내다 파는 상품의 규모는 작다. 그리고 그걸 판 돈으로 상품을 사기 때문에 살 수 있는 상품 또한 그 규모가 작다. 아무리 좋은 옷감이 있어도, 입을 옷감은 대개 스스로 만들기 때문에 굳이 살 이유도 없고, 게다가 사고 싶어도 살 돈이 없는 것이다. 이는 노동력 상품의 경우에도 마찬가지다. 비록 충분하진 않아도 먹고 입을 것이 있다면, 굳이 고통스런 노동을 감내할 이유가 없기 때문에 노동력을 상품으로 팔 생각을 하지 않을 것이다.

더구나 자본주의 이전의 유럽 사회는, 식민지에서 발견한 이른바 '미개사회'와 마찬가지로 일이나 생활이 공동체와 결부되어 있었기 때문에, "사회공동체가 통째로 곤경에 빠져들지만 않는다면, 개인들은 굶어죽을 염려가 없었다. 예를 들면 카피르(Kafir) 족의 크랄 토지제도 아래서는 '결핍이란 있을 수 없다. 원조를 필요로 하는 사람은 누구라도 그것을 받는다.' 콰키우틀(Kwakiutl) 족은 '일찍이 굶주리게 되는 위험에 직면한 적이 전혀 없었다.' …… 마찬가지로 16세기 초엽까지 유럽의 거의 모든 사회조직에서도 결핍으로부터의 자유라는 조건이 인정되고 있었다"(폴라니, 『거대한 변환』, pp. 204~205). 이런 경우 노동력 시장도, 일반적인 상품시장도 지극히 제한적인 규모 이상으로 나타나지 않는다. 이런 조건 아래서 자본주의는 탄생할 수 없으며, 자본의 증식이나 축적 역시 불가능하다.

반면 자본주의에서 시장은 강한 의미에서 강제고 의무가 된다. 기아에 의해서든 결핍에 의해서든 시장에 나가서 노동력을 팔고 시장에 나가서 상품을 사는 '내적 강제'가 자본주의적 시장의 전제고 요체다. 가령 앞서 경제학자가 빈곤과 기아의 '도덕적 기능'에 대해 말했던 것이 바로 이를 보여준다. 빈곤과 굶주림이야말로 사람을 노동시장으로 내몰고, 자본가의 의지대로 일하게 하는 힘인 것이다. 그래서 예컨대 유럽의 식민주의자들은 다른 대륙의 원주민으로 하여금 노동을 팔아 생계를 유지하도록 강요하려는 목적으로 그들의 전통적 제도를 파괴하고 상호부조적인 공동체를 뿌리째 뽑아버린다. "예를 들면 식민지 통치자는 [원주민을 시장으로 내몰려고] 인위적으로 식량부족을 야기시키기 위해 빵나무를 베어버릴 수도 있고 원주민들이 노동을 팔도록 강요하기 위해 가옥세를 징수할 수도 있을 것이다. 어느 경우에도 효과는 부랑자 무리를 발생시켰던 튜더 왕조 때의 엔클로저의 결과와 동일하다."(폴라니, 앞의 책, p. 205)

여기서 인용한 폴라니의 말은 거꾸로 엔클로저를 통해 야기된 결과가 무엇이었던가를 잘 보여준다. 맑스 또한 이렇게 말하고 있다. "농촌주민의 일부의 수탈과 추방은 산업자본을 위해 노동자와 그들의 생활수단 및 그들의 노동재료를 분리시킬 뿐만 아니라, 또한 **국내시장을 창조**한다. 사실상 소농민을 임금노동자로 전환시키며 그들의 생활수단과 노동수단을 자본의 물질적 요소로 전환시킨 사건들은 동시에 자본을 위한 국내시장을 조성했다. 종전에 농민가족은 생활수단과 원료를 자신이 생산했으며 그리고 그 대부분을 자신이 소비했다. 그런데 이제는 이 원료와 생활수단이 상품으로 되었다."(I, p. 1027)

이전에는 농민들이 직접 생산하던 물건들이 이제는 자본가들에 의해 생산된 상품이 되고, 무산자가 된 농민들은 이것을 사야 한다. 그리고 여기에 필요한 돈을 벌기 위해 자신의 노동력을 팔아야 한다. 농업적 소생산이나 농촌가내공업은 이러한 '시장'의 적이다. "농촌의 가내공업을 파괴함으로써만 한 나라의 국내시장은 자본주의적 생산방식에 필요한 규모와 안정성을 가질 수 있게 된다."(I, p. 1028) 자본가들은 농민들에게서 토지를 비롯한 생산수단과 생활수단을 빼앗음으로써 자신의 재산을 축적했을 뿐만 아니라, 상품시장과 노동력 시장을 동시에 창출한 것이다. 돌멩이 하나로 세 마리 새를 잡은 것이다. 아니, 거대한 폭탄 하나로 엄청난 수의 인민들을 한꺼번에 잡은 것이다.

따라서 **단순상품생산 내지 소생산에서 비롯되는 국지적인 자연발생적 교환의 장**으로서의 시장과, **기아와 결핍을 통해 강요되는 전면적 교환의 장**으로서의 자본주의적 시장을 구별하지 못하는 것은 멀쩡한 고기와 덫에 놓인 고기를 구별 못하는 너구리보다 더 한심한 일이다. 혹은 그

두 개의 시장간에 존재하는 구별을 흐리면서 후자를 전자로 '일반화'하는 것은 고기를 미끼로 덫을 놓는 교활한 사냥꾼보다 더 악의적인 것이다. "시장에 맡겨 두라"는 자유주의의 구호에서 '시장'이 기아에 의해 강요되는 시장임을 보지 못하는 것도, 그리고 그들이 말하는 자유가 기아에 의한 강제를 의미함을 보지 못하는 것도 이와 다르지 않다.

 자본주의에서 시장이란 삶의 한가운데에 기아와 죽음을 끌어들이곤, 삶조차 항상 죽음의 지배 아래 있음을 끊임없이 상기하는 방식으로 생존하게 하는 세계다. 이런 의미에서 그것은 어쩌면 "우리만이 죽음의 의미를 안다"는 식으로 동물과 자신을 구별하려는 철학적 인간학에 던지는 경제학적 동물학의 냉소적 풍자처럼 보인다. 이미 우리는 한 자유주의자가 제창한 '기아의 동물학'에 대해 들은 바 있지 않은가! 그렇다면 삶의 조건이 되어버린 죽음을 통해서 삶조차 죽음의 일부로 만들어버리는(저축이 '유예된 소비'라면, 삶이란 '유예된 죽음'이다!) 자유주의자의 경제학적 허무주의를 발견하지 않고서 어떻게 그 냉소적 풍자를 받아넘길 수 있을 것인가? 어떻게 뜨거운 홍소(哄笑)로 되돌려줄 수 있을 것인가?

## 2) 도시와 시장

여기서 하나 더 부연할 것은 자본주의적 시장의 발생을 이미 충분히 발전되어 있었던 중세 도시에서 상업과 시장이 확대되면서 나타난 것이라고 하는 또 하나의 신화에 관한 것이다. 물론 14세기, 특히 15세기를 넘어서면서 유럽에는 상업이 발달한 자치도시들이 크게 늘어난다. 한자(Hansa) 동맹이라고 불리는 북유럽의 거대한 도시 동맹체, 베네치아나 피렌체, 밀라노, 제노바 등의 북부 이탈리아 도시들, 혹은 안트워프나 암스테르담 등의 서유럽 도시들이 그것이다. 이들 지역에서 시장이 발전된 것 또한 부정할 수 없는 사실이다.

그러나 자본주의적 시장은 이러한 시장의 양적 확대로 형성되지 않았다. 반대로 자치도시를 조직하던 다양한 조직들은 상품시장이나 노동력시장이 도시 바깥으로 확산되는 것을 저지했다. 원래 그 도시들은 원격지 교역을 통해서 특별한 이윤을 획득하고 있었는데, 도시나 도시동맹체가 확대되면서도 그런 교역의 양상은 도시간을 연결하는 독점적인 연결망에 따라 행해졌다. 도시에 잇닿아 있는 다른 지역, 가령 농촌지역의 경우에는 그 연결망에서 제외되어 있었다.

그들은 도시에서 도시 바깥으로 시장과 교역이 확산되는 것을 여러 가지 독점적 권리를 이용해서 방지하고 방해했다. 왜냐하면 자신들이 상업과 무역을 독점함으로써 획득하는 초과이윤(우리의 개념으로 말하면 일종의 '절대이윤'이다)이 시장의 확산에 따라 감소되는 것을, 농촌 지역에서 얻던 초과이윤이 감소되는 것을 방지하고자 했기 때문이다. 그래서 "농촌의 봉건제도와 도시의 길드제도는 고리대금업과 상업에 의해 조성된 화폐자본이 산업자본으로 전환하는 것을 방해했다. ……새로운 매뉴팩처는 해안의 항구 또는 [구도시와 그 길드의 통제 밖에 있는] 농촌지역들에 건설되었다. 이 때문에 영국에서는 이러한 새로운 공업 배양지들을 반대하는 자치도시의 치열한 투쟁이 일어났다"(I, pp. 1032~1033).

그러나 영국은 차라리 양반이었다. 왜냐하면 유럽 전체에서 영국은 그런 자치도시의 발전이 가장 취약한 지역의 하나였기 때문이다.

"한자동맹은 독일의 경제활동을 전국화(nationalizing)하기는커녕 의도적으로 내륙지역을 교역에서 배제시켰다. 안트워프나 함부르크, 베네치아나 리용 등의 교역은 네덜란드나 독일, 이탈리아나 프랑스의 교역이 결코 아니었던 것이다. 뤼벡이 '독일 것' 이 아니었던 것처럼 런던도 '영국 것' 이 아니었다."(폴라니, 앞의 책, p. 85)

이처럼 도시의 원격지교역은 자본주의적인 국내교역의 모태가 아니었으며, 오히려 그것의 방해자였다. 그렇다고 농촌에서 제한적으로 이루어지던 '장' (지방 시장)이 자본주의적 시장의 모태가 된 것도 아니었다는 것은 이미 충분히 말한 대로다. 더구나 도시가 지배한 원격지교역과 이런 지방 시장은 단절되어 있어서, 가령 외국 상인의 소매행위는 전면적으로 금지되어 있었다. 이 두 가지 시장은 "유동적인 자본이 도시의 여러 제도들을 해체시킬지 모른다는 위협에 대한 도시측의 반발"로 인해 더욱더 엄격하게 분리되었다(같은 책, p. 87).

### 3) 시장과 국가

그렇다면 자본주의적 국내시장은 어떻게 창출되었던가? 그것은 이미 본 것처럼 한편으로는 농민들의 생산수단을 탈취하고 소생산을 파괴하여 상품시장과 노동력시장을 창출한 피비린내 나는 저 '본원적 축적' 의 과정에 의한 것이었다. 다른 한편으로 그것은 자치도시의 특권과 텃새를 분쇄하여 도시간의 구별이나 지방간의 구별, 도시와 농촌의 구별을 점차 넘어선 전국적 시장을 수립하고자 했던 국가에 의해 이루어졌다. 16세기경의 '중상주의 체제' 는 바로 이러한 과제를 자신의 목표로 하고 있었다. 절대주의 왕정으로서는 봉건귀족에 의한 지역적 분할과 자치도시에 의한 지역적 분리를 극복하여 하나의 영토 국가로 통합하는 것이 가장 중요한 과제의 하나였기 때문이다. 중상주의는 절대주의 국가 입장에서 이처럼 분리된 교역을 통합하여 하나의 전국적 시장을 창출하려는 전략이었고, 이로써 영토적으로 통합된 국가를 확립하려는 통치의 기술이었다.

요컨대 자본주의적 국내시장은 토지약탈과 유혈입법, 거대한 수용소 등을 경유하는 경로로든, 아니면 이렇듯 절대주의 체제의 정치적 목적을 경유하는 경로로든, 국가의 적극적인 개입과 통제에 의해서 인위적으로 창출된 것이다. 그리고 폴라니가 보여주듯이, 이후에도 이러한 시장은 스미스 말처럼 "내버려 두어"(Laissez faire)도 자연발생적으로 작동하는 자연적 메커니즘이 아니었다. 그것은 시장의 '자연적' 작동을 보장하려는 다양한 국가적 통제에 의해서만 유지되었다. 자본가들이 시장을 만들어내기 위해 인위적으로 기아와 굶주림을 만들어냈던 것처럼, 시장의 힘을 신봉하고 숭배하는 자유주의자들이 시장의 '자연적' 작동을 위해 국가와 제도를 이용하려고 하는 것은 이러한 이유에서다.

## 4. '본원적 자본'은 어떻게 축적되었나?

### 1) 공채와 세금

이미 누차 지적했듯이, 본원적 축적은 일차적으로 생산자와 생산수단의 분리로 정의된다. 그러한 조건을 창출하는 과정이 유례없는 폭력과 강탈, 추방과 감금, 잔혹한 처형 등에 의해 이루어졌다는 것은 이미 거듭해서 말한 바 있다. 노동이 인간의 본질이 되고 노동이 가치의 본질이 되었던 것은, 그리하여 가치론의 공리계가 성립되었던 것은 바로 이런 '비-인간적'이고 '비-가치적'인 힘들에 의해서였다.

그런데 그것은 동시에 폭력적으로 약탈하고 강탈한 토지와 생산수단을 무산자 대중의 반대편에 집적하고 '축적'하는 과정이기도 했다. 그렇게 '축적'된 자본이 바로 소위 '본원적 자본'을 형성하며, 그런 축적이 바로 스미스가 말했던 '사전적 축적'이요 '본원적 축적'이다. 물론 이에 더하여 '본원적 축적'의 다른 계기들이 부가된다. 영국의 경우에는 본원적 축적의 상이한 요소들을 이러한 식민제도와 더불어 국채제도와 근대적 조세제도 및 보호무역제도 등으로 체계적으로 통합하였다고 한다(I, p. 1033).

"공채(公債)는 본원적 축적의 가장 강력한 지렛대의 하나가 된다. 마치 마술 지팡이로 치는 것처럼, 공채는 비생산적인 화폐에 창조의 힘을 부여하고 그것을 자본으로 전환시"킨다(I, p. 1038). 즉 국가는 은행이나 다른 채권자들에게 공채 내지 국채를 발행하는데, 이럼으로써 가령 은행은 채권자가 되고 국가는 채무자가 된다. 그런데 그 국가의 채무는 누가 갚는가? 그 국가의 국민이다. 가령 'IMF'라는 이름으로 불리는 지난 '외환 위기' 때 한국 국민들은 '외채'를, 즉 외국에 진 국가의 채무를 갚기 위해 금을 모으는 소동을 벌였다. 그들은 모두 나라의 부채를 자신이 갚아야 한다는 것을 잘 아는 사람들이다. 그러나 우리처럼 들고 나갈 금반지도 없는 사람조차 좋든 싫든 주머니를 털어서 나라의 채무를 갚아야 한다. 세금으로든, 아니면 다른 수단을 통해서든 나라의 채무는 그 나라 국민 모두의 주머니를 털어서 갚는 것이다.

국가 안에 포섭된 국민은 국가가 발행한 채권과 그에 대한 이자까지 갚지 않으면 안 된다. 따라서 세금 내지 조세제도는 이러한 공채나 "국채 제도의 필수적인 보완물"이다.

"국채는 정부의 임시지출을 납세자가 당장 그 부담을 느끼지 않는 방법으로 조달할 수 있게 하지만, 결과적으로는 세금을 인상하지 않을 수 없게 한다. 한편, 차례차례로 계약된 국채의 누적 때문에 야기된 세금의 증가로 말미암아 정부는 새로운 임시지출을 할 때마다 끊임없이 새로운 국채를 발행하지 않을 수 없다. 그리하여 …… 근대적 조세제도는 그 자체 안에 조세의 자동적인 점진적 증대의 맹아를 내포하고 있다. 과중한 과세란 우연한 것이 아니라 오히려 과세의 원칙이다."(I, p. 1040)

이런 의미에서 맑스는 조세제도는 "임금노동자들을 순종·절제·근면케 하며 …… 과도한 노동에 종사케 하는 가장 좋은 제도"라는 네덜란드인 드 비트(De Witt)의 말을 인용하고 있다(I, p. 1040).

## 2) 식민주의

그렇지만 이러한 '본원적 축적'의 요소들 가운데 가장 중요한 것은 유럽 외부로부터 유입되는, 아니 외부세계를 강탈하여 획득한 부의 요소들이다. "아메리카에서 금 은의 발견, 아메리카 대륙에서 원주민의 섬멸과 노예화 및 광산에서의 생매장, 동인도의 정복과 약탈의 개시, 아프리카가 상업적 흑인 수렵장으로 전환——이러한 것들이 생산의 자본주의적 시대를 알리는 새벽의 특징이었다. 이러한 목가적인 과정들은 본원적 축적의 주요한 계기들이다."(I, p. 1033) 이를 유럽 내부에서 자행된 토지 약탈과 농촌주민의 축출, 감금과 대비해서 본원적 축적의 '외적 계기'라고 말할 수도 있을 것이다(물론 여기서 사용되는 '외부', '외적 계기'라는 말은 지리적이고 외연적인 경계를 통해 정의되는 개념이며, 그런 만큼 '내부'와 대립되는 개념이다. 반면 우리가 빈번히 사용하는 '외부'라는 개념은 가령 가치론의 공리계의 '외부'처럼 공리계 내부에서 존재하며 작동하는 외부고, 그러한 내부를 가능하게 하는 외부며, 가장 넓은 의미로는 공리계의 제한이 존재하기 이전의 모든 방향을 향해 열린 잠재성 전체다).

우리는 이러한 식민지 약탈과 강탈이 소위 '신대륙의 발견'이니 '지리상의 발견'이니 하는, 마치 과학적인 정열에 의해 추동된 어떤 발견인 것처럼 불린다는 사실을 잘 안다. 그러나 또한 우리는 콜럼버스나 아메리고 베스푸치 등을 비롯한 대부분의 '모험가'들이 '일확천금'의 꿈을 안고 금과 부를 찾아서 항해에 나선 탐욕스런 약탈자들이라는 것도 잘 안다. 또한 스페인으로 하여금 한때 유럽 경제의 중심으로 부상하게 했던 이 '발견'이 사실은 인도와 아시아 무역을 둘러싸고 포르투갈에게 밀려서 다른 무역로를 찾으려는 시도로 이루어진 것임을, 그래서 그 대륙에 사는 사람들에게 어이없게도 '인디언'이라는 이름이 붙게 되었다는 사실 또한 잘 알고 있다.

오랜 항해와 '모험'에 굶주리고 지친 이 유럽인을 새로운 친구로 맞아들였던 '인디언'들, 혹은 아즈텍의 경우처럼 우연이 만들어낼 수 있는 가장 불행한 결합에 의해 '신의 사자들'로 환대했던 인디언들에게 이 유럽인들이 어떻게 대했던가에 대해서도 잘 안다. 속임수와 배신, 약탈과 강탈, 강간과 도둑질, 그리고 법과 무력에 의한 살해의 역사는 아마도 지구상에 '역사'라는 게 존재한 이래 가장 비참하고 끔찍한 것으로 기억되어 마땅한 것이다. "그들은 이 미개인들을 동물이라고 생각했거나 적어도 그러길 바랐지만, 이른바 미개인들은 그들 백인들이 신은 아니라고 생각했다"는 인류학자 레비-스트로스의 말(『슬픈 열대』, p. 196)은 슬프고 가슴아픈 말이다.

그러나 '문명'과 '계몽'이란 이름으로 행해진 이 거대한 야만과 약탈을 '역사'는 다른 색깔로 치장하고 은폐하며 기억에서 지워버린다. 그래서 아직도 멕시코 밀림에서 유럽인의 후예들과 싸우고 있는 사파티스타 대변인 마르코스의 말은 더욱더 가슴아프다. "죽는다는 것은 어쩔 수 없다고 해도 잊혀진다는 것은 참으로 가슴아픈 일이었습니다."(마르코스, 『우리의 말이 우리의 무기입니다』, p. 486)

북아메리카에서 인디언들은 돈과 무력, 사기와 강탈 앞에 굴복하기보다는 전투와 항쟁을 선택했고, 자본에 의해 노동하기보다는 차라리 죽음을 선택했다. 그 결과 자연과 더불어 상생적(相生的) 세계를 이루며 평화롭고 자유로운 삶을 살던 사람들이 시끔은 서틉되는 약탈과 살육에 밀려 거의 멸종(!)되거나 동물원과도 같은 '보호구역'에 갇혀 간신히 생존을 유지하고 있다. 혹은 잔혹한 약탈자로 그려지는 수많은 '서부극' 속에서 그 치욕적인 존재의 기억을 유지하고 있다.

남아메리카에서는 인디언들이 백인들의 총탄에 죽은 데 더해, 강탈과 함께 백인의 몸에 묻어 들어온 미생물에 의해 근 85%에 이르는 주민이 죽어버렸다. 그 결과 대륙 전체를 백인이 간단히 접수하여 지배하게 되었다. 그나마 살아남은 사람들은 광산으로 끌려가 금과 은을 채굴하는 작업을 해야 했다. 이런 방법으로 유럽인 약탈자들이 유럽으로 실어 나른 금·은은 노동력을 고용하고 상품을 구매할 수 있는 거대한 자본으로 집적되었다. 이것이 이른바 '본원적 축적'의 또 하나의 중요한 계기였다는 것은 굳이 맑스의 설명이 없어도 쉽게 이해할 수 있는 것이다.

### 3) 노예사냥

아프리카의 흑인 사냥과 흑인 노예에 대해서 길게 말할 필요가 있을까? 다만 지적하고 싶은 것은 19세기, 산업혁명으로 인해 자본주의가 노동을 실질적으로 포섭하여 한참 잘 나가던 시절에도, 그리하여 '인간'의 이름으로 노동하지 않는 자를 비난하던 시절에도, 자본은 자신이 필요하다면, 그리고 가능하기만 하다면, '인간'의 이름과는 너무도 거리가 먼 끔찍한 노예제마저 얼마든지 이용하며 유지하려 했다는 점이다. 20세기에 만들어진 그리피스(D. W. Griffith)의 유명한 고전적 영화 「국가의 탄생」은 미국이라는 국가의 탄생이 흑인 노예들과 얼마나 밀접한 관계가 있었던가를 어이없는(!) 방식으로 보여준다. 거기서 저 영화사의 '고전'은 노예해방으로 인해 기고만장하게 된 천한 흑인들을 처형하기 위해, 그들의 만행으로부터 자신의 누이를 지키기 위해 백색 두건을 덮어쓰고 무기를 드는 것이 피할 수 없는 일이었음을 설득하려 한다. KKK라고 불리는 그 조직의 탄생은, 흑인 노예들의 강제노동을 통해서 성립했던 미국의 국가적 기원, 혹은 미국 자본주의의 중요한 '본원적 자본'을 역설적이게도 잘 보여준다.

뿐만 아니라 "17세기의 전형적인 자본주의국이었던 네덜란드의 식민지 경영사는 '배신·매수·학살·비열의 유례없는 광경'을 보여준다"면서 맑스는 그들이 자바 섬에서 사용할 노예를 얻기 위해 셀레베스 섬에서 실시했던 인간약탈제도를 예로 들고 있다. 가령 우리는 이 책에서 그 섬의 마카싸르(Macassar)라는 도시는 훔쳐온 젊은이들을 노예선으로 옮길 때까지 숨겨두었던 비밀감옥으로 가득 차 있었고, "거기에는 가족으로부터 강제로 분리되어 쇠사슬에 얽매여 있는 〔탐욕과 포악의 희생자인〕 가엾은 인간들로 가득 차 있다"는 보고서를 읽을 수 있다(I, p. 1034).

또 "자바 섬의 한 지방인 바뉴완기(Banjuwangi)는 1750년에는 주민의 수가 80,000명 이상이었는데, 1811년에는 8,000명에 불과했다"(I, p. 1035). 노예무역에 의한 '축적'은 영국의 경우도 마찬가지였다. 영국의 공업 중심지 가운데 하나인 리버풀은 "노예무역에 의해 크게 성장했다. 노예무역은 이 도시의 본원적 축적의 방법이었다. …… 리버풀에서 노예무역에 사용된 선박의 수는 1730년 15척, 1751년 53척, 1760년 74척, 1770년 96척, 1792년 132척이었다"(I, pp. 1044~1045).

자본주의는 자본주의적인 방법으로만 축적하고 착취한다는 것처럼 순진하고 어리석은 믿음은 없다. 경제적으로만 계산하는 자본가가 있고, 비경제적 강제는 없으며, 오직 경제적 강제에 몰려 노동력을 팔러온 사람을 고용하는 그런 임금제도만이 자본주의에 합당하다고 생각한다면, 자본주의가 지배하는 세계 어디서도 자본주의를 발견할 수 없을지 모른다. 17세기는 네덜란드 도시들의 시대였고, 18세기 후반 이후는 영국이 그리고 미국이, 자본주의의 가장 선진적이고 전형적인 사례를 형성하던 시기였다. 보다시피 그 시기 전형적인 자본주의는 이처럼 노예매매와 노예사냥을 통해 거대한 자본을, '본원적 자본'을 축적하고 있었던 것이다.

휴머니즘의 시대라고 불리는 시기가 바로 아메리카 대륙의 '발견'과 약탈이 시작된 시기와 일치한다는 것을 유심히 생각해 본 적이 있던가? 그 시대에 르네상스 유럽인들이 아메리카 인디언들을 두고서 그들이 '인간'인가 아닌가 하는 논쟁을 벌였다는 얘기를 들은 적이 있던가? 물론 짐작하겠지만, 그 논쟁은 단지 인간에 대한 인문학적 논쟁이 아니라 그들을 노예로 사용해도 좋은지, 그래선 안 되는지를 두고 다투던 '실천적' 논쟁이었다. 그런데 그들 '인디언'이 동물인지 인간인지를 두고 논쟁을 벌이던 르네상스 시절의 인본주의자들 중 어느 누구도 흑인들이 인간이 아님을 의심하지 않았다는 사실을 알고 있는지? 이런 식으로 형성된 '인간'이란 개념이 서양인들이 말하는 인간중심주의(Humanism)와 무관하지 않은 것만큼, 이들을 노예로 사용하고자 하는 욕망이 경제학자들이 말하는 '본원적 축적'과도 결코 무관하지 않다는 것을 굳이 길게 말할 이유가 있을까?

### 4) 축적의 신과 그 선교사들

덧붙이자면, 이러한 식민지 약탈을 위한 배에는 인간을 특권적인 존재로 창조하신 신의 충실한 성직자들이 항상 타고 있었다는 것 또한 우리는 잘 알고 있다. 그들은 끔찍한 식민지 '개척'을 자신의 신의 위대한 능력 아래 다른 인민들을 '개종'시키는 선교로 정당화했을 뿐만 아니라, 스스로 직접 나서서 식민지인들을 착취하고 노예로 삼았으며 강탈하고 살육했다. 영화 「미션」은 순진하지만 무력한 '미개인'과 그들의 생존을 좌우할 수 있는 권력집단인 교단 사이에서, 이 '미개인'들 또한 신을 알고 예술을 하는 '인간'임을 증명하려는 고지식한 선교사를 중심에 놓고 펼쳐진다. 하지만 교단에서 바라는 것은 그들이 '인간'임을 증명하는 것이 아니었다. 차라리 그 반대였다고 해야 할 게다. 결국 그 미개인들은 한편은 총을 들고 교단에 대항하는 선교사를 따라, 다른 한편은 십자가를 들고 "불쌍히 여기소서!"를 외치는 선교사를 따라 죽음으로 이어지는 두 개의 길을 간다.

이 경우는 '미개인'들에 대한 선교사의 진정성이 있었기에 영화거리라도 될 수 있었다. 그렇지만 이들조차도 자신들의 기준에 따라 '인간'임을 증명하려고 했고, 이를 위해 '미개인'들을 자신들이 아는 '인간'의 기준에 맞추고자 했으며, 자신들이 믿는 '신'의 지배 아래 그들의 삶을 끌어들였다. 하긴 그거야 '선교'의 전제니까 문제 삼을 게 없는 건지도 모른다. 문제는 차라리 이런 선교사란 영화에나 나올 정도로 드물거나 아니면 현실에 없는 허구적인 인물이란 점일 게다. 대개의 선교사란 함께 배를 타고 간 자본가들과 손을 잡고 그들의 약탈의 잔혹성을 이단자에 대한 신의 노여움으로 치장하고 그들의 정복을 신의 정복으로 찬양하는 인물이었다.

미국땅에 들어간 개신교도들은 땅과 광산을 빼앗기 위한 인디언 사냥을, 여호와의 부름에 답하지 않은 이단자들의 처형으로 묘사했다. 인디언 마을을 침략하는 선봉에는 항상 선교사들이 있었다. 세네카 족 추장인 사고예와타('사람들을 깨우는 자'라는 뜻. 빨간 윗도리라는 이름으로 더 잘 알려져 있다)는 자신들을 가르치러 온 선교사에게 이렇게 말했다. "백인들은 온갖 나쁜 짓을 행하면서도 그것도 모자라 자신들의 교리를 인디언들의 입에 강제로 구겨넣으려 하고 있다."(류시화 편, 『나는 왜 너가 아니고 나인가?』, p. 49) 『동물기』로 유명한 어니스트 시튼(E. Seton)은 자신의 책 『인디언의 복음』에서, 17세기의 프로테스탄트주의자 묘비에 나타나는 전형적인 기록이라고 하면서 린 S. 러브라는 인물의 묘비 명구를 인용하고 있다.

"한평생 그는 주께서 그의 손에 부치신 인디언 98명을 죽였다. 그는 삶이 끝나 그의 본향에서 주의 팔에 안겨 잠들기 전에 100명을 채우길 바랐다."(『인디언의 복음』, p. 132)

맑스는 이에 대해 이렇게 말한다. "진정한 식민지들에서도 **본원적 축적의 기독교적 성격**은 나타나지 않을 수 없었다. 신교의 엄격한 주창자들인 뉴잉글랜드의 청교도들은 1703년에 그들의 의회의 결의에 의해 인디언의 머리 가죽 1장이나 포로 1명에 40파운드의 상금을 걸었고, 1720년에는 머리 가죽 1장에 상금이 100파운드로 되었……다."(I, p. 1036) 그래서 맑스는 기독교를 전공하고 있는 하위트(W. Howitt)를 인용하여 이렇게 말하고 있다. "이른바 기독교 인종이 〔정복할 수 있었던〕 세계의 도처에서 또 모든 주민들에 대해 수행한 야만 행위와 잔인한 행위는 어떤 역사적 시기에도 그 유례가 없으며, 또 아무리 난폭하고 몽매하며 무정하고 파렴치한 인종도 그것을 따라갈 수 없다."(I, pp. 1033~1034)

이 참상을 주재하시는 위대한 축적의 신과 그의 선교사들을 이해하는 데는 전형적 사건 하나면 충분할 것이다 : 매사추세츠 해안에 정착한 청교도들은 자신을 '해안의 성자'라고 칭했는데, 이 성자들은 왐파노그 족, 피쿼트 족, 나라간세트 족, 니프무크 족 인디언들이 기독교를 받아들이길 거부하자 미스틱 리버라는 이름의 강 하구에 사는 피쿼트 족 마을을 공격했다. 그들은 마을에 불을 지르고 불길을 피해 달아나는 마을 주민 7백명 대부분을 학살했다. 포로로 잡힌 인디언들 가운데 남자는 서인도 제도에 노예로 팔려가고, 여자들은 병사들이 나누어 가졌다. 공격 대열에 참여했던(!) 코튼 매더 목사는 다음과 같은 기록을 남겼다고 한다(류시화 편, 앞의 책, p. 54).

"인디언들은 불에 구워졌으며, 흐르는 피의 강물이 마침내 그 불길을 껐다. 고약한 냄새가 하늘을 찔렀다. 하지만 그 승리는 달콤한 희생이었다. 사람들은 모두 하느님을 찬양하는 기도를 올렸다."

### 5) 폭력의 경제학

국가권력을 앞세운 이러한 식민주의는 "자본 집적의 강력한 지렛대"였으며, 이른바 '본원적 자본'의 형성에서 어쩌면 가장 중요한 계기를 제공했다고 말해도 좋을 것이다. "[유럽 밖에서 직접적인 약탈과 토착민의 노예화와 살인 강도에 의해 획득한] 재물은 본국으로 흘러 들어와 거기에서 자본으로 전환되었다."(I, pp. 1036~1037) 그래서 이전에 '종속이론'을 말하던 사람들이나, 그와 약간 다른 맥락에서 '세계체제론'을 말하던 사람들은, 자본주의를 일국적인 현상으로, 다시 말해 일국적인 차원에서 발생하여 발전할 수 있는 것으로 보는 데 반대한다. 이른바 '후진국'에 대한 지배와 착취 없이는 '선진국'의 자본주의 발전은 불가능하다고, 혹은 식민지의 자연과 인민, 부에 대한 저 잔혹하고 끔찍한 착취와 수탈이 없었다면 자본주의는 결코 시작될 수 없었을 것이라고. 그런 점에서 자본주의 세계 발전의 은폐된 배경에는 비자본주의 세계에 대한 착취와 수탈이 있었던 것처럼, 비자본주의 세계의 피폐와 몰락, '저발전'의 은폐된 배경에는 정확하게 자본주의 세계의 착취와 수탈이 있었다고 말해야 할 것이다.

따라서 맑스의 다음과 같은 유명한 문장은 전혀 과장이 아니며, 어쩌면 실제로 진행된 사태를 묘사하기에 오히려 충분치 못한지도 모른다. "만약 화폐가, 오지에(Marie Augier)가 말하는 바와 같이, '한쪽 볼에 핏자국을 띠고 이 세상에 나온다'고 하면, 자본은 머리에서 발끝까지 모든 털구멍에서 피와 오물을 흘리면서 이 세상에 나온다고 말해야 할 것이다."(I, p. 1046)

마지막으로 확인해 두어야 할 것은, '본원적 축적'이니 '사전적 축적'이니 하는 이름으로 자본의 신성한 기원이 된 이 끔찍한 탄생과정 전체에 걸쳐서 '보편적인' 수단이 되었던 것은 국가장치 내지 국가적 폭력이었다는 사실이다. 토지의 약탈이나 부랑자의 처형과 감금은 국가권력을 통해서 진행되었음을 이미 충분히 보았다. "신흥 부르주아지는 …… 노동자 자신을 자본에 정상적인 정도로 종속시켜 두기 위해, 국가권력을 필요로 하며 또한 그것을 이용한다. 이것이 이른바 본원적 축적의 하나의 본질적 측면이다."(I, pp. 1013~1014) 혹은 전국적인 시장의 창출이나 국채제도, 조세제도, 보호주의, 나아가 악마적인 식민주의에 이르기까지 국가의 저 거친 손길이 닿지 않은 곳은 없었다.

"이 모든 방법들은 봉건적 생산양식의 자본주의적 생산양식으로의 전환과정을 온실 속에서처럼 촉진해 그 과도기를 단축시키기 위해 국가권력[즉 사회의 집중되고 조직된 힘]을 이용한다. 폭력은 낡은 사회가 새로운 사회를 잉태하고 있을 때에는 언제나 그 조산사(助産師)가 된다. 폭력 자체가 하나의 경제적 잠재력이다."(I, p. 1033)

결국 본원적 축적이란 이같은 국가적 폭력을 통해서 전세계의 인민대중을 착취하고 수탈함으로써 본원적 자본이 형성된 과정이었다. 즉 '본원적 축적'의 경제학에 대한 맑스의 비판은 역설적이게도 국가적 폭력이라는 비경제적 요인이, 아니 그저 국가적 폭력만은 아니었다는 점에서 폭력 자체가 자본의 '경제적' 과정의 기원이었다는 것을 보여주는 것이고, 인류 역사상 최대의 잔혹한 폭력이 가치법칙의 출발점을 형성한다는 것을 보여주는 것이다.

이로써 그것은 근면성의 신화를 통해 최초의 자본에 순수 경제적-도덕적 형식을 부여하는 정치경제학의 은폐된 폭력성을 드러낸다. 경제학의 폭력성, 그것은 아마도 일체의 폭력이 사라진 과정으로 경제를 묘사하는 것이라고 해야 하지 않을까? 그것에 대한 비판으로서 정치경제학 비판은 차라리 경제적 축적을 위해 폭력을 이용하고, 거꾸로 폭력마저 경제적 효과로 귀착시키는 자본의 권력에 대한 비판이란 점에서 어쩌면 '폭력의 경제학'을 요구하는 것은 아닐까? 이런 관점에서 볼 때, 자본의 권력이란 이 폭력의 경제를 통해서 집적된 온갖 재화들이 화폐적 형식의 일반성 안으로 통합됨으로써 구성되는 경제적 폭력의 체제라고 해도 좋을 것이다.

## 5. 자본의 계보학

### 1) 맑스의 '방법론'

소위 '본원적 축적'에 대한 서술로 『자본』 I권은 끝난다. 『자본』에서 서술된 과정이 자본의 논리를 보여주는 동시에 그것의 역사를 서술한다고 생각하는 사람이 아직도 있다면, 이러한 결말은 지극히 이해하기 어려운 수수께끼로 남을 것이다. 그런 생각에 따르면, 자본의 발생지점으로서, 자본주의의 탄생지로서 '본원적 축적'은 차라리 이 책의 초입에서 서술되었어야 할 것이기 때문이다. 그런데 굳이 그런 입장을 따르지 않는다고 해도 '본원적 축적'이 이처럼 자본의 생산과정을 다루는 책의 마지막에 나타난다는 점은, 그것을 일종의 '부록' 내지 '보론'으로 이해하지 않는다면, 결코 자연스런 것으로 보이지 않는다.

그러나 이미 보았다시피 『자본』에서 이른바 '역사'를 다룬 부분은 그 앞의 '논리'를 설명하는 사례로 추가된 것이 아니며, '본원적 축적'을 다루는 장들 역시 단순히 부록처럼 추가된 것이 아니다. 그것은 거듭되는 연구와 반복되는 정정을 통해 정연하게 짜여진 체계의 중요한 일부인 것이다. 그렇다면 『자본』의 서술을 특징짓는, 결코 평범하지 않은 이러한 체계는 어떻게 짜여진 것일까?

이와 관련해서 우리는 '맑스의 방법론'에 대한 유명한 공식을 알고 있다. 즉 맑스는 『자본』을 쓰면서 "좀더 추상적인 개념에서 좀더 구체적인 것으로의 상향"이라는 순서에 따라 개념들을 배열했다는 것이다. 이것을 흔히 '서술방법'이라고도 부른다. 가치의 개념에서 가치증식을 포함하는 자본 개념으로, 그런 '자본 일반' 개념에 경쟁이란 변수를 추가하여 '다수 자본' 개념으로 점점 구체화되면서 서술되고 있다는 것이다.

그런 서술 이전에 출발점이 되는 가장 추상적 범주는 어떻게 설정한 것이고 거기에는 어떻게 도달했을까? 이런 의문에 대해서 통상 제시되는 대답은 구체적 대상에 대한 경험적 연구를 통해서 가장 중심적이고 추상적인 범주에 도달했다는 것이다. 이를 '서술방법'과 대비하여 '연구방법'이라고 부른다. 그리고 연구방법과 서술방법 전체를 한데 아울러서 설명하기도 한다. 즉 맑스는 '경험적인 구체성'에 대한 '연구'를 통해서 가장 추상적인 범주인 '가치'에 도달했고, 거기에 하나씩 변수들을 더해 가면서 보다 구체적인 것으로 올라갔으며, 그 결과 '사유된 구체성'에 도달한 것이라고. 흔히 앞의 것을 '분석'이라고 부르고, 뒤의 것을 '종합'이라고 부르기도 한다.

그러나 좀더 추상적인 것에서 좀더 구체적으로 나아가는 종합의 방법이라면, 체계적으로 서술하려는 어떤 사람도, 그럴 능력만 있다면, 선택할 수 있는 방법 아닌가? 가령 헤겔의 『논리학』이나 『정신현상학』이야말로 가장 추상적인 범주에서 가장 구체적인 범주로 '상향'하고 있지 않은가? 그렇다면 그것을 맑스의 『자본』에 고유한 방법론이라고 할 이유가 있을까? 아니, 다시 묻자. 그게 과연 『자본』의 부제인 정치경제학 비판에 적절한 방법이었을까? 맑스의 방법론을 그런 식으로만 본다면, 그건 『자본』을 자본에 대한 맑스의 입론을 제시한 책으로, 즉 『자본론』으로 보게 되는 건 아닐까? 그런 '방법론'에 대한 지식이 과연 『자본』을 읽는 데 어떤 도움을 주는 것일까? '자본일반'과 '다수자본'을 구별하는 것? 그거야 거창하게 그런 '방법론'을 동원하지 않아도 충분히 구별할 수 있는 것 아닐까?

사실 '추상에서 구체로 상향'이라는 관점에서 보면 이해되지 않는 것들이 『자본』 안에는 적지 않게 있다. 대표적인 것이 바로 '본원적 축적'을 다루는 『자본』 I권의 제8편이다. 『자본』 I권의 제7편이 다루고 있는 것은 '자본의 축적과정'이다. 여기에 이어지는 제8편을 두고 자본의 축적에 어떤 새로운 변수를 덧붙여 '보다 구체적인 것'을 향해 한 걸음 나간 것이라고 말할 수 있을까? 그건 후퇴면 후퇴지 상향이나 전진이 아니다. 이런 식으로 보면 제8편은 일종의 기나긴 부록이나 군더더기로 간주되고 만다.

'추상에서 구체로 상향'이라는 방법론의 관점에서 보면, 또 하나 이른바 역사적 사실을 언급한 장들은 전부 그 앞의 논지에 대한 일종의 예증에 지나지 않게 된다. '역사적 장'들은 좀더 추상적인 것과 좀더 구체적인 것을 단계적으로 잇는 논리적 연결 속에 끼여들 수 없기 때문이다. 이런 점에서 '상향'이라는 방법론은 『자본』의 구성에서 역사를 부차화시키는 방법일 뿐 아니라, 그런 식으로 논리와 역사를 대립시키는 방법이기도 하다. 그러나 그 '역사적 장'들을 배제한다면, 절대적 잉여가치나 상대적 잉여가치의 개념은 계급투쟁과 분리되거나 아니면 그 경우 계급투쟁이란 정확하게 노동시간의 선분을 둘로 쪼개는 경제주의적 대립에 머물고 만다. 이것이 논리적으로도 부적절한 개념이란 것은 다시 말할 필요가 없다. 그러나 『자본』이 역사적 순서에 따른 배열이 아니라 논리적인 순서에 따른 배열이라고 할 때조차도, 그 '논리'는 **역사를 내재적 요소로 함축하고 있는 논리고, 역사라는 '외부'를 전제하고 있음을 드러내는 논리**임을 다시 강조할 필요는 있을 듯하다.

이런 관점에서 본다면 좀더 추상적 범주에서 좀더 구체적 범주로 상향한다는 관념에 쉽지 않은 난점이 또다시 발생한다. 왜냐하면 가령 절대적 잉여가치나 상대적 잉여가치에 이어지는 '역사적 장'들은, 노동일을 둘러싼 투쟁에서처럼 국가가 항상 관여하고 있다. 이는 본원적 축적의 경우도 마찬가지다. 그런데 국가나 세계체제의 문제는 '자본의 생산과정'은 물론 '자본의 총과정'을 다 다룬 이후에야 등장할 '아주 구체적인' 개념이다. 즉 그것은 자본의 총과정을 다루는 3권 이후에 등장해야지, 거기서 등장해선 안 될 개념이고 '변수'인 것이다. 맑스는 자신이 설정한 방법론을 스스로 위반하고 있는 것일까? 그러나 분명한 것은 국가를 제외하고는 노동일을 둘러싼 투쟁이나 본원적 축적을 제대로 서술할 수 없다는 점이다.

자본의 논리를 범주 자체의 내적인 발전과정으로 다루려는 이러한 '방법'은 차라리, 그것이 포함된 『정치경제학 비판 요강』 전체의 분위기가 그렇듯이, 알튀세르 말대로 '헤겔과의 불장난'에 속하는 것으로 보아야 하지 않을까? 그것은 어쩌면 자본주의의 모든 것을 가치 내지 자본 개념의 **내적인 자기 전개**(Selbst-Entwicklung)로 설명하려는 관념론의 잔영으로 보아야 하지 않을까? 그것은 어쩌면 자본주의 세계 안팎에 존재하는 모든 것을 가치론의 공리계 안에서, 자본의 공리계 안에서 자기발전하는 양상으로 서술하는 **정치경제학의** 고유한 방법론은 아닐까? 국가 내지 정치의 관여 없는 순수 경제적 범주로서 '자본일반'이나 '다수자본' 그리고 자본주의에 대한 관념이, 혹은 스미스의 표현대로 국가나 어떤 외부적 요인 없이도 '보이지 않는 손'에 따라 자율적으로 작동하는 자율적인 경제의 관념이, 국가 없이도 자본의 경제법칙을 서술할 수 있다는 식의 명백한 경제주의적 관념이 바로 이런 '방법론'과 정확하게 짝을 이루는 것은 아닐까? 그렇다면 맑스가 자본일반, 다수자본 등등을 거쳐 **나중에야** 국가나 세계시장을 다루겠다는 『요강』 시절의 구도(Plan)를 변경했듯이, 이러한 방법론에 관한 개념 또한 변경하거나 포기했다고 생각해야 하지 않을까? 그것이 또 다른 초고로 남아 있건 아니건 간에.

### 2) 계보학적 비판 : 정치경제학 비판의 방법

우리는 맑스의 방법론 또한 정치경제학의 방법론이 아니라 정치경제학 비판의 방법론이라는 것을 분명히 드러내서 강조할 필요가 있다. 일단 『자본』 I권에서 서술된 것을 다시 차례대로 요약해 보자.

먼저 '상품과 화폐'를 다룬 1편에서 맑스는 어떻게 단순한 교환으로부터 화폐가 발생하게 되었는지, 가치라는 개념이 성립하게 되었는지를 서술했다. 다음 '화폐에서 자본으로의 전환'을 다룬 2편에선 자본의 일반적 공식을 보여주면서 '증식된 가치'인 $\Delta M$이 대체 **어떻게 발생하였는가** 질문하며 가치론의 공리계가 갖는 내적인 이율배반을 보여주었다. 그리고 잉여가치 생산을 다루는 3~5편에서는 자본으로부터 어떻게 잉여가치가 **발생**하는지, 그러기 위해선 어떤 조건이 필요하며, 어떤 방식으로 잉여가치의 착취가 행해졌는지를 보여주었다. 또 자본의 축적과정을 다룬 7편에서는 반대로 어떻게 잉여가치에서 축적된 규모의 자본이 **발생**하는지, 그리고 자본축적의 일반적인 법칙이 뜻밖에도 상대적 과잉인구를 만들어내는 '자본주의적 인구법칙'으로 요약된다는 것을 보여주었다. 마지막으로 소위 '본원적 축적'을 다루는 8편에서는 자본축적의 '기원'이 되는 '본원적 축적'이 어떻게 이루어졌는지, 즉 자본주의는 대체 어떻게 **탄생**하게 되었는지를 보여주었다.

우리는 이미 이런 식으로 맑스가 정치경제학의 논리를 따라가면서, 그리고 그것을 보완하고 보충해 주면서 그것을 비판하고 있음을 지적한 바 있다. 이럼으로써 그는 정치경제학적 이론의 최소치가 아니라 **최대치와** 대결하고 있는 것이다. 동시에 이를 통해 논리적 완결성이나 진리성과는 다른 차원에서, 자본주의가 작동하는 양상에 최대한의 논리적 일관성을 부여하여 개념적으로 포착하고 설명할 수 있는 것으로 만들어낸다. 그는 자본주의의 작동 양상에 대한 일종의 개념적 지도를 그리려 하고 있는 것이다. 아마도 '추상에서 구체로 상승'이라는 종합의 방법이 사용되었다면, 이런 두 가지 이유에서였을 것이고, 이런 한에서 그것은 분명 유용했을 것이다.

그런데 놓치지 말아야 할 것은 이런 식으로 정치경제학의 논리에 최대한의 일관성을 부여하려 하고 있음에도 불구하고 그 일관성이 중요한 지점에서마다 파열되고 무너지고 있음을 보여준다는 점이다. 자본의 일반적 공식에서 그 개념의 모순으로, 거기서 다시 노동가치론의 이율배반으로 나아가기도 하고, 아니면 자본 증식의 개념을 위해선 정치경제학에 없는 것이, 즉 노동력의 상품화를 위한 특정한 조건이 전제된다는 것을 드러내기도 한다. 또 자본의 '본원적 축적' 내지 자본주의의 탄생을 위해선 정치경제학이 가린 것이, 거대한 폭력과 약탈, 수탈과 횡령의 역사가 필요했다는 것을 보여준다. 이런 식으로 맑스는 정치경제학자가 당연시하는 것들이 암묵적으로 전제하고 있는 어떤 외부를, 혹은 그것의 논리적 일관성이 붕괴되는 또 다른 외부를 드러낸다. **바로 이것이 있음으로 인해** 정치경제학을 따라가며 완성하고 보충해주는 논리는 정확하게 그에 대한 비판으로 이어진다.

여기서 우리는 맑스가 정치경제학을 비판하는 방법을 다시 두 가지로 구분해야 한다. 하나는 정치경제학의 논리에 따라 그것을 보충하고 완성해 주려 하지만, 그럼에도 불구하고 발생하는 내적인 모순과 이율배반을 드러내는 것이다. 이는 자본 공식의 모순에 대한 비판에서 아주 명료하고 효과적으로 사용되었다.

다른 하나는 정치경제학이 사용하는 공리나 개념이 가능하기 위해서 요구되는, 그 공리계 내부에 없는 특정한 조건을 드러낸다. 즉 그런 공리나 개념이 가능하기 위한 조건, 다시 말해 '발생조건' 내지 '연기적 조건'(dependent condition)에 대해 질문하고 찾아낸다. 가령 우리는 앞서 정치경제학자들이 잉여가치의 발생지점을 보지 않으려 한다는 것을 지적한 맑스의 글을 인용한 바 있다. 그것을 본다는 것은, 정확하게 자본이나 정치경제학이 은폐하고자 하는 것을 드러내는 것을 뜻한다. 이런 의미에서 맑스가 『자본』을 쓰면서 사용하는 또 하나의 '방법'은 차라리 '발생'에 대한 질문, 혈통과 계보에 대한 질문과 결부되어 있다고 할 수 있다. 즉 그는 정치경제학자들이 당연하게 여기고 있는 개념이나 범주들을 그 발생 내지 출현의 지점을 드러냄으로써 근본적인 의문과 비판에 붙이고 있다는 것이다.

이런 의미에서 맑스의 '방법'은 근본적으로 발생에 대한 '계보학적' 문제설정을 통해 당연시되어 있는 의미나 '가치', 개념이나 범주를 근본적인 의문으로 몰고 가는, 정확히 니체적인 의미에서 '계보학'이라고 해도 좋을 것이다(들뢰즈, 『니체와 철학』, pp. 18~19). 여기서 '니체적'이라고 한 것은 그것이 푸코가 19세기 에피스테메(épistème)의 한 특징이라고 말했던, '기원'으로 회귀하는 방법, 기원의 신성함을 통해 현재 존재하는 것을 정당화하는 방법(족보학적 방법!)과는 정반대로, 혈통을 추적하여 그것의 혼혈성과 우연성을 드러내고 이로써 그것의 정당성을 문제삼는 비판의 방법이란 의미에서다(푸코, 「니체, 계보학, 역사」, pp. 336~344). '사전적 축적'에 관한 스미스의 설명이 기원의 광채를 통해 자신을 정당화하는 '족보학적 방법'에 속한다면, 그것을 비판하는 맑스의 연구는 그 발생지점을 찾아 들어가서 그 조건이 갖는 특정한 역사성과 우연성, 그리고 폭력성을 드러내서 그 정당성 자체를 근본적인 의문에 부쳐버린다는 점에서 정확하게 '계보학적 비판의 방법'에 상응한다.

『자본』 I권의 배열에서 '본원적 축적'에 관한 장들(8편)이 책의 마지막에 배열된 것은 바로 정확하게 이러한 계보학적 비판의 방법에 따른 것이란 점을 우리는 이 장을 시작하면서 이미 살펴본 바 있다. 즉 자본의 축적에 대한 장에서 축적의 원천이 잉여가치임을 드러내고, 일정 시간 이후라면 자본의 대부분은 잉여가치로 이루어진 것임을 드러내자, 정치경제학은 그럼에도 불구하고 '최초의 자본'이 있음을 주장했고, '사전적 축적'을 주장했다. 이에 대해 맑스는 "그래? 그럼 그 최초의 축적이 어떠했나 보지!" 하면서, 축적에 뒤이어 '본원적 축적'을 '물고늘어지고 있는' 것이다.

이제 이러한 맑스의 '방법'을 통해서 우리는 계보학을 다시 정리할 수 있다. 계보학은 기원으로 소급하여 현재 존재하는 '가치'나 개념, 현실이나 관념을 정당화하는 방법, 족보상의 기원으로 소급하여 현존하는 것에 자긍심을 부여하는 그런 신학적 방법이 결코 아니다. 그것은 **현재 자명한 것으로 당연시되어 있는 모든 개념이나 '가치'를 그 발생지점까지 추적하여 그 외부를 드러내고 이를 통해 그것들의 정당성이나 자명성을 의문에 부치는 비판의 방법**이다. 따라서 계보학은 발생지점을 찾아가는 역사적 연구를 수반하지만, 그렇다고 그러한 역사적 연구로 환원되는 역사학의 일종은 아니다. 그것은 차라리 공리계적인 형식 자체를 따라가면서, 그것이 가능하게 되는 은폐된 외부를 찾아내고, 그것을 포섭하여 내부화하는 양상을 추적하는 방법이다. 따라서 그것은 단지 논리적인 방법만도, 역사적인 방법만도 아니며, 그렇다고 역사에 따라 논리를 펼치는 그런 방법도 아니다. 차라리 그것은 논리를 통해서 발생지점을 표시하는 역사를 드러내고, 역사를 통해서 논리의 한계, 그 외부를 드러내는 방법이다.

이런 맥락에서 우리가 맑스에게서 발견할 수 있는 '자본의 계보학'에 대해서도 다시 정리할 수 있을 것이다. 그것은 자본의 공리계, 가치론의 공리계를 그 발생지점까지 추적하여 정치경제학적 공리계의 외부를 드러내고 이를 통해 가치, 노동, 화폐, 자본, 축적, 이윤, 지대 등과 같은 당연시된 개념을 근본적인 의문에 부치는 비판의 방법이라고 할 수 있을 것이다. 또한 그것은 **자본의 논리가 '진리'(Truth)가 되는 양상, 그것도 유일한 현실적 진리가 되는 양상에 대한 연구고, 대개는 자연적 현실성의 형태로 나타나는 그것의 진리됨을 근본적인 의문에 부치는 연구며, 그러한 '진리'의 형식을 취하는 정치경제학에 대한 비판적 연구**다. 요컨대 '자본과 그 외부'에 대한 연구, 그것이 바로 맑스가 『자본』에서 훌륭하게 보여준 자본의 계보학이다.

## 식민주의와 '인디언'들

**펠리스 베아토, 「인도 폭동에서 폭동 참가자의 처형」, 1857년**

대영제국의 영광, 그것은 한편에선 '신대륙'이라고 불리던 기대한 내시와 사냥, 인디언들의 착취와 살해를 조건으로 한다면, 다른 한편에선 인도로 상징되는 식민지들의 착취와 수탈로 조건지어진 것이다. 인디언들이 전투로 맞섰다면, '인도인'(Indian!)들은 폭동으로, 저항으로 맞섰다. 하지만 그에 대한 식민주의자들의 대응은 동일했다. 매달고 죽이고 착취하는 것. 그리고 어디나 그렇듯이 식민주의자들과 손을 잡은 원주민들이 있었다. '본원적 축적'은 이 참혹한 살해와 착취의 역사, 동족을 적대 속으로 유인하는 더러운 유혹의 역사였다.

**테오도르 드 브리, 「은광에서 일하는 인디언들」**

쿠바의 노예농장주였던 라스 카사스(Bartolomé de Las Casas)는 무슨 연유에선지 재산을 전부 처분하고 수도사가 된다. 그리고 유럽인들이 인디언들에게 행한 수많은 범죄적 행위를 고발하고 비난했다. '인간'의 이름으로, '개종'을 대안으로. 정복자들과 경쟁하던 왕이 그의 손을 잡고 그의 입을 이용했다. 하지만 그것은 인디언들에게 별다른 도움이 되지 못했다. 영화 「미션」에서처럼. 어쨌건 라스 카사스의 책 『인디언 파괴에 대한 짧은 보고서』는 베스트셀러가 되었다고 하는데, 드 브리(Theodor de Bry)의 그림은 원래 그 책의 삽화로 그려진 것이다. 빼앗고 죽이다 남은 자들은 이렇게 은광이나 금광에 끌고가 노예처럼 부려먹었다. 그렇게 채취된 금과 은이 '본원적 자본'의 중요한 일부가 된다. 그 양이 얼마나 많았는지, 그것으로 인해 유럽 전체가 거대한 인플레이션에 시달리게 된다! '황금광 시대', 그것은 자본주의의 기원이며, 지금도 여전히 타당한 자본주의의 다른 이름이다.

**알렉산더 가드너, 「무제」, 1868년 5월 10일**

협상단 중앙의 인물이 협상을 이끄는 장군(제네럴) 셔먼이란다. 우리에게도 익숙한 이름이다. 인주민들은 사진에 등을 돌리고 앉아 있다. 사진이 영혼을 잡아가리라는 믿음 때문이었다지만, 한편으론 아직 서로 이해할 수 없는 상대방의 문화에 대한 거리감, 다른 한편으론 호의와 선의에 약탈과 속임수로 대응했던 백인들에 대한 불신 때문이었을 것이다. 이런 식의 협상을 통해 백인들은 인디언들의 땅을 점잖게 빼앗았지만, 그나마 항상 협상과 약속을 어긴 것은 협상안을 종이에 기록으로 남기자고 했던 백인들이었다. 자본주의는 그 학살이 채취한 인디언의 피를 먹이로 해서 확고하게 자리잡을 수 있었다.

### '리틀빅혼 전투'의 두 가지 기록

'커스터의 마지막 전투'라고 불리는, 미국 기병대의 '신화적 전투'를 기록한 두 개의 그림이다. 리틀빅혼 강가에서 벌어진 이 전투에서 백인은 한 사람도 살아남지 못했다. 그래도 누가 '전했는지' 인디언과의 투쟁에서 가장 신화적인 장면으로 기록되었다. 포위하여 몰려오는 인디언들을 향해 용감하게 싸우는 백인들의 그림(아래)은 얼마나 장렬한가! 그러나 장교들과 공무원, 발주받은 화가들이 야합하여 만든 이 그림은 턱없는 신화를 그린 것이다. 반면 대부분 살아남았던 인디언의 그림(위)은 정반대의 상황을 보여준다. 그들에 따르면 이 전투는 비장하고 영웅적인 항전이 아니라 30분도 안 되어 끝나버린, '용감한 기병대'가 정신없이 흩어져 도주하다 전멸당한 일방적 패배였다. 그러나 수많은 사람들의 일관된 이 증언들은 인디언이기에 편향되리라는 이유로 철저하게 무시되었다. 미국의 역사, 위대한 자본주의의 역사는 이런 식으로 기록되었다. 역사란 언제나 승리한 자의 기록이니까. "죽는다는 것은 어쩔 수 없다고 해도 잊혀진다는 것은 참으로 가슴아픈 일이었습니다."(마르코스) 정말 가슴아픈 역사다!

앤 파커, 「도시풍경화 앞의 인디언 남녀」, 1973년

인디언 멸망의 또 하나의 중요한 원인은 들소떼의 몰살이었다. 들소는 인디언의 생존에 필수적인 동물이었다. 그러나 유난히도 소고기를 밝히던 영국 이주민들에게 그것은 목장을 만들기 위해 제거해야 할 대상이었을 뿐이다. 목장의 소들은 단지 풀만 먹는 게 아니었던 것이다! 이를 위해 그들은 기차를 타고 달리며 들소떼에 총질을 하는 새로운 '스포츠'──이 단어에 저주를!──를 만들어 상품화했다. 돈도 벌고 들소떼도 죽이고. 게다가 미리 생각했던 건 아니었지만 그 웬수 같은 인디언도 모두 죽인 것이다. 남은 길은 보호구역으로 쫓겨들어가 모욕 같은 생존을 유지하거나 백인들의 세계에 '적응'해서 살아가는 것이었다. 이류인생, 혹은 삼류인생으로서. 어설픈 도시의 그림 앞에서 촌스런 포즈를 취한 인디언 커플의 모습은 후자의 경로를 예시(豫示)하는 듯하다. 물론 이 사진은 과테말라 인디언의 모습을 찍은 것이지만, 북미 인디언 역시 크게 다르지 않았다.

**아론 더글러스, 「도시의 노래」, 1934년**

이 작품은 미국에서 흑인들의 '운명'을 그린 더글러스(Aaron Douglas)의 연작 중 하나다. 무언가를 갈구하며 잡으려는 끔찍한 느낌의 흰 손을 피해 슈트케이스를 든 흑인이, 노예의 땅에서 벗어나려는 '이주자'가 뛰어오른 곳은 거대한 톱니바퀴 위다. 그 주위엔 대포 같은 굴뚝들이 포연을 날리고 있다. 어느 것이 덜 나쁜(!) 세계일까? 자유의 여신상은 마치 소실점 같은 먼 곳, 가닿을 수 없는 무한히 먼 곳에 있다. 구경거리일 뿐인 자유란 사실은 현실로 존재하는 부자유의 상징이고, 구경거리로만 존재하는 희망이란 사실은 현실로 존재하는 절망의 다른 이름일 뿐이다. 차라리 그보다는 손에 든 색소폰에서, 흑인의 상징이 된 음악에서 더글러스는 좀더 나은 삶에 대한 희망을 발견한다.

# 8장_자본의 유통과 자본주의의 재생산

『자본』의 I권이 '자본의 생산과정'을 다루고 있다면, 『자본』의 II권은 '자본의 유통과정'을 다룬다. 자본은 주기적인 순환을 통해 운동한다. 화폐에서 생산수단 및 노동력으로, 생산물로, 그리고 다시 그것을 팔아 화폐로 순환한다. 이 화폐는 다시 자본으로서 새로운 순환을 시작한다. 이처럼 원래 형태에서 변환되어 다시 원래 형태로 되돌아오는 자본의 운동을 자본의 '순환'이라고 한다. 따라서 이 운동은 주기적인 양상으로 반복되는데, 자본의 주기적인 순환의 반복을 자본의 '회전'이라고 한다. 순환이 2번의 주기를 완성하면, 자본은 2회 회전한 것이다. 자본의 순환에서 중요한 것은 화폐 형태의 자본이 생산수단이 되었다가 상품의 형태가 되는 변환의 양상이라면, 자본의 회전에서 중요한 것은 투여한 돈이 회수되는 양상이다.

한편 각각의 순환은 화폐 형태의 자본이 생산수단과 노동력을 구매하거나 생산한 상품을 판매하는 '유통'과, 노동력과 생산수단이 결합되어 상품을 생산하는 '생산'의 두 과정으로 이루어져 있다. 즉 〈자본의 순환과정=자본의 생산과정+자본의 유통과정〉이다.

'자본의 유통과정'을 다루는 II권은 위에서 말한 순환과정 내부에서 특히 유통과정을 다루며, 이런 의미에서 자본의 '생산과정'(I권)과 대비되고 있다. 이것은 크게 세 부분으로 나뉘어지는데, 첫째 부분은 자본의 형태변환과 순환을 다루면서 생산과 유통의 관련양상을, 그리고 유통과 (가치) 생산의 관계를 다룬다(제1편). 둘째 부분은 자본의 회전을 다루는데, 특히 회전의 양상이 잉여가치의 취득에 어떤 영향을 미치는가를 다룬다(제2편). 셋째 부분은 '사회적 총자본의 재생산과 유통'을 다루는데, 생산물을 생산수단과 소비재로 나누어 총생산물이 어떻게 그 가치를 '실현'(realization)——상품이 '판매'될 때 그 상품의 가치는 '실현'된다——하는가를 다루는 유명한 '재생산표식'이 등장한다(제3편).

## 1. 자본의 순환과 그 외부

### 1) 자본의 세 형태

자본은 상이한 형태들을 순차적으로 통과한다. 가령 자본의 '일반적 공식' $M-C-M'$은 화폐가 상품의 형태로 바뀌었다가($M-C$; 구매), 다시 화폐의 형태로 바뀌는($C-M'$; 판매) 양상을 보여준다. 화폐의 형태로 존재하는 자본을 '화폐자본'이라고 하며, 상품의 형태로 존재하는 자본을 '상품자본'이라고 한다. 그러나 이미 잘 알고 있다시피 이 두 개의 변환 사이에는 또 다른 변환이 있다. 자본가는 화폐로 상품을 사서 쓰는 사람이 아니다. 그건 소비자일 뿐이며, 그런 식으로 사용되는 화폐 또한 자본이 아니다. 그저 구매수단인 화폐일 뿐이다. 이걸 맑스는 '화폐로서의 화폐'라고 했다. 자본가는 기계와 원료 같은 생산수단을 사고, 일을 시킬 노동력 상품을 산다. 이 양자가 결합되어 생산과정이 시작된다. 여기서 자본은 생산과정에 직접 투입되는 요소의 형태를 취한다. 이처럼 생산과정에서 자본이 취하는 소재적 형태를 '생산자본'이라고 부른다. 이렇게 사용될 때 화폐는 '자본으로서의 화폐'가 된다. '화폐로서의 화폐'가 기호 M(혹은 M′)이라면, '자본으로서의 화폐'는 M—C—M′이 함축된 M(혹은 M′)이다.

예를 들어 자본가의 수중에 집적되어 있는 화폐는 '화폐자본'이다. 그는 이것으로 기계도 사고, 원료도 사며, 노동력 상품도 산다. 이런 점에서 화폐자본은 화폐와 다르다. 자기의 증식을 위해 사용되는 화폐, 혹은 거기에 사용될 화폐만이 화폐자본이 된다. 만약 그가 옷을 만들어 팔고자 한다면, 그는 컴퓨터와 재단기, 재봉틀 등의 기계, 면직물을 비롯한 옷감, 그리고 일할 노동력을 사야 하고, 노동자들로 하여금 그것을 사용하여 일을 하게 해야 한다. 이 경우 기계와 옷감, 노동력은 '생산자본'이 된다. 그리고 생산의 결과 만들어진 옷들은 내다팔아야 할 상품의 형태를 취하는 자본이란 뜻에서 '상품자본'이다. 그것을 팔아서 획득한 화폐는 다시 '화폐자본'으로 자본가의 수중에 집적된다. 그리고 다시 그것은 기계나 원료 등으로 바뀌어 '생산자본'이 되고, 다시 거기서 생산된 '상품자본'이 된다. 그것은 다시……. 이런 식의 변환이 반복해서 이어진다. 자본의 이러한 형태변환 운동을 '자본의 순환'이라고 한다. 방금 위에서 말한 것을 기호로 표시하면 다음과 같다.

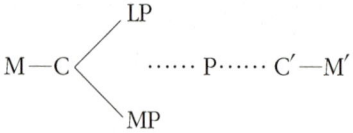

여기서 LP는 노동력(Labour Power)을, MP는 생산수단(Means of Production)을 표시한다. C와 이 양자를 연결하는 선은 별도의 교환이나 변환을 표시하는 게 아니라, C를 구성하는 요소를 표시하는 것이란 점에서 등호에 가까운 것이라고 보면 좋을 것이다. 만약 이를 따로 표시하지 않고 교환만을 표시한다면 다음과 같이 되어야 한다.

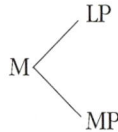

이것은 화폐를 통해 노동력과 생산수단이 결합된다는 것을 표시하는 도식으로서, 자본주의적인 생산관계를 요약해 주는 도식이다. 독일어로는 화폐를 G(Geld)로 표시하는데, 이는 이전에는 공동체(G; Gemeinde)가 수행하던 역할, 즉 '노동력'과 생산수단의 결합이란 역할을 자본주의에서는 화폐가 대신하게 되었다는 점을 보여주는 도식이기도 하다. 이를 위해 화폐 없이도 노동 — 생산수단과 노동력의 결합 — 할 수 있게 해주는 공동체를 파괴하고 제거했다는 것은 앞서 '본원적 축적'을 다룬 곳에서 자세히 살펴본 바 있다. 이렇게 파괴된 공동체의 자리에 이제 화폐가 대신 들어선다. 화폐를 통해서만, 즉 화폐를 위해 노동력을 판매하고서만 생산할 수 있는 그런 관계가 만들어진 것이다. 이런 의미에서 보자면, 자본주의에서는 화폐가 생산의 영역에 존재하는 유일한 '공동체'가 된 셈이다.

## 2) 자본 순환의 세 형태

① 화폐자본의 순환

화폐자본이 구입하는 특수한 상품(LP, MP)을 생략해서 모두 상품 C라고 표시하면 자본의 순환은 좀더 간단하게 다음처럼 표시할 수 있다.

$$M - C \cdots\cdots P \cdots\cdots C' - M'$$

이는 화폐자본에서 시작하여 화폐자본으로 종결된다는 점에서 화폐자본의 순환을 표시하는 도식이다. 자본의 순환은 역사적으로나 논리적으로나 화폐자본에서 시작할 수밖에 없다는 점에서, 화폐자본은 자본 운동의 출발점을 이룬다고 할 수 있다. 이 순환의 도식은 화폐가 소모되는 것이 아니라 투여되고 다시 회수된다는 것을 표시함으로써 화폐와 구별되는 화폐자본의 특성을 보여준다. 또, 뒤에 오는 C'이나 M'이 증식된 가치를 포함한다는 점에서 이 도식은 자본이 가치증식을 목표로 운동한다는 점을 명확하게 표시해 준다. 중간에 오는 과정은 모두 이를 위해서 필요한 매개항일 뿐이다. 중상주의자들은 어떤 수단(매개항)을 통해서든 오직 가치의 증식이라는 목적에 집착한다는 점에서, 자본의 순환을 화폐자본의 순환으로만 본다.

② 생산자본의 순환

하지만 자본의 순환은 그 뒤에 다시 이어지며 시작된다. 즉

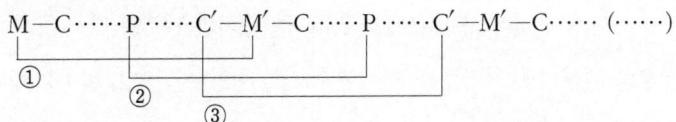

따라서 우리는 자본의 순환을 꼭 화폐자본의 순환(①)으로 국한해서 볼 필요는 없다. 즉 생산자본을 출발점으로 하여 다시 생산자본으로 돌아오는 과정(②)으로 볼 수도 있고, 상품자본에서 시작하여 다시 상품자본으로 되돌아오는 과정(③)으로 볼 수도 있다. 이 중 앞의 것을 생산자본의 순환이라고 하고, 뒤의 것을 상품자본의 순환이라고 말한다. 생산자본의 순환은 다음과 같이 표시할 수 있다.

$$P \cdots\cdots C' - M' - C \cdots\cdots P$$

이 도식에서 생산자본은 순환과정의 시작이자 끝으로 나타난다. 다른 말로 하면, 생산자본은 생산의 기원이자 목적으로 나타난다. 이 경우 자본의 순환은 생산에서 시작하는, 생산 그 자체를 목적으로 하는 과정으로 나타난다. 중간에 있는 변환(유통과정)은 생산에서 생산으로 이어지는 이 과정의 매개항일 뿐이며, 생산과정의 끊임없는 갱신을 위한 과정일 뿐이다. 이런 점에서 이 도식에서는 자본의 순환이 생산 그 자체를 목표로 하는 것처럼 나타난다. 즉 이 순환의 도식에서는 자본의 직접적인 목표인 가치증식은 사라지고, 자본주의적 생산은 다만 '생산을 위한 생산'으로 나타난다. 이런 점에서 생산자본의 순환은 중상주의에 대해 비판하면서 가치의 생산 자체를 강조했던 고전학파 경제학이 자본주의적 순환을 고찰하는 방법이다.

바로 이런 이유로 인해 중간에 있는 유통과정에서 중요한 것은 상품을 단순히 팔고 사는 문제라기보다는 오히려 잉여가치를 생산에 다시 투여하는가 아닌가 하는 문제가 된다. 즉 증식된 가치를 다시 확대된 규모로 생산에 투여하는가, 아니면 개인적 향락을 위해 소비하는가 하는 것이 문제가 된다. 생산이 목적으로 나타나는 한에서, 개인적 소비는 비난받고, 오직 확대된 규모의 생산을 위해 잉여가치를 사용하는 것이 자본의 목표에 부합하는 것으로 나타난다. 이는 프로테스탄트의 자본주의적 정신이 그랬던 것만큼이나 고전주의적 전통을 잇는 경제학에서 자본가에게 요구하는 덕목이었다.

간단히 표시하기 위해 증식된 부분을 소문자로 표시하면, $C' = C+c$, $M'=M+m$으로 쓸 수 있다. 여기서 잉여가치를 자본가가 개인적으로 소비하는 경우 생산자본의 순환은 단순재생산의 도식이 된다. 즉

$$P \cdots\cdots C' \begin{pmatrix} C & -M- C\,(LP+MP) \cdots\cdots P \\ + & \\ c & -m- c \end{pmatrix}$$

여기서 위에 표시된 계열은 동일한 규모에서 이루어지는 생산자본의 순환을 표시하고, 아래에 표시된 계열은 자본가가 잉여가치를 개인적 소비를 위해 사용하는 경로를 표시한다. 축적이 발생하는 경우, 다시 말해 확대재생산의 경우에는 아래에 있는 m의 일부가 위에 있는 $C(LP+MP)$에 추가되어 애초의 P가 확대된 규모로 진행되는 것으로 표시할 수 있을 것이다.

③ 상품자본의 순환

마지막으로 상품자본의 순환은 다음과 같이 표시할 수 있다.

$$C'-M'-C \cdots\cdots P \cdots\cdots C'$$

화폐자본의 순환 도식에서 유통은 생산과 더불어 화폐의 증식을 위한 과정으로 나타나고, 생산자본의 순환 도식에서 유통은 생산을 위한 매개과정으로 나타난다. 그러나 이 도식에서는 유통이 자본의 순환

과정의 출발점으로 나타나며, 생산과정과 독립적인 국면으로(C′ — M—C) 표시되고 있다. 이런 점에서 첫째 도식(화폐자본의 순환)에서는 가치증식이 주제가 되고 있다면, 둘째 도식(생산자본의 순환)에서는 생산과정의 반복이 주제가 되고 있다. 반면 셋째 도식(상품자본의 순환)에서는 생산과정을 매개하는 유통과정이 생산과 별도로 독립적인 주제가 되고 있음을 볼 수 있다. 자본의 유통과정을 다루는 2권이 상품자본의 순환형태를 주목하는 것은 이런 이유에서다.

### 3) 자본의 순환과 '축적체제'

① 자본의 순환과 소비

상품자본의 순환에 또 하나 특징적인 것은 다른 도식과 달리 이 도식에서는 잉여가치를 포함하는 증식된 상품자본 C′으로 시작한다는 점이다. "제3형태를 이전의 두 형태와 구별하는 것은, 이 형태에서만 …… 이미 증식된 가치가 순환의 출발점으로 나타난다는 점이다."(II, p. 105) 이로 인해 이 도식은 앞서와 다른 질문을 던지고 있다. 잉여가치만큼 증가된 상품은 어떻게 판매될 수 있을 것인가? 다시 말하면, 증식된 상품자본 C′이 생산되기 이전에 자본의 순환과정 속에 있는 화폐는 M이었다. 이는 증식되기 이전의 상품 C의 가치와 상응한다. 그렇다면 C′ 가운데 새로 증식된 부분은 어떻게 판매될 수 있을까? 즉 그것을 구매할 추가적인 화폐는 어디서 찾아야 할까?

사실 C′—M′이라고 쓰면 될 것 같지만, 그러려면 C에 추가된 c만큼을 구매할 화폐 m이 있어야 C′의 가치는 실현된다(C′은 제값에 팔린다는 말이다). 이미 자본의 순환과정 안에서 돌고 있는 화폐는 M뿐이다. 그렇다면 c에 해당되는 화폐 m은 어디서 끌어올 수 있을까? 바로 이게 생산된 상품의 판매(실현)과정인 '자본의 유통과정'에 고유한 문제다. 이는 특수하게는 잉여가치에 해당되는 상품의 판매가능성 문제고, 좀더 일반적으로는 상품의 판매가능성(소비가능성) 자체의 문제란 점에서 '(상품가치의) 실현문제'라고 부른다. 혹은 정치경제학자 시스몽디(Simonde de Sismondi)가 가장 먼저 주목했기 때문에, '시스몽디의 문제'라고도 부른다.

이를 해결하기 위해선 생산된 상품이 소비되는 문제를 생산의 양상과 관련하여 검토해야 한다. 이를 위해 맑스는 소비를 '생산적 소비'와 '개인적 소비'로 구별한다. 생산적 소비란 기계나 원료처럼 생산을 위해 필요한 것을 구매하여 소비하는 것이다. 개인적 소비는 자본가나 노동자가 자신의 소득을 먹고 입고 자는 데 사용하는 것처럼 생산에 재투여되지 않고 그 자체로 사용되어 소모되는 그런 소비다.

> "C'⋯⋯C'의 형태에서는 총상품생산물의 소비가 자본 그 자체의 순환의 정상적인 진행을 위한 조건으로 전제되고 있다. 노동자의 개인적 소비와 잉여생산물 중 비축적분의 개인적 소비가 개인적 소비 전체를 구성하고 있다. 그러므로 소비 전체 — 개인적 소비와 생산적 소비 — 는 하나의 전제조건으로서 C'의 순환에 들어간다." (II, p. 105)

이 두 가지 소비는 상이한 생산물을 요구한다. 기계를 먹을 순 없는 일이고 옷감을 두르고 다닐 순 없기 때문이다. 그래서 맑스는 이를 위해 생산 자체를 둘로 나누어 설명한다. 하나는 기계나 원료 등 생산적 소비에 사용될 상품을 생산하는 부문으로, 생산재 생산부문이라고 말한다. 다른 하나는 음식이든 자동차든 개인적 소비에 사용되는 상품을 생산하는 부문으로, 소비재 생산부문이라고 말한다. 편의상 전자를 I부문이라고, 후자를 II부문이라고 부르기도 한다. 앞의 문제를 해결하려면 이 두 부문 간에 발생하는 교환을 세심하게 보아야 한다. 이를 다루기 위해 맑스는 '재생산표식'이라는 유명한 표식을 만들어냈다. 이에 대해서는 『자본』 II권의 제3편인 '사회적 총자본의 재생산과 유통'에서 자세히 보게 될 것이다.

어쨌건 이로써 추가적인 생산수단의 구입이나 다른 자본가의 추가적인 소비, 노동자의 추가적인 소득이 어떻게 소비되는가 하는 문제가 중요한 주제로 부각된다. 상품자본의 순환을 표시하는 도식은 생산된 상품자본의 판매가, 다시 말해 상품의 소비가 생산($C \cdots\cdots P \cdots\cdots C'$)의 전제임을 표현하고 있다.

② '축적체제'와 노동력의 재생산

여기서 소비는 물론 생산적 소비와 개인적 소비를 모두 포함한다. 생산적 소비는 자본축적의 논리에 따라 규정된다. 잉여가치 가운데 새로이 자본으로 전환되는 비율인 축적률에 따라, 그리고 자본축적의 일반적 법칙인 유기적 구성의 상승이라는 논리에 따라 자본이 추가로 구입해야 할 생산수단의 비율과 양이 결정된다. 이런 점에서 이는 분명 자본축적의 논리에 따른다고 할 수 있다.

반면 개인적 소비를 규정하는 요인들은 아주 다르다. 이는 사회적인 관습과 습관, 생활방식, 평균적인 생활수준 등에 의해 결정된다. 가령 어떤 시기에는 중요하지 않았던 교육관련 서비스나 의료관련 서비스가 다른 시기, 다른 조건에서는 전체 소비에서 매우 중요한 비중을 갖게 된다. 또 이전에는 노동자들이 구입하기 힘들었던 자동차가 널리 보급됨에 따라 자동차와 관련된 생활양식이 확산되고 이른바 '레저'와 관련된 새로운 소비가 창출된다. 마찬가지로 TV나 컴퓨터의 보급에 따라 사람들이 상품을 구매하고 소비하는 양상에 또 다른 변화가 야기된다. 혹은 앞서 언급한 것처럼 금욕주의적 생활양식이 지배적인 경우와, 욕망을 자극하고 소비를 촉발하는 그런 생활양식이 지배적인 경우에 소비의 양상은 아주 달라진다.

이러한 소비의 양상을 '소비양식'이라고 부르자. 소비양식은 물론 자본이 생산하는 것과도 결부되어 있고, 자본이 축적하는 방식과도 결부되어 있지만, 생산의 방식이나 축적의 논리와는 독립적이다. 즉 생산이나 축적에 대해 외부적인 요인들에 의해 결정된다. 상품자본의 순환을 표시하는 도식은 이러한 소비양식이 생산과정을 시작하기 위한 조건임을 표현한다. 이는 생산이, 아니 자본의 순환이 그 같은 외부적 조건을 전제로 하고 있다는 것을 뜻한다. 자본의 순환을 표시하는 도식은 자본을 주어로 하여 그것의 (내적인) 자기전개로 진행되는 양상을 보이지만, 그것에는 필경 그것을 가능케 하고 그것을 특정한 양상으로 규정하는 외적인 조건이 은폐된 전제로 항상 나란히 가고 있다는 것이다.

이는 자본의 순환에 대한 분석이 자본의 논리에 대한 분석만으로 완성될 수 없음을 의미한다. 즉 자본의 순환에 대한 분석을 위해선 소비양식처럼 자본 순환과 독립적인 요소에 대한 고려와 분석이 필요하다는 것이다. 이는 개인적 소비가 중요하게 부상한 이른바 '포드주의'

체제 이후 특히 중요한 의미를 갖게 된다.

아글리에타(M. Aglietta)를 필두로 하는 프랑스의 '조절이론'에서는 이 문제에 대해 아주 큰 관심을 기울인다. 하나의 입장으로 단일화할 순 없지만, 대개 그들은 생산과 수요의 '모순'에 주목하면서 양자 사이의 불일치를 조절하기 위해 동원되는 다양한 요인들을 '축적체제'와 '조절양식'이란 개념으로 명명한다. "축적체제는 생산조건의 변화(투하자본량, 이의 부문간 배분, 생산규준)와 최종 소비조건의 변화(임노동 및 다른 계급의 소비규준, 공공지출 등) 간의 장기적 조응을 보장하는 체계적인 사회적 생산물의 분배 및 재분배 양식을 의미한다."(리피에츠, 『조절이론과 마르크스 경제학의 재해석』, p. 8)

이것이 단지 소비양식만의 문제가 아닌 것은, 소비양식 자체가 소비될 상품을 생산하고 분배하는 양상 전반과 결부되어 있기 때문이다. 이로써 자본의 순환에서 발생하는 '위기'를 다양한 사회적 요인들에 의해 극복해 가는 역사적 과정을 자본주의 분석의 중요한 주제로 부각시켰다. 요컨대 상품자본의 순환을 원활하게 보장하기 위한 조건의 집합, 즉 소비를 규제하는 욕망의 배치와 그에 따른 생활방식, 이와 결부된 노동자 포섭의 전략, 이를 통해 소급적으로 규정되는 축적전략, 그리고 이를 전반적으로 규정하는 국가정책의 집합을 '축적체제'라고 정의할 수 있을 것이다.

생산된 상품의 판매와 새로운 생산요소의 구매로 요약되는 상품자본의 유통은 바로 이러한 축적체제를 조건으로 하여 이루어진다. 그리고 이러한 조건을 통해서 자본은 상품자본에서 화폐자본으로, 그리고 생산자본으로 변환되는 순환과정을 원활하게 진행시킬 수 있다. 상품자본의 순환 도식은, 유통과정을 생산과정과 구별하여 그에 선행하는 '조건'임을 서술하고 있다는 점에서, 이러한 '유통'의 조건이 축적전략의 형태로 생산과정 자체를 규정하는 조건이 된다는 점을 보여주는 것이라고 하겠다.

축적체제와 관련 속에서 소비양식이란, 노동자의 관점에서 본다면, 노동력을 판매하고 받은 임금으로 상품을 구매하여 소비하며 이를 통해 노동력을 재생산하는 그런 과정이다. 즉 '노동력 재생산과정'이다. 노동력 재생산과정은 노동자들의 힘과 능력이 임금과 교환되고, 임금과 교환되는 상품(소비재)을 통해 소모된 노동력이 다시 일할 수 있도록 회복되고 재생산되는 과정이다. 이런 점에서 이 또한 또 하나의 순환과정이다. 자본이 형태를 바꾸면서 순환되는 것과 달리, 노동할 능력이 상품으로, 화폐로, 소비재로, 그리고 다시 노동할 능력으로 순환되는 순환과정. 이를 '노동력의 순환과정'이라고 부르자.

이 노동력의 순환은 M—LP라는 교환의 고리를 통해 자본의 순환과 하나로 연결되어 있지만, 자본의 순환과는 다른 순환이다. 그 순환을 규정하는 것은 자본의 논리가 아니라 노동력을 재생산하기 위한 사회적 관습과 제도고, 노동력의 재생산의 형태로 나타나는 생활방식의 습속이다(소비양식이란 이러한 생활방식과 상품자본의 순환이 만나면서 만들어지는, 생활방식의 한 측면이다).

자본의 순환과정에서 순환되는 화폐는 이 노동력의 순환과정 안에서 순환되는 화폐와 **이질적**이다. 전자가 명백하게 $M—C—M'$이라는 증식의 도식을 따라 흐르는 양화된 부의 흐름 그 자체라면, 후자는 $C(LP)—M—C'$(소비재)의 생활의 도식을 따라 흐르는 질적인 재화의 흐름을 매개한다. 하지만 문제는 이 이질적인 흐름이 동일한 형태를 갖는 화폐 M에 의해 연결되기에, 양자의 이질성은 **동질적인 것으로** 혼동된다. 아니, 이질적인 것을 통합하여 동질화하는 화폐의 형식을 통해 지배적인 흐름인 자본의 순환 속으로 노동력의 흐름이 양화되고 포획된다. 이것이 앞에서 본 것처럼 노동의 결과를 상품화함으로써 노동 자체를 가치화하는 과정과 관련되어 있음은 다시 말하지 않아도 좋을 것이다.

최근에는 여기에 노동력의 재생산과 결부된 생활과정이 자동화와 정보화의 결합에 의해 만들어진 기계적 과정을 통과한다는 사실로 인해 생활과 결부된 모든 활동이 자본의 새로운 착취의 대상이 되었음을 다시 덧붙여야 할 것이다. 이는 노동자뿐만 아니라 그러한 기계적 처리를 통과하는 모든 생활과정이 새로운 착취의 대상이 되었음을 뜻한다. 노동자만이 아니라 주부와 학생, TV시청자 등이 모두 함께 잉여가치의 제공자가 된다.

한편 조금 전에 말했던 것처럼 축적체제라는 개념 또한 이와 동형적인 양상을 보여준다. 즉 자동화와 정보화를 통해 유통이 생산의 내적인 일부가 되고, 소비나 유통을 통해서 생산의 양상을 직접 규제하려고 하는 새로운 축적체제가 만들어진 것이다. POS를 통해 소비를 생산에 연결하고, 유통을 생산에 소급적으로 피드백시키며, 이를 통해 생산의 유연화, 생산물의 다양화, 생산 기획 자체의 유연화를 결합하는 소위 '포스트-포드주의' 체제가 그것이다. 이처럼 정보·통신 수단의 발달로 인해 유통이나 소비를 생산과정과 연결시키는 것이 생산의 유기적 일부분이 된 체제에서라면, 축적체제는 더욱더 생산의 내적인 조건으로 되고 있다고 해도 좋지 않을까? 그리하여 유통의 장악 없이는 생산의 원활한 진행마저 곤란해지는 새로운 조건이 만들어지고 있는 것은 아닐까? 한편에서는 '유통업'이 좀더 강력한 경제적 권력과 이권을 획득하게 되고, 생산업에서도 마케팅이 중요한 요소로 부상하는 것, 다른 한편에서는 '소비를 자극하고 소비하는 방법을 가르치고 훈육하며 그리하여 소비를 사회적 강제 내지 의무로 만들어버린 사회'라는 의미에서 '소비사회' 개념이 부상하는 것(보드리야르, 『소비의 사회』)은 이런 맥락에서 이해할 수 있을 것이다.

## 2. 자본의 유통과 가치의 생산

### 1) 노동과 비생산적 노동

자본의 순환은 비록 애초에 그것이 화폐자본에서 시작된다고 하더라도 이미 시작된 이상 서로 꼬리를 물고 진행되는 무한한 원환운동을 이룬다. 각각의 한 점은 마치 원주상의 한 점과 마찬가지로 이전에 진행된 모든 과정의 결과인 동시에, 이후 진행되는 모든 과정의 전제로 나타난다. 그것은 또 화폐자본의 순환의 일부분이면서 동시에 다른 자본의 순환형태의 일부분이기도 하다. 이런 의미에서 자본의 순환은 앞서 말한 세 가지 순환형태의 '통일'이다.

자본의 유통은 앞서 보았듯이 생산과 대비되는, 자본 순환의 한 국면이다. 즉 자본의 순환과정은 "생산과정과 유통과정의 통일"이다. 자본이 생산과정에 머무는 기간을 '생산기간'이라고 하고, 유통과정에 머무는 기간을 '유통기간'이라고 하면, 자본이 그 순환을 마치는 데 걸리는 기간은 생산기간과 유통기간의 합이다.

그런데 생산과정과 유통과정의 외연은 어떻게 구별될까? 다시 말해 어디까지가 생산기간이고 어디까지가 유통기간일까? 공장의 문을 통과하는 순간, 그래서 창고로 이동하는 순간 생산물은 상품자본으로서 유통의 영역으로 들어가는 것일까? 아니면 '산업자본가'의 손에서 상인자본가의 손으로 넘어가는 순간이 그 지점일까? 반대로, 생산과정은 언제 시작되는 것일까? 창고에 있던 원료가 공장의 라인을 타는 순간 시작되는 것일까? 아니면 그것을 구매하여 창고에 쌓는 순간 시작되는 것일까? 상인에게 넘기기 위해서든, 아니면 원료를 받아서든, 운송하는 과정은 어디에 속할까?

일단 운송에 대해서 보자면, 맑스는 공장문을 경계로 생각하는 통념에 반하여 이렇게 말한다. "생산물의 양은 그것의 운송에 의하여 증가되지 않는다. …… 그러나 물건의 사용가치는 그것의 소비에 의해서만 실현되는 것이고, 그것의 소비를 위해서는 장소의 변동, 따라서 **운수업이라는 추가적인 생산과정**이 필요하게 될 수도 있다."(II, p. 168) 운송업이 추가적인 생산과정이란 말은 그것이 다른 사람에 의해 운영되는 것이지만, 어떤 상품의 생산과정의 연장이라는 말이다.

또 하나, 운송업이 독립적인 생산과정으로서 나름의 가치를 생산한다고 하는 것은 그것이 생산된 상품의 소비를 위해 필요한 작업이라는 이유 때문이다. 이는 소비를 위해 필요한 과정은 모두 추가적인 생산과정이라고 할 수 있음을 의미한다. 이는 '가치의 생산'이라는 정치경제학적 기준에 따르면 운송업처럼 소비에 필요하기에 부수되는 활동 또한 잉여가치를 생산한다고 말해야 한다는 것이다. "운수업에 투하된 생산자본은 수송되는 생산물에 **가치를 첨가**하는데, 그것은 일부는 운수수단으로부터의 가치이전에 의해서, 그리고 또 일부는 운수노동에 의한 가치첨가에 의해서이다."(II, p. 168)

이미 본 것처럼 맑스는 명확하게 운송업이 추가적인 생산과정이며, 운송에 관련된 노동은 명확하게 생산적 노동이라고 말한다. 그렇다면 생산된 상품이 창고에 있는 보관과정 또한 추가적인 생산과정이라고, 생산과정의 연장이라고 해야 한다. 왜냐하면 두 개의 연속적인 생산과정 사이에 있는 한, 그것 역시 생산과정의 일부라고 해야 마땅하기 때문이다.

이는 이른바 '생산적 노동'에 관한 오래된 논란에 대하여 또 하나의 참조점을 제공한다. '생산적 노동'에 대해 고전적 정치경제학은 가치를 생산하는 노동이라고 말하지만, 그것이 무엇을 뜻하는가를 규정하는 것은 사실 쉬운 일이 아니다. 통념적인 생각은 어떤 **물질적인 것을** 생산했을 때 그것을 생산적 노동이라고 하는 것인데, 이는 서비스 관련 노동에 비해 직접 물건을 제작하는 노동에 우월성을 부여하는 이유가 되었다.

그러나 맑스는 『자본』 4권이라고도 불리는 『잉여가치학설사』에서 이런 식의 생산적 노동 개념을 비판한 바 있다(『잉여가치학설사』 1, p.165 이하). 즉 집에서 아이들을 위해 의자를 만들어주었다면 생산적 노동이 아니지만 임금을 받고 공장에서 의자를 만들면 생산적 노동이 되며, 집에서 밥을 하면 생산적 노동이 아니지만 임금을 받고 식당에서 밥을 하면 생산적 노동이 된다. 생산적 노동이란 이처럼 **노동의 결과가 갖는 가시적인 특징이 아니라** 그것이 잉여가치를 생산하는가 아닌가에 의해 결정되는 것이다. 자본가에 의해 고용되어 자본의 증식에 이용되는 경우라면 **어떤 것을 생산하든** 생산적 노동이라는 것이다. 생산적 노동은 사회적 관계에 의해 결정되는 것이지 생산물의 질에 의해 결정되는 게 아니라는 것이다.

그럼에도 불구하고 고전경제학의 흔적 안에서 정치경제학은 '유통'과 '생산'을 대비하고, '새로운 가치의 생산'과 '생산된 가치의 유통'을 대비하는 전통을 확장해 왔다. 이 경우 자본가에게 고용되었다고 해도, 상품을 생산하기보다는 생산된 것을 판매하거나 유통시키거나 관리하는 활동을 비생산적인 노동으로 간주하려는 태도로 이어진다. 이는 한편으로는 고정된 형태를, 가시적으로 확인될 수 있는 것만을 '물질'로 간주하는 19세기의 소박한 기계론적 유물론 전통(포이어바흐주의?) 때문이기도 하지만, 다른 한편으로는 '물질적 생산'이란 이름 아래 19세기의 그런 가시적인 노동을 찬양하려는 의지의 산물이기도 하다.

생산적 노동에 대한 맑스의 개념적 비판이 이런 입론에 대한 이론적 비판이라면, 운수노동에 대한 맑스의 언급은 이론 이전에 작동하는 어설픈 직관적 판단에 대한 비판이다. 즉 소비에 필요한 과정이라면 어떤 것도 생산과정의 연장이고 거기에 관여된 노동은 가치를 추가하는 생산적 노동이라는 것이다. 사실 춤추고 노래하는 것마저 상품이 되고 잘 나가는 영화 한 편이 거대한 공장의 노동자가 1년간 생산한 것보다 많은 이윤을 산출하는 지금이라면, 개념의 논리적 타당성과 무관하게 지속되어 온 지난 세기의 소박한 직관이 더이상 유지되리라고 믿을 수 있을까?

## 2) 생산비용과 유통비용

생산과 유통을 구별하는 문제, 생산적 노동과 비생산적 노동을 구별하는 문제는 생산비용과 유통비용의 구별이라는 문제로 이어진다.

> "자본이 상품자본의 형태로, 따라서 상품재고의 형태로 존재하는 것은 비용을 발생시키는데, 이 비용들은 생산영역에 속하는 것이 아니므로 유통비용으로 계산된다. 그러나 이 비용들은 일정한 정도까지 상품가치에 들어가며 그만큼 상품가격을 등귀시킨다는 점에서……순수유통비용〔매매비용, 부기비용 등〕과는 구별된다. 상품재고를 유지·보관하는 데 역할하는 자본과 노동은 어떠한 사정 하에서도 직접적 생산과정으로부터 분리되어 있으나, 그것들은 사회적 생산물로부터 보전되지 않으면 안 된다." (II, p. 156)

즉 운송이나 보관 등 상품의 유통과 관련된 비용은 상품의 가치에 들어가며 보전되어야 한다는 것이다. 이는 비용으로 보전되어야 할 뿐 아니라 사용가치에 작용하여 '유용성'을 크게 한다. 즉 필요가 없거나 적은 곳에서 많은 곳으로 옮겨놓거나, 필요가 적은 시기에 보관해 두었다가 필요가 많은 시기에 방출하여 판매하기 때문에, 운송과 보관은 사용가치를 '증가' 시킨다. 이는 상품이 '제값'에, 혹은 좋은 값에 팔리게 되기 위한 조건일 뿐 아니라, 가치의 증가 자체를 야기한다.

사실 엄밀하게 말하자면, '사용가치를 증가시킨다' 는 것은 말이 안 된다. 왜냐하면 사용가치는 상품의 **질적인** 측면인 반면, 증가와 감소는 **양적인** 변화를 지칭하는 말이기 때문이다. 그렇지만 어느 지역에선 헐값인 상품이 다른 지역에선 비싼 값에 팔리는 것은 알다시피 예외가 아니라 흔한 현상이다. 이것이 교역이나 교환을 야기하는 이유기도 하다. 이 경우 이러한 이동은 당연히 상품 가치의 증가를 수반한다. 그것은 사용가치의 증가를 통해서 가능한 것이지만, 사실 사용가치 증가라는 형용모순의 표현을 통해서 가치의 증가라는 사실이 직관적으로 표현되고 있다.

다른 측면에서 보자면, 정치경제학에서 말하는 가치 개념 또한 사실은 사회적 가치이기에, 사회적 승인과 무관한 상품의 가치란 존재하지 않는다. 사회적 가치는 상품이 판매되는 공간과 시간에 따라 달라진다. 승인의 사회적 조건에 따라 달라지기 때문이다. 따라서 상품을 공간적으로 이동시키거나, 보관하여 시간적으로 '이동'시키는 것은 그 상품의 가치를 변화시킨다. 통상 '유용성의 증가'로 표현되는 이 현상을 두고, 가치가 아니라 사용가치만 증가한 것이라고 말하는 것은 아주 우스운 일이다.

이런 양상을 맑스는 이렇게 말한다. 가치를 갖는 생산물은 비용의 지출을 필요로 하는 "일정한 '객관적 조건' 밑으로 옮겨져서〔이것은 자본의 지출을 필요로 한다〕 추가적 노동이 **그 사용가치에 대하여 작용하기 때문에 상품들의 가치가 보존 내지 증가된다**"(II, p. 156). 이를 좀더 확장해서 말한다면, 사용가치의 '증가'에 기여하는 모든 활동은 동시에 그 상품의 가치의 증가에 기여한다고 말해야 한다. 유통이나 보관에 관여된 활동이 좁은 의미에서 '생산적인' 것은 이런 이유에서다. 다른 이유에서지만 원료나 도구처럼 생산자본의 형태로 창고에 보관하는 것은 생산이 제때에 제대로 원활하게 수행되기 위해서 필요하다. 이 역시 시간적으로 유용성을 증가시키기에 '생산적'이다. 이는 역으로 원료나 도구가 제때 필요한 곳에 없어서 일을 공치는 경우를 생각한다면, 그래서 그것이 가치가 이미 사회적으로 정해진 어떤 상품의 비용을 증가시키는 방식으로 가치를 좀먹는다는 것을 통해서 확인될 수 있다.

이러한 비용은 모두 '유통비용'으로 계산된다. 표면적으로 생산영역 밖에 있는 것처럼 보이기 때문이다. 그러나 이러한 표면현상에만 집착한다면 정작 중요한 것을 놓치는 피상성을 면하기 힘들다. "이러한 유통비용은 생산과정으로부터 발생할 수 있는 것인데, 다만 **이 생산과정이 유통영역에서 속행되어 그 생산적 성격이 유통형태에 의하여 은폐**되고 있을 뿐이다."(II, p. 154) 다시 말해 유통비용의 형태로 지출됨에도 불구하고 이 비용들은 본질적으로 생산과정의 연속이며 따라서 생산적 비용이고, 가치를 생산하는 데 드는 비용이란 것이다.

이로써 생산비용과 유통비용의 경계는 모호해지는 듯이 보인다. 이는 생산과정과 유통과정의 경계가 모호해지는 것과 동일한 의미를 갖는다. 그러나 여기서 좀더 중요한 것은 유통비용의 형태로 지출되는 것이 실제로는 '사용가치의 증가'와 결부된 것인 경우, 그것은 가치의 증가를 야기하는 생산과정의 연속으로, 유통형태에 의해 은폐된 생산과정으로 보아야 한다는 점이다.

한편 맑스는 상품을 매매하는 데 드는 비용이나 부기 비용 등은 '순수유통비용'이라고 하는데, 이는 가치를 생산하는 게 아니라 단지 그 형태를 변형시키는 데 사용되는 비용이라고 한다(II, p. 146). "자본가의 수중에서 행해지는 상품매매의 규모 여하가 이 노동[가치를 창조하지 않고 가치형태의 변화만을 매개할 뿐이다]을 가치창조적 노동으로

전환시킬 수 없다는 것은 물론이다."(II, p. 147)

　이런 이유에서 상점에서 일하는 점원의 노동이나 경리를 담당한 여직원의 노동 또한 가치나 잉여가치를 생산하지 않으며, 따라서 비생산적이라고 한다(II, pp.148~149). 여기에 들어가는 비용은 모두 자본가들의 총수입에서 지불되는 비생산적 비용이고, 총잉여가치에서의 공제분이다. "일반적 법칙은 단순히 상품의 형태전환으로부터 발생하는 모든 유통비용은 상품에 어떠한 가치도 첨가할 수 없다는 것이다. 그 비용은 가치를 실현하는 데……드는 비용에 불과하다."(II, p. 167)

　그러나 가치의 부가를 단지 물리적 형태로 제한할 수 없다는 점은 맑스 자신도 잘 알고 있었다. 가령 운송의 경우 "운송되는 것이 사람이든 상품이든 간에 그 결과는 공간적 위치의 변환"이고, 그런 점에서 "운수업이 판매하는 것은 장소를 변경시키는 것 자체"며, 물리적 형태를 갖지 않는 **유용효과**다. '유용성의 증가' 혹은 '사용가치의 증가'라는 말로 표현했던 것이 그것이다. 이것은 동시에 가치의 증가를 수반한다는 것을 앞서 보았다. "그 유용효과가 생산적으로 소비되어 그것 자체가 수송되는 상품의 생산의 한 단계라면, 그 유용효과의 가치는 부가가치로서 그 상품에 이전된다."(II, p. 60) 즉 가치의 부가는 물리적 변환만이 아니라 '유용효과'를 포함한다는 것이다.

　따라서 '가치의 생산'과 '가치형태의 변환'을 구별할 물리적인 근거를 찾는 것은 불가능하다. 그런데 점원이나 영업사원이 하는 판매 내지 영업활동이라면 어떨까? 이는 보관업과 대비해서 말하자면, 대칭적인 양상의 유용효과를 갖는다. 즉 보관업은 상품을 보존함으로써 그 자체로 가치의 소모와 파괴를 막는 유용효과를 생산하는 것이고, 따라서 그것은 가치의 증가로 귀결되는 유용효과를 갖는다. 역으로 영업이나 판매활동은 판매를 촉진하기 위한 활동이다. 즉 그것은 보관업이 보관 내지 보존함으로써 가치의 감소를 막는 방식으로, 다시 말해 수동적 방식으로 수행하는 것을, 적극 나서서 판매를 촉진한다는 능동적 방식으로 수행하는 것은 아닐까?

마케팅이나 광고, 포장과 같은 '가치형태의 변환' 역시 마찬가지다. 그런 점에서 그것은 직접적으로 가치의 감소를 막을 뿐 아니라, 가치 감소를 막는 데 드는 비용을 줄임으로써 일정한 유용효과를 생산한다고 해야 하지 않을까? 그것들은 가치의 생산이 아니라 생산된 가치의 '실현'에 봉사하는 것이지만, 그것이 가치의 실현을 위해 장소를 이동하는 운송업과 근본적 차이를 갖는다고 하긴 어렵지 않을까?

좀더 근본적으로 말해서 리카도의 주장처럼 가치가 이미 개별 상품마다 체현된 각각의 노동시간으로 환원될 수 있는 게 아니라면, 적어도 판매라는 사회적 '승인'의 절차를 통해서만 규정될 수 있는 어떤 것이라면, 가치의 생산과 가치의 실현, 혹은 가치의 생산과 가치형태의 변환을 명확하게 구별하는 것은 불가능하다. 화폐화에 실패한 어떤 상품도 자신의 가치를 갖지 못하며, 있었다고 하더라도 무용한 것으로 파괴되고 만다. 화폐와의 교환(이른바 '사회적 승인')을 통해서만 상품은 자신의 가치를 획득한다. 이 경우 사회적 승인을 받기 위한 비용, 혹은 '승인'에 필요한 시간을 축소시키는 데 필요한 비용은, 분명 일정한 '유용효과'를 갖는다. 즉 '사회적 승인'을 통해 규정되는 상품 가치의 일부분임이 분명하다.

여기서 우리는 생산적 노동을 단순히 **노동의 물리적·소재적 형식**

**을 통해** 정의하려는 관념에서 벗어나야 한다.『잉여가치학설사』나「직접적 생산과정의 결과들」에서 맑스가 제시한 것처럼 자본에 의해 구매되어 가치화되는 활동이라면, 그래서 잉여가치를 생산하는 활동이라면 어떤 활동도 생산적 노동이 된다. 가수가 자신이 좋아서 노래하는 거라면 생산적 노동이 아니지만 자본에 의해 고용되어 노동력을 사용하는 것이 된다면 생산적 노동이 된다. 창고지기 노동자나 판매직 노동자 역시 자본에 의해 고용되어 노동력을 사용하는 한 그것은 생산적 노동이란 점에서 다르지 않다는 것이다.

### 3) 유통과정에서 생산과정으로

이와는 약간 다른 측면에서, "생산영역이 유통 형태로 속행되는" 경우 그것은 "유통 형태로 은폐된 생산과정"이라는 맑스의 말은 적어도 현대 자본주의의 새로운 양상과 관련된 어떤 문제를 규명하는 데 훌륭한 디딤돌을 제공한다.

이미 많은 사람들이 지적한 것처럼 도요타 자동차 공장에서 시작된 적시(適時, Just-In-Time) 생산방식은 유통 즉 상품의 매매에서 발생한 결과를 통해서 생산의 속도와 생산량, 생산할 물품의 종류 등을 통제하는 생산방식을 대대적으로 확산하는 계기를 제공했다. 예컨대 도요타 자동차의 경우, 국내 및 해외판매를 담당하는 영업소에서 향후 3개월의 수요예측 자료를 받아 '기본생산 계획'과 '자재소요 계획'을 세우고, 이에 따라 부품납품 예정표를 소속 부품업체에 전달한다. 이후 10일간 주문, 1일 주문이 영업소에서 전달되면, 그것을 차종·바디형태·엔진·등급·변속기·색상 등에 따라 컴퓨터로 분류하고, 이에 따라 조립순서 계획을 세운다(몬타 야스히로, 『신도요타 시스템』, pp. 129~133).

판매자들의 구체적인 수요관련 정보를 통해 생산물의 종류와 생산량을 최대한 실시간으로 관리하고 통제하는 이런 생산체제에서 유통 내지 판매는 생산과 분리될 수 있는 것이 아니라, 그것의 유기적인 일부분이다. 즉 네트워크를 통해서 유통 내지 시장상황이 생산 자체와 연결됨에 따라, 유통 자체가 생산의 조건을 입력하고 생산의 양상을 규정하는 생산과정의 일부가 된 것이다. 이는 유통과 생산을 밀접하게 하여 시장상황을 실시간으로 반영해 생산하게 할 뿐 아니라, 시장에서 수요의 변화, 소비자 욕망의 변화를 생산 자체에 반영하는 그런 유기적 생산체제를 형성한다. 도요타 시스템을 구상한 발상 자체가 2차대전 이후 일본 자동차 시장의 제약에서 발생했으며(같은 책, p. 42), 포드주의와 달리 최대한 수요에 근접하여 적합한 양만을 생산하려는 다품종 소량생산을 전략목표로 했다는 점은 이와 관련해 매우 시사적이다.

요컨대 유통 내지 판매를 생산과정의 연속으로 만들려는 이러한 체제는 상품의 매매라고 불렀던 '순수유통' 자체가 생산의 유기적인 일부분이 되었음을 보여주는 것이다. 바코드를 이용한 POS나 컴퓨터 통신을 통한 생산-유통 간 시간과 공간의 축소, 그리고 그런 통신기술로 인해 소비자 반응을 단시간 내에 생산과정에 '입력'하는 방식 등은 생산과 분리된 '순수유통'의 영역이 매우 축소되었음을 의미하며, 특히 상품의 매매가 생산의 직접적인 일부분이 되었음을 뜻하는 것이다.

나아가 앞서 본 것처럼 '노동의 기계적 포섭'이라고 불렀던 현상은 공장이나 생산라인에 노동자를 붙잡아 두지 않고도 착취할 수 있을 뿐 아니라, 노동자 아닌 사람까지도 착취할 수 있는 새로운 조건을 만들어냈다. 이 또한 잉여가치 생산 내지 착취의 영역이 공장을 넘어서 이른바 '유통'의 영역으로, 사회적 영역 전반으로 확장되었음을 의미한다. 더불어 대량생산과 대량소비의 축적체제에 따른 시장의 상대적 포화는 상품의 '사회적 소모'가 자연적 소모를 크게 앞지르는 사태를 야기했고, 그 결과 광고나 포장(디자인!), 애프터서비스 등과 같이 이전이라면 '순수유통비용'에 속할 것들이 때로는 사용가치나 교환가치에 못지 않은 비중과 비용을 요구하게 된다.

이러한 요인들 모두가 상품의 판매나 유통을 "생산과정의 속행"으로, 생산과정의 은폐된 연속으로 변환시키는 새로운 조건이다. 유통영역의 확대가 유통영역을 점차 생산의 일부로 만듦으로써 독자적인 순수유통영역 자체를 축소 내지 제거하는 결과로 귀착된 것이다. 이는 포드주의 이후 가동되고 있는 새로운 종류의 축적체제의 한 단면이기도 하다.

## 3. 자본의 회전과 속도의 화폐화

### 1) 고정자본과 유동자본

"자본의 순환을 개개의 단일한 과정이 아니라 주기적 과정이라고 파악할 때 그것은 자본의 회전이라고 불린다."(II, p. 176) 따라서 자본의 회전기간은 생산기간과 유통기간의 합이란 점에서 자본이 화폐자본에서 생산자본, 상품자본을 거쳐 다시 화폐자본으로 되돌아오는 시간과 동일하다. 자본의 순환에서 중요한 것은 하나의 형태가 다른 형태로 변환되는 문제, 가령 상품자본이 판매되어 화폐자본으로 변환되는 문제, 혹은 화폐자본이 생산수단과 노동력을 구매하여 생산자본으로 변형되는 문제가 중요한 반면, 자본의 회전에서는 투자된 자본이 이런저런 경로를 거쳐 원래의 형태로 되돌아오는 주기적인 운동이 중요하다. 즉 자본의 순환에서는 자본의 세 가지 형태(화폐자본, 생산자본, 상품자본)의 대체와 복귀가 중요했지만, 자본의 회전에서는 회전의 속도와 더불어 하나의 주기 안에서 자본이 소모되고 다시 회복되는 방식이 중요하다. 그 소모 양상의 차이가 '고정자본'과 '유동자본'의 구별로 나타난다.

고정자본이란 생산과정에 전체로서 참여하지만 그것의 가치는 조금씩 점차적으로 생산물로 이전되는 자본이다. 반면 유동자본은 "생산과정에 있는 투자자본 중 고정자본을 제외한 모든 소재적 구성분"(II, p. 180)이다. 고정자본이 여러 번의 회전을 거치면서 가치가 소모되고 이전되어 다시 회수되는 자본이라면, 유동자본은 한 번의 회전 때마다 완전히 소모되어 유통영역으로 이전된 후 다시 회수되는 자본이다. 가령 대규모 기계나 부동산은 자본이 여러 번 회전하는 동안 계속해서 생산에 참여한다는 점에서 고정자본에 속하지만, 원료나 노동력은 자본이 1회전하는 동안 모두 소비되고 다시 회수된다는 점에서 유동자본에 속한다.

노파심에서 다시 추가하자면, 고정자본은 불변자본과 동일하지 않고, 유동자본은 가변자본과 동일하지 않다. 왜냐하면 원료나 일회성의 물품 등은 불변자본에 속하지만, 일회의 회전기간 안에 모두 소모된다는 점에서 유동자본에 속하기 때문이다. 물론 기계처럼 여러 회전기간 동안 사용되는 생산수단은 불변자본인 동시에 고정자본에 속한다. 임금에 대응되는 가변자본은 매번 소모되기 때문에 유동자본에 속한다.

고정자본은 여러 번의 회전을 거치는 동안 마모된다. 가령 1년에 1회전하는 자본이 있다 하고, 거기서 어떤 기계(고정자본)를 10년 동안 사용한다고 하면, 그 기계는 10년에 걸쳐 마모된다. 10년 뒤에 그 기계를 다시 사기 위해 자본가는 매년 기계값의 1/10씩 감가상각을 한다. 그 감가상각비용이 1년(1회전 기간)마다 그 기계로 생산되는 상품에 비용의 형태로 이전된다. 그러나 기계의 가치는 그처럼 나누어 이전되지만, 기계는 항상 전체로서 생산과정에 참여한다.

기계는 물리적 수명이 있다. 그 수명이 다하는 것을 '물리적 마모' 내지 '자연적 마모'라고 한다. 그러나 알다시피 물리적 수명 이전에 기계를 버리는 경우가 많다. 가령 개인용 컴퓨터는 물리적 수명이 다하기 전에 '못 쓰게' 된다. 물리적으로는 여전히 '멀쩡하지만', 그 기계론 돌릴 수 없는 새로운 소프트웨어나 서비스가 크게 늘어나면, 우리는 어느새 컴퓨터를 바꿀 생각을 하게 된다. '수명'이 다한 것이다. 다른 기계 역시 마찬가지다. 많은 경우 기계의 발전이나 그 기계를 사용하는 데 필요한 조건의 변화로 인해 자연적 수명 이전에 기계를 대체하게 된다. 이러한 요인에 의해 이루어지는 마모를 '사회적 마모'라고 하고, 그 마모의 연한을 '사회적 수명'이라고 부른다.

생산성의 발전과 나란히 진행되는 기계의 혁신은 기계의 사회적 수명을 점차 짧게 만드는 경향이 있다. 이는 '극소전자기술혁명' 이후 더욱더 가속화되고 있다. 가령 반도체 집적기술의 발전은 연산장치나 기억장치 등의 혁신을 가속화하여 반도체 관련 기계들의 사회적 수명을 더욱더 짧게 만들고 있다. 18개월마다 반도체 집적 능력이 2배로 증가한다는 이른바 '무어의 법칙'은 이러한 상황을 표현하는 하나의 사례일 것이다. 최근에는 집적속도가 그것보다 빨라져서 무어의 법칙이 머지않아 깨질 것이라는 예측이 소문처럼 난무하고 있다.

이처럼 기계의 발전 속도가 빨라지고 사회적 수명이 짧아지면, 당연히 기계의 비용을 상각하는 속도도 빨라진다. 상각속도가 빨라진다는 것은 그 기계를 사용해서 생산하는 상품의 생산비용이 높아진다는 것을 의미한다. 한편 경쟁은 비용의 전가에 일정한 제한을 가한다. 즉 전가하여 가격을 올리는 것이 쉽지 않은 경우가 많다. 이러한 사정으로 인해, 최근에는 특히 기계의 갱신속도가 빠른 영역에서는 기계를 사기보다는 임차하여 사용하는 경우가 확산되고 있다. 고정자본 비용의 부담이 자본에 점점 더 가중되는 조건에서 가속도로 증가하는 고정자본 비용을 임차한 기계의 사용료 형태로 유동화하려는 경향이 급속히 확산되고 있다. 이 또한 '새로운 산업혁명'에 의해 야기된 또 하나의 새로운 현상이다.

## 2) 자본의 회전기간과 속도의 경제

자본의 회전기간은 농업에서 자본의 순환이 1년을 단위로 하기에 1년이란 기간을 사용하는 경우가 많지만, 실제로 각각의 자본 회전기간은 매우 다양하다. 회전기간은 생산기간과 유통기간의 합으로 구성된다. 하지만 생산기간이 항상 노동기간인 것은 아니다. 특히 포도주의 제조나 농산물의 재배처럼 자연력에 의해 숙성되어야 하기에 노동하지 않고 기다려야 하는 농업의 경우 생산기간에는 비노동기간이 항상 포함된다. 물론 자본은 회전기간이 짧을수록 많은 잉여가치를 획득할 수 있기 때문에 이 기간을 단축시키기 위해 인위적인 조치들을 고안하여 사용한다. 익지 않은 감을 익히는 카바이트는 다른 화학적 방법들에 비하면 이젠 비교적 순진한 것에 속한다. 확실히 이런 점에서 자본가는 조산(早産)을, 그것도 가급적이면 제왕절개를 선호한다.

유통기간은 교통수단이나 소통수단, 광고나 판촉활동 등에 의해 단축되지만, 그로 인해 유통영역이 확대됨에 따라 반대로 유통에 필요한 기간은 연장될 수도 있다. 여기서도 자본은 유통기간을 줄이기 위해 다양한 수단을 사용한다. 마케팅이 점차 기업활동의 중요한 영역으로 부상하고, 더불어 광고료를 비롯한 마케팅 비용이 급속히 상승한다. 유기적 구성의 상승 내지 생산규모의 확대, 그리고 생산수단은 물론 생산물 자체의 갱신속도가 빨라지면서 상품의 수명이 급속히 짧아지고 있다는 사실로 인해 이러한 경향은 더한층 강화된다. 생산에 대한 유통의 지배력이 점차 커지는 현상 역시 이와 관련된 것이다.

자본이 한번 회전하는 동안 생산되는 잉여가치량($s$)은 잉여가치율($s'$)과 가변자본($v$)의 크기에 따라 결정된다. 즉

$s = s' \cdot v$

그런데 1년 동안 생산되는 잉여가치량은 이 잉여가치의 양에 회전수를 곱한 값으로 표시된다. 연간 잉여가치량을 $S$라고 하고, 1년간 자본의 회전수를 $n$이라고 하면

$S = s \cdot n = s' \cdot v \cdot n$

이다. 이는 자본의 회전수에 비례하여 잉여가치가 증가한다는 사실의 수학적 표현이다. 달리 말하면 생산기간의 단축이든 유통기간의 단축이든 간에 회전기간의 단축은 연간 잉여가치량의 증대를 야기한다.

따라서 자본은 회전수를 늘리고자 하며, 이를 위해 회전속도를 최대한 빠르게 하고자 한다. 즉 자본은 이제 노동기간뿐만 아니라 비노동기간에도, 그리고 유통기간에도 "좀더 빨리, 좀더 빨리"라는 슬로건을 관련된 모든 것에게 강요한다. "시간은 돈이다"라는 프랭클린의 명제는 이제 이렇게 변형된다. "속도는 돈이다."

"좀더 빨리 만들고, 좀더 빨리 팔고, 좀더 빨리 도달하고, 좀더 빨리 알게 하고, 좀더 빨리 소비하게 하는 것"은 자본의 가슴에서 빛나는 도덕률이 된다. 속도는 이제 미덕이 되고, 반대로 느리다는 것은 게으름과 동일한 의미를 갖는 악덕이 된다. 여유란 게으름의 다른 이름이다. 게으름이 비난받는 것과 동일한 이유에서 느림이 비난받게 된다. 속도는 이제 의무가 되고 강제가 되며, 그것을 통해 일종의 새로운 습속을 형성한다. 속도는 사람이나 자연, 혹은 기계의 신체 위에 작용하는 힘이요 권력이다. 이런 의미에서 자본주의는 모든 것에 대해 속도를 강요하는 '속도의 파시즘'을 형성한다고 해도 좋지 않을까?

모든 것을 "좀더 빠르게"로 다그치는 속도의 장(場)이, 마치 중력장과 동일한 양상으로 삶 전체를 둘러싼다. 속도는 이제 하나의 자연이 되고 자연적 법칙이 된다. '다른 조건이 동일하다면' 좀더 많이 생산하는 것이 자본의 생산성을 의미하듯이, '다른 조건이 동일하다면' 좀더 빨리 생산하는 것이 생산의 효율성을 의미한다. 스톱워치를 들고 소수점 세자리까지 초 이하의 시간을 계산하면서 효율성과 과학성이란 개념 아래 테일러가 '시간 관리'의 문제를 제기했을 때, 그것이 겨냥한 핵심적인 목표는 바로 이런 의미의 생산성이요 효율성이었다. 또 그의 제자 길브레스가 동작을 분해하여 잘게 쪼갠 뒤에, 각각의 부분동작마다 최소한의 노력으로 최소한의 시간에 수행할 수 있는 '과학적 동선'을 연구하고자 했을 때, 그것이 겨냥했던 것 또한 이와 다르지 않았다.

그러나 이는 단지 공장만의 문제는 아니었다. 자본의 회전은 처음부터 공장 안에 제한될 수 없는 것이었다. 더구나 그것은 언제나 직접적인 이윤이나 이익이란 형식이 아니라 효율성과 생산성을 추구하는 '과학적 지식'의 형식으로 제시되었고, 이는 노동력의 재생산과정 전반으로, 심지어 새로운 노동력을 만들어낼 학교의 교육체제를 통해서 확산되었다. 이제 "최소 노력에 의해 최대 효과를 거둔다"는 공리주의의 원칙은 "최소 시간에 최대 효과를 거둔다"는 명제로 대체되어 사람들의 동작 하나하나에 침투, 새로운 삶의 원리로 자리잡는다.

예를 들어 집이나 건물을 짓는 경우, 혹은 도로를 설계하는 경우 속도의 권력은 이제 '최소 동선의 원칙'을 통해 하나의 법칙으로 작동한다. 최소 동선, 그것은 최소한의 노력으로 최대의 효과를 얻으려는 원칙이고, 최소 시간에 최대한 빨리 이동하려는 원칙이며, 결국 최소 비용으로 최대 효과를 얻으려는 공리주의적 원리다. 이는 잔디밭을 흉하게 절단하는 수많은 직선들이 보여주듯이, 언제나 직선의 형태를 선호한다. 유클리드적 세계에서 직선이란 두 점 사이를 잇는 최단거리가 아닌가! 이는 시선의 경우에도 마찬가지였다. 강력한 직선과 직선으로 짜여지는 사각형 내지 육면체가 생활 전반을 규정하는 공간의 보편형식이 된다. '모더니즘' 내지 '국제주의 양식'이라고 불렸던 근대적 건축이 현재 우리가 사는 도시의 거의 모든 건물들을 육면체 박스로 가득 채웠던 것이 과연 이와 무관하다 할 수 있을까?(이 책 pp. 394~395 참조) 근대적 건축물의 파시즘적 획일성이 과연 이와 무관한 것일까? 만약 우리가 미래주의자들의 그림이나 조형물에서 '속도의 형상'을 발견할 수 있다면, 도로와 건물의 형태로 우리의 일상적 삶을 둘러싸고 있는 이 거대한 직선들에서 '속도의 건축'을 발견할 수 있지 않을까? 그것이 비록 전혀 다른 모습을 취하고 있다 하더라도 말이다.

### 4. 사회적 총자본의 재생산과 유통

이미 앞에서 우리는 자본의 유통과정에서 다루는 중요한 주제 가운데 하나가 바로 생산된 상품의 소비, 즉 '실현문제'라고 말한 바 있다. 특히 잉여가치만큼 증식된 생산물은 대체 누가 구매할 수 있는가 하는 것이 문제라고 말했다. 자본이 자본으로서 순환하려면 이러한 실현문제를 해결해야 한다. 거기서 실패한다면, 화폐자본으로 채 바뀌지 못한 상품들이 창고에 쌓인 채 팔 곳을 못 찾아 결국 버려지게 될 것이다. 버려진다는 것은 자본으로 되돌아가지 못한다는 것을 뜻한다.

자본이 자본으로서 계속 존속할 수 있으려면 이처럼 순환과정을 통과하여 자본으로 되돌아가야 한다. 즉 자본으로서 다시 기능할 수 있도록 재생산(reproduction)되어야 한다. 자본이 자본으로서 재생산되기 위해서는 생산된 상품이 팔려야 하고, 필요한 생산수단이나 노동력이 구매될 수 있어야 한다. 따라서 사회 전체적인 범위에서 전체 자본이 자본으로서 재생산될 수 있는가 하는 문제는 '실현문제'와 직결되어 있다. 유통이 자본의 재생산과 결부되어 있다면 바로 이런 이유에서다. 그렇지만 그것은 **개별자본**의 재생산이 아니라 사회적 **총자본**의 재생산과 결부된 것이다. 즉 개별자본들이 판매와 구매로, 즉 유통을 통해 서로 연결되어, 사회 전체 범위에서 자본이 재생산되는 문제로 다루어져야 한다.

## 1) 단순재생산

앞서 우리는 자본의 순환과 회전을 보았다. 이는 맑스 말대로 개별자본의 운동을 다룬 것이든, 사회적 자본의 자립적인 일부의 운동을 다룬 것이든(II, p.414), 혹은 총자본의 수준에서 자본의 운동을 다룬 것이든, 단수 명사로 표시된 자본이 어떻게 순환 내지 회전하는가를 다룬 것이었다. 하지만 개별자본의 순환은 서로 다른 자본을 전제하며 서로 뒤엉키고 다른 자본의 존재와 운동을 조건으로 하여 진행된다. 따라서 "사회적 총자본의 구성부분으로서의 개별자본들의 유통과정"을, 그것들이 서로 연관되며 서로 구매하고 판매하며 운동하는 과정을 보아야 한다(II, p.414). 이것이 '사회적 총자본의 재생산과 유통'을 다루는 『자본』II권 3편의 주제다.

유통과 관련하여 자본의 재생산을 다룬다는 것은 생산과 소비를 연결하는 문제, 즉 '실현문제'와 관련되어 있다. 이는 잉여가치만큼의 상품을 누가 소비하는가 하는 문제기도 하지만, 일반적으로 말해서 생산된 상품이 소비자를 찾아 판매되는 문제다. 이를 다루기 위해서는 생산물의 소재적 형태를 고려해야 한다. 이제까지 상품은 오직 '가치구성'이란 측면에서만 다루어졌다. 불변자본($c$), 가변자본($v$), 잉여가치($s$)라는 가치 구성요소와, 잉여가치율이나 자본의 유기적 구성, 혹은 축적율 등처럼 그 요소들간의 관계가 중요한 분석대상이었다.

그러나 이런 측면에 머물러 있는 한, 넓은 의미의 '실현문제'는 물론, 잉여가치는 누가 구매하는가 하는 시스몽디 식의 문제에도 올바로 접근하기 어렵다. 생산된 상품을 누가 소비하는가 하는 문제는 그 상품이 어떤 상품인가에 따라 달라지기 때문이다. 가령 제철공장에서 생산한 상품은 우리가 소비할 일이 없다. 그것은 새로운 생산을 위해 다른 자본가에 의해 구매된다. 반면 세탁기나 가방은 대개 우리 같은 사람들이 개인적으로 사용하기 위해 구매한다. 전자를 새로운 생산을 위해 구매하여 소비하는 것이란 의미에서 '생산적 소비'라 하고, 후자를 자본가나 노동자가 개인적으로 소비하는 것이란 의미에서 '개인적 소비'라고 구별한다는 것은 앞서 말한 바 있다.

이는 상품의 소재적 형태에 따라 생산재와 소비재로 나누는 것인데, 최소한 이 두 가지 소재적 형태를 구별하지 않는다면 소비를 자본가나 노동자가 개인적으로 소비하는 것으로 국한해서 오해할 수 있다. 시스몽디를 곤란하게 했던 난점 또한 이와 결부되어 있었다. 노동자들은 자신의 임금에 해당되는 부분($v$)만큼만 다시 구매할 수 있다. 자본가는 증식된 가치의 일부를 자본으로 사용해야 하기에 '잉여가치'의 일부분만큼만 구매할 수 있다. 그렇다면 생산된 잉여가치 가운데 자본가가 소비하지 않고 남는 부분은 누가 구매할 것인가? 시스몽디는 이를 극복할 수 없는 곤란이라고 보아 외국에서 판매해야 한다는 결론을 끄집어낸다. 이는 자본가가 개인적으로 소비하지 않고 축적하는 부분 또한 생산수단을 구매해야 한다는 것을 고려하지 못했기에, 즉 생산적 소비 또한 소비의 하나임을 보지 못했기에 발생한 곤란이었다.

생산물의 소재적 형태와 가치구성을 동시에 고려하면서 유통 내지 재생산의 문제를 다루기 위해 맑스는 유명한 '재생산표식'을 고안했다. 여러 가지 자본을 그 소재적 형태에 따라 생산수단을 생산하는 부문(I부문)과 소비재를 생산하는 부문(II부문)으로 나누고, 각각의 부문을 불변자본과 가변자본, 잉여가치의 합으로 표시하는 방법이 그것이다(II, pp. 466~467). 재생산표식의 기본형태는 다음과 같다.

I. $c_1 + v_1 + s_1 = W_1$

II. $c_2 + v_2 + s_2 = W_2$

여기서 $W_1$은 생산재 상품의 가치총액이고, $W_2$는 소비재 상품의 가치총액이다. $W_1$ 가운데 $c_1$의 소재적 형태는 생산수단이다. 이는 다음 번 생산에 다시 투여되는 불변자본 비용($c_1$)에 의해 '충분히' 구매될 수 있다. $v_1$과 $s_1$은 임금과 잉여가치인데, 여기서 소재적 형태는 역시 생산수단이다. 편의를 위해 잉여가치를 모두 자본가가 개인적으로 소비한다고 가정하자(단순재생산). 그러면 이들은 자신의 수중에 있는 돈으로 무엇을 살 수 있을까? I부문만 있다고 하면, 그들은 돈은 있지만 먹을 것도 입을 것도 살 수 없다. 왜냐하면 거기서 생산된 것은 모두 생산수단이기 때문이다.

대칭적인 문제가 II부문 안에서도 발생한다. 거기서 생산된 것은 소비재이므로, $v_2$와 $s_2$는 사고 싶은 것을 쉽게 발견할 수 있다. 그러나 $c_2$는 생산수단을 사는 데 써야 하는데, II부문 안에서 생산된 것은 모두 소비재기 때문에 그것을 사고 싶어도 살 수가 없다. 그렇다면 이들은 어떻게 필요한 상품을 살 수 있을까?

답은, 이미 알겠지만 간단하다. I부문의 노동자($v_1$)와 자본가($s_1$)는 눈을 돌려 II부문에서 자신의 개인적 소비에 필요한 소비재를 구입할 수 있다. 반대로 생산수단을 구입하려는 II부문의 자본가는 $c_2$만큼의 생산수단을 I부문 생산물에서 구입하면 된다. 단순재생산을 가정하는 경우, I부문에서 필요한 소비재의 가치($v_1+s_1$)와 II부문에서 필요한 생산수단의 가치($c_2$)가 일치한다면, 생산한 상품이 남는 일도 사려는 상품이 모자라는 일도 없이 만사가 깨끗하게 끝난다. 즉 단순재생산이 '균형'을 이루어 만사가 순조롭게 이루어지려면 다음과 같은 조건만 만족하면 된다.

$v_1+s_1=c_2$ ——————— (1)

이를 다른 식으로 설명할 수도 있다. 전체적으로 보면 생산재의 총생산량은 $W_1$이고, 생산재를 구입해야 하는 비용은 두 부문의 불변자본의 합 $c_1+c_2$다. 이 양자가 같다면 생산재의 공급(생산량)과 수요는 일치하여 남는 것도, 모자라는 것도 없게 된다. 즉 $W_1=c_1+c_2$여야 한다. $W_1=c_1+v_1+s_1$이므로, 이를 다시 쓰면,

$c_1+v_1+s_1=c_1+c_2$

양변의 $c_1$을 소거하면 앞서 단순재생산의 균형조건인 식 (1)과 일치하게 된다.

또 소비재의 총생산량은 $W_2$인데, 소비재를 사려는 수요는 두 부문 모두의 노동자의 소득($v_1+v_2$)과 자본가의 소득($s_1+s_2$)을 합한 것이다. 여기서도 양자가 같으면 남는 것도 모자라는 것도 없는 균형에 도달한다. 즉 $W_2=(v_1+v_2)+(s_1+s_2)$이다. $W_2=c_2+v_2+s_2$이므로, 이를 다시 쓰면

$c_2+v_2+s_2=v_1+v_2+s_1+s_2$

양변에서 $v_2$와 $s_2$를 소거하면, 앞서의 단순재생산 균형조건인 식 (1)과 동일한 것이 된다. 요컨대 단순재생산의 경우 생산된 상품이 모

두 판매되기 위해서는

$v_1 + s_1 = c_2$

라는 조건을 만족시키면 된다. 맑스는 다음과 같은 숫자 예를 들어서 단순재생산의 균형조건을 설명하고 있다(II, p. 468).

I. $4000c_1 + 1000v_1 + 1000s_1 = 6000W_1$

II. $2000c_2 + 500v_2 + 500s_2 = 3000W_2$

여기서 생산된 생산수단의 총량 $6000W_1$은 다음 번 생산에 필요한 I부문의 불변자본 $4000c_1$과 II부문의 불변자본 $2000c_2$에 의해 구매되어 소비될 수 있다. 또 소비수단의 총량 $3000W_2$는 두 부문의 노동자의 소득 $1000v_1 + 500v_2$와 자본가의 잉여가치 $1000s_1 + 500s_2$에 의해 구매되어 소비될 수 있다.

### 2) 확대재생산

단순재생산은 "아무런 축적도 또는 확대된 규모의 재생산도 이루어지지 않는다는 …… 부적절한 가정"에 입각해 있다(II, p. 465). 현실적으로는 확대재생산만이 존재한다. 그렇다면 확대재생산의 경우라면 생산과 소비는 어떻게 균형을 이룰 수 있으며, 총자본의 유통은 어떻게 완결될 수 있는가?

축적 내지 확대재생산이란 잉여가치가 자본으로 전환되는 것이라고 했다. 즉 생산된 잉여가치의 일부는 새로운 생산수단을 사는 데 사용하고(이를 $sc$라고 쓰자), 새로운 노동자를 고용하는 데 사용하며(이를 $sv$라고 쓰자), 다른 일부는 자본가가 개인적으로 소비한다(이를 $sk$라고 쓰자). 즉 잉여가치를 $s = sc + sv + sk$로 세분하여 표시할 수 있다.

그러면 재생산표식을 이 세분된 기호를 써서 다음과 같이 표시할 수 있다.

I. $c_1 + v_1 + sc_1 + sv_1 + sk_1 = W_1$

II. $c_2 + v_2 + sc_2 + sv_2 + sk_2 = W_2$

I부문에서 생산수단을 사는 데 사용될 부분은 $c_1 + sc_1$이고, II부문에서 생산수단을 사는 데 사용될 부분은 $c_2 + sc_2$다. 이것의 합이 생산수단 총액인 $W_1$과 일치하면 생산수단은 남는 것도 부족한 것도 없는 균형에 도달한다. $W_1 = c_1 + v_1 + sc_1 + sv_1 + sk_1$이므로

$c_1 + v_1 + sc_1 + sv_1 + sk_1 = (c_1 + sc_1) + (c_2 + sc_2)$

양변에 공통적으로 있는 항($c_1$과 $sc_1$)을 소거하면 이 식은 다음과 같이 된다.

$v_1 + sv_1 + sk_1 = c_2 + sc_2$

소비재 총액 $W_2$와 개인적으로 소비될 부분을 비교해도 동일한 식이 나온다. 요컨대 이것이 확대재생산의 균형조건이다. 이 식이 의미하는 것은 I부문에서 생산된 가치 가운데 개인적 소비에 충당될 부분의 합이 II부문에서 생산된 가치 가운데 생산수단 구입에 필요한 부분의 합과 일치하면, 확대재생산은 남고 모자람이 없는 균형에 도달한다는 것이다.

확대재생산의 균형조건을 설명하기 위해 맑스가 사용한 숫자 예는 다음과 같다(II, pp. 609~614).

I. $4000c_1 + 1000v_1 + 1000s_1 = 6000W_1$

II. $1500c_2 + 750v_2 + 750s_2 = 3000W_2$

만약 자본의 유기적 구성($c$와 $v$의 비율)이 불변이라면, I부문의

1000$s_1$과 II부문의 750$s_2$는 각각 다음 식의 괄호 안에 있는 것처럼 나뉘어 사용되는 경우에 확대재생산은 균형에 도달한다(사실은 미리 확대재생산 균형조건을 만족시키는 숫자값을 구한 것이다).

I. $4000c_1 + 1000v_1 + (400sc_1 + 100sv_1 + 500sk_1) = 6000W_1$

II. $1500c_2 + 750v_2 + (100sc_2 + 50sv_2 + 600sk_2) = 3000W_2$

확인해 보면, $v_1 + sv_1 + sk_1 = 1600$이고 $c_2 + sc_2 = 1600$으로서, 양변이 일치한다. 이제 이 결과를 앞의 식에 추가하여 다음해의 표식을 만들면 된다. 즉 다음해 I부문 불변자본은 $c_1 + sc_1 = 4400$이 되고, 가변자본은 $v_1 + sv_1 = 1100$이 된다. 잉여가치율이 100%로 동일하다고 가정하면 잉여가치 또한 1100이 된다. 즉

I. $4400c_1 + 1100v_1 + 1100s_1 = 6600W_1$

마찬가지로, II부문 불변자본은 $c_2 + sc_2 = 1600$이 되고, 가변자본은 $v_2 + sv_2 = 800$이 된다. 역시 잉여가치율이 100%로 동일하다고 가정하면 잉여가치는 800이다. 따라서 다음해의 II부문에서 생산된 상품의 가치총액은 다음과 같다.

II. $1600c_2 + 800v_2 + 800s_2 = 3200W_2$

즉 균형조건에 맞추어 확대재생산한 결과는 다음해에 I부문 상품총액이 6000에서 6600으로, II부문 상품총액은 3000에서 3200으로 증가한 것으로 나타나게 된다.

### 3) 재생산표식과 균형의 문제

이처럼 맑스는 재생산표식을 통해 단순재생산이든 확대재생산이든 생산된 상품은 모두 판매될 수 있다는 것을 보여주었다. 이로써 실현문제

는 해소되어 버린다. 즉 그것은 시스몽디 말처럼 해결할 수 없는 문제가 아니라 애초부터 문제가 아니었던 것임이 드러난 셈이다. 그것은 생산물의 소재적 형태를 고려하여, 상이한 두 부문 간에 발생하는 교환을 통해 해결될 수 있는 문제라는 것이다.

그런데 이는 사실 맑스의 비판적 문제의식을 염두에 둔다면 매우 이해하기 힘든 것이다. 왜냐하면 그는 지금 마치 자본주의가 수급의 균형 아래 충분히 발전할 수 있다는 것을 증명하고 있는 것처럼 보이기 때문이다. 자본주의에 대한 맑스의 비판이나, 정치경제학 비판이란 문제설정에 따른다면 여기서 증명했어야 할 것은 차라리 자본주의의 붕괴 가능성이었을지도 모른다. 바로 이 도식을 이용해서 자본주의의 붕괴 가능성을 증명하려는 시도들이 이 지점에서 나타났던 것은 차라리 이해하기 쉬운 일이다(이런 시도 가운데 대표적인 것은 로자 룩셈부르크의 『자본의 축적』일 것이다).

그러나 아이러니하게도 여기서 맑스는 정치경제학자가 설명하는 데 실패한 자본주의의 균형 가능성을 '대신' 증명해 주고 있는 것이다. 마치 자본주의가 그런 균형 가운데 계속해서 확대재생산될 수 있다고 주장하려는 것처럼. 이는 맑스의 논지를 정치경제학 비판보다는 정치경제학의 확대발전으로 이해하려는 이후의 정통적 시도를 지지해 주는 것처럼 보이기도 한다. 실제로 이런 방식으로 재생산표식을 사용해서 자본주의가 근본적인 난점 없이 무한히 계속하여 확대재생산될 수 있음을 증명하는 시도들이 있었다. 불가코프(S. N. Bulgakov)나 투간-바라노프스키(M. I. Tugan-Baranovskii) 같은 러시아의 맑스주의자들이 그랬다. 그리고 뒤이어 인민주의자들과 논쟁하던 청년 레닌의 입장

(「소위 '시장문제'에 관하여」) 역시 이런 시도들과 연속성을 갖는다.

이런 이유에서 맑스의 재생산표식을 둘러싼 중요한 논쟁이 발생했다. 재생산표식을 통해 자본주의의 붕괴 가능성을 증명하려는 시도와 그것을 반박하며 자본주의의 무한한 존속 가능성을 증명하려는 시도. 하지만 여기서 맑스 자신이 재생산표식을 통해 자본주의의 확대재생산이 지속될 수 있음을 증명하고 있다는 사실로 인해, 대개는 훌륭한 맑스주의자인 전자는 맑스에 대해 비판하면서 자신들의 논지를 펼치고, 대개는 '합법적' 맑스주의자인 후자는 그것을 반박하면서 자본주의의 존속 가능성을 증명하는 기이한(?) 사태가 발생했다.

지금 이 논쟁을 자세하게 다룰 순 없다. 다시 맑스 자신의 논지로 돌아가야 한다. 맑스는 어째서 자본주의의 난점이 아니라 그것의 존속 가능성을 증명했던 것일까? 먼저 염두에 두어야 할 것은, 재생산표식이 스미스의 가치구성 도식에 대한 이론적 비판을 겨냥하고 있다는 점이다. 스미스는 모든 상품의 가치가 임금과 이윤, 지대로 구성된다고 본다. 이윤이나 지대를 잉여가치라고 보는 맑스의 견해에 따르면 $W=v+s$라는 것이다. 맑스가 제시한 가치구성 개념과 비교하면 불변자본($c$)이 빠져 있음을 알 수 있다. 이는 불변자본 역시 상품인 한 또다시 $v+s$로 계속해서 분해될 수 있다고 보았기 때문이다. 이를 맑스는 '스미스의 독단'이라고 부르면서 그 도식의 결함을 반복해서 비판한다. 단순재생산에 대한 분석에 들어가기 전에 스미스와 다른 경제학자들을 미리 자세하게 언급하는 것(II, pp. 421~461)은 바로 이런 이유 때문이다.

그런데 맑스처럼 가치구성을 개념화하게 되면 난감한 문제가 하나

발생한다. 즉 생산된 상품 가운데 $v$에 해당되는 것은 노동자가 구매하고, $s$에 해당되는 것은 자본가와 지주가 구매한다지만, 불변자본에 해당되는 $c$는 누가 구매하여 소비하는가 하는 문제가 그것이다. 시스몽디와는 다르지만 또 다시 '실현문제'가 발생하는 것이다. 반면 스미스의 경우에는 이런 문제가 발생하지 않는다. 상품의 가치는 $v+s$이고 소득(임금, 이윤, 지대)의 합으로 구성되기 때문에, 노동자와 자본가, 지주가 자신의 소득을 이용해 구매하면 그만이기 때문이다. 바로 이 문제를 해결하기 위해 맑스는 생산물을 소재에 따라 생산수단 부문과 소비수단 부문으로 분할했던 것이고, 두 부문 간의 교환을 통해 불변자본이 판매되고 소비될 수 있다는 걸 증명하려 했던 것이다(『잉여가치학설사』 1, p. 116 이하).

따라서 여기서 단순재생산이나 확대재생산의 '균형조건'을 추적하는 것은 바로 이같은 이론적이고 논쟁적인 목적에 따른 것이며, 그것의 결론은 "상품의 가치구성에 불변자본을 포함시켜도 그것의 구매자를 구할 수 없다는 문제는 발생하지 않는다"는 것이다. 즉 재생산표식을 이용하여 맑스가 하려고 했던 것은 **자본주의의 균형 가능성** 자체를 증명하는 것이 아니라, 스미스를 비판하면서 제시한 자신의 **가치구성 도식의 타당성**을 증명하는 것이었다.

그러나 그럼에도 불구하고 이러한 맑스의 논증은 실질적으로 자본주의가 균형을 이루며 발전할 수 있다는 것을 적어도 방증한 것은 아닌가? 여기서 우리는 다른 하나의 사실을 다시 고려해야 한다. 『자본』의 II권이나 III권은 I권과 달리 미완성의 초고로 끝났다는 점이다. 실제로 II권 3편의 내용을 보면 대부분이 스미스 비판과 단순재생산에 대한 것이고, 확대재생산에 대한 분석마저 매우 적은 분량을 차지하고 있다. 아마도 거기서 원고는 갑자기 중단되었을 것이다. 나아가 『자본』 I권처럼 책으로 출판했다면, 필경 원고를 다듬는 과정에서 이루어졌을 수정과 교정, 그리고 자신의 목적에 부합하는 표현과 더불어 핵심적인 목표를 통해 초고들이 명료한 일관성을 갖고 다듬어졌을 것이다.

이는 여기서 다루어지고 있는 재생산표식이 매우 "불완전하다"는 점으로도 드러난다. 가령 그는 자본축적의 일반적 법칙을 설명하면서, 자본축적이 진행됨에 따라 자본의 유기적 구성이 상승한다고 말한 바 있다. 그렇다면 확대재생산을 다루는 표식에는 이러한 요인이 고려되어야 한다. 그러나 여기 재생산표식에서는 그것이 다루어지지 않고 있다. 그것이 그것을 추가한 원고가 채 쓰여지지 않아서인지, 아니면 재생산표식 자체가 특정한 이론적 목적을 위해 균형을 전제로 하고 있기 때문인지는 알 수 없다. 뿐만 아니라 자본주의의 현실을 형성하는 다양한 조건들이 제외되어 있다.

맑스가 어떤 계획을 갖고 있었든 간에, 재생산표식이 불변자본을 포함하는 가치구성 개념의 타당성을 증명하기 위한 것인 한, 그리하여 그런 개념을 통해서 상품의 유통과 자본의 재생산이 가능하다는 것을 증명하는 것인 한, **균형 개념과 분리하여** 재생산표식을 사용하는 데는 분명한 이론적 난점이 있는 것 같다. 그것은 재생산표식이라는 분석의 도구 자체에 이미 특정한 가정과 문제설정이 내포되어 작동하기 때문이다. 가령 자본의 유기적 구성의 상승을 고려한다고 해도, 그 표식은 확대재생산의 지속적인 가능성을 증명하는 데 사용되어야 할 것으로 보인다.

문제는 아마도 그런 균형 개념이 정치경제학 비판의 기획 안에서 어떤 기능을 수행하는 것인가 하는 점이다. 이와 관련해서 『정치경제학 비판 요강』은 재생산표식을 통해 그가 무엇을 하려고 했던가를 잘 보여준다. 거기서 맑스는 "자본의 가치증식과정이 필연적으로 **산업부문간의 불비례**와 교환영역의 확대를 창조하게 된다는 것을 증명하기 위해 재생산표식을 삽입하고 있다.……〔즉〕잉여가치를 증가시키려는 자본가적 방법(곧, 생산력의 끊임없는 혁명)이 **생산과 소비 사이 및 산업부문 사이의 비례성을 파괴시킨다**는 점을 강조하고 있다"(김수행, 「재생산표식과 상품가치의 실현」, 『가치이론』, p. 82). 물론 안타깝게도 『자본』 II권의 3편은 『요강』에서 말한 이러한 주제를 다루고 있지 않다. 하지만 여기서 우리는 균형 개념을 전제로 하고 있는 재생산표식이 정확하게 그것과 반대의 목적을 위해 고안되었다는 사실을 포착해야 한다.

### 4) 재생산표식과 정치경제학 비판

그렇지만 균형개념을 전제한 재생산표식이 어떻게 그와 반대되는 '산업간 비례성의 파괴'를 증명하는 데 사용될 수 있을까? 이를 위해선 맑스가 『자본』 I권에서부터 정치경제학 비판을 위해 반복해서 사용하고 있는 비판의 방법을 상기할 필요가 있다. 즉 그는 정치경제학의 공리나 전제를 받아들이고, 그에 따라 이론적인 추론을 최대한 완성된 형태로 밀고 간다. 그리고 그럼으로써 거꾸로 그러한 공리나 전제에 반하는 이율배반을 드러낸다. 혹은 그것이 암묵적으로 가정하고 있는 또 다른 조건('외부')을 드러낸다.

여기서 재생산표식을 맑스가 이용하는 방법은 정확하게 전자의 방법과 대응한다. 즉 재생산의 가능성을 의미하는 균형을 가정하고 그 균형조건을 좀더 명시적으로 구체화한다. 이는 단순재생산 및 확대재생산의 균형조건을 표시하는 방정식으로 표현되었다. 그런데 이런 균형을 위해서는 가치와 소재의 측면에서 매우 제한적인 '비례관계'를 유지할 수 있어야 한다. 그러나 이는 자본주의의 다른 조건들을 고려하는 순간 불가능한 것으로 드러난다. 이로써 전제된 균형조건이 사실은 불가능한 것임이 드러난다.

가령 고정자본의 보전이라는 문제만 고려하더라도(단순재생산이라고 가정하자), 앞서의 균형조건은 더욱더 곤란하고 어려운 사정에 처한다. 왜냐하면 재생산표식에서 불변자본은 고정자본의 감가상각분만을 포함하는데, 감가상각액이 곧바로 다음해에 기계를 구입하는 데 사용되지는 않기 때문에, $c_1$이나 $c_2$가 곧바로 시장에 구매하러 나오지는 않는다. 그 경우 가령 $c_2$와 교환되어야 할 $v_1 + s_1$만큼의 기계는 판매되지 않게 된다. 이 경우 I부문 노동자와 자본가는 임금이나 이윤을 획득하지 못하기에 소비재를 구매할 수 없게 된다. 따라서 동일한 양만큼의 소비재도 팔리지 않고 남게 된다. 다른 한편 반대로 감가상각비가 누적되어 기계를 사려고 하는 경우에는, 균형조건을 가정하는 한 구입하려는 기계를 충분히 구할 수 없을 수 있다. 왜냐하면 여러 해 동안 누적된 불변자본이 기계를 구하려고 시장에 나오지만, 균형조건을 가정하면 I부문에서는 한 해의 보전분에 해당되는 기계만을 생산했을 것이기 때문이다.

이런 고정자본의 갱신 양상은 자본의 재생산과 관련된 피할 수 없는 문제고, 이런 점에서 충분히 '이론적인' 문제다. 즉 이는 추상적 조건과 대비되는 현실의 변수를 고려하는 문제 이전에, 자본의 재생산과 관련된 본질적인 문제다. 이런 점에서 맑스는 고정자본과 유동자본의 비례관계를 유지하지 못하는 경우에는 물론이고, "고정자본이 그저 유지되는 경우에도 그러한 불비례는 생길 수 있으며, 또 생기지 않을 수 없다는 것, 그러한 불비례는 이미 기능하고 있는 사회적 자본의 단순재생산의 기초 위에서 **이상적인 정상적 생산을 전제하는 경우에도 생길 수 있으며, 또 생기지 않을 수 없다는 것**"을 지적하고 있다(II, p. 557). 그 결과는 "단순재생산인데도 불구하고 공황——생산공황——이 일어날 것이다"(II, p. 555). 확대재생산의 경우라면, 그래서 고정자본의 양이 증가하는 경우라면, 더 나아가 유기적 구성이 증가하기에 고정자본의 비율이 증가하는 경우에는 이러한 난점은 더욱더 증폭될 것이다.

맑스 자신이 『자본』 II권에서 언급하고 있는 이 사례는 재생산표식을 통해 그가 하고자 했던 것이 무엇인가를 아주 잘 보여준다. 즉 재생산표식은 매우 제한된 조건에서 매우 엄격한 조건 아래 생산의 균형과 비례가 존재할 수 있음을 보여주지만, 고정자본의 보전을 비롯한 다양한 조건은 그 균형조건을 전제하는 경우에도 균형을 파괴하고 공황을 야기할 수밖에 없다는 것을 알려준다. 이런 의미에서 재생산표식이 보여주는 균형조건은, 그 균형조건을 가정하는 경우에도 균형이 불가능함을 보여주는 역설을 통해 정치경제학에 대한 또 하나의 비판적 매듭이 된다. 따라서 재생산의 균형조건은 거꾸로 자본주의가 그러한 균형에 도달하는 것이 얼마나 어려운가를 보여주는 역설적 기능을 한다.

여기서 우리는 재생산표식의 내적인 논리를 통해서 자본주의의 영원성이나 붕괴 가능성에 도달하려는 발상과 달리, 그것의 **균형을 가정**

**해도 균형이 불가능하다**는 것을 보여주는 방식으로 사용되어야 한다는 것을 확인할 수 있다. 이미 상반되는 방향의 다양한 선례들이 보여준 것처럼, 재생산표식의 내적인 논리로 '증명' 할 수 있는 것은 별로 없다. 다만 그것은 다양한 자본가들이 자본주의적 관계 안에서 어떻게 서로 필요한 상품을 구매하고 판매할 수 있는가에 대한 추상적 가능성을 보여줄 뿐이다. 거기서 제시되는 균형조건이란 이런 추상적 가능성의 표현일 뿐이며, 그것이 실질적으로 보여주는 것은 그 조건에 도달하는 경우에도 균형은 불가능하며 '불비례'가 발생하고 위기(공황)의 발생을 막을 수 없다는 역설적 결론인 것이다.

## 5. 자본의 재생산과 현대 자본주의

### 1) 현대 자본주의에서 재생산과 균형

우리는 다른 경로를 통해 이를 다시 확인할 수 있다. 재생산을 위한 **균형조건 자체가 함축하는 비대칭성**이 바로 그것이다. 그것은 재생산 조건이 전제하는 또 다른 외부를 통해서 말하는 것이기도 하다. 확대재생산의 균형조건을 다시 상기해 보자.

$$v_1 + sv_1 + sk_1 = c_2 + sc_2$$

여기서 우변인 $c_2 + sc_2$를 결정하는 것은 자본의 축적과 직접 결부된 요인들이다. 축적율과 자본의 유기적 구성 등이 그것이다. 그러나 좌변인 $v_1 + sv_1 + sk_1$을 결정하는 것은 자본축적의 논리로 환원불가능한 외부적 조건들이다. 가령 $v_1$ 및 $sv_1$은 일단 임금을 둘러싼 계급투쟁에 의해 결정된다. 한편 이미 말한 것처럼 $v_1$이나 $sk_1$은 단지 축적율에 의해 일방적으로 결정되는 게 아니라 소비양식이나 생활방식과 결부된 사회적 습관과 습속 등에 의해 결정된다. 따라서 양변은 전혀 다른 요인들에 의해 결정된다. 이처럼 서로 독립적인 요인들에 의해 결정되는 두 변이 균형에 요구되는 등식을 만족시킬 것을 기대하는 것은 거의 불가능한 일이다. 따라서 균형에 도달하는 것은 우연적이고 예외적인 경우뿐이며, 그렇지 않은 경우가 일반적이라고 해야 한다.

아마도 앞서 말한 '축적체제'나 '축적전략' 등은 이러한 항상적 불균형을 메우고 보완하며 그 정도를 축소하여 위기의 폭과 강도를 완화하는 전략이라고 해야 할 것이다. 물론 그것을 통해 균형에 도달할 수 있으리라는 보장은 전혀 없다. 하지만 이는 동시에 축적체제가 자본축적의 논리로 환원될 수 없는 자율성과 가변성을 가져야 한다는 것을 의미한다.

1970년대 이래 자동화와 정보화를 축으로 하여 새로이 전개되고 있는 현대 자본주의의 양상에서 이러한 균형조건은 더욱더 곤란한 문제에 직면하게 된다. '노동의 기계적 포섭'에 대해 언급하면서 이미 말했듯이, 자동화는 노동자 없는 노동을 통해 잉여가치를 생산하고, 정보화는 노동 없는 활동을 이용해 잉여가치를 생산한다. 이는 노동자에게 지출되는 비용은 급격히 감소시키면서 기계 등에 지출되는 불변자본 비용은 크게 증가시킨다. 즉 앞서의 '균형조건'을 갖고 말하자면, $c_2$나 불변자본 증가분인 $sc_2$의 비율은 계속해서 엄청나게 증가하는 반면, 임금 $v_1$이나 그것의 증가분 $sv_1$의 비율은 계속해서 하락하는 경향을 갖는다. 다시 말해 균형조건을 표시하는 방정식의 좌변은 감소되는 경향을, 우변은 증가되는 경향을 갖는다. 이는 확대재생산을 위한 균형조건에 근본적인 곤란을 야기할 수밖에 없다. 그런 조건 속에서 균형을 의미하는 등식이 유지되기는 지극히 곤란해지기 때문이다.

이를 극복하기 위해선, 가상적이지만 두 가지 방법이 사용될 수 있다. 하나는 자본가 자신의 소비 $sk_1$을 양자의 격차만큼 증가시키는 것이다. '소비사회'라고 명명된 새로운 소비체제에서 자본가 자신의 소비 또한 크게 증가하는 경향이 있음은 사실이다. 물론 그것이 그 '격차'를 메울 수 있는지는 별도의 검토를 필요로 하지만 말이다. 어쨌건 한국을 비롯한 수많은 자본주의 나라에서 상품시장이 한편에선 고급화되고 사치품화되는 경향이 있는 반면, 다른 한편에선 점차 저렴화되는 경향이 있다는 것은 잘 알려져 있는데, 이는 바로 이러한 사태와 무관하지 않을 것이다. 사회적 양극화에 대응하여 **상품시장의 양극화**가 진행되고 있는 것이다.

다른 하나의 방법은 인위적으로 임금 관련 비용을 증가시키는 것이다. 개별자본이 $v_1$이나 $sv_1$을 축소시키는 것은 막을 수 없기 때문에, 이를 위해서는 국가를 통해 사회적으로 지출되는 비용을 늘려야 한다. 의료, 교육 등을 비롯한 다양한 소위 '복지서비스'가 확대된다면, 균형 조건에 필요한 새로운 소비시장을 보완할 수 있다. 이는 케인즈주의적 국가에 의해 사용되었던 것이지만, 1970년대 이후의 자본주의가 그런 비용부담의 증가에 대처하기 위해 새로운 생산체제를 형성하고자 했음을 상기한다면, 이는 매우 역설적인 것처럼 들린다. 아마도 그런 종류의 사회적 비용을 줄이기 위해 '작은 국가'를 요구하는 이른바 '신자유주의'가 점점 더 그 목소리를 높여가는 것은 이런 상황의 다른 한 단면이라고 하겠다. 그렇지만 바로 그렇기에 그것은 사회적 총자본의 재생산에 필요한 균형조건에 정면으로 반하는 그런 요구란 점에서 새로운 생산체제에서 자본 자신이 당면하게 될 또 하나의 근본적 난점과 딜레마를 보여주는 것이다.

결국 임금 관련 비용의 사회적 지출을 줄이면서 축적 관련 비용을 확대하는 '새로운 산업혁명' 이후의 자본주의 체제에서, 자본주의적 재생산의 균형조건은 심각한 위기를 피하기 어려워지게 된다. 자본가의 소비를 확대하고 그것과 관련된 서비스직 임금이 늘어난다고 해도, 그것으로 균형조건에 주어지는 강력한 비대칭성을 극복하기는 불가능하기 때문이다. 이런 점에서 '실현문제'가 새로이 심각한 문제로 등장한다. 부적절하게 제기된 문제였지만, 시스몽디가 실현문제를 해결하기 위해 찾아낸 방법이 다시 등장하게 된다. '해외시장', 그게 바로 시스몽디가 생각한 출구였다. 비록 다른 맥락에서지만, 로자 룩셈부르크 또한 비슷한 결론을 제시한 바 있다. 그는 재생산표식을 이용해 유기적 구성의 상승을 고려할 경우 자본의 축적은 필경 '실현문제'에 봉착할 수밖에 없으며, 그 해결책은 해외시장을 개척하는 것일 수밖에 없다고 주장한다. 해외시장을 찾으려는 선진 자본주의의 경쟁적 시도가 바로 '제국주의' 내지 제국주의 전쟁을 야기하리라는 것이다. 마치 이를 증명이라도 하려는 양, 실제로 그 책이 출판된 다음해 제국주의 전쟁(제1차 세계대전)이 발발했다.

동일한 이유에선 아니지만, 자동화와 정보화 이후의 자본주의 생산체제는 축적에 따른 생산수단의 증가와 자동화 등에 따른 임금비용의 감소로 인해 필경 발생할 불균형을 메우기 위해 해외시장을 필요로 하게 된다. 이는 전지구를 대상으로 국제화된 상품시장을 찾아나서는 것과 더불어 환율의 차이 등으로 인해 발생하는 임금율의 격차를 이용하기 위해 생산 자체를 국제화하는 새로운 세계화 전략의 경제적 이유를 제공한다. 정보화와 네트워크의 발전이 그러한 세계화의 기술적 조건을 제공한다는 것은 앞서 보았다. 국가의 사회적 지출을 줄여서 간접적인 임금비용을 감소시키려는 이른바 '신자유주의' 전략이, '지구화' 내지 '세계화'라고 불리는 국제적 축적전략과 손을 잡고 나란히 진행되는 것은 바로 이런 이유에서다.

## 2) '위기'의 경제학, '위기'의 정치학

그렇지만 자본은 균형을 조건으로 해서만 순환하는 것은 아니며, 자본주의 또한 균형을 전제로 해야만 재생산(존속!)될 수 있는 것도 아니다. 즉 불균형이 곧바로 붕괴 가능성이나 위기 자체를 의미하는 것은 아니다. 자본의 축적과 재생산은 빈틈없이 이루어지지 않으며, 잉여가치가 자본으로 전환되는 것 역시 경제상태에 따른 신축성과 탄력성을 포함한다. 이런 점에서 자본은 거꾸로 불균형을 전제로, 아니 항상 불균형 속에서 작동하고 순환한다. 남아도 생산하며 모자라면 더 생산한다. 언제나 남는 것과 모자라는 것은 존재하게 마련이고, 그것을 최대한 줄이려고 하며, 역으로 그것을 통해 생산 자체를 조정한다. 그것이 균형에 도달할 가능성이 있는 건 아니라고 해도 말이다. 그 과정에서 무수한 개별자본가들이 파산하고 탈락한다. 어차피 자본주의란 자본가 자신에 대해서도 그처럼 힘들고 끔찍한 경쟁과 파괴의 과정을 함축하는 것이다. 물론 그것은 자본가만이 아니라 고용되어 있던 노동자와 그 가족 전체에게도 고통스런 파괴와 '파산'의 계기가 될 것이다.

좀더 일반적으로 말하면, 자본의 시장에는 균형이라는 조화로운 상태는 존재하지 않는다. 단기적인 것이든 장기적인 것이든 간에 말이다. 다만 불균형과 그것에 따른 조정이 있을 뿐이고, 그 결과 야기되는 또 다른 불균형이 있을 뿐이다. 노동자의 과잉인구와, 사회적인 과잉자본, 그것이 바로 그 불균형에 대해 자본이 대처할 수 있는 여백과 여유를 제공하는 것이다. 공황이나 불황이 자본의 위기를 넘어서기 위한 가장 중요한 방법이라면, 그것은 아마도 그로 인해 대대적으로 창출되는 과잉인구와 과잉자본 때문일 것이다. 자본의 불균형과 불안정은 노동자 삶의 '불균형'과 불안정으로 전가된다.

요컨대 실업이나 삶의 불안정, 위협이라는 조건 아래서 이루어지는, 노동자들에게 일방적으로 강요되는 희생을 통해서만 자본주의는 필연적인 불균형과 불안정을 넘어서며 존속한다. 종종 '위기'로도 번역되는 '공황'에 대해, 혹자는 자본주의의 모순이 드러난 시기이며 노동자들의 계급적 공세가 가능해지는 시기라고 해석하고, 혹자는 임금을 낮추기 위한 자본가들의 공세요 계급투쟁이라고 해석하기도 하지만, 그것은 **노동자들의 삶을 완충지대로 삼아 재생산에서 발생한 자본간의 불균형과 위기를 극복하는 과정**이라고 해야 할 것이다. 이는 공황이 국가의 경제적 개입에 의해 완화되면서 장기간의 불황이나 인플레이션, 혹은 스태그플레이션 등의 변형된 형태로 나타나는 경우에 대해서도 마찬가지로 말할 수 있을 것이다.

그것이 노동자계급의 투쟁을 강화하거나 확장할 이유가 된다면, 그것은 바로 공황이 노동자들의 일방적인 희생을 강요한다는 사실로 인한 것일 테고, 그것이 자본가들의 공세라고 할 수 있다면, 그것은 자본가들이 위기를 넘어서기 위해 노동자들의 삶에 결정적인 희생을 야기하고 강요한다는 동일한 사실로 인한 것일 게다. 즉 공황은 노동자계급의 투쟁이 격화될 조건이기도 하지만, 동시에 노동자들의 삶 전체가 위축될 조건이기도 하다는 점에서, 그 자체가 비관의 이유가 될 수 없는 것만큼이나 낙관의 이유 또한 제공하지 않는다. 희망이나 절망이 '객관적으로' 주어지는 것이 아니라 '주체적으로' 만드는 것이듯이, 낙관이나 비관의 이유 또한 '경제적으로' 주어지는 것이 아니라 '정치적으로' 만들어가야 하는 것이기 때문이다.

### 소비사회 혹은 유통의 '생산화'

©Andy Warhol / ARS, New York – SACK, Seoul, 2004

**앤디 워홀, 「다색 마릴린 열여덟」, 1979년**

'팝아트의 슈퍼스타'! 앤디 워홀에 대한 팝아트 식 표현이다! 그도, 다른 팝아티스트도 벽화를 광고판이 대신하고 그림을 보는 것과 신문이나 사건 사진을 보는 것이 별 다른 차이가 없어진 이 세계를 나름의 방식으로 표현했다. 그것이 소비사회로서 현대 자본주의에서 우리가 살아가는 방식인 것이다. 심층도 이면도 없다. 눈에 보이는 표면만이 존재할 뿐. '숭고'의 소멸. 이런 세계에서 예술이라고 뭐 다를 게 있을까? 이미 상품화될 대로 상품화된 걸. 그게 사실이라면 차라리 위선적으로 상품의 손길이 안 닿는 세계, 광고나 구경거리를 찾는 시선이 안 닿는 세계를 찾을 게 아니라 그렇게 사는 우리의 삶, 그렇게 보는 우리의 시선을 그려야 하지 않을까? 이런 생각에서 워홀은 숭고한 모나리자 대신에 마릴린 먼로 같은 슈퍼스타의 핀업사진을 대량인쇄기술인 실크 스크린으로 찍어냈다. 이미지의 반복은 반복을 통해 소비자의 머리에 각인되는 광고의 형식을 닮았다. 광고적 욕망의 천박성, 그것은 광고-자본주의에 길든 소비자의 것이기도 하지만, 사실은 그것을 생산하는 부르주아지의 것이기도 하다. 잘 알다시피!

**거대한 쇼핑센터와 주차장**

거대한 쇼핑센터와 그 주변의 '넓은 주차장', 그리고 거기에 주차한 자동차들은 지금 우리가 살아가는 세계에서 소비의 규모를, 혹은 '유통업'의 영향력을 가시화해서 보여주는 듯하다. 그런데 멀리서 찍은 쇼핑센터와 그 주변의 모습이 마치 컴퓨터 보드에 박힌 칩처럼 생겼다. 그리고 보니 그 주변의 도로들은 그 커다란 칩과 다른 칩을, 공장과 집을 연결하는 인터페이스처럼 보인다. 우리가 사는 세계는 이제 그렇게 기계화된 세계, 기계화된 연결망 속에서 작동하고, 우리의 행동방식은 그 기계가 요구하는 생산과 소비, 행동의 패턴들에 따라 코드화되어 있다는 사실의 은유일까?

© Giorgio de Chirico / by SIAE – SACK, Seoul, 2004

데 키리코, 「커다란 공장이 있는 형이상학적 실내」, 1916년

우리가 사는 집, 그 실내에도 저렇게 거대한 공장이 항상-이미 자리잡고 있다고 말하려는 것일까? 아니면 루이스 캐롤 식으로 가정과 공장의 인터페이스를 묘사하려고 한 걸까? 그렇지만 이는 어쩌면 너무 19세기적인 것처럼 보이기도 한다. 가정에서의 삶이 공장을 향하고 있는, 공장에 사로잡힌 상황. 반대로 지금이라면 좀 다르게 그릴 수도 있지 않을까? '침실이 있는 형이상학적 공장' 혹은 '누드가 있는 형이상학적 쇼핑센터' 식으로. 우리의 일상 전체가 상품화의 기획 안에 포섭되고 그것을 통해 '가치화' 되며 우리는 그것을 소비하는 그런 세계. 그런 식으로 우리의 일상이, 그것을 연결하는 유통이 생산의 일부가 되어버린 세계.

## 속도의 '미학'

**미스 반 데어 로에, 「씨그램 빌딩」, 1954~58년**

미스의 유명한 작품 가운데 하나다. 힘차게 솟은 강철 프레임과 그것을 따라 경쾌하게 흐르는 유리창이 시원하다. 오직 직선과 사각형, 육면체만으로 이렇게 멋있는 건축물을 지을 수 있는 걸 보면 확실히 미스는 대가다. 심지어 미스는 직선이 끊어지고 구부러지는 것도 별로 좋아하지 않았던 듯하다. 단순성의 미학, 간결성의 미학이 직선의 미학으로 살아난다. 그러나 미스의 이런 대가적 능력이 없는 사람들이 이런 미학적 형태를 마치 양식처럼 받아들여 마구 사용하기 시작하면서, 근대도시는 어딜 가도 그게 그거인 동일한 육면체 박스들로 가득 차게 되었다. 모더니즘의 이런 획일성과 지루함은 모던한 세계에서의 삶의 획일성과 지루함을 '반영'하는 것이라 해야 할까?

**움베르토 보치오니, 「거리의 역동성」, 1911년**

이탈리아의 미래주의자들은 운동과 속도를 통해 역동성과 힘을 표현하려고 했다. 이를 위해 그들은 하나의 대상을 각도를 달리하는 여러 조각으로 분리하는 입체파의 스타일을 교묘하게 변형시켜 사용했다. 이들의 손에서 그 조각들은 병치된 공간적 차이에 따라 배열된 시선이 아니라 시간적 차이에 따라 배열된 시선이 되고, 그것은 머이브리지의 사진이나 뒤샹의 그림처럼 운동 자체를 묘사하는 방법이 되었다. 보치오니(Umberto Boccioni) 그림의 중앙 하단에는 그렇게 병치된 전차가 불을 켠 채 달려오고 있고, 그 주변에는 사람들이, 바퀴가 흩어지며 병치되면서 거리를 달리는 여러 성분들이 함께 달리고 있다.

# 9장 _ 이윤율의 논리와 자본주의

『자본』의 III권은 '자본주의적 생산의 총과정'을 다룬다. 여기서 '총과정'이란 유통의 문제를 고려한 생산의 과정, 혹은 생산과정과 유통과정이 결합되어 진행되는 과정 전체라는 의미다. 이 경우 자본의 생산과정(I권)에서 나오는 잉여가치 개념은 이윤으로 변형되어 다루어지게 되고, 그에 따라 잉여가치율이 표시하던 가변자본과 잉여가치의 관계는 비용과 이윤의 관계인 이윤율로 변형되어 다루어진다. 또 '가치'의 개념은 유통과 경쟁, 평균이윤율 등이 고려된 '가격' 내지 '생산가격' 개념으로 변형되어 다루어진다. 이러한 변형에서 가장 중요한 역할을 하는 것이 '이윤'이란 개념이다. 이는 '평균이윤' 개념으로 확장된다. 그리고 그러한 이윤율이 자본의 축적이 진행됨에 따라 점차 저하하는 기이한 현상을 다룬다. 그것은 리카도를 비롯한 맑스 이전의 수많은 정치경제학자들을 당혹하게 했던 수수께끼였는데, 거기서 맑스는 자본주의에 고유한 한계를 발견하여 개념화한다.

한편 이윤 전체는 산업자본의 이윤과 유통에 참여하는 상인자본의 상업이윤, 그리고 대부자본의 이자로 분할되는데, 이런 맥락에서 상업과 이자, 신용 등의 문제를 다룬다. 마지막으로 이윤의 일부면서 평균이윤을 초과하는 특별한 이윤으로서 지대를 개념화한다. 차액지대와 절대지대가 그것이다. 그리고 이러한 분석 위에서 노동자의 임금, 자본가의 이윤, 지주의 지대라는 세 가지 소득형태에 대한 정치경제학의 입론을 비판하면서, 그 모든 것의 원천이 바로 잉여가치라는 것을, 그 모든 소득이 노동자가 생산한 잉여가치의 상이한 분배형태에 지나지 않는다는 것을 보여준다.

이런 의미에서 I권에서 가장 중심적인 개념이 잉여가치였다면, III권에서 가장 중심적인 개념은 이윤이라고 말할 수 있을 것이다. 그래서 이하에서는 이윤과 이윤율 개념을 중심으로 자본의 운동 양상을 다룰 것이다. 이윤율 평균화와 이윤율 저하경향이 여기서 특히 중요하다. 그런데 미리 말해 두자면, 우리는 지대론의 논리와 이윤율 평균화의 논리 사이에서 어떤 근본적으로 다른 사고방법을 확인하게 될 것이다. 이 상이한 논리에 대해 우리는 다시금 정치경제학 비판이라는 맑스의 문제설정에 부합하는 것이 무엇인지를 검토해야 한다. 이로써 자본의 운동과 착취의 메커니즘을 분석하는 데 더 적절한 논리를 찾아내야 한다.

## 1. 이윤율과 평균화

### 1) 이윤율 평균화와 생산가격

앞서 자본의 구성에 대해 말하면서 언급했듯이, 자본의 이윤율 $p'$은

총투하자본에 대한 잉여가치의 비율로서 정의된다. 즉

$$p' = \frac{s}{C+v}$$

여기서 $C$는 고정자본 전체를 포함하는 불변자본이다. 고정자본은 가치형성과정에는 감가상각액만큼만 참여한다. 즉 보존되어야 할 비용만큼 나뉘어서 생산물로 이전된다. 그렇지만 노동과정에는 감가상각액만큼씩만 '사용' 되는 게 아니라 전체로서 참여한다. 따라서 "이윤율은, …… 소비된 자본부분[기계라면 감가상각액—인용자]에 대하여 계산하는 것이 아니라, …… 소비된 자본부분과, 소비되지 않고 생산에서 사용되며 계속 역할하고 있는 자본부분의 합계에 의해 계산되어야"(III, p. 271) 한다(그런데 『자본』의 많은 표들은 고정자본을 감가상각액을 뜻하는 $c$로 계산하는데, 이는 편의를 위해 고정자본의 회전율을 연간 1회로 가정하기 때문이다).

그런데 알다시피 개별적인 자본마다 이윤율은 다르다. 어떤 기업은 1년에 20%의 이윤율을 내는데, 다른 기업은 30% 혹은 40% 등의 이윤율을 낸다. 이윤율이 각각 상이한 것은 자연스러운 현상이다. 그런데 만약 자본의 이동이 자유롭다고 가정할 때, 이윤율이 낮은 자본가가 그걸 알면서도 그대로 눌러 앉아 하던 일만 계속하고 있다면 그는 '바보'거나 '게으름뱅이'라고 보아야 한다. 자본가의 사전에 이런 단어는 없다. 즉 이윤율이 더 높은 곳으로 이동하는 것이 자본의 본질에 부합한다. 컴퓨터가 더 돈이 된다면 컴퓨터로 몰려가고, 누드집이 돈이 된다면 너도나도 누드집 만드는 데 몰려가는 것.

그런데 자본가들은 모두 그렇게 부지런하고 똑똑하기 때문에, 이윤율이 높은 분야에 몰려드는 자본은 당연히 많을 것이고, 따라서 그

분야의 상품은 급증할 것이다. 즉 상품가격은 공급과잉으로 내려갈 것이며, 그에 따라 이윤율도 감소할 것이다. 해리와 노루 사이에서 바쁘게 옮겨다니는 스미스의 포수처럼, 다시 자본가는 이윤율이 낮은 분야에서 빠져나가 이윤율이 높은 분야로 이동할 것이고……. 이런 일이 반복되면 여러 생산분야에서 이윤율은 고르게 평균화될 것이다. 마치 수요와 공급이 일치하는 지점에서 가격이 균형에 도달하는 시장처럼.

　이처럼 상이한 이윤율이 자본의 이동에 따라 동등하게 평균화되는 메커니즘을 '이윤율 평균화'라고 하고, 이렇게 성립된 이윤율을 '평균이윤율'이라고 부른다. 투자한 비용에 평균이윤율을 곱하면 평균이윤이 구해진다. 자본가들은 자신이 생산한 상품을 비용가격($c+v$)에 평균이윤을 더한 값으로 판매한다. 상품의 가격은 개별자본가 각각이 투여한 비용이나 생산한 가치대로 팔리는 게 아니라 동일한 종류의 경우에 거의 동일한 가격에 팔리기 때문이다. 이를 '생산가격'이라고 한다. 자본가가 생산한 상품의 가치는 투하된 자본(혹은 비용가격)에 잉여가치를 더한 것($W=c+v+s$)이지만, 자본가는 그 값에 판매하는 게 아니라 평균이윤을 더한 값에 판매한다.

　이를 간단히 공식으로 표현하자. 고정자본 회전율을 연간 1회라고 하면 총투하자본과 비용가격은 같은데, 이때 평균이윤을 $\bar{p}$, 평균이윤율을 $r$이라 하고, 어떤 상품의 생산가격을 $P$라고 하면, 평균이윤율은 비용가격($c+v$)에 대한 평균이윤의 비율이다. 즉,

$$r = \frac{\bar{p}}{c+v}$$

이는 앞서 이윤율의 공식에서 잉여가치 대신에 평균이윤을 써넣은 것이다. 평균이윤은 비용가격에 평균이윤율을 곱한 것이므로,

$$\bar{p}=(c+v)\cdot r$$

이는 평균이윤율 공식의 양변에 $(c+v)$를 곱해서 변형된 것이다. 다음으로, 생산가격 $P$는 비용가격에 (잉여가치 $s$ 대신) 평균이윤 $\bar{p}$를 더한 것이라고 했으므로,

$$P=(c+v)+\bar{p}=(c+v)+(c+v)\cdot r=(1+r)(c+v)$$

## 2) 가치와 가격의 괴리

가치와 생산가격 개념의 차이를 설명하기 위해서 맑스는 다음과 같은 숫자 예를 들고 있다(III, p. 184).

| 투하자본 | $s'$(%) | $s$ | $p'$(%) | $W$가치 | $r$(%) | $\bar{p}$ | $P$ | $P-W$ |
|---|---|---|---|---|---|---|---|---|
| I. $95c+5v$ | 100 | 5 | 5 | 105 | 22 | 22 | 122 | +17 |
| II. $85c+15v$ | 100 | 15 | 15 | 115 | 22 | 22 | 122 | +7 |
| III. $80c+20v$ | 100 | 20 | 20 | 120 | 22 | 22 | 122 | +2 |
| IV. $70c+30v$ | 100 | 30 | 30 | 130 | 22 | 22 | 122 | -8 |
| V. $60c+40v$ | 100 | 40 | 40 | 140 | 22 | 22 | 122 | -18 |

위의 표에서 제시된 다섯 개의 자본은 불변자본과 가변자본의 비율(유기적 구성)을 달리하고 있음을 알 수 있다. 각각의 영역에서 생산되는 잉여가치($s$)는 5~40으로 서로 다르다. 투하자본은 모두 100이기 때문에, 이윤율($p'$)은 각각 5%부터 40%까지로 서로 다르다. 그리고 투하자본에 잉여가치를 더한 것이 각각의 자본가가 생산한 상품의 가치($W$)다.

한편 이윤율 평균화는 동일한 투하자본(모두 100이다)에 대해 동일한 이윤율로 '보상' 한다. 평균이윤율은 $\dfrac{(5+15+20+30+40)}{5}=22\%$

다. 각각의 투하자본이 100이므로, 평균이윤은 모두 22다. 따라서 생산가격은 100＋22＝122다. 그런데 여기서 각각의 자본가가 생산한 잉여가치와 평균이윤은 같지 않기 때문에 각각의 상품의 가치와 가격(생산가격) 역시 같지 않게 된다. 이를 '가치와 가격의 괴리'라고 한다. 표의 마지막 열은 각각의 자본에서 생산가격과 상품가치의 차이(괴리된 양)를 표시한다. 다섯 개의 자본 모두에서 가치와 가격은 서로 '괴리'되어 있음을 알 수 있다. 이는 상품이 가치대로 팔리지 않는다는 것을 의미한다. 이는 상품의 가치가 그것을 생산하기 위해 투여된 노동시간에 의해 결정된다고 하는 리카도의 명제와 상충된다. 이는 리카도나 그의 추종자들을 괴롭히는 문제였다.

그렇지만 맑스의 표는 개별자본가들에게는 가치와 가격이 괴리되지만, 자본 전체를 보면 총가치와 총생산가격이 일치함을 보여준다. 즉 상품가치 $W$를 모두 더한 값과 생산가격 $P$를 모두 더한 값은 610으로 같다. 즉 '총상품가치＝총생산가격'이다. 한편 잉여가치의 총합이나 평균이윤의 총합 또한 110으로 같다. 즉 '총잉여가치＝총이윤'이다. 가격과 가치의 괴리에도 불구하고 노동가치론이 성립한다! 그러나 이는 사실 일치할 수밖에 없도록 서꾸로 계산되어 만들어진 숫자 예리는 점을 잊어서는 곤란하다. 일치하지 않으면 그것이 도리어 이상한 일인 것이다.

덧붙이자면 확실히 이 부분에서 맑스는 다시 고전파적 공리계 안으로, 그 안에서 해결되지 않은 문제를 해결하려는 문제의식으로 되돌아간 듯한 인상을 준다. 가치와 가격의 괴리현상을 노동가치론에 부합하게 설명하는 문제로. 리카도가 해결하지 못한 것을 대신 해결해 주려는 것일까? 개별자본 차원에서 가치와 가격의 일치를 확인하는 것에서 총가치와 총가격의 차원에서 일치를 확인하는 문제로 변환시킨 것은 그런 점에서 분명 정치경제학의 논지가 갖는 불완전성을 넘어서지만, 그것뿐이라면 그것이 고전파의 가치론적 문제설정 자체를 넘어선 것인지는 의문이다. 그거야말로 진정한 '발전'과 '완성'으로서 맑스의 입론을 정치경제학의 정점에 올려놓는 방법일 것이다.

물론 가치와 생산가격에 대한 맑스의 연구가 정말 그의 비판적 기획이 가지는 정치경제학적(고전파적) 본질을 입증하는 것인지는 알 수 없는 일이다. 이 원고가 『자본』 I권에 첨가하려다가 포기한 원고라는 점에서 그가 '포기한 논리'였던 것인지, 아니면 그의 특이한 비판 방법 —— 고전파적 논리를 따라가면서 그 안에서 파열구를 찾는 —— 에 따라 진행하려다 미완성의 거친 초고 상태에 멈추어버린 것인지는 알 수 없는 일이다.

그러나 적어도 그가 기획한 정치경제학 비판의 문제설정이 고전파 경제학의 결함을 정정하는 것이 아니라 그것을 근본적으로 전복하려는 것이었다고 믿는다면, 그가 여기서 가치와 가격의 괴리 문제를 해결하는 것은 사실은 그가 아니라 스미스나 리카도에 속하는 지점이며, 그가 도달하려던 지점이 아니라 리카도가 도달했어야 할 지점이라는 것을 확인하는 것은 중요한 일이다. 이는 평균화의 논리 자체가 갖는 근본적 난점을 검토한다면 더욱더 분명해질 것이다.

그러나 그것으로 넘어가기 전에 맑스주의 정치경제학 주변에서 오랫동안 문제가 되었던 가치와 가격의 괴리에 관한 문제를 좀더, 그러나 최대한 간단하게 살펴보자.

### 3) 가치와 가격의 '일치'

가치와 가격이 이처럼 괴리된다면, 앞서 나온 생산가격의 공식에 약간의 변형이 필요하다. 왜냐하면 상품의 가치는 $W=c+v+s$로 표시되는데, 이는 노동시간(이를 우리는 T라는 단위로 표시했었다)을 뜻하는 '가치'로 표시된 것이다. 반면 생산'가격'에서는 잉여가치가 평균이윤으로 대체되어야 할 뿐 아니라, 그 요소들이 가치가 아니라 화폐로 표시된 '가격'으로 대체되어야 한다. 따라서 생산가격은 불변자본의 가격(이를 $c'$이라 하자)과 임금($w$), 평균이윤의 합으로 바꿔써야 한다. 즉

$$P = c' + w + \bar{p}$$

그런데 $P$는 생산가격의 총합을 표시한다. 이때 평균이윤의 총합은 이윤의 총합과 같으므로 평균이윤 대신 이윤으로 바꾸어도 된다. 즉

$$P = c' + w + p$$

알다시피 화폐가치에 따라 동일한 노동시간(가치)은 다른 양의 화폐로 표현된다. 가령 화폐가치가 노동시간의 $\frac{1}{2}$이라면 10노동시간(10T)은 20원으로 표시된다. 따라서 상품의 생산가격을 적절하게 표시하려면 가치로 표시된 것을 가격으로 표시된 것으로 바꿔야 한다. 이는 노동시간에 화폐가치의 역수를 곱해 주면 된다. 즉 10T×2=20원이다. 이때 화폐가치의 역수는 노동시간을 화폐단위로 바꾸어 표현해주는 역할을 한다. 이를 '노동의 화폐적 표현'(monetary expression of labour)이라고 부른다.

노동의 화폐적 표현은 노동시간에 대한 화폐의 비율을 뜻한다. 노동가치론에 따르면 어떤 기간에 새로이 생산된 순생산물(부가가치)은 모두 노동이 생산한 것이란 점에서 가치생산물 총액($v+s$)으로 환원될

수 있다. 차이는 가치생산물이 '가치'로 표시된다면 부가가치 총액은 '가격'으로 표시된다는 점이다. 따라서 노동시간으로 표시되는 가치생산물 총액에 '노동의 화폐적 표현'을 곱하면 화폐로 표시되는 부가가치 총액이 나온다. 역으로 '노동의 화폐적 표현'은 노동이 생산한 가치생산물 총액과 순생산물(부가가치) 가격 총액의 비율로 정의된다. 부가가치 총액은 임금과 이윤의 형태로 노동자와 자본가에게 분배되므로, 이는 순생산물 가치($v+s$)와 화폐로 표시된 임금 및 이윤($w+p$)의 비율로 바꾸어 쓸 수 있다. '노동의 화폐적 표현'을 $m$이라고 하면

$$m = \frac{w+p}{v+s}$$

이 식은 다음과 같이 변형된다.

$$w+p = m(v+s) = mv + ms \quad\quad\quad (1)$$

한편 가변자본을 화폐로 표시하려면 노동시간에 '노동의 화폐적 표현'을 곱하면 된다. 화폐로 표시된 가변자본이란 바로 임금이다. 즉 임금은 노동시간과 '노동의 화폐적 표현'의 곱으로 표시할 수 있다.

$$w = mv$$

가령 $m=2$고, 8시간 노동을 30일간 했다면(240시간) 임금은 $2 \times 8 \times 30 = 480$원이다.

이는 노동가치론의 전제 아래에서 불변자본 같은 노동생산물에 대해서도 마찬가지로 적용할 수 있다. 불변자본의 가격 $c'$은 불변자본의 가치($c$) ─ 이는 아직 노동시간으로 표시되어 있다 ─ 와 $m$의 곱으로 표시하면 된다. 즉 $c' = mc$.

식 (1)과 이것을 이용해서 이제 생산가격 $P$는 다음과 같이 고쳐 쓸 수 있다.

$$P = c' + w + p = mc + mv + ms = m(c+v+s) \quad\text{(2)}$$

이 식의 오른쪽은 가치로 표시된 상품의 총가치 $W$와 '노동의 화폐적 표현' $m$의 곱을 뜻한다. 즉 화폐로 표시된 총생산물의 가치다. 따라서 (2)는 좌변의 총생산가격이 우변의 화폐로 표시된 총생산물의 가치와 일치한다는 것을 뜻한다. 개별상품이나 개별자본가의 경우 상품의 가치와 가격은 일치하지 않지만, 사회적 총량 수준에서 상품의 가치와 상품의 생산가격은 일치한다는 것이다.

리카도는 개별자본이나 개별상품의 가치와 가격이 노동가치론에 따라 일치해야 한다고 보았기 때문에 가치와 가격의 '괴리' 문제를 해결할 수 없었지만, 맑스주의 경제학자들은 이를 생산물의 총가치와 총가격의 일치 문제로 바꾸어 정의함으로써 문제가 안 되는 것으로 만들었다. 요컨대 그것은 **정의상** 일치하는 등식인 것이다. 이는 상품의 총가치만이 아니라 생산된 잉여가치 총액과 이윤 총액이 일치한다는 것으로 바꾸어 표현될 수도 있다. $c'=mc$, $w=mv$이기 때문에, 식 (2)에 의하면

$$p = ms \quad\text{(3)}$$

가 된다. 즉 총이윤은 화폐로 표시된 잉여가치 총량과 일치한다.

식 (1)이 순생산물의 가치총액이 순생산물의 가격 총액(혹은 소득 총액)과 일치한다는 것을 의미하는 식이라면, 식 (2)는 상품의 총가치와 총생산가격이 일치한다는 것을 의미하는 식이고, 식 (3)은 총잉여가치와 총이윤이 일치한다는 것을 의미하는 식이다. 이 식들은 가치로 표시된 총계와 가격으로 표시된 총계가 일치함을 표시하기 때문에 '총계일치 명제'라고 부른다. 여기서 순생산물의 가치총액과 그것의 가격

총액이 일치한다는 가정(식 2)을 전제로 다른 두 개의 총계일치 명제 사이에 정합성이 있음을 확인할 수 있었다.

이 식들은 노동가치론에서 가정하고 있는 명제를 표현한 것이고, 노동가치론을 구성하는 기본적인 명제들이다. 여기서 (1)을 가정하면 (2)에서 (3)은 자동적으로 도출된다. 그런데 (1)의 가정이 명료하게 되지 않은 상태에서, (2)와 (3)이 서로 어긋나며 모순된다는 것을 보여주려는 시도들이 있었다. 가치 총액과 가격 총액이 일치한다는 노동가치론의 명제를, 그 두 식이 모순됨을 보여줌으로써 반박하려고 했던 것이다. 이를 흔히 '전형문제'라고 부른다. 가치에서 가격으로 전형(변환)되는 논리적 메커니즘을 설명하는 문제라는 뜻이다. 그러나 미국의 폴리(D. Foley)와 프랑스의 뒤메닐(G. Duménil)은 각각 독립적으로 노동가치론을 식 (1)을 의미하는 것으로 해석함으로써 그것이 정의상 성립한다는 것을 보여주었다. 이로써 전형문제는 문제 자체가 '해소' 되어버렸다.

그렇지만 이것은 노동가치론 안에 있다고 간주되던 모순을 해결한 것이지 노동가치론을 입증한 것은 아니다. 노동가치론은 가정으로, 정의로 도입되고 있는 것이지 증명되고 있는 게 아니기 때문이다. 노동가치론의 **가정하에서** 두 가지 총계일치 명제가 동시에 성립함은 자명한 것임을 증명한 것이지 노동가치론의 **가정을** 증명한 것은 아닌 것이다. 그것은 가정이고 전제이기에 증명할 수 있는 것이 아님을 유념할 필요가 있다. 또한 이로써 맑스가 노동가치론자임을 증명했다고 생각하는 것도 진실과는 거리가 멀다는 점도 첨언해 두자.

### 4) 평균화의 논리

이제 이윤율 평균화를 설명하는 방식으로, '평균화'의 논리 자체로 넘어가자. 경쟁 및 시장가격과 시장가치를 다루는 장에서 맑스는 이윤율이 평균화되는 논리를 명확하게 제시하고 있다. "자본은 이윤율이 낮은 분야를 떠나서 이윤율이 보다 높은 분야로 이동한다. 이윤율이 여기에서는 하락하고 저기에서는 상승하는 것에 대응하여 자본이 끊임없이 이동함으로써 —— 자본이 상이한 생산분야들 사이에 분배됨으로써 —— 수요와 공급 사이의 비율이 변동하여 결국 상이한 생산분야들에서 평균이윤이 동일하게 되고 이에 따라 가치가 생산가격으로 전형된다."(III, p. 229) 즉 자본의 이동에 따른 수요-공급의 변화가 이윤율 평균화를 야기한다는 것이다. 이러한 평균화는 자본의 이동능력이 크면 클수록, 그리고 노동력의 이동 가능성이 크면 클수록 더욱 빨리 달성된다(III, p. 229).

이러한 이윤율 평균화와 결부하여 맑스는 두 가지 '인간관계'를 지적한다. 하나는 자본가와 노동자 간의 관계다. "각각의 개별자본가도 각각의 특수한 생산분야의 모든 자본가들 총체도 총자본에 의한 총노동자계급의 착취와 착취의 수준에 참가하는데, 그들은 일반적인 계급적 공감에 의해서 참가할 뿐만 아니라 직접적인 경제적 의미에서 참가하고 있다. 왜냐하면 투하된 불변자본 전체의 가치를 포함하여 모든 여타 조건들이 불변이라면 평균이윤율은 총자본에 의한 총노동의 착취 수준에 의존하기 때문이다."(III, p. 230) 즉 개별자본가들의 착취는 총노동의 착취수준에 의해 규정되는 평균이윤(율)에 의해 결정되기 때문에, 자신의 이윤을 극대화하려는 개별자본가들의 시도나 특별이윤을 얻으려는 개별자본가들의 시도는 그 전체로 보면 총노동의 적극적인 착취에 속한다는 것이다.

다른 하나는 자본가들 사이의 관계이다. 이윤율 평균화는 생산한 상품을 그 가치가 아니라 평균이윤율에 의해서 자본가들 사이에 재분배한다. 어떤 사회가 특정한 시기에 생산한 이윤 전체를 평균이윤율에 따라서 분배한다는 것은, 각각의 개별자본가가 생산한 것과는 다른 크기로 잉여가치를 재분배한다는 것을 뜻한다. 그래서 종종 이윤율 평균화는 경쟁의 형태로 진행되는 '자본가들간의 투쟁'을 표현한다고 간주된다.

어쨌거나 이윤율 평균화를 설명하기 위해서 맑스가 사용하고 있는 논리는 수요와 공급에 의해서 시장 균형가격을 설명하는 고전파의 논리와 전적으로 동일하다. 실제로 맑스는 그에 앞서 시장가격과 시장가치의 괴리라는 현상을 설명하기 위해 수요와 공급의 일치를 가정하는 이유를 설명하고 있다(III, pp. 221~228). 그 말이 뜻하는 바를 설명하는 것은 어려운 문제임을 미리 고백하기는 하지만(III, p. 221), 어쨌든 그것은 "현상들을 합법칙적 형태, 그 개념에 일치하는 형태에서 고찰하기 위해서다. 즉, 수요와 공급의 운동에 의해 생기는 외관에 관계없이 현상들을 고찰하기 위해서다. 그리고 또한 수요와 공급의 운동의 참된 경향을 발견하며 그것을 어떤 방식으로 확정하기 위해서다"(III, p. 222).

물론 수요와 공급이 사실은 "과거 운동의 평균으로서만, 그리고 그들의 불일치의 끊임없는 운동을 통해서만 일치할 뿐이다"라고 함으로써(III, p. 222), 그리고 균등화(평균화)는 끊임없는 불균등성을 통해서만 달성된다고 함으로써(III, p. 229) 균형의 동태성을 강조하지만, 이것은 고전파의 균형모델에도 이미 내포되어 있는 것이란 점에서 맑스에 고유한 논리를 보여주는 것은 아니다. 이러한 균형 개념과 가치론의 공리가 결합되고, 가치와 괴리된 가격이 결국은 노동시간을 뜻하는 가치로 수렴된다는 논리가 추가되면, 고전파적 균형개념이 '완성'된다. "상이한 생산분야의 상품들이 그들의 가치대로 판매된다는 가정은, 그 가치가 중심이 되어 상품의 가격이 그 주위를 맴돌며 그리고 이 중심에서 가격의 끊임없는 등락이 상쇄된다는 것을 의미할 따름이다."(III, p. 208)

이는 고전파의 균형 개념과 비교하면 더욱 분명하게 드러난다. 폴리는 다음과 같이 쓰고 있다.

"스미스는 자본주의에서 경쟁의 작동을 경제 전체의 평균에 비해 낮은 이윤율을 기록하고 있는 …… 부문으로부터 비교적 높은 이윤율을 기록하고 있는 부문으로 자본이 이동하는 과정으로 설명한다. 그러한 경우 이러한 자본의 이동은 본래 이윤율이 낮은 부문에서는 가격을, 따라서 또한 이윤율을 상승시키고 본래 이윤율이 높았던 부문에서는 가격과 이윤율을 하락시키는 수요와 공급의 메커니즘을 통해서 작용한다. 스미스는 이러한 동태적인 과정의 묵시적 균형 내지 정상상태는, 즉 모든 부분의 이윤율이 동등하도록 상품 가격들이 조정된 상태—그는 이를 '자연가격'이라고 부른다—는 실제로는 기술과 수요의 끊임없는 변동 때문에 결코 달성되지 않는다는 것을 인식하고 있었다. 그리하여 고전파 경제학에 의하면 자연가격은 장기적인 평균으로서 (또는 좀더 고전적인 어법을 쓰자면 '중력의 중심'으로서) 시장 가격의 실제 변동과정을 조절한다."(폴리, 「노동가치이론의 최근 동향」, pp. 258~259)

앞서 맑스가 제시한 평균화의 논리가 여기서 폴리가 요약하고 있는 스미스의 논리와 동일하게 세 가지 균형 개념을 계열화함으로써 구성된다는 것은 분명하다. 먼저 자본 이동에 의한 이윤율의 균형(이윤율 평균화), 그리고 그것을 가능하게 하는 수요와 공급의 균형, 그리고 그러한 수요와 공급의 균형에 척도 내지 '중력의 중심'으로 작용하고 있는 가치론적 균형(총가치=총생산가격).

세 겹으로 중첩된 이러한 균형 모델에는 반드시 전제되는 것이 있다. 먼저 자본과 노동력의 이동이 자유롭다는 가정이다. 자본 이동의 자유는 "사회 내부에서의 영업의 완전한 자유와, 자연적 독점 이외의 모든 독점의 철폐"나, 필요한 자본을 필요한 때 끌어다 쓸 수 있는 "신용제도의 발달", "상이한 생산분야들이 이미 자본가에게 종속되어 있을 것"을 전제한다(III, p. 229). 노동력의 자유로운 이동 가능성은 분야 내지 지역간 노동자의 이동을 금지하는 법의 철폐, 작업 내용에 대해 노동자가 아무런 차별을 두지 않을 것, 생산분야의 노동이 가능한 한 단순노동화될 것, 노동자가 자본주의 생산양식에 종속될 것 등을 전제한다(III, p. 230). 이는 다른 말로 하면 자본이나 노동력이나 '완전경쟁'을 전제하고 있다는 말이다.

이러한 가정에는 최소한 세 가지 다른 가정이 암묵적으로 전제되어 있다. 자본이든 노동력이든 이윤율이나 임금율에 관련된 모든 시장 정보를 갖고 있다는 '시장 정보의 가정', 그리고 자본이든 노동력이든 좀더 높은 이윤율 내지 임금률을 선택하여 행동한다는 '합리적 선택의 가정', 그리고 기술이나 노동생산성에 모든 자본이나 노동자가 접근할 수 있다는(기술 등의 독점이 없다는) '접근 가능성의 가정'이 그것이다. 더불어 자본의 경우 다른 부문으로 이동하기 위해 자본을 '철수'하는 경우 이미 그 분야에 투자한 비용이 완전히 보전된다는(철수에 따른 손실이 없다는) '철수 가능성의 가정'이 필요하다.

    삼중의 균형과 그에 필요한 저 많은 암묵적 가정을 통해 구성되는 고전파적 균형모델에서 자본과 노동력은 마치 대기 중의 기체 입자와 같은 자유로운 존재다. 어디에도 매여 있지 않으며, 최선의 정보를 알 수 있고, 가고 싶은 어디로든 이동할 수 있는 자본과 노동.

### 5) 평균화와 정치경제학 비판

이러한 가정이 "비현실적"이라는 말은 굳이 우리가 할 필요가 없다. 아니 해도 소용없다. 왜냐하면 스미스는 물론, 새로운 경제학적 모델을 만드는 데 종사하는 어떤 경제학자들도 그 정도는 이미 알고 있다고 말하면서 시작하기 때문이나. 차라리 경제학을 비롯한 모든 이론이 언제나 진리일 수 있는 것은 논리학적으로 이런 비현실적 가정에 입각해 있기 때문이라고 말하는 게 더 나을지도 모른다. 현실적 조건의 추상이란 어떠한 이론적 구성물에서도 피할 수 없는 것이다. 문제는 현실적 조건을 추상했다는 게 아니라, 문제의식에 비추어 적절하게 추상한 것인가 하는 것이다. 즉 중요한 것은 그러한 가정이 현실적인가 여부를 따지는 게 아니라 그것이 정말 **맑스 자신의 비판적 문제설정에 부합하는 것인가**

를 따지는 것이다. 그것이 비록 맑스 자신의 원고로 남아서 『자본』 III권의 일부로 출간되었다고는 해도 말이다.

① 노동력의 자유로운 이동

일단 노동의 이동, 혹은 노동력의 이동에 관해 평균화 논리가 가정하고 있는 것이 맑스의 정치경제학 비판과 무관하다는 것은 아주 분명하다. 물론 자본주의는 생산수단과 신분에서 해방된, 이중의 의미에서 자유로운 임노동자의 존재를 전제한다. 즉 탈영토화되고 탈코드화된 노동력을 만들어내면서 시작한다. 그러나 노동력이 그런 조건에도 불구하고 결코 자유로운 존재가 아니라는 점은 이미 맑스 자신이 『자본』 I권에서 상대적 과잉인구의 존재에 대해 서술하면서 충분히 밝힌 바 있다. 즉 과잉노동력, 이동은 물론 (의사가 있어도) 취업할 수 없는 노동자들은 자본축적에 수반되는 예외적이고 우연적인 현상이 아니라 필연적이고 법칙적인 현상이라는 것을 우리는 이미 보았다. 그것은 자본축적이 순조롭지 않은 상태에서 나타나는 치유가능한 '질병'이 아니라 자본축적 법칙 그 자체다. 이는 정보도 불완전하지만, 설령 정보가 있어도 취업할 수 없는 노동자, 어디가면 더 높은 임금을 받을지 뻔히 알지만, 결코 그리로 갈 수 없는, 결코 '합리적 선택'을 할 수 없는 노동자가 자본의 축적 법칙에 따라 항상적으로 존재하도록 양산되고 있다는 것을 의미한다.

더구나 자본의 이동에는 "국경이 없"지만, 노동의 이동에는 너무나도 강력한 국경이 있다는 것, 나아가 직업이나 생산부문 간에도 '국경' 내지 장벽이 있다는 것, '노동시장' 자체에 분절과 단절이 존재한다는 것을 우리는 잘 알고 있다. 자본은 그러한 이주노동자의 제도적·비제도적 차별이나 억압, 노동시장의 분단과 같은 방법으로 그 국경을 충분히 이용하고 있다. 또 이른바 3D업종처럼 노동자로서도 기피하는 직업이 자본주의 발전에 따라 점점 늘어나게 된다는 것, 그리고 그것은 자본주의 생산양식이 순수한 형태로 발전함에 따라 사라질 현상이 아니라 반대로 늘어날 현상이라는 것도 잘 알고 있다. 그렇다면 '노동력의 자유로운 이동'이란 가정이 맑스의 정치경제학 비판이라는 문제설정에 비추어, 혹은 맑스 자신이 그러한 비판적 작업을 통해서 찾아낸 이론에 비추어 매우 부적절하고 부당한 가정임을 다시 말할 필요가 있을까?

② 자본의 자유로운 이동

그렇다면 '자본의 자유로운 이동'이란 전제는 어떠한가? 노동력 이동의 제한성을 고려하지 말고, 다시 말해 노동력의 이동이 자유롭다고 가정하고 자본의 이동 자체를 맑스가 제시한 자본축적의 법칙 등에 비추어서 검토해 보자. 먼저, 가령 자본은 자신이 자본을 투하해서 구입한 고정자본을 완전히 소모하지 않은 상태에서 다른 부문으로 이동할 수 있을까? 물론 그것을 다른 자본가가 산다면 그럴 수 있을 것이다. 그러나 '시장 정보'의 가정과 '합리적 선택'의 가정에 따르면, 이미 더 높은 이윤율을 찾아 이동하기 위해 팔려는 기계를 제값에 사려는 바보 같은 자본가는 있을 수 없다. 만약 그 기계를 사려는 자본가가 있다면, 그는 아마 보전된 가격보다 훨씬 싼 값에 기계를 살 수 있을 때에만 그러려고 할 것이다.

그러나 이는 떠나려는 자본가에게는 커다란 손실을 의미한다. '손실 없는 철수'란 애시당초 불가능하다. 모든 철수는 손실을 남긴다. 자본의 원래 가치보다 싼 가격에 넘겨주어야 하기 때문이다. 이 차이를 $a$라고 하자. 하지만 이득을 얻기 위해 다른 부문으로 이동하는 것이니, 이와 다른 이득을 기대할 것이다. 이 이득의 기대치를 $b$라 하자. 득실만으로 따지자면, 예상되는 손실($-a$)보다 자본의 이동을 통해 얻는 이득($b$)이 더 크다는 계산이 설 때에만 자본의 이동은 실질적으로 가능하다. 즉 $a<b$여야 한다(철수가능성의 조건). 반면 그것을 구매하려는 자본측에서는 구매에 따른 이득($a$)이 이전 자본가가 팔고 이동하려는 분야에서 얻을 수 있는 이득($b$)에 비추어 훨씬 유리할 경우에나 그것을 구매할 이유가 있다. 즉 $a>b$여야 한다. 이는 철수가능성의 조건과 모순된다.

이는 다른 조건이 동일하다고 하고 오직 철수와 구매에 따른 손익만을 비교한다면 철수도 구매도 불가능함을 의미한다. 한국에서 대우자동차나 현대 하이닉스 전자가 매각 자체에만 수년간을 소모하는 것은 이런 딜레마의 일종의 근사적 사례일 것이다. 그나마 이들은 적극적인 이동을 위한 철수가 아니라 부실화 내지 준-파산에 따른 철수였기에, 감수해야 할 손실을 최대한 줄이려는 채권자와 구매에 따른 이득을 최대화하려는 구매자 사이의 거래였기에, 그나마 성사될 수 있었다.

자본축적이 진행됨에 따라 자본의 기술적 구성 및 유기적 구성이 증가한다는, 다시 말해 불변자본의 규모와 비중이 증가한다는 맑스의 명제는 이 경우 이동을 하기 위해 처분해야 할 고정자본의 규모가 증대한다는 명제로 이해할 수 있을 것이다. 이를 염두에 둔다면 차라리 이렇게 말해야 적절할 듯하다: **자본의 이동은 자본축적이 진행됨에 따라 더욱더 곤란해진다.** 자본축적의 법칙은 자본의 이동 가능성이 점차 축소된다는 법칙이다. 더구나 위의 예들이 보여주듯이 그런 거대기업은 최고의 이윤율은커녕 적자를 거듭하는 경우에도, 그것의 경제적 파급효과로 인해 파산시키거나 청산해 버리지 못한다. 그래서 이른바 '공적자금'이라고 불리는, 결국은 인민대중의 주머니를 터는 방법으로 기업을 유지하는 경우가 얼마나 비일비재한가? 요컨대 떠나고 싶어도, 아니 떠나야 할 때도 떠나지 못하게 발목을 잡는 요인들이 자본의 이동을 가로막고 있는 것이다.

실제로 **기존의** 자본에서 유의미한 '이동'이 발생하는 것은 그 자본이 파산하거나 파산에 앞서 철수하는 경우에만 가능하다고 보인다. 그렇지 않은 경우 어떤 기업을 매각한다는 것은 소유자는 바뀐다는 것을 뜻하지만, 그것이 이윤율의 평균화를 야기하는 자본의 이동을 뜻하진 않기 때문이다. 인수하는 경우도 마찬가지다. 이윤율의 평균화 운동을 야기하는 유의미한 이동은 있던 것이 없어지거나 없던 것이 새로 끼여드는 경우에만 발생한다. 즉 기존 자본의 유의미한 이동은 파산이나 파산 직전의 철수를 의미한다.

없던 자본이 새로 진입하는 경우에는 또 다른 문제가 있다. 자본이 이윤율이 높은 부문으로 이동하여 새로 사업을 시작하는 게 얼마든지 가능할까? 이는 높은 이윤율을 낳는 기술이나 생산방식이 새로운 진입자에게 전적으로 알려질 것이라는 가정에, 다시 말해 '접근가능성'의 가정에 입각해 있다. 하지만 그것이 높은 이윤율의 원천인 한 그것을 개발한 자본가들은 최대한 그것의 비밀을 유지하거나 그것을 독점적으로 소유하려 할 것이라고 해야 하지 않을까? 이를 위해 가령 '지적 소유권'이라는 법적 형식으로 진입장벽을 만들고자 할 것이며, 적어도 그것에 대한 사용료를 받으려고 할 것이다. 이는 오늘 우리가 신문지상을 통해서, 혹은 우리 자신의 일상에까지 촉수를 뻗친 자본의 법적 행동을 통해 직접 경험하고 있는 사실이다.

이는 단지 '접근 가능성의 가정'이 비현실적이라는 경험적 비판이 아니라, 그와 반대되는 가정('접근제한의 가정')이 오히려 자본의 운동법칙에, 혹은 그것을 규정하는 다른 가정에 부합함을 지적하는 이론적 비판이다. 즉 기술을 독점한 자본가에게 그것은 최대 이윤율을 위해 합리적으로 행동하리라는 '합리적 선택의 가정'에 부합하는 것이다. 이 경우 새로운 기술에 대한 '접근 가능성'의 가정은 합리적 선택의 가정과 모순된다. 뿐만 아니라 그것은 자본주의 생산양식의 기초에 자리잡고 있는 **사적·독점적 소유라는 소유관계와 모순**된다. 사적·독점적 소유는 그 자체만으로 정확하게 자유로운 접근가능성의 제한을 의미하는 것이기 때문이다.

정보나 지식과 결부된 생산요소가 이윤 및 축적의 새로운 자원으로 부상하고 있는 현대 자본주의에서라면, 그래서 특허권과 지적 소유권의 범위와 강도가 더욱더 확대되고, 그것의 보호가 새로운 보호주의의 중심이 되고 있는 현재라면, 이는 더욱더 중요하게 고려되어야 할 요인일 것이다. 19세기에는 새로운 원소의 발견에 대해서조차 특허권을 인정하지 않았지만, 지금은 부분적인 변형기술이나 합성기술, 새로운 종자, 나아가 거대한 유전자 가운데 한두 개를 조작하는 기술조차 특허권으로 인정하며 법적인 소유권으로 접근을 제한하고 있지 않은

가? 심지어 'Inside'라는 단어의 변형된 사용권조차 상표권이란 이름 아래 사적 소유의 법적 형식을 빌려서 접근을 제한하려는 인텔의 사례는 이 문제에 관한 한, 상상보다 현실이 더욱더 멀리 나아갔음을 보여준다.

물론 상당한(!) 시간이 흐르면 여러 가지 요인에 의해 새로운 기술은 점차 공개되고 새로운 진입자들이 접근가능한 것이 되겠지만, 그렇게 '평균화' 되기 이전에 아마도 특별이윤을 향해 매진하는 자본가들은 그와 다른 또 다른 기술을 만들어내고, 그것에 소유권과 사용권의 철조망을 빼곡이 둘러칠 것이 분명하다. 결국 자유로운 접근가능성을 뜻하는 '기술적 평균화'는 다시 연기될 것이다. 아니 평균화된 기술은 더 이상 높은 이윤율을 제공하지 못하기 때문에 이동의 이유가 사라질 것이고, 평균화되지 않은 기술은 그것이 제공하는 고이윤율을 유지하기 위해 이동과 진입을 가로막는 다양한 장치를 사용할 것이다. 마치 예전에 상업이윤을 독점하기 위해 시장의 확산을 가로막았던 유럽의 자치도시들처럼. 독점적 지위를 유지하기 위해 경쟁적인 상품을 압살하거나 경쟁적인 자본을 아예 통째로 사서 제거하려던 마이크로소프트사의 경우는 지극히 대표적인 사례일 것이다.

이런 점에서 노동의 자유로운 이동은 물론 자본의 자유로운 이동이라는 가정은 맑스의 정치경제학 비판의 기획이나, 그가 자본주의 생산양식이나 그것의 축적에 대한 연구에서 찾아낸 '법칙'들과 부합하지 않는다. 따라서 그것은 고전파 경제학이나 그것의 현대적 변형에서는 수용가능한 것일지 모르지만, 맑스의 비판적 문제설정과는 부합하지 않는다.

③ 자본의 물리학?

약간 다른 측면에서 말한다면, 자본과 노동의 자유로운 이동 가능성의 가정 및 그 가정 위에서 성립되는 균형의 개념은, 기체를 일차적 모델로 하여 입자들의 이동과 그에 따른 엔트로피의 증가를 통해 균형상태를 정의하는 19세기 열역학의 균형 개념과 동형적이다. 그러나 자본과 노동력을 자유로이 움직이는 기체입자와 동일시하는 것처럼 부적절한 것이 또 있을까? 왜냐하면 소유란 자유로운 흐름을 막고 제한하고 멈추게 하는 것이고, 실제로 자본은 자신이 소유한 것으로 인해, 노동은 자신이 소유하지 못한 것으로 인해 자유롭지 못하게 어딘가에 붙박혀 있기 때문이다. 이로 인해 소유를 수반하는 모든 것은 이동이 불가능한 것은 아니라 하더라도 이동 가능성은 근본적으로 매우 제약되어 있다. 유비적으로 말하려면 차라리 자본은 기체라기보다는 고체라고 하는 것이 더 나을 것이다. 열의 이동을 가로막는 법적·기술적 차폐막을 이용하는 고체분자들. 고체의 경우에도 열의 이동은 발생하지만, 고체가 순수하면 순수할수록 열 전도(이동!)는 기체에 비해 매우 느리다. 자본 또한 그 논리나 조건이 순수할수록 평균화하는 이동은 더욱더 느리게만 발생한다.

그런데 단순한 고체와 달리 자본의 이동을 야기했던 요소들은 '열'의 이동이 평형(균형)에 도달하기 이전에 또 다른 이동의 요소를 발생시킨다는 점이다. 이로 인해 평균이라고 불리는 균형점은 도달되기 전에 다시 연기되고, 또 다시 연기될 것이다. 카프카 식으로 말하면 일종의 '무한한 연기'가 발생한다. 균형은 오지 않는다. 무한히 연기될 뿐이다. 이윤율 평균화란 맑스가 말한 대로 단순한 "'이념적인' (즉 현실로는 존재하지 않는) 평균"에 지나지 않는다. '현실로는 존재하지 않는'을 뜻하는 '이념적인'이란 문구를 특별히 강조해 두자.

④ 평균화와 탈-평균화

그렇다면 평균화의 논리는 무의미한가? 그럴 리는 없다. 이동에 따른 손실을 무릅쓰고라도 이동하려는 자본은 아니더라도, 새로운 투자처를 찾는 자본이라면 당연히 이윤율이 높은 분야에 집중될 것이다. 자본의 이동에 따라 이윤율이 평균화되리라는 가정은 자본의 운동을 규정하는 법칙이나 원리 자체와 충돌하지만, 새로운 자본의 투입은 필경 이윤율을 평균화시키는 방향으로 이루어질 것이라는 가정은 그렇지 않다. 문제는 이윤율이 높은 분야에 투자되는 경우에도 그에 따른 평균화효과가 결코 평균화에 이르게 하진 못할 것이라는 점이다. 더구나 이 경우에도 기술을 비롯한 다양한 독점적 소유권의 문제는 해소되지 않는다는 점 또한 추가해 두어야 한다.

특별히 이윤율이 높은 부분에서 자본이 그 이윤율을 그대로 유지할 수는 없으며, 그런 한에서 분명 평균화는 자본의 움직임에 따른 하나의 방향을 표현한다고 할 수 있다. 그러나 완전경쟁이나 자유로운 이동 가능성은 자본주의 어디에도 없으며, 대신 수많은 장벽과 방해요소들이 있고, 이로 인해서 이동에도 불구하고 평균화라는 균형은 반복하여 연기되는 사태가 발생할 것이다. 이런 점에서 맑스가 고전파의 논리를 빌려 말한 '평균화'란 일종의 '경향'을, 하지만 그에 반하는 수많은 요인들의 '합법칙적' 발생에 의해 무한히 연기되는 경향을 표시할 뿐이다.

따라서 균형을 가정하고 시작하는 것이 아니라, 균형의 가정을 제거할 때에만 평균화는 자본의 운동을 포착하는 하나의 요인으로 기여할 수 있을 것이다. 즉 그것은 평균화와는 다른 방식으로 이윤의 차이를 설명하고, **평균에서 벗어나는 이윤이나 이윤율의 작동을 설명하는 논리 아래에서** 그것을 완화시키는 방향의 힘으로서, 평균화 경향으로서 다루어질 때, 자본의 운동을 설명하는 적절한 위치를 부여받을 수 있을 것이다. 그렇다면 균형이나 평균화 운동을 가정하지 않고, 이윤이나 자본의 운동을 설명할 수 있는 방법이 있을까? 우리는 맑스의 '지대' 개념에서, 아니 '지대론'의 논리에서 이를 발견할 수 있다.

## 2. 지대론과 포획의 논리

### 1) 봉건적 지대와 자본주의적 지대

우리의 상식 안에서 지대는 토지나 건물 등을 임차한 대가로 토지의 소유자에게 제공하는 경제적 재화를 뜻한다. 그러나 단지 그것만은 아니다. 특히 『자본』에서 집중적으로 제시되는 자본주의적 지대는 그보다 훨씬 넓은 의미를 갖는다. 하지만 여기에 접근하기 위해선 먼저 자본주의적 지대와 봉건적인 지대를 구별하는 데서 시작하는 게 좋을 듯하다.

알다시피 지대는 자본주의 이전에도 있었다. 아니, 자본주의 이전에는 주로 지대 형태로 착취가 이루어졌고, 임금이나 이윤이라는 형태의 소득은 매우 제한적으로만 존재했다. 봉건제 시대에 토지는 모두 영주 내지 왕의 소유였다. 그러나 그들은 자신이 소유한 토지를 경작하지 않았다. 즉 그들은 토지에서 직접 어떤 생산물을 만들어내지 못했다.

경작하지 않았음에도 불구하고 그들에게 토지가 '재산'이 될 수 있었던 것은 그 토지에 딸린 농민들 때문이었다. 토지에 딸린 농민들이 경작을 해서 그 생산물의 일부를 바쳐야 했기 때문이다.

이런 점에서 봉건적 관계에서 농민은 **토지에 부속된** 존재였고, 토지에 매인 존재였다. 그들은 토지에 대한 소유권을 갖지 못했다. 반대로 토지가 그들에 대한 '소유권'을 가졌다고, 토지가 그들을 소유하고 있었다고 해야 옳을지도 모른다. 그렇지만 농민들은 토지에 대한 경작권, 이용권을 갖고 있었다. 토지에 매인 존재고, 토지 없이 살 수 없는 존재였기에, 특별한 이유가 없는 한 토지에서 그들을 내쫓는 것도 쉽지 않았고, 경작자를 바꾸는 것도 쉽지 않았다. 토지의 소유자인 왕이나 영주는 그들이 경작한 생산물을 받는 대신 그들의 경작권을 인정하고 존중해야 했다. 이는 서구식의 '봉건제'라는 개념으로는 잘 설명되지 않는 조선의 경우에도 다르지 않았다.

이처럼 하나의 토지에 대해 소유권과 경작권(이용권, 점유권이라고도 한다)이 동시에 존재하고 있었기에, 이를 '이중소유권'이라고 부른다. 봉건제나 자본주의 이전의 생산에서는 토지에 대해 이처럼 이중소유권이 존재하는 경우가 많았다. 앞서 소위 '본원적 축적'에 관한 장에서 본 것처럼, 자본주의는 농민들에게서 경작권을 박탈함으로써, 즉 그들을 토지로부터 폭력적으로 내쫓음으로써, 소유권을 '소유자' 개인에게 단일화시킴으로써 시작된다. 일본 총독부에 의해 실시된 조선의 '토지조사사업'에서도 이와 유사한 과정이 반복되었다.

자본주의적 지대는 토지소유자로부터 신분적으로 독립된 자본가들이 이윤 내지 초과이윤을 남기기 위해서, 다시 말해 경제적으로 이득이 되리라는 판단에서 토지를 사용할 때 발생한다. 지대란 그렇게 사용해서 얻은 이득의 일부를 소유자에게 계약에 따라 지불하는 것이다. 반면 봉건적인 관계에서 농민은 무엇보다도 먹고살기 위해 경작하며, 봉건적인 예속, 경제적이지 않은 강제에 의해 토지소유자에게 지대를 지불한다. 즉 그가 지대를 지불하는 것은 계약에 의한 것이 아니라 신분적 예속에 의한 것이다. 이렇게 경제적인 득실에 따라 행해지는 것이 아니라 신분 등 비경제적 예속에 의해 강제되는 것을 '경제외적 강제'라고 부른다. 자본주의는 먹고살기 위해 하는 것도 '경제적 강제'의 형식으로 행한다면, 봉건제에서는 그렇지 않은 것도 경제외적 강제에 의해 행한다.

봉건적인 지대는 먹고살기 위한 최소한을 초과하는 모든 부분을 소유자가 영유한다면, 다시 말해 모든 잉여노동을 소유자가 영유한다면, 자본주의적 지대는 **일정한 이윤을 초과하는 부분만을** 영유한다. 봉건적인 지대는 심지어 필요노동에 해당되는 부분을 착취하는 경우에도 어쩔 수 없이 바쳐야 하지만(싫으면 죽거나 반란을 일으키거나 둘 중의 하나다), 자본주의적 지대는 자본가가 이윤을 위해 임차하는 것이기에 이윤이 없다면 빌려서 사용할 이유가 없게 된다. 따라서 자본주의적 지대는 투여된 비용과 일정한 이윤을 초과하는 부분만을 지대로서 영유할 수 있다.

이런 이유에서 자본주의적 지대는 자본가들이 이윤을 위해 임차하여 사용하는 모든 것에 동일하게 적용된다. 공장이나 사무실의 토지나 건물을 빌려서 사용하는 경우도 그렇고, 상표나 기술의 사용권을 얻어서 사용하는 경우도 그렇다. 즉 자본주의적 지대는 단순히 농사를 짓기 위해서 토지를 임차하는 경우로 제한되지 않으며, 통상적인 이윤을 초과하는 이득을 얻어서 지불하는 모든 것을 포괄하는 개념이 된다. 그런 점에서 자본주의적 지대는 농사짓는 시대에나 통용되는 개념이 아니라, 거꾸로 지금처럼 기술 사용료나 상표 사용료 등과 연관된 지적 소유권과 그에 따른 비용의 지불이 확대되는 시대에 더욱더 적용대상이 넓어지는 그런 개념이다.

### 2) 차액지대와 절대지대

자본주의적 지대에는 두 가지가 있다. 차액지대와 절대지대가 그것이다. 차액지대란 자연력의 이용으로 인해, 그것 없이 생산할 수 있는 가치에 추가되는 초과이윤을 표시한다. 예를 들어 동일한 면적의 토지 A, B, C가 있다고 해 보자. 여기에 같은 볍씨를 뿌려, 동일한 생산수단 및 동일한 노동력을 투여해서 농사를 짓는다고 하자. 그렇지만 세 개의 토지는 서로 토양이 다르고 비옥도가 다르기 때문에 상이한 양의 쌀을 산출할 것이다. 가령 그해 가을 각각의 토지에서 쌀이 10가마(A), 13가마(B), 16가마(C) 나왔다고 가정하자. 동일한 크기의 토지에 동일한 생산수단과 노동력을 투여했지만 A보다 B에서는 3가마, C에서는 6가마가 더 생산된 것이다. 3가마, 6가마로 각각 표시되는 바로 이 차이가 토지와 자연에 의해 추가된 '초과이윤'이다.

　　차액지대란 바로 이 초과이윤과 관련되어 있다. 10가마 생산한 토지 A는 세 개의 토지 중에 가장 열등한 토지(최열등지)다. 토지의 비옥도 차이 때문에 B를 이용한 사람은 A의 사용자보다 3가마 더 갖게 되고, C의 사용자는 A보다 6가마 더 갖게 된다. 이것이 바로 차액지대다.

각각의 토지 산출량과 최열등지의 산출량과의 차액이 바로 차액지대라는 것이다. 이는 투여한 노동과 무관하게 토지의 산출능력 덕분에 얻게 되는 이득이다. 차액지대는 이처럼 **토지 상호간의 직접적 비교**를 통해서 '차액'의 형태로 획득되는 지대다. 만약 쌀 1가마의 값이 10만원이라고 하고, 각각이 경작하기 위해서 지출한 비용($c+v$)이 80만원이었다고 하면, 이상의 결과를 표로 나타내면 다음과 같다.

|  | 생산물 | 생산물가격 | 비용가격 | 총이윤 | 차액지대 |
|---|---|---|---|---|---|
| 토지A | 10가마 | 100만원 | 80만원 | 20만원 | — |
| 토지B | 13가마 | 130만원 | 80만원 | 50만원 | 30만원 |
| 토지C | 16가마 | 160만원 | 80만원 | 80만원 | 60만원 |

여기서 차액지대로 표시되는 초과이윤은 이윤율 평균화과정에 들어가지 않는다. 왜냐하면 평균화란 이윤율이 높은 곳이 있으면 다른 자본이 자유로이 진입해서 이윤율이 낮아지고, 반대로 낮은 곳은 자본이 빠져나가 이윤율이 올라가는 것인데, 토지는 소유자나 사용자는 바뀔 수 있을지언정 새로 늘릴 순 없기에 새로운 진입을 허용하기 어렵기 때문이다. 차액지대는 토지의 비옥도나 위치(교통이나 시장 근접도 등과 관련) 등에 의해 발생하며, 이 외에도 맑스가 예로 들듯이 폭포의 수력(III, pp. 791~796)처럼 다른 종류의 자연력 또한 차액지대의 원천이 된다. 장사 잘 되는 길목의 건물도 마찬가지다(물론 건물의 임대료에는 건물을 짓는 데 든 비용의 일부, 건물의 감가상각비 등이 포함된다).

다시 앞의 예로 돌아가자. 거기서 최열등지 A의 소유자는 아무런 지대도 얻지 못했다. 사태를 좀더 알기 쉽게 하기 위해 이 토지들을 소유자가 직접 경작하지 않고 다른 사람에게 빌려주었다고 하자. 만약 지대를 토지의 추가적인 산출능력만큼만 정확하게 받는다고 하여, B의 지주에겐 3가마, C의 지주에겐 6가마를 주고, 최열등지인 A의 지주에겐 하나도 주지 않는다고 가정해 보자. A의 소유자는 자신이 받을 지대가 없다는 사실을 그대로 받아들일 수 있을까? A의 지주로선, "내가 미쳤어? 아무런 대가도 없이 토지를 빌려주게?" 하는 생각을 당연히 할 것이고, 자신이 토지의 소유자인 만큼 일정한 대가를 지대로서 받고자 요구할 것이다. 말 그대로 토지를 소유하고 있다는 사실만으로도, 그게 최열등지라고 해도, 의당 지대를 요구할 것이다. 그래서 최소한 1가마는 지대로 받아야겠다고 한다고 하자. 그리고 지대를 안 주면 안 빌려주겠다고 하면, 그 토지를 빌려 사용하려는 사람으로선 1가마를 안 줄 수가 없을 것이다.

바로 이것이, 지주가 **토지를 독점적으로 소유하고 있다는 사실을 근거로 영유하는 지대**인데, 이를 맑스는 '절대지대'라고 부른다. 소유권이 절대적 권리로 되어 있는 사회에서 발생하는 지대란 의미로 이해하면 기억하기 쉬울 것이다. 그런데 그 경우 B의 지주는 3가마의 지대로 만족할 리 없을 것이다. "내 땅은 더 좋은 땅인데, 내가 왜 요것만 받아?" 당연히 A의 지주가 소유자로서 요구하는 1가마에, 토지의 질 때문에 추가로 발생한 지대 3가마를 더해 4가마를 받으려고 할 것이다. 마찬가지로 C의 지주는 소유에 따른 1가마의 지대에, 토지의 질에 따른 차액지대 6가마를 더해서 7가마를 받으려고 할 것이다. 즉 여기서 B가 받는 지대는 1가마(절대지대)+3가마(차액지대)=4가마고, C가 받는 지대는 1가마(절대지대)+6가마(차액지대)=7가마다.

## 3) 지대론, 혹은 포획의 논리

①초과이윤과 독점이윤

평균화의 논리가 자본이나 노동력의 이동을 가로막는 독점이 없다는 비현실적 가정 위에 기초하고 있다면, 이와 달리 지대 발생의 논리는 독점의 가정 위에서 **평균화과정에서 벗어나는** 초과이윤이 발생하는 양상을 다룬다. 그런 점에서 지대론은 단지 지대에 대한 이론이기 이전에 이윤율 평균화와 대비되는, 아니 평균화의 논리와 대비되는 초과이윤의 논리를 규명하는 것을 일차적인 목적으로 한다.

이런 이유에서 맑스는 평균화의 논리를 집중적으로 다루었던 『자본』 III권의 10장(「경쟁, 시장가격과 시장가치」)이 끝나는 부분에서 바로 이에 대해 언급하고 있다. 먼저 그는 어떤 생산분야에서 가장 좋은 조건에서 생산하는 사람들의 경우에서 보이듯이, 지대처럼 자연적 조건에서만 초과이윤이 발생하는 게 아니라 **시장가치에서도** 그것이 발생한다고 지적한다(III, p. 232). 시장가치에서 발생하는 초과이윤, 이는 지대처럼 평균화되지 않는 초과이윤이 시장이라는 상품교환의 일반적 영역에서도 발생할 수 있음을 뜻한다. 다양한 경우들이 있을 수 있겠지만, 일단 신기술이나 생산성 혁신으로 '특별잉여가치'를 획득한 경우를 떠올리면 좋을 것이다.

특별잉여가치는 새로운 기술이나 노동방식 등을 도입하여 생산성 혁신을 이루었을 때 발생한다. 가령 동일한 상품을 생산하는 데 이전에는 10시간(T라고 쓰자) 걸리던 것을 7T 만에 생산할 수 있게 되었다면, 그리고 새로운 기술을 위해 추가된 비용이 1T라고 하면, 생산물의 가치는 8T로 하락한다. 그러나 다른 상품들은 여전히 10T의 가치를 갖기에, 새로운 방법으로 생산한 상품을 여전히 10T에 내다팔 수 있다. 이 경우 2T만큼의 특별잉여가치가 발생한다. 이 또한 **비교에 의해 획득되는 초과이윤**의 일종이다.

통상 특별잉여가치는 평균적인 잉여가치와의 차이, 혹은 상품의 사회적 가치와 새로운 기술 등을 사용하여 생산한 상품의 개별적 가치와의 차이에 의해 발생한다고 정의된다. 그 기술이 일반화되어 차이가 줄어들면 특별잉여가치는 사라진다. 이런 점에서 그것은 '특별한' 경우로 한정되는 잉여가치다. 물론 다시 새로운 기술이나 방법을 만들어내면 새로이 특별잉여가치가 발생한다. 사실 자본가들은 이 특별잉여가치를 위해서 새로운 기술의 발명에 투자한다. 그래서 특별잉여가치는 생산성 향상의 경제적 '인센티브'라고도 할 수 있다.

그런데 이러한 특별잉여가치는 그 기술에 대한 독점적 소유를 통해 접근가능성이 제한되기 때문에 쉽게 평균화되지 않는다. 즉 차액지대처럼 특별잉여가치 또한 이윤율 평균화 과정에 들어가지 않는다. 자본의 생산과정에서 다뤄지는 '특별잉여가치'는 자본의 총과정을 다루는 『자본』 III권에 이르면 이런 '초과이윤'으로 변형된다. 지대가 이런 초과이윤의 한 형태였음을 안다면, 부분적인 차이에도 불구하고 양자는 일정한 유사성을 갖는다는 것을 알 수 있다. 물론 흔히 지적하듯 지대는 끝내 소멸하지 않지만, 특별잉여가치는 평균화되면 소멸한다는 점에서 다르다고도 할 수 있지만, 그 차이는 결코 본질적인 게 아니다.

맑스가 이윤율 평균화를 다루는 장의 마지막 부분에서 이러한 '초과이윤' 개념을 다루려고 한다는 것은, 그것이 평균화와 더불어 함께 다루어져야 할 문제임을 시사한다. 역으로 말하면 평균화는 그에 반하는 이 초과이윤의 논리를 고려하지 않는다면 부적절한 것이 될 수 있음을 시사하는 것이라고도 할 수 있을 것이다.

인위적인 것이든 자연적인 것이든 독점은 초과이윤을 낳는다. 독점적 소유는 이윤율 평균화에 반하는 가장 중요한 요인이다. 기술의 독점이든, 아니면 토지나 자연력 같은 생산요소의 독점이든 독점적 소유는 초과이윤을 낳는다. 지대란 자연력의 독점적 소유와 결부되어 발생하는 이러한 초과이윤의 한 형태다. "초과이윤은 또한, 어떤 생산분야가 자기의 상품가치가 생산가격으로 전형되는 것을 피할 수 있는 위치에 있는 경우, 따라서 자기의 이윤이 평균이윤으로 감소되는 것을 피할 수 있는 위치에 있는 경우에도 발생할 수 있다."(III, p. 233) 이러한 초과이윤의 양상을 검토하는 것을 맑스는 바로 지대론의 과제라고 명시한다. "지대 편에서는 위와 같은 두 가지 형태의 초과이윤의 변형들에 관하여 검토할 것이다."(III, p. 233)

그런데 어떨까? 자본주의적 생산의 일반적 조건인 생산수단의 사적 소유 자체가 이미 처음부터 '독점'을, 따라서 타인의 접근가능성 제한을 함축하고 있는 게 아닐까? 지대라는 초과이윤의 원천인 토지의 '독점적 소유'는 이러한 **일반적인** 소유 개념에서 한 치도 벗어나지 않는다. 그것이 뜻하는 '독점적 영유권'은 흔히 '독점자본주의'와 결부시켜 말하는 그런 종류의 '독점' 이전에 존재하는 일반적인 사적 소유에 포함된다.

그렇다면 평균화되지 않는 특별한 잉여가치나 이윤의 존재는 이미 사적 소유라는 독점적 영유형식 자체와 결부된 것이라고 해야 한다. 따라서 지대론을 모델로 하는 '초과이윤'의 논리는 토지와 같은 특별한 생산수단이나 독점자본주의 같은 '특수한' 자본주의에 국한된 논리가 아니라, 자본주의에서 이윤 일반에 관한 논리라고 해야 한다. 기술이나 지식, 정보, 종자, 유전자 등 추가적 잉여가치의 원천이 될 수 있는 모든 것이, '소유(권)'이라는 제한의 형식을 통해 추가적 잉여가치의 독점적 영유조건 안에서 초과이윤의 원천이 될 수 있다는 것이다. 좀더 일반화하여, 앞서 제4장에서 본 것처럼 노동력의 경우조차 다른 것과 비교하여 어떤 우월한 능력을 갖는 경우, 그리고 그 능력의 차이를 가치화할 수 있는 경우 초과이윤이 발생한다고 말해야 하지 않을까?

물론 일반적인 생산수단의 경우에는 그것을 판매하는 자본가가 돈만 준다면 누구에게든 동일한 생산수단을 얼마든지 만들어주려 하기에, 그리고 생산수단의 능력은 그 자체로는 상대적으로 동질적이라는 점에서 비교에 의한 특별한 이득을 생산하진 못하기에, 초과이윤의 일반적 원천이 되지는 못한다. 그러나 여기서도 물론 한편으로는 새로운 기계를 빨리 채택한 자본가에게 특별한 이득을 제공하는 경우에는, 다른 한편으로는 생산수단의 규모가 커서 제한된 자본가만이 접근할 수 있는 경우에는 초과이윤의 원천이 된다.

전자의 경우는 이전의 생산수단과 새로운 생산수단을 **비교함으로써** 초과이윤이 발생한다. 즉 상이한 생산수단 간에 그 능력을 비교함으로써 초과이윤이 발생할 수 있다. 앞서 말했던 특별잉여가치가 바로 이에 해당된다. 이런 점에서 특별잉여가치와 차액지대 간에는 일정한 유사성이 있다. 물론 통상적인 특별잉여가치 개념은 비교대상을 가장 열등한 생산수단이 아니라 평균적인 생산수단으로 설정한다는 점에서 약간 차이가 있지만.

다른 한편 자본의 유기적 구성이 증가하고 생산수단의 집적규모가 증가함에 따라 거대한 규모의 자본이 아니면 새로운 생산수단을 채택할 수 없는 사태가 발생한다. 혹은 독점적인 거대자본을 이용한 인위적인 장벽들이 설치될 수 있다. 이를 흔히 '독점의 장벽'이라고 말한다. 이는 토지의 경우처럼 새로운 생산수단에 접근하는 데 근본적인 장벽이다. 이런 장벽으로 인해, 생산성의 비교에서 추출되는 초과이윤을 상회하는 또 다른 초과이윤이 발생한다. 이는 절대지대나 '절대-이윤'과 마찬가지로 접근가능성을 제한하는 **독점적 소유로 인해** 발생하는 초과이윤이다.

이 두 가지 초과이윤은 생산규모가 커지고 새로운 기계나 기술의 창안이 빈번한 현대의 독점자본주의에서 '독점이윤'을 구성하는 두 가지 성분이다. 독점이윤이 특별잉여가치 같은 일반적인 '초과이윤'과 다른 것은, 독점의 장벽을 이용해 다른 경쟁자본의 접근을 차단하기 때문에 평균화되지 않을 뿐 아니라 기술의 일반화에 따른 평균화 경향 또한 매우 느리고 제한적으로만 진행된다는 점이다.

②지대론과 초과이윤

이와 더불어 자본주의에서의 농업으로 제한하는 한 지대론은 사실 너무도 비현실적인 것처럼 보인다는 점 또한 상기할 필요가 있다. 차액지대가 발생하는 경우, 생산에 투입된 비용에 대한 산출물의 비율이 더 높은 것으로 나타난다. 즉 생산성이 더 높은 것으로 나타난다. 즉 농업에서 차액지대의 존재는 농업에서 생산성이 다른 부문에 비해서 특별히 높은 것으로 나타나야 한다. 그러나 최소한 산업혁명 이후 자본주의 세계에서 제조업에 비해 농업의 생산성이 떨어진다는 것은 '자본주의는 공업을 위해 농업을 착취한다'는 명제를 굳이 동원하지 않아도 대개 다 아는 사실이다. 가령 쿠친스키(J. Kuczynsky)의 계산에 의하면, 미국의 경우 1909년을 기준으로 했을 때, 1949년 농업과 공업의 생산성지수는 각각 177과 359로서 공업이 농업에 비해 두 배 이상 빠르게 성장했음을 보여준다(우메카와 쓰토무 외, 『농업경제학 개론』, p. 137). 그래서 다음과 같은 정치경제학의 '교과서적 서술'은 매우 반어적(!)으로 들린다.

> "자본가적 차지농에 의해 토지소유자에게 지불되는 지대는 결코 평균이윤으로부터 공제된 것일 수 없다. 만일 평균이윤으로부터 공제된 것이라면 농업에서 활동하는 자본가들은 산업자본가들에 비해 불리한 입장에 서게 될 것이다. 자유경쟁이 존재한다면, 이러한 상황은 전형적일 수 없다. 그래서 농업에 투자된 자본이 평균이윤을 넘어서는 잉여, 즉 초과이윤을 가져온다는 것이 받아들여지고 있다."(자골로프 외, 『정치경제학 교과서』 I-2, pp. 445~446)

『자본』 III권의 지대론의 서술대로 현대 자본주의에서 농업의 '총이윤'이 공업이윤보다 높다는 것을 글자 그대로 현실에 대한 서술로 받아들이기는 쉽지 않다. 아마도 이유는 이윤율에 따라 자본의 이동이 자유롭다는 가정이 농업의 경우 유난히 부적절하다는 점, 그리고 농업에서 토지에 의한 생산성 향상과 공업에서 기술적 요인에 의한 생산성 향상의 격차가, 그리고 공업 중심의 자본주의 경제체제에서 지배적인 척도가 농업과 공업 두 부문의 생산물을 '비교'하면서 부문간 수탈을 야기한다는 점에 기인하는 것으로 보인다.

따라서 지대론을 농업에서 발생하는 초과이윤의 해명으로 제한하면, 그것은 현실과 부합하지 않거나 아니면 지주가 자본가보다 막강하던 18세기 영국에나 해당되는 낡은 이론이 되고 만다. 반대로 거기서 농업이라는 제한을 걷어내는 순간, 그것은 현재의 자본주의에 아주 잘 부합하는 현대적인 이론으로 변모한다. 즉 지대론은 농업이라는 특정한 영역이 아니라, 평균화의 논리와 대비되는 초과이윤의 논리, 아니 사실은 소유나 독점은 물론 많은 요인으로 인해 자본과 노동의 이동이 결코 자유로울 수 없는 자본주의에서, 더 나아가 독점자본주의에서 현실적으로 발생하는 이윤의 포획 메커니즘에 대한 해명을 담고 있다. 평균화와 평균이윤이 아니라 지대론에서 서술된 포획의 논리가 이윤의 형태로 발생하는 잉여가치 착취의 문제를 규명하는 주된 이론적 자원이 된다는 것이다.

이런 점에서 우리는 맑스의 지대론을 초과이윤의 발생에 관한 일반적인 메커니즘을 규명하는 것으로 이해할 수 있다. "자연력의 독점적 사용에 의해서 **초과이윤이** 지대로 전환되는 것"(III, p.798)이라는 맑스의 언급은, 지대론에 사용되는 논리가 지대만이 아니라 초과이윤 일반에 관한 것임을 보여준다. 이러한 초과이윤의 논리가 노동이나 토지, 기술이나 상표 등의 요소, 그리고 일정한 제한조건 아래에서는 생산수단마저 포함하는 대부분의 생산요소들에 대해 매우 현실적인 설득력을 갖는다는 것을 다시 부연할 필요가 있을까? 이것을 결코 도래하지 않을 '평균화'와 '균형'이라는 고전파적 가정과 다시 대비할 필요가 있을까? 초과이윤의 논리가 평균화의 논리와 달리 정치경제학 비판의 문제설정에 부합한다는 것을 다시 설명할 필요가 있을까?

요약하자면, 지대론에서 제시된 초과이윤의 영유 메커니즘은 두 가지다. 하나는 차액지대 개념에서 제시되고 있는 것으로, **비교에 의한 포획**의 메커니즘이다. 다른 하나는 절대지대 개념에서 제시되고 있는 것으로, **독점적 소유에 의한 포획**의 메커니즘이다. 이 두 가지 메커니즘을 들뢰즈/가타리의 개념을 빌려 '포획'(capture)이라는 일반적 명칭을 부여할 수 있을 것이다(들뢰즈/가타리, 『천의 고원』 II, pp. 228~230 ; 이진경, 『노마디즘』 2권, pp. 509~530). 전자는 어떤 토지나 다른 요소를 이용해 생산한 산출물의 결과를 양적으로 비교함으로써 양적 차이를 초과이윤으로 포획하는 메커니즘이다. 차액지대를 설명하는 논리가 바로 이러한 메커니즘을 정확하게 보여준다. 후자는 절대지대가 그런 것처럼, 토지나 다른 요소의 독점적 소유라는 조건을 통해 소유의 대가를 지대로, 초과이윤으로 포획하는 것이다. 앞서 잉여가치와 착취를 다루는 장에서 비교-이윤과 절대-이윤이라는 개념은 바로 이러한 논리에 따라 노동의 결과를 포획하는 두 가지 메커니즘에 해당된다.

③지대론과 정치경제학 비판

그런데 맑스가 지대론을 전개하는 방식에는 약간 '기묘한' 면이 있다. 먼저 그는 지대론을 전개하기 위한 전제를 명확하게 한다. 그것은 농업이 제조업과 마찬가지로 자본주의 생산양식에 의해 지배되고 있다는 것이다(III, p. 759). 여기서 전개되는 지대 개념은 봉건제 하에서 지대나 분할지 경작, 반봉건적 소작 등에서 발생하는 지대와 근본적으로 다르다는 것이다. 그는 어쩌면 지극히 당연해 보이는 그 가정에 대해 이렇게 부언한다. 그것은 "그 생산양식의 필수조건들——예컨대 자본들 사이의 자유경쟁, 한 생산분야로부터 다른 생산분야로의 자본의 이동, 균등한 수준의 평균이윤——이 또한 완전히 전개되어 있다는 것을 내포하고 있다"(III, p. 759). 이는 지대론의 전제가 이윤율 평균화의 전제와 동일한 것임을 의미하는데, "상품들이 생산가격에 판매되는 상황"이라는 내용상 동일한 명제로 반복하여 확인된다(III, p. 791, 792 등). 즉 앞서 말한 고전파적 균형이 지대론의 전제조건임을 뜻하는 것이다.

이러한 가정 위에서 그는 '자연력의 독점'이나 이동의 자유를 방해 내지 배제하는 요인들(III, pp. 795~797)로 인해 발생하는 "일반적 이윤율로부터의 괴리"가 바로 지대론에서 규명하려는 것이라고 말한다(III, p. 795). 지대란 평균이윤을 넘는 초과이윤이며, **이윤율 평균화에서 벗어난** 초과이윤이라는 규정은 이러한 문제설정과 정확하게 부합하는 정의다. 그러나 이러한 지대 개념이나 지대론의 논리는 그것이 전제로서 가정하고 있는 이윤율 평균화의 가정에 정확하게 반하는 것이다. 다시 말해 지대론에서 맑스는 고전파적인 **평균화의 가정을 전제**하고는, 그 위에서 그것을 벗어나거나 **그것에 반하는 메커니즘을 도출**하고 있는 것이다.

알다시피 매우 모순적인 것처럼 보이는 이러한 방법은 『자본』 I권의 여러 곳에서, 그리고 『자본』 II권의 재생산의 균형조건을 다루는 데서 맑스가 사용한 비판의 방법이다. 즉 여기서도 그는 고전파 정치경제학을 따라가면서 그것이 가정하는 전제 위에서 그와 모순되는 것을, 그 외부의 존재를 보여주는 비판의 방식을 다시 사용하고 있는 것이다. 이런 점에서 보자면 이윤율 평균화를 다루는 Ⅲ권 제2편의 마지막에서 지대론을 통해 초과이윤의 논리를 규명할 것임을 예고한 것은 어쩌면 매우 당연한 것처럼 보인다.

물론 이러한 태도를 두고 평균화 개념에 독점적 소유라는 새로운 요인을 첨가함으로써 좀더 구체적인 것으로 진행하는 것이라고 말할지도 모른다. 그러나 좀더 구체적인 것이 좀더 추상적인 것을 **반박하는 방식으로** 펼쳐진다면, 그것을 과연 '추상에서 구체로의 발전'이라고 명명할 수 있을까? 그것은 어떤 조건을 가정하고는 거기서 그 조건에 반하는 명제를 추론함으로써 이율배반을 드러내는 그런 방법이라고 해야 하지 않을까? 자연력의 독점적 소유라는 조건조차, 어떤 특정한 능력의 독점적 소유와 결부된 일반적 조건으로 확대하여 이해할 수 있다면, 초과이윤의 논리는 평균화의 논리에 대한 비판으로서 제시되고 있다고 말해야 하지 않을까?

이런 점에서 평균화의 논리와 지대론 내지 초과이윤의 포획의 논리를 대비하는 것은 충분히 이유가 있다. 고전파적인 평균화의 논리와 대비하여 그에 내한 비판으로서 지대론의 포획의 논리를 대비하는 것은, 정치경제학 비판이라는 문제설정 아래서 평균화의 메커니즘에 적절한 위치를 부여하기 위해서도 중요한 일이다. 분명히 특정한 조건 아래서는 평균화하려는 경향이 작용할 수 있기 때문이다. 다만 이 두 가지 논리를 대비하여 '종합'하는 경우에도, 평균화의 경향을 기본적인 것으로 설정하고 그것을 상쇄하는 요인을 추가하는 방식으로 고려하는 것이어선 곤란하다. 그것은 정확하게 고전파의 논리를 맑스의 이론으로 보충하는 방식이지, 정치경제학 비판 안에서 고전파의 이론을 영유하는 방식은 아니다. 차라리 반대로 말해야 한다. 지대론 내지 초과이윤의 영유라는 메커니즘이 존재하고, 그것과 달리 그것을 상쇄하는 평균화 경향이, 특정한 조건 아래에서 그 초과이윤의 격차를 감소시키는 방식으로 작용한다고.

그렇지만 초과이윤 포획의 논리는 그러한 평균화에 반하여 초과이윤의 새로운 편차를 확대하려는 경향이 자본의 일반적인 경향, 기본적인 경향으로 존재함을 함축한다. 새로운 발명이나 과학기술의 이용이든, 아니면 법적 형식을 이용한 접근제한 조건의 확대든 간에. 이로 인해 평균화는 다시 연기되고 거듭하여 연기된다. 재생산에서 균형이 존재하고 그것을 깨는 불균형이 가끔 찾아오는 것이 아니라, 역으로 항상 불균형이 존재하고, 그것을 조정하여 균형에 이르게 하려는 균형화의 메커니즘이 동원되지만, 균형에 접근하는 순간부터 새로이 불균형의 메커니즘이 새로운 이탈의 벡터를 작동시키듯이.

### 4) 지대와 자연

지대란 무엇인가? 그것은 자연력의 독점적 소유로 인해, 자연력이 제공한 추가적 가치를 토지나 자연력의 소유자가 취득하는 부분이다. 그것은 잉여가치의 일부인데, 비록 노동을 통해서 경제학적 가치의 형태로 변환되지만, 본질적으로 자연력으로 인해 발생한 것이다. 그러나 정치경제학자들은 그렇게 보지 않는다. 그것 역시 노동생산력의 표현이란 점에서 본질적으로 노동이 생산한 것이라고 본다. 실로 노동이 모든 가치의 원천이라는 명제를 다시 상기시켜 주는 셈이다.

그러나 맑스는 말년에 쓴 「고타 강령 비판」에서 "노동은 모든 부와 문화의 원천"이라는 말을 비판하면서, 자연 또한 그러한 부의 다른 한 원천인 점을 명시하고 있다. 물론 이 말을 '사용가치'의 원천이라고 바꾸어 해석하기도 하지만, '부'가 사용가치와 동일하다고 말할 수 있을까? 가령 공기나 물의 사용가치가 부를 형성하진 않는다. 사용가치가 경제학적 의미의 가치로 전환될 수 있을 때, 즉 **가치화될 수 있을 때** '부'라는 개념이 성립한다. 그렇다면 '부'의 다른 한 원천인 자연 또한 '가치'의 원천이라고 말해야 하지 않을까? 그 자체론 사용가치인 노동이 가치의 원천이듯이, 그 자체론 사용가치를 갖는 자연이 가치화될 때, 그것은 노동이 그런 것만큼이나 가치의 원천이라고 말해야 하지 않을까?

노동의 가치화가 노동에 대한 착취의 이유가 되는 것과 마찬가지로 자연 또한 그것이 가치화될 수 있는 '원천'이란 사실로 인해 착취의 대상이 되는 것 아닐까? 인간의 노동만이 가치를 생산한다는 노동가치론의 족쇄에서 벗어날 수 있다면, 그리고 동물이나 식물, 토지나 숲과 같은 자연 또한 생산하며 자본에 의해 착취당한다는 것을 납득할 수 있다면, "노동과 더불어 자연이 부의 원천"이라는 말은 "노동과 더불어 자연이 가치의 원천"이라는 말로 이해해도 좋을 것이다(앞서 5장에서 말했던 '기계적 잉여가치' 개념은 여기에다 '기계' 또한 추가할 것을 요구한다. 초과이윤의 논리로 일반화된 지대론은 그것의 경제학적 메커니즘을 제공한다).

맑스의 지대론은 정확하게 자연이 가치의 원천이란 명제를 함축하고 있음을 보여준다. 지대론의 내용적인 함축뿐만 아니라 그것을 전개하는 논리적 방법 자체에서도 그러하다. 이미 본 것처럼 지대론, 특히 차액지대의 이론은 투입되는 생산수단과 노동력이 **동일하다는 가정** 아래 시작된다. 다른 것은 토지의 비옥도 뿐이다. 그리고 그러한 조건 아래서 토지 이용의 **결과에 차이가 있음**을 보여준다. 그렇다면 상이한 결과를 야기한 원인은 무엇인가? 동일한 조건이라고 간주된 변수들이 그 상이한 결과의 원인일 순 없다. 즉 생산수단이나 노동력이 아니라 **다르다고 가정했던** 토지의 비옥도가 바로 추가적인 가치의 원천인 것이다.

여기서 맑스는 다양한 변수들을 '분석적으로' 구별하여 그 중 특정한 변수만을 독립시켜 결과의 차이를 확인하는 근대과학의 실험적 방법, 혹은 분석적 사유를 그대로 사용하고 있다. 차이를 갖는 변수(여기선 토지의 비옥도) 하나만을 남겨두고 '다른 조건들은 동일하다고 가정'하여, 결과의 차이를 확인하는 방법. 이로써 결과의 차이는 원인의 차이로 환원된다. 다시 말해 토지의 비옥도가 바로 상이한 결과를 야기한 원인인 것이다. 즉 차액지대는 불변자본이나 가변자본에 기인하는 부에 추가하여 자연이 생산한 가치를 표시하며, 자본이 자연을 착취/이용(exploitation)한 결과를 표시한다.

이런 점에서 차액지대의 개념은 토지가 바로 지대라는 추가적 '가치'를 생산한 원인이라는 것을 보여준다. 즉 토지라는 자연 또한 노동 못지 않게 가치를 생산한다는 것을. 이로써 지대론은 다시 한번 노동만이 가치를 생산하는 유일한 원천이라는 노동가치론의 공리를 비판한다. 이런 점에서 지대론은, 자연은 아무런 가치가 없으며 가치를 생산하지 않는다면서 마구잡이로 착취했던 자본주의의 정치경제학에 대해 또 하나의 근본적 비판지점을 제공한다.

## 3. 이윤율 저하 경향과 자본주의

### 1) 이윤율 저하 경향의 법칙

이윤율의 공식은 총투하자본에 대한 잉여가치의 비로 정의되는데, 이는 자본의 유기적 구성과 잉여가치율의 비율로 나타나기도 한다. 즉

$$p' = \frac{s}{C+v} = \frac{\frac{s}{v}}{\frac{C}{v}+1}$$

인데, $\frac{s}{v}$는 잉여가치율 $s'$이고, $\frac{C}{v}$는 자본의 유기적 구성 $z$이므로,

$$p' = \frac{s'}{z+1}$$

이는 이윤율이 잉여가치율에 비례하는 반면 유기적 구성에 반비례한다는 것을 의미한다. 만약 잉여가치율이 일정하다고 가정하면, 자본의 유기적 구성이 상승하는 경우 이윤율은 저하한다.

그런데 우리는 앞서 자본축적의 일반적 법칙을 다루면서 자본축적이 진행됨에 따라 자본의 유기적 구성이 상승함을 보았다. "자본주의 생산양식의 발달과 더불어 불변자본에 비하여, 따라서 또 가동되는 총자본에 비하여 가변자본이 상대적으로 감소한다는 것은 이미 본 바와 같이 자본주의 생산양식의 하나의 법칙이다."(III, p. 252) 따라서 자본축적의 법칙은 여기서 '일반적 이윤율의 저하 법칙'으로 변환된다.

> "자본구성의 이러한 점진적 변화가 어떤 개별 생산분야의 특징이 아니라 거의 모든 생산분야 또는 적어도 결정적인 생산분야에서 일어나는 것이며, 따라서 그 변화가 그 사회의 총자본의 평균적 유기적 구성을 변화시킨다고 가정한다면, 가변자본에 대비한 불변자본의 이러한

점차적 증가는──잉여가치율 또는 자본의 노동착취도가 불변이라고 가정한다면──필연적으로 일반적 이윤율의 점차적인 저하를 초래할 것임에 틀림없다."(III, p. 252)

자본의 유기적 구성이 상승한다는 것은 가변자본에 비해 불변자본이, 가령 기계와 같은 고정자본이 훨씬 빠른 속도로 증가한다는 것을 의미한다. 이는 "노동의 사회적 생산력이 점점 더 발달한다는 것을 달리 표현한 것에 불과한데, 이 점은 노동생산력의 발달이 기계와 고정자본을 점점 더 많이 사용함으로써 동일한 수의 노동자들이 동일한 시간에 일반적으로 보다 많은 원료와 보조재료를 생산물로 전환시키고 있다는 사실에 의해 증명된다"(III, p. 253). 이런 의미에서 '이윤율의 저하 법칙'이란 자본주의에서 생산력의 발전이 이윤율의 저하로 나타난다는 역설적 현상을 지칭하는 것이라고 하겠다.

그렇지만 이윤율 저하 경향과 관련해서 전제된 가정들을 고려할 필요가 있다. 알다시피 이윤율 저하는 잉여가치율이 일정하다는 가정 하에 도출된다. 그러나 실제로 잉여가치율은 고정되어 있지 않으며, 자본은 그것을 높이기 위해서 노력한다. 그렇다면 자본의 유기적 구성이 상승한다고 해도 이윤율이 저하한다고는 말하기 어렵다. 이러한 이유에서 이윤율 저하의 법칙을 부정하는 경우가 많았으며, 비현실적인 이론이라는 비판에 자주 직면했다. 이에 대해 맑스는 이렇게 말한다.

"물론 이윤율이 기타의 이유 때문에 일시적으로 저하하지 않을 수도 있지만, 여기서 말하는 것은, 자본주의적 생산양식이 발달함에 따라서 일반적인 평균잉여가치율이 저하하는 일반적 이윤율로 표현될 수 밖에 없다는 것이 자본주의적 생산양식 그것의 본질로부터 파생되는 하나의 자명한 필연성이라는 점이다."(III, p. 253)

반복하면, 동일한 잉여가치율이 저하하는 이윤율로 표현된다는 것이 바로 잉여가치율이 일정하다는 가정에서 이윤율의 저하가 보여주는 것이라는 것이다.

## 2) 이윤율 저하를 상쇄하는 요인들

따라서 맑스는 이윤율의 저하를 이윤율이 실제로 저하하며, 그로 인해 자본주의가 붕괴하고 멸망할 것이라는 식의 논지로 연결하지 않는다. 실제로는 정반대다. 잉여가치율의 상승을 비롯한 다양한 요인들이 이윤율의 저하를 상쇄하는 작용을 함으로써 이윤율은 다시 상승하기도 한다는 것을 충분히 보여준다. 맑스는 이윤율의 저하를 상쇄하는 요인들로 노동착취도의 증대, 노동력 가치 이하로의 임금의 인하, 불변자본 요소들의 저렴화, 상대적 과잉인구, 대외무역, 주식자본의 증가 등을 들고 있다(III, pp. 275~286).

여기서 잉여가치율과 이윤율의 관계는, 잉여가치율을 그대로 둔다면 자본축적이 진행됨에 따라 이윤율이 하락한다는 것을 보여주는 것이다. 즉 자본축적이 진행됨에 따라 잉여가치율을 상승시키기 위한 자본가의 시도가 성공적으로 이루어지지 않는다면, 이윤율은 필경 저하하고 만다는 것이다. 이는 거꾸로 자본가들이 잉여가치율의 상승을 위해, 노동 착취도의 상승을 위해 집요하게 매달리는 이유를 설명해준다.

결국 이윤율 저하를 상쇄하는 요인들과 관계 속에서 이윤율의 저하라는 법칙은 자본이 상쇄요인을 향해서 운동하게 하는 어떤 힘을 보여주는 것이다.

어쨌든 이런 이유에서 이윤율의 저하는 잉여가치율과의 관계를 통해 나타나는 '경향'을 표시하는 것이란 점에서 '경향적 법칙'일 뿐이다. 이윤율 저하가 '경향적 법칙'이라는 완화된 명칭을 얻게 되는 데는 또 하나의 이유가 있다. 그것은 자본의 유기적 구성의 문제와 결부된 것이다. 앞서 보았듯이 자본의 유기적 구성은 자본의 기술적 구성을 반영하는 한에서 자본의 가치구성이다. 즉 자본의 기술적 구성($\frac{C}{n}$)에서 $C$가 가치로 표시되어 있을 때, 분모인 노동자의 수 $n$에 일정한 크기의 임금을 곱하면 자본의 유기적 구성을 구할 수 있다. 즉 유기적 구성은 상품의 가치가 변함이 없다고 가정할 때, 가변자본과 불변자본의 비를 의미한다. 맑스의 이윤율 공식에서 $z$를 자본의 유기적 구성이라고 본다면, 이윤율 저하라는 결론을 이끌어내는 데는 아무런 문제가 없다.

그런데 가령 자본축적에 따라 생산성이 향상되는 경우 노동자가 임금으로 구매하는 소비재나 자본가가 불변자본으로 구매하는 상품의 개별가치가 하락한다. 이 경우 임금이나 불변자본의 가치를 줄일 여지가 생긴다. 자본의 가치구성은 이런 가치 변화를 반영하는 개념이다. 따라서 자본의 기술적 구성이나 유기적 구성이 상승한다고 해서 자본의 가치구성이 반드시 상승한다고는 말하기 어렵다. 만약 좀더 현실적인 차원에서 자본의 이윤율을 정의하고자 한다면, 이러한 상품의 가치 변화를 반영해야 한다고 말할 수 있을 것이다. 이는 곧 맑스의 이윤율 공식에서 $z$는 자본의 유기적 구성이 아니라 '가치구성'으로 해석해야 함을 의미한다. 그런데 이렇게 되면 유기적 구성의 상승이 가치구성의 상승을 동반하지 않는 경우, 실제 이윤율은 저하하지 않는다.

그러나 앞서 말했듯이 이윤율이 현실적으로 저하한다는 사실의 강한 증명이 여기서 맑스가 하려고 했던 것은 아니었다. 이윤율의 저하가 의미하는 것에 대해 맑스는 이렇게 쓰고 있다.

(그것은) "어느 일정량의 사회적 평균자본을 살펴볼 때 이것의 점점 더 큰 부분이 생산수단으로 대표되고 점점 더 작은 부분이 살아 있는 노동으로 대표된다는 것이다. 생산수단에 첨가되는 살아 있는 노동의 총량이 생산수단의 가치에 비하여 상대적으로 감소하므로 불불노동과 이것을 대표하는 가치부분도 총투하자본의 가치에 비해 상대적으로 감소한다. 바꾸어 말하면, 총투하자본 중 점점 더 작은 부분이 살아 있는 노동으로 전환되며, 따라서 노동사용량 중 지불부분에 대한 불불(不拂)부분의 비율이 증가하더라도 총자본은 그것의 크기에 비하여 점점 적은 잉여노동을 흡수하게 된다는 것이다."(III, pp. 256~257)

요컨대 투하자본 중 가변자본에 투하되는 부분이 점점 더 적어지게 되는데(이는 특히 자동화를 추구하는 현대 자본주의에서는 아주 극명하게 드러난다), 잉여가치는 가변자본에 의해 규정되기 때문에 잉여가치 내지 이윤 또한 상대적으로 감소하는 경향이 있다는 것이다. 즉 그것은 **자본은 노동자를 착취함으로써만 잉여가치를 취득할 수 있는데, 자본의 축적법칙은 가변자본에 대한 투자의 비율을 줄이는 경향이 있다는**, 자본이 취하고 있는 매우 역설적인 경향의 단면을 요약해서 보여주는 것이다.

이런 점에서 이윤율 저하 경향은 그 상쇄요인에 대해서 일차적이고 기본적이다. 그것은 자본의 축적에 따라 필연적으로 요구되는 일반적 경향을 표현하기 때문이다. 이윤율 저하를 막기 위해 동원되는 '상쇄요인'들이 자본의 축적법칙에 의해 규정되는 저 역설적인 상황을 부정할 수는 없다. 가령 "잉여가치율의 증대는 …… 잉여가치량을 규정하고 따라서 또 이윤율을 규정하는 데 공헌하는 하나의 요인이다. 그렇지만 이 요인은 일반법칙[이윤율의 저하 경향]을 폐기하지는 못하며, 그 법칙을 하나의 경향으로서, 즉 그것의 절대적인 관철이 상쇄요인들에 의하여 저지되고 지연되며 약화되는 법칙으로서 작용하게 만든다"(III, p. 278).

물론 기계적 잉여가치에 대한 우리의 생각은 잉여가치를 오직 가변자본에서만 기인한다고 보는 그런 입장에서 한 걸음 더 나아갈 것을 요구한다. 그것은 기계적 '노동' 자체를, 혹은 지불 없는 대중들의 활동 자체를 착취하기 때문이다. 그러나 그것이 가변자본의 제한을 넘어서 이윤율의 무한한 상승을 야기할 것이라는 결론으로 그대로 이어지진 않는다. 기계적 '노동'은 기술적 혁신에 따른 사회적 마모의 속도를 고스란히 불변자본 비용으로 감당해야 하는데, 기술적 혁신의 속도나 규모가 점차 가속적으로 증가하는 경향이 있음을 고려한다면, 이윤율의 증가를 그저 낙관할 수 없는 난점이 있기 때문이다.

또 노동 없이 기계를 착취한다고 해도, 혹은 고용 없이 사람들의 활동을 착취한다고 해도, 그래서 소위 20%만이 노동하고 임금을 받을 수 있는 조건이 만들어진다고 해도, 함께 생존하며 활동하고 착취당하는 80% 대중의 재생산 비용은 사회적 비용의 형식으로 감당해야 한다.

그런 조건에서라면 이 역시 자본가가 지불해야 하는 새로운 형식의 '임금'이다. 가변자본의 형식을 벗어난 임금. 이는 기계적 잉여가치를 착취하는 경우에조차 사회적 총자본의 수준에서 이윤율을 제약하고 저하시키는 또 하나의 결정적 요인이 될 것이다.

### 3) 이윤율 저하와 과잉자본

이윤율의 저하가 이윤량의 감소를 의미하는 것은 아니다. 반대로 이윤율의 저하는 이윤량의 증가를 '수반'하는 경우가 많다. 왜냐하면 이윤율이 저하해도 총투하자본이 증가하면 이윤량은 증가할 수 있기 때문이다(III, p. 293). 실제로 자본가들은 이윤율의 저하를 이윤량의 증가를 통해 극복하고자 하며, 이를 위해 생산규모를 확대하거나 고정자본을 갱신하거나 하는 식으로 총투하자본을 증가시킨다. 이는 자본축적의 법칙이라는 동일한 법칙에서 이윤율의 감소와 이윤량의 증가라는 반대되는 듯이 보이는 두 법칙이 동일하게 연원한다는 것을 의미한다(III, p. 261). 총투하자본의 증가는 자본 집적의 증대를 야기한다(III, pp. 260~261). 그런데 "이 집적의 증대는 어느 일정한 수준에 달하면 다시 이윤율의 새로운 저하를 야기한다."(III, p. 298)

이제 이윤율의 저하는 한편으로는 이윤율의 저하를 이윤량의 증대를 통해 보상할 수 없는 자본의 증가로 이어지거나, 아니면 적절한 이윤율을 기대할 수 있는 투자처를 찾지 못해서 유휴화된 자본의 증가로 이어진다. 이른바 자본의 과다 내지 과잉이 발생한다. "이른바 자본의 과다는 언제나 기본적으로, 이윤율의 저하를 이윤량에 의하여 보상하지 못하는 자본 …… 의 과잉을 가리키거나, 또는 스스로 행동할 능력이 없어 신용의 형태로 대기업의 지도자들에게 그 처분이 위임되는 자본의 과잉을 가리킨다."(III, p. 299) 이러한 조건에서 자본의 금융화가 촉진된다.

상품의 과잉생산이, 생산된 상품의 양이 수요를 크게 초과하여 비용가격을 보존할 수 없는 상품의 과잉상태를 의미한다면, 자본의 과잉생산이란 이처럼 이윤율 저하를 이윤량에 의해 보상할 수 없는 자본의 과잉상태를 의미한다. 이윤율 저하 경향으로 발생하는 자본의 과잉이란 그런 점에서 자본 증식의 한계를 표시한다고 말해도 좋을 것이다.

이러한 한계의 최대한은 자본의 절대적 과잉이다. 맑스는 자본의 절대적 과잉을 통해 자본의 한계를, 그리고 자본주의 생산양식 자체의 한계를 사유하려 한다. 맑스에 따르면 자본의 절대적 과잉이란 "증가한 자본에 의해 생산되는 잉여가치량이 증가 이전과 동일하거나 심지어는 보다 적은 경우"에 발생한다(III, p. 299). 그 경우 자본은 새로이 추가로 투자할 이유를 찾지 못할 것이다. 다시 말해 "자본주의적 생산을 위해 투하되는 추가자본이 0이 될 때 자본의 절대적 과잉생산이 있게 될 것이다"(III, p. 299).

절대적 과잉까지는 아니더라도 과잉된 자본은 일정한 이윤율이 보장되는 적절한 투자처를 찾지 못해 유휴화되게 된다. 이 경우 자본은 신용이나 주식, 외국환이나 채권 등 다양한 투기적 사업으로 향하게 된다. 혹은 임금이 낮아서 높은 이윤율이 기대되는 외국을 향해 이동할 것이다(III, pp. 304~305). 새로운 시장을 찾아서 상품을 수출하는 것과 대비하여 이처럼 높은 이윤율을 찾아 과잉된 자본을 수출하는 것을 '자본수출'이라고 부른다. 레닌은 19세기 말부터 20세기 초 무렵 본격화된 제국주의의 해외진출, 정확히 말해 식민주의적 침략을 바로 이런 자본수출을 통한 자본과잉 상태의 해소와 결부시킨 바 있다.

자본의 절대적 과잉은 자본축적에 따라 자본의 유기적 구성이 상승하고 그와 나란히 이윤율이 저하하기 때문에 발생하는 것이다. 따라서 이는 앞서 과잉인구를 야기하는 것과 동일한 요인에 의해 발생하며 (III, p. 299), 그렇기에 정확히 과잉인구를 수반하는 그러한 과잉이다. 즉 새로운 투자처를 찾지 못하는 과잉자본의 존재는 일자리를 얻지 못하는 과잉인구를 생산한다. 가령 미국 등 서구의 선진국에서는 일자리를 못 찾는 실업자가 한편에 많이 있지만 자본은 그들을 고용하여 생산하는 대신 더 낮은 임금으로 생산할 수 있는 다른 곳을 찾아가거나 외국의 주식시장, 외환시장 등을 찾아 이동한다. 1970년대 이래 10% 전후의 실업율이 지속되고 있는 상태와 자본이 과잉된 상태로 지속되는 상태는 정확하게 하나의 이유에서 비롯되는 단일한 현상이다.

그런데 "자본은 상품으로 구성되어 있으며 따라서 자본의 과잉생산은 상품의 과잉생산을 포함하고 있다"(III, p. 305). 과잉축적이 그 반대편에 과잉인구를 만들며 진행되듯이, 이러한 과잉생산 또한 그 반대편에 과소소비를 야기하며 진행된다. 이윤율이 저하로 표현되는 자본축적의 법칙은 불변자본에 비해 가변자본의 축소를 수반하며, 이로 인해 유휴화된 과잉인구는 자신에게 필요한 생활수단을 구매할 능력을 갖지 못하기 때문이다. 과잉생산과 과소소비는 동전의 양면이다.

한쪽에는 생활수단이 부족한 과잉인구가 있음에도 불구하고, 그리하여 상품에 대한 수요가 있음에도 불구하고, 그 반대편에는 과잉생산되어 팔리지 않은 과잉상품과 투자할 곳을 찾지 못한 과잉자본이 존재하는 사태는 종종 '공황' 내지 '위기' 라고 불리는 사태로 이어진다. 그것은 "너무나 많은 부가 생산되고 있는 것이 아니라, 자본주의적인 적대적인 형태의 부가 주기적으로 너무 많이 생산된다는 것이다"(III, p. 307).

그리하여 한쪽에는 굶주린 대중들의 고통이 극점에 이르고, 다른 한쪽에는 과잉된 상품을 파괴하고 과잉된 자본을 잠식하는 **탈가치화**(Entwertung)가 진행된다. 주가는 폭락하고 자본은 감가된다. 한쪽에선 과잉된 상품이 폐기되어 바닷속에 던져지는데 다른 한쪽에선 굶주린 대중들이 일자리를 찾아, 먹을 것을 찾아 도시를 방황한다. 자본의 가치화(Verwertung) 내지 가치증식은 이처럼 반복하여 찾아오는 탈가치화를 수반한다. 이로써 자본은 자본 자체의 과잉생산을 넘어서기 위한 새로운 출구를 찾는다. 자본은 자신의 운동법칙을 부정함으로써, 즉 자본의 논리 내부로 환원불가능한 방식을 통해서 자신의 출구를 찾는 것이다.

이러한 공황 내지 위기는 맑스가 지적했듯이, 그리고 수많은 사람들이 인정하고 지지했듯이 자본주의적 생산 자체의 한계를 집약하여 드러낸다. 공황이라는 '현상'이 자본주의 자체의 위기(Krise)를 의미할 수 있었던 것은, 이처럼 자본주의적 생산이 자본의 한계 자체에 도달하며 그것을 드러낸다는 의미에서일 것이다. 그래서 맑스는 이제 자본주의적 생산의 한계가 다음과 같이 드러난다고 말한다.

"(1) 노동생산력의 발달은 하나의 법칙으로서 이윤율의 저하를 내포하는데, 이 이윤율의 저하는 어느 일정한 점에서 생산력의 발전 그것에 매우 적대적으로 대항하며 따라서 공황에 의하여 끊임없이 해소되어야만 한다는 점.

(2) 생산의 확장 또는 축소를 규정하는 것은, 생산과 사회적 필요(사회적으로 발달한 인간의 욕망) 사이의 비율이 아니라, 불불노동의 취득과, 이 불불노동과 대상화된 노동일반 사이의 비율——이것을 자본주의적으로 표현하면, 이윤과, 이 이윤과 자본투하액 사이의 비율(즉 이윤율)——이라는 점. 따라서 사회적 필요를 충족시키기에는 아주 부족한 확장의 수준에서 이미 생산에 대한 한계가 나타난다. 다시 말하면, 생산은 사회적 필요가 충족되는 수준에서 중단되는 것이 아니라 이윤의 생산과 실현이 명령하는 수준에서 중단된다."(III, pp. 307~308)

### 4) 자본주의의 한계

따라서 이윤율 저하 경향이 산노동과 불변자본 간의 관계에서 자본주의적 축적 자체가 야기하는 역설적 사태를 의미한다면, 그것은 또한 정확히 이와 동일한 의미에서 자본의 한계를, 자본주의적 생산의 한계를 표시한다. "**자본주의적 생산의 진정한 한계는 자본 그 자체다.** 즉, 자본과 자본의 자기증식이 생산의 출발점과 종점, 동기와 목적으로 나타난다는 점, 생산은 오직 자본을 위한 생산에 불과하며 따라서 생산수단이 생산자들의 사회의 생활과정을 끊임없이 확대하기 위한 단순한 수단이 아니란 점에 자본주의적 생산의 진정한 한계가 있다"(III, pp. 297~298).

리카도 또한 이윤율의 저하 경향이 존재함을 알고 있었고, 그것이 자본주의의 한계를 표시한다고 생각했다. 맑스와 다른 점은 리카도의 경우 이윤율의 저하 경향이 자본의 축적법칙 자체가 아니라 임금의 명목적 상승과 지대의 실질적 증가에 의해 야기된다고 보았다는 것, 그리고 그것이 의미하는 것은 이윤율이 0에 수렴하는 상태에서 자본의 투자가 중단되고 생산이 정지되는 상태를 뜻한다고 보았다는 것이다. 역사의 종말에 관한 역사철학적 사고의 정치경제학적 표현이라고 해야 할까?

그러나 맑스는 이윤율의 저하 경향에서 발견한 자본주의의 한계를 리카도의 비관적 예상과 달리 자본주의 생산양식의 절대적 한계를 의미한다고 보지는 않는다. 맑스가 지적한 것처럼 이윤율의 저하와 이로 인한 자본의 과잉은 이윤율 저하를 상쇄하는 요인을 끊임없이 추구함으로써 극복되고, 자본주의적 생산의 한계를 야기하는 자본의 과잉은 '공황'이라고 불리는 탈가치화를 통해 새로운 출구를 찾기 때문이다. 자본의 한계, 그것은 자본주의적 생산의 한계지만, 끊임없이 갱신되고 넘어서며 새로운 지점으로 그 한계를 이전하는 그런 한계다.

자본의 축적이 이윤율의 저하 경향을 야기한다는 것은, 그리고 그것이 자본의 이윤량의 증가 없는 상태로 정의되는 자본의 절대적 과잉이라는 한계를 갖는다는 것은, 자본축적의 법칙이 결국은 **이윤 없는 생산을 향한 운동을 야기한다**는 것을 의미한다. 자본의 유기적 구성이 점점 고도화되고 생산의 규모가 커지며 기계에 의한 생산으로 인간의 노동력을 대체하는 양상으로 진행되는 이 운동은, 이윤을 점점 궁지로 모는 생산 자체의 발전 경향을 표현하는 것으로 보인다. 이 경향에 '생산을 위한 생산'이라는, 예전에는 다른 의미로 사용되던 이름을 붙여주자. 그렇다면 유기적 구성의 상승에 함축된 '노동 없는 생산'으로의 경향이 여기서는 '생산을 위한 생산'이라는 또 다른 경향으로 변형되어 드러난다고 말할 수 있을 것이다.

여기서 우리는 자본의 절대적 과잉으로 표시되는 그 한계 너머에 존재하는 다른 종류의 생산의 가능성을 본다. 노동을 대신하여 생산하는 기계의 미래에서 노동 없는 생산의 가능성을 보고, 이윤을 궁지로 모는 생산의 경향에서 '이윤 없는 생산'의 가능성을 본다. 물론 그것은 단지 '가능성'일 뿐이고, 그런 한에서 결코 '현실성'이 아니란 단서를 추가해야 하지만 말이다. 그러나 그것이 그 자체로는 비록 자본의 한계를 벗어나지 못한다고 해도, 적어도 자본주의적 생산 안에서 이윤으로부터 독립적인 어떤 경향을, 어떤 힘을 예시(豫示)하는 것이라고 해야 하지 않을까? 이런 의미에서 이윤율 저하 경향은 이윤 없는 생산, 다른 종류의 생산을 예시·예견하고 그것을 향해 자본을 밀고 가는 자본 자신의 운동법칙을 표현한다고 해도 좋을 것이다.

그렇지만 그것을 상쇄하려는 자본의 시도들, 혹은 그러한 생산과 축적의 내적 경향을 저지하여 끊임없이 자본의 한계 안에 머물게 하려는 시도들은 그러한 경향과 충돌하고 이전의 한계 안으로 되돌아간다. 자본이란 자기증식을 목표로 하는 화폐고, 자본주의란 '이윤을 위한 생산'임을 상기시키며 생산 자체의 능력에 제한의 심급을 부여한다. '이윤을 위한 생산'이라는 '합목적적' 현실이 그와 나란히 진행되는 '생산을 위한 생산'이라는 '맹목적' 경향을 자본의 목적성 안에 가두고 길들인다. 그것은 자본이 인간이란 이름의 저편에서 불러낸 생산 자체의 거대한 힘을, 그것이 갖고 있는 거대한 가능성을 이윤의 한계 안으로 제한하고 축소시키며 점점 낮아지는 이윤율의 궁색한 한계 안으로 반복하여 되돌아가게 한다. 이로 인해 이윤 없는 생산을 예시하는 운동은 끊임없이 반복하여 중단되고, 자본의 한계 안에 다시 머문다. 이윤 없는 생산을 예시 내지 예견하면서 동시에 그것을 저지하는 이 모순적인 운동은 자본의 한계를 표시하는 지점을 끊임없이 옮겨놓고 바꿔놓는 경제적 '위기'의 형태로 진행된다. 많은 경우 자본 자체의 가치를 '탈가치화'하고 잠식하는, 그런 점에서 자기증식하는 화폐로서 자본의 정의에 반하는 현상을 국지적으로 수반하면서.

요컨대 우리는 이윤율 저하 경향의 법칙과 그것을 상쇄하는 요인에서 이윤 없는 생산을 예견하며 저지하는 역설적인 양상의 메커니즘을 본다. 맑스가 이윤율에 대한 논의를 총괄하면서 보여준 자본의 한계 내지 자본주의 생산양식의 한계는, 자본의 한계를 넘어서려는 생산의 운동과 그것을 다시 자본의 한계 안에 가두는 방식으로 작동하는 그 역설적인 메커니즘을 다른 방식으로 보여준다. 자본에 의해 통제되고 이윤에 의해 지배되는 생산과는 다른 생산의 잠재적인 힘이 자본 자체에 의해 성장하지만, 그것은 자본의 한계를 넘어서는 어떤 변환을 통해서만, 어떤 종류의 '혁명'을 통해서만 비로소 현실화될 수 있을 것이다. 자본의 문턱, 이윤의 문턱, 가치법칙의 문턱을 넘어서려는 거대한 꿈 안에서, 자본주의라는 절망적 세계에서 벗어나려는 힘찬 희망 안에서, 그 잠재적 힘은 어쩌면 이미 현재 안으로 닥쳐온 미래의 한 자락인지도 모른다. 아직 오지 않은 세계로서의 미래가 아니라 항상-이미 도래하고 있는 시간으로서의 미래, 어디에도 없지만 항상 지금-여기에 존재하는 잠재적 세계로서의 미래 말이다.

## 문명으로서의 기계 — 그 이미지

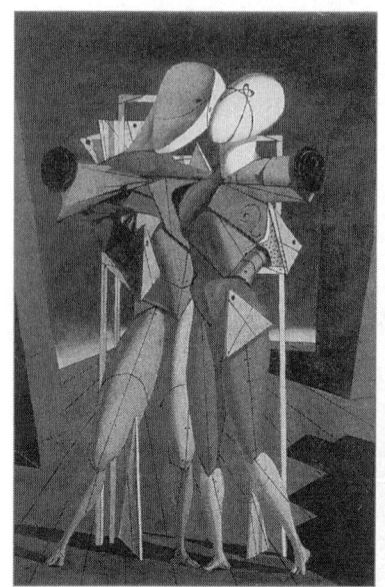
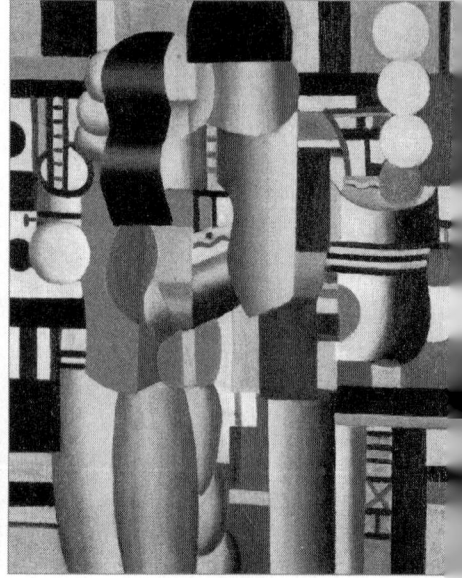

© Giorgio de Chirico / by SIAE – SACK, Seoul, 2004

데 키리코, 「헥토르와 안드로마케」, 1917년(왼쪽) / 페르낭 레제, 「남자와 여자」, 1921년(오른쪽)

트로이의 장군 헥토르와 그의 아내 안드로마케가 부둥켜안고 있는 장면을 데 키리코(Giorgio de Chirico)는 두 기계의 포옹으로 바꾸어놓았다. 사람들을 이처럼 기계들로 변형시키는 일종의 '기계주의'는 단지 키리코만의 특징은 아니었다. 입체파 화가 중에서 페르낭 레제(Fernand Léger)는 특히 기계주의적 분해와 재구성을 통해서 자신의 세계를 구축했다. 더디이 튼인 막스 에른스트도, 뒤샹도 모두 그런 관심을 갖고 있었다. 그것은 단지 대상을 기본적인 기하학적 형태로 분해하려는 입체파의 시도로 환원할 수 있는 것은 아니었다. 메이에르홀트(Vsevolod Meyerhold)는 배우의 신체를 '부위별로' 분절하여 그런 식의 기계주의적 관점에서 접근하여 훈련시켰고, 이런 연출법은 에이젠슈테인(Sergey Eisenstein)에게 큰 영향을 미쳤다. 지가 베르토프(Dziga Vertov)는 카메라와 눈의 근접성을 기계주의적 관점에서 포착했다. 마이브리지나 뒤샹, 길브레스 등의 연관이 매우 긴밀하다는 것을 안다면, 이러한 기계주의적 표현형식들이 인간의 노동, 인간의 신체를 기계화하고자 했던 19세기의 전반적인 경향과 무관하지 않다는 것을 이해하는 것도 어렵지 않을 것이다.

© Raoul Haussmann / ADAGP, Paris – SACK, Seoul, 2004

**라울 하우스만, 「집에 있는 타틀린」, 1920년**

타틀린(Vladimir Tatlin)은 제3인터내셔널 기념관을 구상한 소련의 구성주의 작가다. 타틀린만이 아니라 구성주의자들 전반이 기계문명에 대한 관심과 호의를 갖고 있었고, 그것을 예술적 표현에 사용하고자 했다. 하우스만(Raoul Haussmann)은 그런 타틀린의 머리를 기계로 가득 채워버렸다. 머릿속이 기계에 대한 생각으로 가득 차 있다고 말하려는 것일까? 아니면 구성주의자들처럼 머리 또한 기계들의 집합이라고 말하려는 것일까? 아마도 답은 후자일 것이다. 기계가 인간의 두뇌를 대신할 시대를 예견했던 것일까? 그런데 여기에 사용된 사진은 실은 타틀린 사진이 아니라고 한다. 흠, 거야 뭐 그리 중요한가……. 그 사진 뒤에서 빈 주머니를 뒤집어 보여주는 타틀린의 그림이 몽타주 전체에 웃음을 불어넣고 있다.

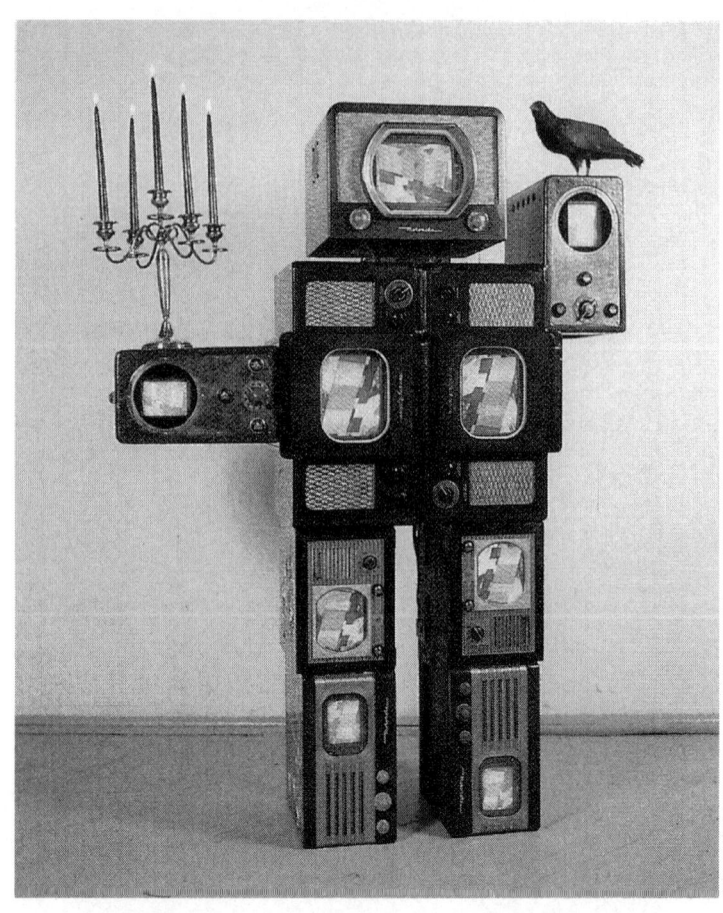

**백남준, 「애드거 앨런 포」, 1990년**

키리코나 레제는 인간을 기계화하는 방식으로 양자의 인접성을 표현한다. 육체나 동작은 기계적인 단위들로, 요소들로 분해된다. 이는 육체나 육체노동을 기계화하면서 시작된 기계화의 노선을 따른 것이다. 반면 백남준은 기계들에 움직임과 생명력을 부여하는 방식으로 기계를 인간화한다. 이를 위해 그는 TV의 '살아 움직이는' 화면을 이용한다(어차피 우리의 상식 또한 TV가 대신하고 있음을 보여주려는 것일까?). 정보적으로 구성된 것이 기계에 생명을 부여해 주는 셈이다. 하지만 기계가 머리를 대신하는 것(정신의 기계화)을 통해 기계의 정신화가 가능해졌음을 안다면, 인간이 기계가 되는 것과 기계가 인간이 되는 것은 본질적으로 다르지 않은 과정의 두 국면인지도 모른다. 저 기계를 '포(Poe)-기계'로 만들어주는 것은 그것과 접속된 촛대-기계와 갈가마귀-기계다.

정보 고속도로에 관한 계획을 보도하는 「타임」지 표지, 1992년

정보고속도로. 현대 자본주의의 새로운 견인차를 표현하는 거대한 구상이라고 해야 할까? 클린턴 시절 부통령 고어의 작품으로 알려졌지만, 사실 백남준은 그보다 훨씬 먼저 이런 세계를 상상하고 구체적으로 구상한 적이 있었다. 그래서 백남준은 정보고속도로 구상이 발표되었을 때, 클린턴이 자신을 표절했다고, 즉 자신의 아이디어를 훔쳤다고 '비난' 한다. 즉 그는 1974년에 전자 초고속도로를 록펠러 재단에 제안했었고, 이 아이디어는 1976년 독일에서 출판되었다는 것이다. 그는 클린턴이 이를 옥스퍼드 도서관에서 보았을 거라고 주장한다. 아, 이 비난을 너무 진지하게 소개하면 백남준의 유머를 망쳐버릴까 싶어 이만 줄여야겠다.

9장_이윤율의 논리와 자본주의 | **457**

# 10장_자본주의의 외부

지금까지 우리는 맑스의 정치경제학 비판이란 문제설정 속에서 자본에 대해, 그것이 자신의 모습대로 세계를 바꾸고 그것이 자신의 모습대로 사람들의 삶을 바꾸어가는 양상을 대략적이나마 살펴보았다. 이를 위해 외부에 대한 사유, 아니 **외부를 통한 사유**로서 '유물론' 내지 '역사유물론'을 정의하고 그것을 일관된 '방법론'으로 사용하고자 했다. 정치경제학 비판이란 바로 이런 방법을 통해 정치경제학적 공리계의 외부를 찾아내고 드러내는 방법이라고 말할 수 있다.

우리는 이러한 개념과 방법, 관념이 모두 맑스의 그것과 분명한 연속성을 갖는다고 믿는다. 그가 말한 것, 그가 사용한 것을 우리는 좀더 명료하게 하였을 뿐이라고 믿는다. 그러나 이런 식의 개념들이 맑스주의의 전통적 관념, 정통 맑스주의의 관념과 적지 않은 거리가 있다는 것은 사실이다. 아니 어쩌면 그러한 전통적 관념에 반하는 것이라고 해도 좋을 것이다. 이런 점에서 우리는 맑스의 사유를 통해서 '정통' 내지 '전통'이란 이름으로 맑스주의에서 통념화된 것을 흔들고 상식화된 것을 뒤집고자 했던 셈이다. 그럼으로써 좀더 나은 삶에 대한 꿈에 새로운 사유의 흐름이 흘러들어가, 화석화된 맑스주의에서 벗어나는 새로운 이론적 사유가 다시 발동하도록 촉발하고자 했던 셈이다.

우리는 이러한 시도에 대해 제기될 수많은 질문들이 있으리라는 것을 안다. 그리고 이 책에서 우리가 그 질문들에 충분히 답하지 않았으며, 지금 제대로 답하지 못하리라는 것도 잘 안다. 다만 부탁하고 싶은 것은 그러한 질문들에 대해 과거의 맑스주의, 이미 나 또한 그 안에 있었기에 너무도 익숙한(!) 그 과거의 관념들을 척도로 쉽게 답하고 쉽게 반박하지는 않았으면 하는 것이다. 바라건대 정말 좋은 것은 그 익숙한 관념들과 생소한 관념들 사이에서 질문들로 하여금 운동하게 하고 새로운 질문들이 증식하게 하는 것이다 ; 그 질문들을 통해 맑스의 사유와 다시 만나고, 그 질문의 운동을 통해 자본의 포위망에서 벗어나는 새로운 출구를 찾고자 시도하는 것이다.

그렇지만 하나, 부연해 둘 것이 있다. 너무도 자주, 너무도 넓게 사용된다고 느꼈을지도 모를 '외부'라는 개념이 그것이다. 확실히 그 개념은 너무 넓고 모호해서 아무데나 다 갖다 쓰는 느낌을 줄지도 모른다. 때로 그것은 '내부'라는 개념의 대립적인 의미로 사용되기도 하고, 때로 그것은 그와 무관한 어떤 것처럼 사용되기도 했음 또한 사실이다. 그렇지만 그 모호한 느낌은 아마도 대개념에 익숙한, 다시 말해 대립적인 개념정의에 익숙한 사고방식에 기인하는 바도 없지 않을 것이다. 우리는 '외부'라는 개념을 통해 그런 대립개념을 비껴나며 사유하려 했기 때문이다.

'자본의 외부'란 정치경제학에서 공리계의 외부를 뜻하는 것으로 사용되기도 했고, 자본주의적 관계를 가능하게 했던 조건을 지칭하기 위해 사용되기도 했으며, 자본 자신이 자본주의적 관계 내부에서 생산하는 자신의 외부를 언급하기 위해 사용되기도 했고, 나아가 자본주의적 관계에서 벗어나는 지점을 표현하기 위해 사용되기도 했다. 하지만 어떤 경우든 자본의 외부란 **자본의 논리 내지 정치경제학의 논리로 환원 불가능한 어떤 것**을 표시한다. 이런 점에서 그것은 분명 자본의 논리를 의미하는 '공리계'의 외부라고 할 수 있다. 그것이 어떤 경우에는 그런 공리계를 가능하게 하는 '조건'이기도 하고, 다른 경우에는 그러한 공리계의 내적인 논리 자체가 만들어내는 생산물이기도 하다는 점에서 상이한 발생적 위치를 갖는다고 해야 하지만.

중요한 것은 어느 경우든 자본의 논리 자체의 순수한 내부, 자본의 공리계 자체의 순수한 내부는 없다는 점이다. 그러한 내부가 존재한다면 그것은 그것의 조건인 어떤 외부에 의해 만들어지고 규정되는 것이란 점에서 외부가 내부화된 것일 뿐이다. 데리다 식으로 표현하면 이 경우 내부란 외부의 흔적일 뿐이고, 들뢰즈 식으로 표현하면 내부란 외부가 접히며 만들어진 주름일 뿐이다. 그리고 맑스가 잘 보여주었듯이, 그런 논리 자체가 끊임없이 자신의 외부를 생산한다는 것을 자본 축적의 일반적 법칙이 함축한다고 할 때, 자본의 논리 내부란 사실 항상 그 외부를 생산하며 그것에 기대어 그것과 병존하는 것임을 의미한다.

이런 의미에서 외부란 개념은 순수한 내부의 불가능성을 표시하기 위해, 결국은 내부와 외부가 닫힌 경계를 갖지 않음을 표시하기 위해 사용한 것이다. 이는 어떤 공리나 명제들의 내적인 논리를 따라 추론하여 구성되는 그런 순수 공리계——수학자들이 '완전한 공리계'라고 부르는——의 불가능성을 의미한다. 또한 그것은 어떤 불변의 '내적 본성'이 부재한다는 것을 뜻한다. 모든 것은 '조건'에 따라, 그것이 만나는 '외부'에 따라 다른 것이 되고 다른 본성을 갖게 된다는 것이다. 맑스가 "인간은 인간이다. 특정한 조건에서만 그는 노예가 된다"고 했던 말을, 혹은 레닌이 "어떠한 조건에서도 대립물로 변하지 않는 것은 없다"고 했던 말을 우리는 이러한 의미로 이해한다.

물론 화폐는 교환의 외부에서 만들어지고 경제적 교환(유통)의 외부에서 일반화된 척도가 되지만, 그것이 만나는 모든 것을 화폐에 의해 통합된 세계, 상품세계 안으로 '내부화'하려 한다. 자본 또한 다르지 않다. 그것은 모든 '가치있는 것'을 가치화하고자 하며, 이를 통해 모든 것을 잉여가치의 원천으로 만들고자 한다. 미술도, 음악도, 춤도, 노래도, 심지어 존경이나 사랑도, 국가나 자본에 대한 저항(!)마저도 돈이 될 수 있다면 기꺼이 상품화하고 가치화하려 한다. 자본이 지배하는 세계의 내부로 끌어들이고 포섭하려 한다. 우리의 삶과 활동 모든 것을 겨냥하여 돈이 될 만한 것을 찾는다.

그러나 잊지 말아야 할 것은 이렇게 자본이 자신의 내부로 포섭하여 내부화하는 순간 이미 그것으로 환원불가능한 외부가 다시 만들어진다는 점이다. 마치 모든 공리계가 결정불가능한 명제를 공리로 포섭하는 순간(공리계로 내부화하는 순간) 또 다른 결정불가능한 명제가 발생하는 것처럼. 이전에는 자본의 외부에 고립된 채 존재하던 것이, 자본에 의해 그 내부로 편입되는 순간 그것은 그 안에 존재하는 다양한 것들과 접속할 가능성을 갖게 된다. 이 경우 그것은 자본에서 벗어나는 또 다른 외부의 가능성을 함축할 수도 있다.

그렇다고 여기서 자본이 스스로 창출하는 '외부'가 자본의 지배에서 벗어난 지대(地帶)를 자동적으로 만들어주지는 않는다. 아무리 가능성으로 주어지는 새로운 외부라고 해도, 그것이 가능성에 머물러 있는 한 그것은 현실이 아니며 부재하는 세계에 속할 뿐이다. 가능성을 현실의 일부로 만드는 것은 그것을 창안하고 현실화하려는 실질적인 활동이고 실천적인 시도들이다. 자본이 모든 것을 '내부화'하려는 세계 속에서 그것의 외부를 창안하고 창출하려는 실질적인 활동, 그러한 의지(욕망)와 능력, 활력(에너지!)이 수반될 때만 자본의 역사적 경향은 자본의 독점과 지배를 벗어나는 문턱을 넘을 수 있다. 그때에만 비로소 생산의 내적인 경향은 '이윤을 위한 생산'의 문턱을 넘어선다. 그러한 의지와 능력이 작용하기 시작한다면, 정보화의 네트워크가 제공하는 거대한 활동의 장은 그저 '홈'(Home)이란 단어가 표상하는 또 다른 종류의 사적인 영토에서 벗어나, 혹은 수많은 정보들이 포르노와 광고, 배설물 같은 언표들과 뒤섞인 채 흘러다니는 하천에서 벗어나 비로소 자본의 외부를 창안하는 새로운 조건으로 작용하게 될 것이다.

아마도 '자본에 대한 과학'에서 얻을 것이 있다면, 가장 먼저 이러한 경향과 성향이 제공해 줄 가능성의 양상과 방향에 대한 가늠자일 것이다. 그것이 없다면 자본의 외부를 찾으려는 시도는, 좌충우돌하며 새로운 세계를 창안하는 유목이 아니라, 낯선 영토 사이를 우왕좌왕하며 헤매고 다니는 방황이 될지도 모른다. 그것이 없다면 지도 없이 무작정 떠난 여행처럼 고생에 비해 얻는 것은 적은 불행을 감수해야 할지도 모른다. 아마도 이런 이유에서 맑스는 자본의 외부를 찾기 위해, 외부를 찾아가는 여행을 위해 정치경제학이 묘사한 자본의 세계를 끊임없이 참조하고 끊임없이 비판하며 이용했을 것이다. 우리 또한 맑스의 선례를 따라 그렇게 하고자 한 셈이다.

그러나 자본의 외부를, 그 방향을 찾으려는 시도에서도 우리는 '외부를 통한 사유'라는 유물론적 방법을 다시 한번 상기할 필요가 있다. 왜냐하면 우리는 자본의 **내적인 논리**를 따라 자본주의 사회에서 그 다음 사회로 진행되는 필연적인 이행의 법칙에 너무도 익숙해 있기 때문이다. 어디 그것뿐인가! 원시공산주의에서 노예제, 봉건제를 거쳐 자본주의로, 그리고 공산주의로 나아가는 단일한 보편적 역사법칙의 필연성에 대해서 얼마나 많은 이야기를 듣고 또 했던가! 이러한 법칙상에서 할당되는 정체(停滯)와 후진(後進)의 낙인을 면하기 위해, 자신의 역사 내부에 그런 발전의 동력이, 내적 발전의 동력이 존재함을 증명하기 위해 얼마나 많은 노력을 했던가! 그런 식으로 역사는, 자본주의의 전후를 잇는 법칙적 필연성의 내적 논리 안에 포획되었고, 해방이나 혁명 또한 그러한 내적 논리를 통해, 필연성을 통해 규정하고자 하지 않았던가!

이 경우 필연성은 후일 반드시 도래할 세계에 대한 약속을 통해 현재의 고통을 감내하게 하는 효과는 갖지만, 이를 위해선 혁명과 해방마저 자본주의 생산양식에서 추론되는 **내적 논리의 연속선 위에** 배열하는 대가를 치러야 했다. 능력에 따라 일하고 가치법칙에 따라 일한 만큼 분배받는 이행기로서 사회주의가 공산주의와 자본주의를 연결하기 위해 필요했던 것은 정확하게 이런 이유에서였다. 그러나 이로써 사회주의와 자본주의가 '가치법칙'의 내적 논리를 따라 연결되는 것은 가능하지만, 그것이 어떻게 공산주의로, 아니 자본의 지배에서 벗어난 새로운 종류의 사회로 될 수 있는가에 대해서는 '생산력 발전'이라는 이해할 수 없는 대답으로만 답할 수 있을 뿐이다. 그러나 이행기에도 작동하는 가치법칙은 생산력의 발전을 사적으로 영유하는 자본주의적 관계 안에 가두는 형식이기에, 그로부터 벗어나는 지대가 가치법칙 안에서의 생산력 발전을 통해서는 도출될 수 없다. 가치화를 넘어서는 관계가 가치법칙을 통해서 도출될 수는 없는 것이다. 오늘의 자본주의는 어떠한 거대한 생산력 발전도 가치법칙이 존속하는 한 모든 타인에 적대적인 부의 집적을 의미할 뿐이라는 것을 이미 충분히 보여주었다.

그런 방식으로 '공산주의'라는 이름의 새로운 사회관계는 깔끔하게 정돈된 역사법칙의 종착점 자리를 얻었지만, 그 자리는 "올 것이다"는 소식만 있을 뿐 결코 오지 않는 신(God)의 자리, 베케트(S. Beckett) 식으로 말하면 '오지 않는 고도(Godot)'의 자리였을 뿐이었다. 반대로 자본주의는 전자본주의적 관계가 해방된 사회로 가기 위해선 **필연적으로** 통과해야 할 경로의 자리를 차지하게 되었고, 이로 인해 노동자계급의 혁명가들이 프롤레타리아 혁명 아닌 부르주아 혁명을 기획해야 하는 기이한 결론으로 이어졌다. 러시아에서 노동자당은 부르주아 혁명에 대해 어떤 태도를 취해야 하는가 하는 문제에 대한 플레하노프(G. V. Plekhanov)나 멘셰비키의 유명한 망설임(적극 참여하자니 부르주아적이고, 손놓고 있자니 비혁명적이고!)을 어떻게 그저 그들의 이론적 무지나 실천적 비겁성으로 설명할 수 있을 것인가! 반면 러시아가 공동체를 통해 자본주의를 우회할 수 있을까 하는 자술리치(V. I. Zasulich)의 질문에 대한 맑스의 신중하지만 긍정적인 대답은 역사를 하나의 보편적인 필연적 법칙 안으로 내부화하려는 시도와 얼마나 거리가 먼 것인지!

우리는 이런 종류의 관념에서 벗어나기 위해 '공산주의'라는 개념 대신 '코뮨주의'라는 개념을 사용한다. 자본의 외부, 아니 자본주의의 외부를 표시하기 위해. 그러나 그것은 단지 불편한 단어를 피하기 위한 용어의 변형이 아니다. 공산주의가 자본주의 이후, 아니 사회주의라는 이행기까지 통과한 이후에야 오는 **머나먼 미래**의 시제를 갖는 사회구성체 내지 생산양식이라면, 코뮨주의는 자본이 지배하는 세계 안에서 다양한 양상으로 창안되고 창출될 수 있는 **현재의** 시제를 갖는 이행운동이기 때문이다. '공산주의'가 내부성의 논리를 따라 자본주의 발전법칙에서 필연적으로 도출되어야 하는 것이라면, 코뮨주의는 자본이 지배하는 세계 안에서 자본의 외부를 구성하려는 다양한 시도들에 의해 자유롭게 만들어지는 것이기 때문이다.

따라서 공산주의가 필연적인 만큼 오직 하나의 형태, 오직 하나의 형상을 갖는다면, 코뮨주의는 자본의 외부를 창안하는 데 이용된 조건의 차이에 따라, 그것을 사용하는 방법에 따라, 그리고 그러한 관계 자체를 구성하는 양상이나 활동의 차이에 따라 얼마든지 다른 형태, 다른 형상을 취할 것이다. 그리고 바로 이런 점에서 우리는 '과학'과 대비되는 '공상'이란 부정적 관념 속에 유토피아적 요소를 몰아넣고 비난하는 것과 달리, 도래할 세계 속에 현재를 연결하는 상상의 능력, 창안의 능력이란 점에서 그것의 긍정적 힘을 주목한다. 부재하는 세계에 대한 상상과 꿈이 없이 어떻게 도래할 세계를, 지배적인 현재에서 벗어난 세계를 구성할 수 있을 것인가! '과학'이란 이름 아래 그런 꿈과 희망을 제거하고, '현실'이란 이름 아래 그런 상상을 제거해 버리는 것이야말로, 지금 존재하는 세계의 연속성 속에서만 미래를 사유하게 하려는, 현재를 지배하는 권력과 부합하는 것은 아닐까?

혁명에 대한 맑스의 사유는 몽상 같은 위대한 꿈과 더불어 시작했다. 아침엔 책을 읽고 낮에는 망치질을 하며 저녁엔 인터넷으로 다른 대륙의 활동가와 접속하는 그런 식의 몽상. 우리에게 몽상이 문제였다면, 그것은 아마도 지나쳐서가 아니라 부족해서였을 것이다. 어쩌면 가장 심각한 것은 가치와 계산만을 강제하는 자본의 이 메마른 세계 속에서 꿈꿀 능력을 잃어버렸다는 사실인지도 모른다. 새로운 삶을 위해 어려운 걸음을 떼는 용기는 그런 무모한 꿈과 몽상 속에서 배태되고 자라나는 것이 아닐까? '과학'은 그런 꿈과 몽상의 재료를 제공한다. 그렇지만 그것이 꿈꾸게 하진 못한다. 꿈꾸지 못하는 자에게 그런 재료란 무력한 위안 아니면 절망의 이유를 제공할 뿐이다. 고통을 참고 견디는 노동의 훈육이 아니라 기쁨과 즐거움이 일과 함께 하는 삶의 꿈, 사람들의 활동이 소유의 말뚝에 막혀 멈추고 갇히지 않는 그런 세계의 꿈, 나와 타인, 아니 나와 다른 모든 것이 대립하지 않고 공존하는 세계의 꿈, 사물과 사람의 흐름이 서로 어울리는 상생적 세계의 꿈, 아마도 그러한 꿈들이 서로 만나고 증식되며 거대한 횡단선을 타고 흐를 때 '과학'은 그 꿈과 현실을 연결하는 강력한 끈이 되어 줄 것이다.

# 『자본』을 읽는 데 도움이 될 책들

1

『자본』을 읽는 데 도움이 될 책들은 무지 많다. 『자본』에 대해서 직접 쓴 책들이나 『자본』을 읽는 데 나름의 특이성을 보여주는 책들, 혹은 맑스의 사상에 대해서 쓴 책들은 헤아리기도 힘들 정도다. 그렇지만 또한 많은 책들, 특히 구 소련이나 동구권에서 나온 많은 책들은 스탈린 시대에 공식화된 지배적 형태의 맑스주의 해석을 반복하는 것이 많다. 이 경우 유물론은 19세기적인 물질 개념과 그것의 반영으로서 의식이라는 개념을 통해서 정의되고, 맑스의 사유는 포이어바흐와 헤겔의 전통을 기이하게 종합한 것으로 이해된다. 정치경제학 비판은 고전적 정치경제학이 제대로 못한 것을 비판적으로 완성해서 정치경제학의 정점에 이른 것으로 해석되며, '공산주의'는 맑스 이전의 모든 유토피아적 공산주의와 맑스 이후의 과학적 공산주의의 이분법 속에서 거대하게 절단된다.

그러한 맑스주의란 대개 통념화된 사유를 뒤엎는 혁명적 사유라기보다는 동구권의 '국민윤리' 교과서를 구성하는 통념에 의해 상식화된 맑스주의고, 혁명을 말할 때조차도 세계를 뒤집는 혁명적 사유라기보다는 이미 정통성의 형태로 고정된 지배적인 양식(良識)에 부합하여 세상의 모든 것을 해석해 주는 '편리한' 세계관인 경우가 많다. 그것은 자본의 착취 아래 사는 우리에게 자본주의에 대한 비판으로 인도하는 잘 닦인 포장도로 역할을 하지만, 자칫하면 그 길에 익숙해져 새로운 길을 찾을 생각을 포기하거나 비난하게 하는 역할을 하기도 한다. 맑스나 노동운동에 대해 애정과 관심을 갖고 공부하고 전공한다는 이유만으로 자신의 진보성을 보증받을 수 있다고 생각하는 안이한 태도 또한 이와 무관하지 않을 것이다.

따라서 이런 종류의 책은 마치 '사전'처럼 생각하고 이용하면 많은 도움을 얻을 수 있지만, 고지식하게 정통파의 '사전적인' 평가를 따라가다 보면 사전 이상으로는 생각할 수 없는 무능력을 초래하기도 한다. 이런 점에서 정통파란 맑스주의의 고식적 형태를 고집하고 그 정통성을 지키려는 태도를 고수하려 한다는 의미에서 '보수주의자'가 되기 십상이니 주의하는 것이 좋다.

한편 소련이나 동구의 정통파가 아니어도 마치 종교적 '근본주의자'처럼 말하고 행동하는 또 다른 종류의 정통파들이 있다. 이들은 레닌의 이름으로 스탈린이 독점한 '정통파'와 대결하기 때문에, 언제나 비판적임을 자처하지만, 자신이 주장하는 이론이나 명제 이외의 모든 것을 '적'으로 간주하여 비난하거나 '비과학적'이라는 말로 힐난한다는 점에서는 암묵적이나마 또 다른 정통파를 자처하는 셈이다. 이런 의미에서 이들은 일종의 '비판적 정통파'들인 셈이다. 거꾸로 그런 종류의 비난과 힐난이 쉽게 난무하는 책들은 대개 이 '비판적 정통파'에 속하는 책들이라고 보면 틀리지 않는다.

다른 길, 다른 개념, 다른 방식의 해석 일체를 차단하는 그런 책들, 차이나 이견 자체에 적대적인 그런 종류의 책들은, 지배적인 세계를 전복하는 혁명의 무기가 아니라 지배적인 세계에 길들이는 책이며, 혁명을 사유하는 책이 아니라 혁명을 방해하는 책이 되기 십상이다. 혁명이란 새로운 세계를 사유하는 것이고 낡은 사고방식, 지배적인 삶의 방식을 넘어서는 것이기 때문이다.

## 2

『자본』을 읽는 데나, 맑스의 사상을 공부하는 데나 일단 맑스 자신의 책들이 가장 일차적인 중요성을 갖는다. 맑스의 사상을 흔히 청년기의 맑스와 성숙기의 맑스로 나누기도 하는데, 사람들에 따라서는 그 두 시기의 맑스를 단절과 대비 속에서 해석하기도 하고, 연속과 발전이란 관점에서 다루기도 하는데, 아마도 두 가지 입론 모두 나름의 이유를 가질 것이다. 이를 염두에 두고 읽는 것도 재미있는 독서법이지만, 맑스 저작들을 자기 나름의 선으로 연결하면서 이어지고 끊어지는 지점을 찾아보는 것도 생산적이고 흥미로운 독서법일 것이다.

맑스의 저작 가운데 적지 않은 부분이 친구인 엥겔스와 함께 썼기 때문에, 그의 저작집은 『맑스 엥겔스 저작집』의 형태로 출판되어 있다. 한국어로 번역되진 않았지만, 표준적인 저작집으로는 구 동독의 디츠 출판사(Dietz Verlag)에서 간행된 『맑스 엥겔스 저작집』(*Marx Engels Werke*)이 있고(*MEW*라고 약칭하기도 한다), 이는 구 소련의 프로그레스 출판사(Progress Publishers)에서 *Marx Engels Collected Works*로 영역되어 출판된 바 있다. 나중에 수많은 초고들까지 포함하는 저작집이 『맑스 엥겔스 전집』(*Marx Engels Gesamtausgabe*)으로 디츠 출판사에서 출판된 바 있다(이는 흔히 *MEGA*라고 약칭한다).

한국어로는 동독에서 출판된 선집이 김세균 교수의 감수로 박종철 출판사에서 번역되어 나온 것이 있다(『칼 맑스 프리드리히 엥겔스 저작선집』, 전6권). 사회주의 체제의 붕괴 이후에 번역되어 출판되었다는 점에서 이 선집의 출판은 일종의 '반시대성'을 담고 있으며, 맑스의 저작이 읽히거나 팔리지 않을 시기에 출판되었다는 점에서 번역에 관계된 모든 사람의 경이로운 노력이 담겨 있다. 그들의 노력에 때늦은 박수를 보낸다. 이 선집은 분량상의 이유로 인해 부분적으로만 번역된 텍스트가 있어서 약간 아쉽지만(사실 이런 텍스트는 모두 별도로 출판되어 있다), 독립적으로 출판된 저작이 아니면서 중요한 텍스트들이 많이 포함되어 있기 때문에, 맑스의 사상에 자세히 접근하려는 순간 그 진가를 발휘한다.

『자본』(*Das Kapital*)은 이전에는 두 가지 판본이 있었는데, 이론과 실천 출판사에서 김영민 등 번역으로 분책되어 간행된 『자본』이 그 하나고, 비봉출판사에서 김수행 교수 번역으로 간행된 『자본론』이 다른 하나다. 하지만 지금은 전자는 구하기 힘들어서, 이 책에서 인용은 모두 김수행 교수의 『자본론』으로 했다.

한편 종종 『자본』 4권이라고도 불리는 『잉여가치학설사』(*Theorien*

*über den Mehrwert*, 1~3)는 정치경제학에 대한 직접적이고 세밀한 비판의 형식을 취하고 있는 책이다. 『자본』이 자본의 운동법칙에 대한 서술을 따라가면서 그것의 모순과 역설을 드러내는 방식으로 진행된다면, 이 책은 스미스와 리카도 등 중요한 정치경제학자의 이론에 대한 직접적인 비판의 형식으로 씌어져 있다. 총 3권으로 이루어진 저작이지만, 한국어로는 1, 2권만 번역되어 있다. 1권은 아침출판사에서, 2권은 이론과 실천 출판사에서 간행되었다.

『자본』과 관련해서 또 하나의 중요한 문헌은 『정치경제학 비판 요강』(*Grundrisse der Kritik der Politischen Ökonomie*)인데, 2000년에 김호균 교수의 번역으로 백의 출판사에서 3권으로 나뉘어 간행되었다. 맑스는 정치경제학에 대한 오랜 연구 결과를 '정치경제학 비판'이라는 기획 아래 책으로 쓰고자 했는데, 『요강』은 그러한 기획을 처음으로 구체화했던 노트로서 『자본』을 쓰기 전에 맑스가 갖고 있던 전반적인 구상을 잘 보여준다. 다만 그러한 구상을 정리하기 위해 헤겔의 『논리학』(*Wissenschaft der Logik*)을 참조했다고 하는데, 그래서인지 헤겔적인 개념과 용어법이 강하게 배어 있다. 그렇지만 정말 중요한 것은 표면에 나타난 용어법이나 개념보다는 그 기획 전반을 직조하고 움직이는 고유한 사고방식일 것이다. 이를 기준으로 삼아 그것이 과연 헤겔적인 것인가 하는 것을 검토하면서 읽는 것도 흥미로운 독서법일 것이다.

이런 정치경제학 관련 저작들이 성숙기 맑스의 핵심적인 저작이다. 한편 초기 맑스의 사상은 이런 성숙기의 사유를 형성하는 문제의식을 아주 강밀한 양상으로 보여준다. 성숙기 저작이 경제학적 저작이라면, 초기 저작은 대부분 철학적 저작이다. 아마도 정치경제학 관련 주제에 익숙지 않은 사람이라면, 혹은 철학적 관심이 강한 사람이라면, 이런 책에서 먼저 시작하는 것도 좋을 것이다.

무엇보다 먼저 맑스의 박사학위 논문을 언급하지 않을 수 없다. 『데모크리토스와 에피쿠로스 자연철학의 차이』(*Über die Differenz der demokritischen und epikureischen Naturphilosophie*, 그린비)라는 제목의 이 책은 원자론자로 알려진 두 사람의 철학을 비교하며 서술하고 있다. 원자론이 고대 그리스 유물론의 한 형태였음을 안다면, 맑스가 왜 이런 주제로 학위논문을 쓸 생각을 했는지 이해하기 어렵지 않을 것이다. 특히 에피쿠로스의 사상은 직관적인 '물질' 개념으로 환원될 수 있는 통념적인 유물론과 아주 다른 방식으로 원자론에 접근하고 있는데, 이런 면모로 인해 들뢰즈(G. Deleuze)나 세르(M. Serre), 혹은 말년의 알튀세르(L. Althusser) 같은 현대 사상가들의 관심을 끈 바 있다. 에피쿠로스의 『쾌락』(문학과지성사)과 함께 읽는다면, 이 책은 유물론이란 무엇인가 하는 주제에 관한 아주 흥미롭고도 새로운 출발점을 제공할 것이다.

다음으로 빼놓을 수 없는 것이 『경제학–철학 초고』(*Ökonomisch-philosophische Manuskripte*)다. 『1844년 초고』라고도 불리는 이 책은, 철학자 맑스가 정치경제학에 관심을 갖고 있던 엥겔스와 만나면서 자본주의적 생산관계에 대한 사유를 본격적으로 시작한 흔적을 뚜렷하게 담고 있다. 이 책에서는 철학적 사유를 통해 경제학적 이론을 통찰하고 경제학을 통해 철학, 특히 헤겔 철학에 대해 다시 사유하려는 시도를 통해서 철학과 경제학이 뒤섞이며 새로운 사유의 장을 형성하고 있다. 또 이는 흔히 '소외론'이라고 알려진, 노동의 소외, 인간의 소외에 대한 유명한 분석이 담겨 있는 초고로도 유명한데, 그렇다고 반드시 그렇게만 읽어야 하는 것은 아닐 것이다. 어쨌건 이 책은 '노동의 인간학' 혹은 '맑스주의적 휴머니즘'의 이론적 원천이 되었던 문헌이다. 헤겔적인 어법으로 씌어져 있어서 맑스의 헤겔적 '뿌리'를 입증하는 책으로 간주되기도 하지만, 가령 소외에 대한 분석은 헤겔보다는 포이어바흐에 더 가깝다고 보는 사람도 있다. 어쨌건 정치경제학 연구를 시작할 때의 맑스의 문제의식을 보여주는 텍스트인데, 그가 사용하는 문장들에 익숙해질 때면 아마도 진한 감동이 가슴을 울리게 될 훌륭한 저작이다. 이 초고는 *MEW*와 *MEGA*에서 다르게 편집되어 있는데, 박종철출판사에서 두 가지 판본 모두를 묶어서 출판했다.

『경제학-철학 초고』와 시기적으로 가장 인접해 있으면서 내용이나 문체상으로 아주 대조적인 또 하나의 초고가 『독일 이데올로기』(*Die deutsche Ideologie*)다. 엥겔스와 공저로 쓴 것인데 출판업자의 '배신'으로 출판되지 못한 채 사장된 불행한 초고다. 『경제학-철학 초고』가 철학과 경제학의 만남을 통해 자본주의에서 인간의 소외에 주목한 책이라고 한다면, 이 책은 그 만남을 통해 나중에 '역사유물론'이라고 불리게 될 새로운 사유방법을 창안하면서 그러한 분석을 생산과 노동, 생활의 문제로, 그리고 인간의 문제로 펼치고 있는 책이다. 두드러진 것은 이 책에 이르면 맑스는 『경제학-철학 초고』에서 가장 빈번히 사용하던 '인간'(Mensch)이란 개념을 사용하지 않으며, 엥겔스의 초고에서 사용된 '인간'이란 단어를 일일이 찾아서 지우고 있다는 점이다. 이유는 이 초고의 가장 기본적인 문제의식은 '무엇'(Was)이 아니라 '어떻게'(Wie)를 포착해야 한다는 것이고, 그래서 이제 맑스는 생산이나 노동이란 '무엇인가?'가 아니라 '어떻게 생산하는가?'를 묻고 있기 때문이다. 즉 생산의 '양식'(mode)을, 노동의 '방식'을 보려고 하는 것이다. 마찬가지로 인간에 대해서도 '인간이란 무엇인가?'가 아니라 '어떤' 관계 속에서 어떻게 생산하고 어떻게 생활하는 인간인가로 접근하고자 한다. 이러한 생각은 이 초고에 포함된「포이어바흐에 관한 테제」(Thesen über Feuerbach)라는 유명한 텍스트의 잘 알려진 문장으로 요약된다 : "인간이란 사회적 관계의 집합이다." 그러나 불행하게도 이 텍스트는 한국어로는 완역되지 않았다. 앞서 말한『맑스 엥겔스 저작선집』에「포이어바흐에 관한 테제」와 함께 가장 빈번히 인용되는 중요한 부분이 번역되어 실려 있다.

더불어 맑스 사상의 전체 면모를 이해하는 데 중요한 문헌이『공산당 선언』(Manifest der Kommunistischen Partei)이다. "하나의 유령이 유럽을 배회하고 있다. 공산주의라는 유령이"로 시작되는 이 선언에는, 사회와 역사를 보는 맑스의 관점이 뚜렷하게 나타나 있다. 그리고 정치경제학 비판과 관련해서『임금노동과 자본』(Lohnarbeit und Kapital),『철학의 빈곤』(Das Elend der Philosophie) 등 또한 참조할 만한 책인데, 이들 모두는 앞서 말한『맑스 엥겔스 저작선집』에서 찾아볼 수 있다.

# 3

맑스 이후 맑스주의 저작은 매우 많다. 그 저작에서 펼쳐지는 맑스주의의 이해방식 또한 아주 다양해서, 맑스주의 자체가 하나의 거대한 다양체를 이루고 있음을 볼 수 있다. 그 다양체 안에서 특이점을 형성하는 몇몇 저자들의 대표작은 이 거대한 다양체를 탐사하는 데, 혹은 그 다양체 안에서 무언가를 채굴하는 데 매우 소중한 자산이 된다.

먼저 혁명의 성공이 부여한 강력한 권위로 인해 오랫동안 맑스주의적 정통성의 중심에 자리잡고 있었던 레닌을 빠뜨릴 수 없다. 레닌의 저작은 대부분 지극히 논쟁적이어서, 논쟁이 벌어진 상황을 참조하면서 읽는 것이 좋다. 흔히 러시아 혁명사에 대한 책을 참조하는데, 많은 경우 그 책들은 구 소련의 '공식적인' 역사책이어서, 너무 일방적으로 레닌의 편만을 들고 있다는 점을 염두에 두어야 한다. 레닌의 초기 저작은 주로 러시아에서 자본주의의 문제를 둘러싼 경제학적 저작인데, 대표적인 것은 『러시아에서 자본주의의 발전』(I, II, 태백)이다. 그 다음은 당 조직의 건설과 관련된 것으로 『무엇을 할 것인가?』(박종철 출판사)가 대표적이다.

1905년 혁명을 거치면서 레닌은 혁명에 대한 새로운 견해를 갖게 되는데, 이는 『민주주의 혁명에서의 사회민주주의당의 두 가지 전술』(박종철 출판사)에서 잘 드러난다. 더불어 1917년 혁명을 경험하면서 집필한 『국가와 혁명』(돌베개) 또한 혁명에 대한 레닌의 핵심적인 저작인데, 이는 국가에 대한 태도에서 사회민주주의자들의 일반적 태도와 근본적으로 다른 태도를 명확하게 보여주는 책이기도 하다. 철학적 저작은, 이후 이른바 '반영론'이라는 소비에트의 공식적 유물론의 모태가 되었던 『유물론과 경험비판론』(돌베개)이 있는데, 실재론적인 물질 개념에 기초한 유물론의 관념이 아주 강한 톤으로 서술되어 있다. 한편 헤겔의 『논리학』을 읽고 논평하며 주석을 단 『철학노트』(논장)는 헤겔로 소급되는 맑스주의 철학의 전통을 구성하는 데 중요한 기여를 했다.

이러한 레닌의 이론은 권력을 완전히 장악하는 데 성공한 스탈린에 의해 영유되면서 맑스-레닌주의의 공식적 정통성을 형성하게 된다. 스탈린의 선집인 『레닌주의의 문제들』은 이런 정통성의 형성을 스탈린의 입론으로 귀속시키는 역할을 한 책이다. 이 책은 한국어로 번역되어 있지는 않지만, 『스탈린 선집』(전진)에 중요한 글들이 다수 번역되어 있다. 이와 반대로 스탈린의 적대자로 추방당했던 트로츠키(L. Trotsky)는 레닌 못지 않은 이론적 재능을 갖고 있었던 인물인데, 아마도 가장 유명한 것은 『연속혁명』(책갈피)일 것이다. 덧붙여 트로츠키주의자 아이작 도이처(I. Deutcher)의 전기 『트로츠키』(두레)는 트로츠키의 사상과 생애를 이해하는 데 유용한 책이다.

레닌과 비슷한 시기에 활동했던 폴란드 출신의 여성혁명가 로자 룩셈부르크(Rosa Luxemburg)는 아마도 20세기 초의 맑스주의 사상가 가운데 가장 매력적인 인물 중 하나일 것이다. 자신의 말대로 "양끝에서 타들어가는 초처럼" 살다가 독일 혁명의 최전선에서 죽었던 강렬한 혁명가 로자는 이론적으로도 탁월한 능력을 발휘한 바 있다. 경제학과 관련된 그의 주저는 『자본의 축적』(Die Akkumulation des Kapitals)인데, 사회적 총자본의 재생산과 축적 문제를 맑스의 재생산표식에 대한 비판적 수정을 통해 규명하려고 했던 역작이다. 비록 많은 비판을 받긴 했지만, 맑스주의 경제학에서 축적에 관한 이론이 본격적으로 발전하게 되는 데는 이 책이 결정적인 역할을 했다. 그와 더불어 축적이론의 역사를 다룬 부분은 비판자들조차 찬탄해 마지않는 중요한 텍스트다. 다만 아쉬운 것은 아직 한국어로 번역되어 있지 않다는 점이다. 이 책의 재생산표식에 대한 가장 중요한 비판은 부하린(N. I. Bukharin)의 『제국주의와 자본축적』(*Imperialism and the Accumulation of Capital*)인데, 이에 대한 로자의 반비판과 더불어 *The Accumulation of Capital : an Anti-critique* (Monthly Review Press)에 함께 실려 있다. 재생산표식과 관련된 이 모든 논쟁은 로스돌스키(R. Rosdolsky)의 역작 『마르크스의 자본론의 형성』(*Zur Entstehungsgeschichte des Marxschen 'Kapital'*, 백의)의 30장(「맑스의 재생산표식을 둘러싼 논쟁」)에 잘 소개되어 있다.

한편 베른슈타인(E. Bernstein)의 개량주의에 대한 비판인 『사회개혁이냐 혁명이냐』(*Sozialreform oder Revolution?*, 책세상), 그리고 지금 본다면 정확한 예언적 분석을 담고 있었다고 해야 할 러시아 혁명에 대한 논평 「러시아 혁명」(Die russische Revolution) 또한 로자의 사상을 이해하는 데 중요한 작품이다. 로자의 정치적 문헌들의 일부는 『룩셈부르크주의』(풀무질)란 제목의 책에 수록되어 있다. 한편 로자의 사상과 이론을 정치적 맥락과의 관련 속에서 이해하는 데는 프뢸리히(P. Frölich)가 쓴 로자의 전기 『로자 룩셈부르크 생애와 사상』(책갈피)을 참조하면 좋다.

문학이론가 내지 리얼리즘 미학자로 유명한 헝가리의 사상가 게오르그 루카치(G. Lukács) 또한 맑스주의 사상에서 하나의 특이점을 형성한다. 특히 『역사와 계급의식』(*Geschichte und Klassenbewußtsein*, 거름)에는 헤겔주의적 관점에서 사회학자 짐멜(G. Simmel)과 베버(M. Weber)의 연구를 맑스의 이론과 결합시켜, 상품과 화폐로 인해 사람들의 관계가 어떻게 변화되는지를 보여주는 훌륭한 글이 포함되어 있다.

이 책은 그가 헝가리 혁명에 참여하면서 체험한 것과 연관되어 있는데, '사물화'(Verdinglichung)로 요약되는 이론과 더불어 계급의식이나 맑스주의 변증법에 대한 이론 등 중요한 이론적 주제들이 매우 깊이 있게 천착되고 있다.

혁명이 실패한 뒤 소련으로 망명한 뒤에는 주로 문예이론과 미학을 발전시키는 데 몰두했다. 그의 입장은 헤겔과 괴테를 정점으로 하는 유럽의 고전적 사상과 예술의 연속선 상에 사회주의적 예술을 위치짓는 것이라고 할 수 있는데, '리얼리즘' 내지 '현실주의'라는 이름으로 한국에서는 아직까지도 큰 영향을 미치고 있다. 그렇지만 그것은 지금 보기엔 '고전적인, 너무나 고전적인' 이론처럼 보인다. 그래서 그 그릇에는 카프카(F. Kafka)와 조이스(J. Joyce)도, 프루스트(M. Proust)도, 그 이후의 현대 예술도 담기가 매우 힘들다. 심지어 공산당원이었던 피카소(P. Picasso)의 미술마저도.

이탈리아 공산당의 지도자였던 안토니오 그람시(A. Gramsci)는 무솔리니의 파시스트 정권에 의해 투옥되어 옥중에서 사망했는데, 옥중에서 그가 남긴 방대한 유고가 남아서 사상가로서 그의 독창적인 면모를 진해준다. 유고 가운데 일부를 발췌해서 편집한 *Selections From the Prison Notebooks*가 한국어로도 번역되어 있다(『그람시의 옥중수고』 1~2, 거름). 국가권력을 오직 폭력장치로만 간주하던 통념과 달리 폭력과 동의의 결합이라고 이해하면서, 그처럼 동의에 기초한 지배를 명명했던 '헤게모니'라는 개념이 가장 잘 알려져 있다. 이와 더불어 '기동전'과 '진지전', '수동적 혁명' 등이 역시 빈번히 사용되는 개념인데, 이외에도 그 유고에는 아주 다양한 독창적 개념들이 등장한다.

나중에 '포드주의' 연구의 단서가 되기도 했던 '미국주의'에 대한 분석 등은 아주 빠른 시기에 그가 새로이 등장하는 현상들을 고식적 이론을 벗어나서 예민하게 포착하고 있음을 보여준다.

프랑스의 알튀세르(L. Althusser)는 스탈린으로 귀착된 실증주의적 철학과 그에 대한 암묵적 비판으로 등장한 헤겔주의 내지 휴머니즘 양자 모두를 비판하면서, 맑스주의 철학에 또 하나의 중요한 분기점을 만들었던 인물이다. 그는 바슐라르(G. Bachelard)의 과학철학, 프로이트(S. Freud)와 라캉(J. Lacan)의 정신분석학의 영향 아래 '구조주의'라고 불리던 1960년대 프랑스의 사상적 조류와 발맞추어 맑스주의를 '갱신'하려고 시도했다. 『맑스를 위하여』(*Pour Marx*, 백의)와 『자본론을 읽는다』(*Lire le Capital*, 두레)는 이러한 시도를 집약했던 책이다.

『맑스를 위하여』는 당시 공산당을 중심으로 새로이 유행하던 '사회주의적 휴머니즘'을 비판하면서 휴머니즘과 헤겔주의로부터 맑스주의를 끄집어내고자 시도한 책이다. 특히 『경제학-철학 초고』의 휴머니스트 청년 맑스와 『독일 이데올로기』 이후의 성숙기 맑스 사이에 '인식론적 단절'을 도입하여, 성숙한 맑스주의는 '인간'을 전면에 내세운 이데올로기가 아니라 사회적 관계를 대상으로 연구하는 '과학'임을 주장한다. 한편 이데올로기 개념을 무의식이란 층위로 끌어내림으로써 거짓된 의식, 허위의식이란 의미에서 벗어나 무의식적 표상체계로서 위치를 부여한다(이는 『아미엥에서의 주장』[솔]에 실린 「이데올로기와 이데올로기적 국가장치」에 잘 드러나 있다).

이런 관점은 『자본론을 읽는다』에서 『자본』에 대한 새로운 독해로 이어지며, 그 책에 함께 실렸던 제자 발리바르(E. Balibar)의 글은 생산양식에 대한 새로운 개념을 제공함으로써 스탈린적 통념에서 벗어나는 새로운 선을 그리게 된다. 이 두 권의 책은 이후 서구 맑스주의에 큰 영향을 미쳐 맑스주의적 연구에 또 하나의 풍요로운 시대를 열게 된다. 말년의 알튀세르는 아주 다른 면모를 보여주는데, 이러한 면모를 알고 싶다면 서관모 교수 등이 편역한『철학과 맑스주의』(새길)에 실린 글들을 읽으면 좋을 것이다. 한편 알튀세르의 사상과 프랑스의 지적 상황 전반을 알고 싶다면 엘리어트(G. Elliott)가 쓴 평전『알튀세르 : 이론의 우회』(*Althusser : The Detour of Theory*, 새길)를 읽는 것이 좋다. 그리고 알튀세르의 제자였던 발리바르는『역사유물론 연구』(*Cinq études du matérialisme historique*, 푸른미디어)라는 맑스의 정치경제학 비판에 대한 책을 썼는데, 이 책은『자본』이나 정치경제학 비판을 이해하는 데 아주 유용하다.

한편 우리는 정신의학자였던 맑스주의적 '전사'(militant) 가타리(F. Guattari)와 니체주의자 들뢰즈(G. Deleuze)의 만남에서 새로운 종류의 맑스적 사유를 발견할 수 있다. 1960년대 유럽을 지배한 정신분석학과 구조주의에서 벗어나, 68혁명에 적극 참여하여 혁명과 욕망의 접속을 시도했던 가타리의 맑스적 사유는 68혁명 직후 니체와 스피노자의 영향이 가득한 들뢰즈의 생성의 철학과 만나서 72년에『안티 오이디푸스』(*L'Anti-Oedipe*)라는 첫번째 결실을 맺는다.

그들은 파시즘을 지지한 대중들의 선택이 허위에 속은 것이라기보다는 대중 자신이 그것을 욕망했던 것임을 지적하면서, 그 욕망에 대해 연구하고자 했던 오스트리아 정신의학자 라이히(W. Reich)의 문제제기(『파시즘의 대중심리』[*The Mass Psychology of Fascism*])를 68혁명을 거치면서 다시 주목한다. "어째서 대중들은 그게 마치 자신을 위한 것이라도 되는 양 자신에 대한 억압을 욕망하는가?" 이렇게 질문하면서 그들은 혁명이란 의무가 아니라 욕망이어야 한다고 주장한다. 혁명에 대한 욕망, 혹은 욕망의 혁명을 시도하는 것을 사유하기 위해 그들은 이 책에서 프로이트의 정신분석학을 비판하고 인류학자들의 연구와 맑스의 연구를 새로운 방식으로 영유하며 '분열분석'을 창안한다. 그것은 굳이 말하자면 '욕망의 역사유물론'이라고도 할 수 있는 것인데, 이는 이후 『천의 고원』(Mille plateaux)에서 아름다운 꽃으로 만개한다. 하지만 그들의 책은 읽기가 쉽지 않은 데다, 그나마 『안티 오이디푸스』는 해도 너무한 오역이라서 한국어판을 권하기가 곤란하다. 『천의 고원』에 대한 강의 형식으로 씌어진 필자의 『노마디즘』(1~2, 휴머니스트)을 읽는다면 그들의 사유에 쉽게 접근할 수 있을 것으로 믿는다.

이탈리아의 자율주의자 안토니오 네그리(A. Negri) 또한 피해갈 수 없는 인물이다. 그는 이탈리아에서의 혁명의 경험에 기초해 현대 자본주의의 새로운 양상을 개념화하려는 시도로 현재 들뢰즈/가타리와 더불어 가장 주목을 받고 있는 맑스주의자다. 제자인 마이클 하트(M. Hardt)와 함께 쓴 책 『제국』(Empire, 이학사)은 현재 수많은 논란 속에서 검토되고 있는 책이다. 그들은 '다중'(multitude)이라는 개념을 중심으로, 착취를 위한 자본의 대응이 변화되는 양상을 폭넓게 서술하면서, 현대 자본주의가 레닌 시대 이래의 '제국주의'(Imperialism)에서 '제국'(Empire)으로 이행했음을 주장한다.

한편 네그리는 포스트-모더니즘을 비판하면서도 자신이 말하고자 했던 것을 자본주의 생산체제의 변화와 관련지어 이해하고자 한다.

그러면서 '사회적 공장'이나 '사회적 노동자' 등의 새로운 개념을 제시하는데, 이는 『전복의 정치학』(The Politics of Subversion, 세계일보사)이나 『디오니소스의 노동』(Labor of Dionysus, 갈무리)을 읽으면 이해할 수 있다. 그 개념은 특히 『전복의 정치학』에 잘 드러나는데, 불행히도 이 책 역시 번역이 좋지 않아서 읽고 이해하기가 쉽진 않다. 조정환의 『아우또노미아』(Autonomia, 갈무리)는 네그리의 사상 전반에 접근하는 데 좋은 해설서다. 한편 맑스의 『정치경제학 비판 요강』에 대한 책 『맑스를 넘어선 맑스』(Marx Beyond Marx, 새길)는 이러한 사상을 맑스의 정치경제학 연구와 연결시키고 있는 책인데, 이 책은 로스돌스키의 『마르크스의 자본론의 형성』(1~2, 백의)과 더불어 『요강』에 대한 가장 중요한 책이다.

말이 나온 김에 좀더 하자면, 로스돌스키의 책은 『요강』에 대한 가장 유명한 책인데, 『요강』만이 아니라 맑스주의 정치경제학 전반을 이해하는 데 매우 중요한 책이다. 이 책은 『자본』의 방법론을 부각시키면서 특히 '자본일반'과 '다수자본'의 구별을 강조하는데, 이런 관점에서 『자본』을 중심으로 하여 『요강』을 해석하면서 두 책을 절묘하게 포개고 있다. 그런데 방법론을 강조하면서 로스돌스키는 맑스와 헤겔의 '내연 관계'를 매우 강조한다. 즉 헤겔적인 전통 안에서 맑스를 위치지우려는, 스탈린주의의 실증주의적 전통에 반대하기 위해 헤겔을 부여잡았던 큰 흐름 안에 있는 셈인데, 지금이라면 그러한 전통에서도 좀더 자유로워질 수도 있을 듯 싶다. 한편 이 책은 『요강』의 맑스만이 아니라 맑스주의 경제학에서 제기된 중요한 논쟁들을 다루고 소개하는 데서도 보기 드문 깊이를 갖고 있다.

# 4

자본주의나 현대 자본주의와 관련하여 참고할 만한 책을 주제로 삼아 다시 맑스 이후의 중요한 맑스주의자들 저작을 간략히 추가해 보기로 하겠다. 먼저 세계체제로서 자본주의를 정의한다는 점에서 월러스틴(I. Wallerstein)은 하나의 특이점이 되기에 충분하다. 『근대세계체제』(The Modern World System, 1~3, 까치)는 자본주의가 하나의 세계체제로서 발생했고 존재하며 작동하고 있음을 방대한 문헌들을 동원하여 보여준다. 이는 브로델(F. Braudel)의 영향을 받은 것인데, 그의 『물질문명과 자본주의』(Civilisation matérielle, économie et capitalisme, 전6권, 까치)는 다양한 교역 네트워크를 통해서 연결되고 식민주의적 지배로 이어졌던 세계체제의 양상을 다른 차원에서 보여준다. 물론 브로델은 자본주의를 시장과 반대로 '독점'을 특징으로 하는 관계로 정의하며, 직접적으로 세계체제 개념을 사용한다고 하긴 어렵다.

헝가리 출신의 경제인류학자 폴라니(K. Polanyi)는 브로델과는 반대로 가격 메커니즘이 작동하는 시장을 통해서 자본주의를 정의한다. 『거대한 변환』(The Great Transformation)은 호혜성과 상호성을 특징으로 하는 인간관계가 유럽에서 가격 메커니즘이 작동하는 시장으로 변환되는 과정을 아주 매력적인 문체로 서술한다. 거기서 그는 시장이 결코 하나의 동일한 것이 아님을 보여줄 뿐 아니라, 자유주의자들의 주장과 반대로 악마의 맷돌 같은 자본주의적 시장이 자연발생적으로 탄생한 게 아니라 국가의 개입에 의해 탄생했음을 보여준다. 이와 달리 시장 이전의 경제적 관계들에 대한 관심 속에서 씌어진 『사람의 살림살이』(*The Livelihood of Man*, 1~2, 풀빛) 또한 흥미로운 책이다.

    자본주의 자체에 대한 개념을 발전시킨 것은 아니지만, '근대'라고 불리는 시대 전체에 대한 관심 속에서 근대적 사유, 근대적 권력을 연구한 푸코(M. Foucault)의 '역사적' 연구들은 맑스주의에서 제외되었던 영역에 대한 중요한 통찰을 제공한다. 『광기의 역사』(*Histoire de la folie à l'âge classique*, 나남)는 '합리적 사유' 내지 '이성'이라는 개념이 탄생하기 위해 부랑자, 게으름뱅이, 거지 등등과 더불어 광인을 감금했던, 그리고 나중에는 광기를 치료되어야 할 질병으로 변환시켰던 근대의 역사를 아주 흥미롭게 보여준다. 한편 푸코를 일약 '스타' 대열에 밀어 올린 책 『말과 사물』(*Les mots et les choses*)은 르네상스 이래 '생물학'과 '정치경제학', '언어학' 및 철학의 역사를 통해서 서양인의 사유구조에서 드러나는 어떤 불연속을 찾아내 보여준다. 『감시와 처벌』(*Surveiller et punir*, 나남)은 르네상스 이래 형벌의 역사를 통해서 근대적 권력의 작동메커니즘이 형성되는 양상을, 그리고 그 권력과 근대인이 관련되는 지점을 선명하게 보여준다. 이는 좀더 뒤에 출판된 『성의 역사』(*Histoire de la sexualité*, 1~3, 나남) 1권에서 감옥이 아닌 내밀한 공간, 침실 안에서 작동하는 시선의 권력에 대한 연구를 통해 우리로 하여금 권력에 대해 다른 방식으로 사유하게 해준다. 푸코의 이론과 맑스의 문제설정이 만나는 지점을 통해서 자본주의에 대한 새로운 분석의 지점을 찾으려 한다면, 필자가 쓴 책 『맑스주의와 근대성』(문화과학사)을 참조해도 좋을 것이다.

    맑스주의자들이 관심을 갖는 가장 중요한 주제 중 하나인 노동문제에 관한 책은 거대한 줄기들로 이어져 있어서 제대로 언급하기 힘들 정도다. 그 중 중요한 것만 말한다면, 먼저 영국 역사학자 에드워드 톰슨(E. P. Thompson)의 유명한 책 『영국 노동계급의 형성』(The Making of the English Working Class, 1~2, 창작과비평사)이 있다. 이 책은 산업혁명이 시작된 시기인 1780년부터 그것이 한창 진행된 1830년까지의 기간 동안 산업혁명과 기계를 앞세운 자본의 착취에 의해 격파되면서 그에 대항하여 노동자들이 하나의 계급으로 형성되는 과정을 통해, 19세기 초에 비로소 노동자계급이 하나의 계급으로 성립되었음을 주장한다.

한편 역시 영국의 역사가인 홉스봄(E. Hobsbawm)은 이보다 좀더 늦게야 노동자계급이 하나의 계급으로 형성된다고 보는데, 그의 유명한 3부작 『혁명의 시대』(The Age of Revolution, 1789~1848), 『자본의 시대』(The Age of Capital, 1848~1875), 『제국의 시대』(The Age of Empire, 1875~1914)는 노동사를 포함한 자본주의의 전반적 역사를 다루고 있다. 한편 노동과정에 대한 영미 학자들의 연구를 촉발했던 브레이버만(H. Braverman)의 유명한 책 『노동과 독점자본』(Labour and Monopoly Capital, 까치) 또한 빼놓을 수 없다. 테일러주의에 대한 분석으로도 유명한 이 책은 자본에 의해 노동이 구상기능과 실행기능으로 분리되고, 육체노동은 점차 탈숙련화되며, 구상기능은 자본가 계급이 독점하게 되는 과정을 설득력 있게 보여준다. 물론 그의 명제는 많은 비판을 야기하긴 했지만, 어떤 비판도 이 책을 언급하지 않을 순 없다는 점이 이 책의 중요성을 반증한다. 그리고 현대 자본주의에서 노동의 축소경향에 대한 대중적인 책으로, 리프킨(J. Rifkin)의 『노동의 종말』(The End of Work, 민음사)은 과장되었다는 비난이 없진 않지만 현재 '우려되고 있는' 대량실업으로의 경향을 아주 극명하게 보여준다.

한편 포드주의 체제와 포드주의 이후의 자본주의 축적 양상에 대해 관심을 갖고 연구했던 프랑스의 경제학자들이 있었다. 아글리에타(M. Aglietta)를 필두로 한 이들을 묶어서 흔히 '조절학파'라고 부르고 이들의 이론을 '조절이론'(regulation theory)이라고 통칭한다. 이들이 쓴 책은 많지만, 문제의식과 이론의 전반적인 상을 이해하는 데는 역시 그 학파의 창시자 역할을 했던 아글리에타의 책 『자본주의 조절이론』(*Régulation et crises du capitalisme*, 한길사)이 좋을 것이다.

포스트모더니스트로 알려진 보드리야르(J. Baudrillard)는 생산과 유통이 아니라 소비에 관심을 갖고, 소비가 중요하게 부상한 현대 자본주의에 대해 연구한다. 『소비의 사회』(*La société de consommation*, 문예출판사)는 제2차 세계대전 이후의 자본주의를 소비가 의무가 된 체제, 소비가 학습되어야 하는 그런 체제로 보고 자본주의에 접근한 책이다. 소비의 양상에 대한 관심 속에서 그는 이후 『기호의 정치경제학 비판』(*Pour une critique de l'économie politique du signe*, 문학과지성사)에서, 일종의 기호로서 상품이 소비된다는 점에 주목하면서 사용가치 및 교환가치와 구별되는 '기호적 가치' 개념을 제시하고 밀고 나간다.

기호로서 소비되는 상품세계의 연구는 이후 대중매체를 통해 소비되는 이미지-기호의 연구로 이어지면서 '시뮬레이션'에 관한 이론으로 확장되는데(『시뮬라시옹』[*Simulacres et simulation*, 민음사]), 이러한 이론에서 우리는 상품을 '구경거리'(스펙타클)로 다룸으로써 현대 자본주의의 지배체제를 분석하고자 했던 상황주의자 기 드보르(G. Debord)의 영향을 찾아볼 수 있다. 드보르의 책 『스펙타클의 사회』(*La société du spectacle*, 현실문화연구) 역시 이런 점에서 중요한 책이다.

이와 달리 현대 자본주의를 정보혁명이란 개념을 통해 연구하려는 시도들이 있다. 스페인 출신의 사회학자 카스텔(M. Castells)이 대표적이다. 그는 『네트워크 사회의 도래』(*The Rise of the Network Society*, 한울), 『정체성의 권력』(*The Power of Identity*), 『밀레니엄의 종언』(*The End of Millenium*, 한울)이라는 방대한 3부작을 통해 정보혁명 이후의 자본주의와 사회운동을 분석한다. 특히 『네트워크 사회의 도래』에서 그는 '산업사회의 종언'을 선언했던 다니엘 벨(D. Bell) 등의 '탈산업사회 이론'을 비판하면서 현대 자본주의의 현실적 양상에 실증적으로, 그리고 전체적으로 접근하고자 한다. 정보혁명에 대한 호의적 태도가 너무 일방적이라는 느낌은 들지만, 폭넓은 자료와 함께 방대한 스케일로 현대 자본주의의 전체적인 상을 그리려는 시도는 관심있는 사람들에겐 매우 유용한 자원이 될 것이다. 한편 이와 관련된 주제를 정치경제학이 어떻게 접근하려 하는가를 보려면 강남훈 교수의 책 『정보혁명의 정치경제학』(문화과학사)이 유용하며, 또 이런 주제에 관한 그 동안의 입론들을 살펴보려면 자율주의자인 닉 다이어-위데포드(N. Dyer-Witheford)의 『사이버-맑스』(*Cyber-Marx*, 이후)가 유용하다.

프랑스의 철학자인 비릴리오(P. Virilio)는 자본주의와 전쟁, 그리고 속도의 관계에 대해서 매우 독창적이고 깊이 있는 연구를 보여준다. 그의 책 『속도와 정치』(*Vitesse et politique*, 그린비)는 흔히 자본주의의 기원으로 간주되는 중세의 자치도시가 사실은 영주들이나 유목민들의 공격에 대비하기 위한 전쟁장치로서 만들어졌음을 보여준다. 나아가 이러한 전쟁적인 성격이 현대의 군사적인 장치나 기구들을 통해 사람들의 삶을 일상적으로 포위하고 있는 조건이 되고 있음을 보여준다. 그는 정보혁명이나 정보과학에 대해서도 전쟁이라는 관점에서 접근한다(『정보과학의 폭탄』[La bombe informatique], 울력).

이러한 비릴리오의 입론은 한편으로는 독일의 철학자 하이데거(M. Heidegger)의 영향을 보여주지만, 다른 한편으론 기계에 대한 분석과 도시에 대한 분석으로 유명한 루이스 멈포드(L. Mumford)의 영향 또한 그에 못지 않다. 기계에 대한 멈포드의 책 『기계의 신화』(The Myth of the Machine)는 아직 국내에 번역되어 있지 않지만, 도시의 역사를 다룬 유명한 책 『역사 속의 도시』(The City in History, 명보문화사), 그리고 기술이 지배하는 시대에 예술의 문제를 다룬 『예술과 기술』(Art and Technics, 민음사)은 번역되어 있다.

## 5

이상에서 언급한 책들에 못지 않은 책들 또한 매우 많다. 그러나 대체 그것을 어떻게 모두 언급할 수 있을 것인가! 생각이 또 다른 생각을 부르듯이, 책 또한 다른 책들을 부른다. 앞에서 제시된 책들을 이용한다면 아마도 틀림없이 다른 책들을 향해 열린 수많은 길들을 알게 될 것이다.

한편 이 책의 원고는 학술서나 이론서에 익숙지 않은 사람을 고려해야 했기 때문에, 주를 달지 않으려 했고 인용도 최대한 억제해야 했다. 아마도 이 때문에 내가 이 책을 쓰면서 빚지고 있는 책이나 저자들이 충분히 표시되지 못했을 것이다. 이에 대해서는 늦게나마 양해를 구한다. 그럼에도 불구하고 직접 인용한 부분은 인용 표시를 하지 않을 수 없었는데, 이 경우 읽는 데 거슬리지 않도록 본문 안에 저자와 제목, 쪽수만으로 가급적 간단하게 표시했다. 그 중에는 방금 언급한 책들도 있지만, 언급되지 않은 것도 있다. 편의를 위해 직접 인용한 책들의 서지를 아래에 추가해 둔다.

김수행, 「재생산표식과 상품가치의 실현」, 한신경제과학연구소 편, 『가치이론』, 까치, 1986.

류시화 편, 『나는 왜 너가 아니고 나인가? : 인디언의 방식으로 세상을 사는 법』, 김영사, 2003.

박형준, 『현대 노동과정론 : 자동화에 대한 연구』, 백산서당, 1991.

윤소영, 『마르크스의 경제학 비판』, 공감, 2001.

이성규, 『중국 고대제국 성립사 연구』, 일조각, 1984.

이진경, 『노마디즘』, 1~2권, 휴머니스트, 2002.

정이환 외, 『노동시장 유연화와 노동복지』, 인간과 복지, 2003.

梅川勉 외 저, 신대섭 역, 『농업경제학 개론』, 청사, 1983.

門田安弘 저, 송한식/홍성찬 역, 『신도요타 시스템』, 기아경제연구소, 1994.

Aronowitz, S. & Cutler, J. ed., *Post-Work: The Wages of Cybernation*, Routledge, 1997.

Bear Heart, 형선호 역, 『인생과 자연을 바라보는 인디언의 지혜』(*The Wind Is My Mother*), 황금가지, 1999.

Bergson, H., 최화 역, 『의식에 직접 주어진 것들에 관한 시론』(*Essai sur les données Immédiates de la conscience*), 아카넷, 2001.

Bloch, E., 박설호 역, 『희망의 원리』(*Freiheit und Ordnung*), 솔, 1995.

Baudrillard, J., 이상률 역, 『소비의 사회』(*La société de consommation*), 문예출판사, 1992.

Brenner, R., 정성진 역, 『붐 앤 버블 : 호황 그 이후, 세계경제의 그늘과 미래』(*The Boom and The Bubble : The US in the world Economy*), 아침이슬, 2002.

Castells, M., 김묵한 외 역, 『네트워크 사회의 도래』(*The Rise of the Network Society*), 한울, 2003.

Castells, M., 최병두 역, 『정보도시』(*The Informational City*), 한울, 2001.

Deleuze, G. et Guattari, F., 이진경 외 역, 『천의 고원』(*Mille Plateaux : Capitalisme et Schizophrénie*), 1~2권, 연구공간 '너머' 자료실, 2000.

Deleuze, G., 김종호 역, 『대담 : 1972~1990』(*Pourparlers : 1972~1990*), 솔, 1993.

Deleuze, G., 이경신 역, 『니체와 철학』(*Nietzsche et la philosophie*), 민음사, 2001.

Deleuze, G., 이진경 외 역, 『스피노자와 표현의 문제』(*Spinoza et le problème de l'expression*), 인간사랑, 2003.

Dyer-Witheford, N., 신승철 외 역, 『사이버-맑스 : 첨단기술 자본주의에서의 투쟁주기와 투쟁순환』(*Cyber-Marx : Cycles and Circuits of Struggle in High-Technology Capitalism*), 이후, 2003.

Foley, D., 「노동가치이론의 최근 동향」(Recent Developments in the Labor Theory of Value), 김석진 편, 『자본주의의 위기와 역사적 마르크스주의』, 공감, 2001.

Foucault, M., 「니체, 계보학, 역사」(Nietzsche, la généalogie, l'histoire), 이광래 편저, 『미셸 푸코』, 민음사, 1989.

Foucault, M., 이규현 역, 『광기의 역사』(*Histoire de la folie à l'âge classique*), 나남출판, 2003.

Foucault, M., 오생근 역, 『감시와 처벌』(*Surveiller et punir*), 나남출판, 1994.

Lipietz, A., 김균 역, 『조절이론과 마르크스 경제학의 재해석 : 인플레이션, 신용 및 위기분석』(*The Enchanted World : Inflation, Credit and the World Crisis*), 인간사랑, 1993.

Lévi-Strauss, C., 박옥줄 역, 『슬픈 열대』(*Tristes tropiques*), 한길사, 1998.

Mantoux, P., 김종철 외 역, 『산업혁명사』(*La Révolution industrielle au XVIIIe siècle. Essai sur les commencements de la grande industrie moderne en Angleterre*), (상)(하), 창작과비평사, 1987.

Marcos, 후아나 폰세 데 레온 편집, 윤길순 역, 『우리의 말이 우리의 무기입니다』(*Our Word is Our Weapon*), 해냄, 2002.

Martin H·P.&Schumann H., 강수돌 역, 『세계화의 덫』(*Die Globalisierungsfalle*), 영림카디널, 1997.

Marx, K., 편집부 역, 『잉여가치학설사』(*Theorien über den Mehrwert*) 1권, 아침, 1989.

Marx, K., 「직접적 생산과정의 제결과」, 김호균 편역, 『경제학 노트』, 이론과 실천, 1988.

Marx, K., 김호균 역, 『정치경제학 비판 요강』(*Grundrisse der Kritik der Politischen Ökonomie*), 1~3권, 백의, 2000.

Mauss, M., 이상률 역, 『증여론』(*Essai sur le don*), 한길사, 2002.

Negri, A. & Hardt M., 윤수종 역, 『제국』(*Empire*), 이학사, 2001.

Negri, A., *The Politics of Subversion : A Manifesto for the Twenty-First Century*, Diane Publishing Co., 1989.

Polanyi, K., 박현수 역, 『거대한 변환 : 우리 시대의 정치적·경제적 기원』(*The Great Transformation : the political and economic origins of our time*), 민음사, 1991.

Polanyi, K., 박현수 역, 『사람의 살림살이』(*The Livelihood of Man*), I, 풀빛, 1998.

Rifkin, J., 이영호 역, 『노동의 종말』(*The End of Work*), 민음사, 1996.

Seton, E. T., 김원종 역, 『인디언의 복음』(*The Gospel of the Redman*), 두레, 2000.

Simmel, G., 안준섭 외 역, 『돈의 철학』(*Philosophie des Geldes*), 한길사, 1983.

Thompson, E. P., *Customs in Common : Studies in Traditional Popular Culture*, New Press, 1993.

Weber, M., 박성수 역, 『프로테스탄티즘의 윤리와 자본주의 정신』(*Die protestantische Ethik und der Geist des Kapitalismus*), 문예출판사, 1994.

Weber, M., 조기준 역, 『사회경제사』(*Wirtschaftsgeschichte : Abriß der universalen Sozial- und Wirtschaftsgeschichte*), 삼성출판사, 1990.

Zagolov, N. A. 외 지음, 윤소영 편역, 『정치경제학 교과서』 I-2, 새길, 1990.

# 『자본』Das Kapital 원목차

## 제1권 — 자본의 생산과정

### 제1편 상품과 화폐
제1장 _ 상품
제1절 상품의 두 요소 : 사용가치와 가치(가치의 실체, 가치의 크기) | 제2절 상품에 투하되어 있는 노동의 이중성 | 제3절 가치형태 또는 교환가치 | 제4절 상품의 물신적 성격과 그 비밀
제2장 _ 교환과정
제3장 _ 화폐 또는 상품유통
제1절 가치의 척도 | 제2절 유통수단 | 제3절 화폐

### 제2편 화폐가 자본으로 전환
제4장 _ 자본의 일반공식
제5장 _ 자본의 일반공식의 모순
제6장 _ 노동력의 구매와 판매

### 제3편 절대적 잉여가치의 생산
제7장 _ 노동과정과 가치증식과정
제1절 노동과정 〔또는 사용가치의 생산〕 | 제2절 가치증식과정
제8장 _ 불변자본과 가변자본
제9장 _ 잉여가치율
제1절 노동력의 착취도 | 제2절 생산물 가치를 생산물의 비례배분적 부분들로 표시 | 제3절 시니어의 '최후의 한 시간' | 제4절 잉여생산물

제10장 _ 노동일

제1절 노동일의 한계 | 제2절 잉여노동에 대한 갈망. 공장주와 보야르 | 제3절 착취의 법적 제한이 없는 영국의 산업부문 | 제4절 주간노동과 야간노동. 교대제 | 제5절 표준 노동일을 위한 투쟁 : 14세기 중엽에서 17세기 말까지 노동일을 연장하기 위한 강제법 | 제6절 표준 노동일을 위한 투쟁 : 법률에 의한 노동시간의 강제적 제한(1833~64년의 영국의 공장법) | 제7절 표준 노동일을 위한 투쟁 : 영국의 공장법이 타국에 준 영향

제11장 _ 잉여가치율과 잉여가치량

## 제4편 상대적 잉여가치의 생산

제12장 _ 상대적 잉여가치의 개념

제13장 _ 협업

제14장 _ 분업과 매뉴팩처

제1절 매뉴팩처의 두 가지 기원 | 제2절 부분노동자와 그의 도구 | 제3절 매뉴팩처의 두 가지 기본형태 : 이질적 매뉴팩처와 유기적 매뉴팩처 | 제4절 매뉴팩처 안의 분업과 사회 안의 분업 | 제5절 매뉴팩처의 자본주의적 성격

제15장 _ 기계와 대공업

제1절 기계의 발달 | 제2절 기계가치가 생산물로 이전 | 제3절 기계제 생산이 노동자들에게 미치는 직접적 영향 | 제4절 공장 | 제5절 노동자와 기계 사이의 투쟁 | 제6절 기계에 의해 축출되는 노동자들에 관한 보상이론 | 제7절 기계제 생산의 발전에 따른 노동자의 축출과 흡수. 면공업의 공황 | 제8절 대공업이 매뉴팩처・수공업・가내공업에 미친 혁명적 영향 | 제9절 공장법의 보건・교육 조항. 공장법의 일반적 적용(영국의 경우) | 제10절 대공업과 농업

## 제5편 절대적 및 상대적 잉여가치의 생산

제16장 _ 절대적 및 상대적 잉여가치

제17장 _ 노동력의 가격 및 잉여가치의 양적 변동

제1절 노동일의 길이와 노동강도는 불변인데 노동생산성이 가변인 경우 | 제2절 노동일의 길이와 노동생산성은 불변인데 노동강도가 가변인 경우 | 제3절 노동생산성과 노동강도는 불변인데 노동일의 길이가 가변인 경우 | 제4절 노동의 지속시간, 생산성

및 강도가 동시에 변동하는 경우

제18장 _ 잉여가치율을 표시하는 여러 가지 공식

## 제6편 임금

제19장 _ 노동력의 가치(또는 가격)가 임금으로 전환

제20장 _ 시간급제 임금

제21장 _ 성과급제 임금

제22장 _ 임금의 국민적 차이

## 제7편 자본의 축적과정

제23장 _ 단순재생산

제24장 _ 잉여가치가 자본으로 전환

제1절 확대된 규모의 자본주의적 생산과정. 상품생산의 소유법칙이 자본주의적 취득법칙으로 전환 | 제2절 확대된 규모의 재생산에 관한 경제학상의 잘못된 이해 | 제3절 잉여가치가 자본과 소득으로 분할. 절제설 | 제4절 잉여가치가 자본과 소득으로 분할되는 비율과는 관계없이 축적의 규모를 결정하는 사정들. 즉 노동력의 착취도, 노동생산성, 사용하는 자본과 소비되는 자본 사이의 차액의 증대, 투하자본의 크기 | 제5절 이른바 노동기금

제25장 _ 자본주의적 축적의 일반법칙

제1절 자본의 구성이 불변이면, 축적에 따라 노동력에 대한 수요가 증가 | 제2절 축적과 그에 수반하는 집적의 진행과정에서 가변자본부분의 상대적 감소가 발생 | 제3절 상대적 과잉인구 또는 산업예비군의 누진적 생산 | 제4절 상대적 과잉인구의 상이한 존재형태. 자본주의적 축적의 일반법칙 | 제5절 자본주의적 축적의 일반법칙의 예증

## 제8편 이른바 시초축적

제26장 _ 시초축적의 비밀

제27장 _ 농촌주민으로부터 토지수탈

제28장 _ 15세기 말 이후 피수탈자에 대한 피의 입법. 임금인하를 위한 법령들

제29장 _ 자본주의적 차지농업가의 발생

제30장 _ 공업에 대한 농업혁명의 영향. 산업자본을 위한 국내시장의 조성

제31장 _ 산업자본가의 발생

제32장 _ 자본주의적 축적의 역사적 경향

제33장 _ 근대적 식민이론


# 제II권―자본의 유통과정

### 제1편 자본의 변태들과 그들의 순환
제1장 _ 화폐자본의 순환

제1절 제1단계. M―C | 제2절 제2단계. 생산자본의 기능 | 제3절 제3단계. C′―M′ | 제4절 총순환

제2장 _ 생산자본의 순환

제1절 단순재생산 | 제2절 축적과 확대재생산 | 제3절 화폐축적 | 제4절 준비금

제3장 _ 상품자본의 순환

제4장 _ 순환의 세 가지 형태

제5장 _ 유통시간

제6장 _ 유통비용

제1절 순수유통비용 | 제2절 보관비용 | 제3절 운수비용

### 제2편 자본의 회전
제7장 _ 회전시간과 회전수

제8장 _ 고정자본과 유동자본

제1절 형태상의 구별 | 제2절 고정자본의 구성분·보전·수리·축적

제9장 _ 투하자본의 총회전. 회전의 순환

제10장 _ 고정자본과 유동자본에 관한 학설. 중농주의자들과 애덤 스미스

제11장 _ 고정자본과 유동자본에 관한 학설. 리카도

제12장 _ 노동시간

제13장 _ 생산시간

제14장 _ 유통시간

제15장 _ 회전시간이 투하자본의 크기에 미치는 영향

제1절 노동시간과 유통시간이 동등한 경우 | 제2절 노동시간이 유통시간보다 긴 경우 | 제3절 노동시간이 유통시간보다 짧은 경우 | 제4절 결론 | 제5절 가격변동의 영향

제16장_가변자본의 회전

제1절 연간 잉여가치율 | 제2절 개별 가변자본의 회전 | 제3절 사회적으로 고찰한 가변자본의 회전

제17장_잉여가치의 유통

제1절 단순재생산 | 제2절 축적 및 확대재생산

### 제3편 사회적 총자본의 재생산과 유통

제18장_서론

제1절 연구대상 | 제2절 화폐자본의 역할

제19장_연구대상에 관한 이전의 서술

제1절 중농학파 | 제2절 애덤 스미스 | 제3절 그후의 경제학자들

제20장_단순재생산

제1절 문제의 제기 | 제2절 사회적 생산의 두 부문 | 제3절 두 부문 사이의 교환 | 제4절 II부문 안에서의 교환 | 제5절 화폐유통에 의한 교환의 매개 | 제6절 I부문의 불변자본 | 제7절 두 부문의 가변자본과 잉여가치 | 제8절 두 부문의 불변자본 | 제9절 스미스, 슈토르히 및 람지에 대한 회고 | 제10절 자본과 소득 : 가변자본과 임금 | 제11절 고정자본의 보전 | 제12절 화폐재료의 재생산 | 제13절 데스튜트 드 트라시의 재생산이론

제21장_축적과 확대재생산

제1절 I부문에서의 축적 | 제2절 II부문에서의 축적 | 제3절 축적의 표식적 서술 | 제4절 보충설명

## 제III권 – 자본주의적 생산의 총과정

### 제1편 잉여가치가 이윤으로 전환하고 잉여가치율이 이윤율로 전환

제1장_비용가격과 이윤

제2장_이윤율

제3장 _ 이윤율과 잉여가치율 사이의 관계

제4장 _ 회전이 이윤율에 미치는 영향

제5장 _ 불변자본의 사용상의 절약

제1절 개관 | 제2절 노동자를 희생시키는 노동조건들의 절약 | 제3절 발동과 전동 및 건물의 절약 | 제4절 생산폐물의 이용 | 제5절 발명에 의한 절약

제6장 _ 가격변동의 영향

제1절 원료가격의 변동. 이윤율에 미치는 직접적 영향 | 제2절 자본의 가치증대와 가치감소. 자본의 유리와 구속 | 제3절 일반적 예증 : 1861~65년의 면화공황

제7장 _ 보충설명


**제2편 이윤이 평균이윤으로 전환**

제8장 _ 상이한 생산부문들에서 상이한 자본구성과 이로부터 나오는 이윤율의 차이

제9장 _ 일반적 이윤율(평균이윤율)의 형성과 상품가치가 생산가격으로 전형

제10장 _ 경쟁에 의한 일반적 이윤율의 균등화. 시장가격과 시장가치. 초과이윤

제11장 _ 임금의 일반적 변동이 생산가격에 미치는 영향

제12장 _ 보충설명

제1절 생산가격의 변동을 일으키는 원인들 | 제2절 평균구성의 상품의 생산가격 | 제3절 자본가의 보상이유


**제3편 이윤율의 저하경향의 법칙**

제13장 _ 법칙 그 자체

제14장 _ 상쇄요인들

제1절 노동착취도의 증대 | 제2절 노동력의 가치 이하로의 임금의 인하 | 제3절 불변자본 요소들의 저렴화 | 제4절 상대적 과잉인구 | 제5절 대외무역 | 제6절 주식자본의 증가

제15장 _ 법칙의 내적 모순들의 전개

제1절 개관 | 제2절 생산확대와 가치증식 사이의 충돌 | 제3절 과잉자본과 과잉인구 | 제4절 보충설명


**제4편 상품자본과 화폐자본이 상품거래자본과 화폐거래자본(즉 상인자본)으로 전환**

제16장 _ 상품거래자본
제17장 _ 상업이윤
제18장 _ 상인자본의 회전. 가격
제19장 _ 화폐거래자본
제20장 _ 상인자본의 역사적 고찰

## 제5편 이윤이 이자와 기업가 이득으로 분할

제21장 _ 이자낳는 자본
제22장 _ 이윤의 분할. 이자율. '자연' 이자율
제23장 _ 이자와 기업가 소득
제24장 _ 자본관계의 피상적 형태인 이자낳는 자본
제25장 _ 신용과 의제자본
제26장 _ 화폐자본의 축적. 이자율에 미치는 그것의 영향
제27장 _ 자본주의적 생산에서 신용의 역할
제28장 _ 유통수단과 자본. 투크와 풀라턴의 견해
제29장 _ 은행자본의 구성
제30장 _ 화폐자본과 실물자본 : I
제31장 _ 화폐자본과 실물자본 : II
제1절 화폐의 대부자본으로의 전환 | 제2절 대부자본으로 전환되는 화폐로 자본 또는 수입이 전환한다
제32장 _ 화폐자본과 실물자본 : III(결론)
제33장 _ 신용제도의 유통수단
제34장 _ 통화주의와 영국의 1844년 은행법
제35장 _ 귀금속과 환율
제1절 금준비의 운동 | 제2절 환율
제36장 _ 자본주의 이전의 관계

## 제6편 초과이윤이 지대로 전환

제37장 _ 서론
제38장 _ 차액지대 일반

제39장 _ 차액지대의 제1형태(차액지대 I)

제40장 _ 차액지대의 제2형태(차액지대 II)

제41장 _ 차액지대 II: 제1의 경우—생산가격이 불변인 경우

제42장 _ 차액지대 II: 제2의 경우—생산가격이 하락하는 경우

제1절 추가자본의 생산성이 불변인 경우 | 제2절 추가자본의 생산성이 저하하는 경우 | 제3절 추가자본의 생산성이 상승하는 경우

제43장 _ 차액지대 II: 제3의 경우—생산가격이 상승하는 경우. 결론

제44장 _ 최열등경작지에서도 생기는 차액지대

제45장 _ 절대지대

제46장 _ 건축지지대 · 광산지대 · 토지가격

제47장 _ 자본주의적 지대의 발생

제1절 서론 | 제2절 노동지대 | 제3절 생산물지대 | 제4절 화폐지대 | 제5절 소작제도와 소규모 농민적 소유

## 제7편 수입과 그 원천

제48장 _ 삼위일체의 공식

제49장 _ 생산과정의 분석

제50장 _ 경쟁이 야기하는 환상

제51장 _ 분배관계와 생산관계

제52장 _ 계급

## 엥겔스의 『자본론』 제III권에 대한 보충설명

I. 가치법칙과 이윤율

II. 증권거래소

# 찾아보기

## ㄱ

가격 397
가변자본(variable capital) 161
가변자본의 형식을 벗어난 임금 446
가치 52, 76
'가치' 67, 73
가치 개념의 발생 63
가치관계 69
가치론의 공리계 103
가치론의 공리계에 외부적 166, 240
가치법칙 465
가치생산물 162
가치와 가격의 괴리 105, 108, 401
가치와 가격의 일치 403, 404
가치의 생산 352
가치의 원천 438
가치 일반 76
가치증식과정 129
가치척도 86
가치척도의 기능 86
가치형태론 64
가치형태의 변환 359
가치화(Verwertung) 125
가치화 과정 129, 167
『감시와 처벌』 190, 222
값어치 66
개인적 소비 345, 371
『거대한 변환』 93, 296, 298, 303
경제외적 강제 423
경제적 강제 423
경제학 29
『경제학-철학 초고』 30
경향적 법칙 443
계급투쟁 160, 167, 168, 173
계급투쟁(자본가의) 187, 197
계보학적 비판 325
계열화 111
고댕(Jean-Boptiste Godin) 35, 36
고용 없는 착취 255
고전파적 균형개념 410
고정자본 161, 362
「고타 강령 비판」 438
공리주의(utilitarianism) 297, 368

공산주의 465
공상적 사회주의 27, 28
공유재산 횡령 287~288
공장체제 188~190
공적 자금 416
공채(公債) 309
공황 383, 389, 449, 451
과잉 (노동)인구 236, 243, 389, 448
과잉생산과 과소소비 448
과잉인구의 최저 침전층 239
과잉자본 389, 446, 448
과학적 관리 186
과학적 사회주의 28
『광기의 역사』 289, 291
교환 43, 45
교환가치 43, 49, 53
교환가치의 등가성 51
교환가치의 척도 51
구빈법 289~290
『국가적 부(富)의 본질과 원천』 30
국제주의 양식(모더니즘) 368
균형가격 53
기계의 도입 185
기계적 노동 445
기계적 잉여가치 202~203, 438, 445
기계주의 454
기계체계 184
기계파괴운동 188
기아의 도덕적 기능 295
길드 94
길브레스(Frank Bunker Gilbreth) 186, 218, 367, 454

## ㄴ

내포적 생산 178, 179, 180
네그리(Antonio Negri) 207
네트워크 199, 201, 207
『네트워크 사회의 도래』 262, 263
노동(Arbeit/labour) 30, 53, 69, 117, 139, 438
노동가치론 53, 104, 106
노동가치론과 휴머니즘 53
노동가치론의 이율배반(antinomy) 115, 109, 119~123
「노동가치이론의 최근 동향」 411
노동강도 164
노동과 노동력 117, 124~140
『노동과 독점자본』 187, 191
노동과정 129, 161, 167
노동교화 293
노동대상 161
노동량 53
노동력 없는 노동 202
노동력의 가치 166
노동력의 상품화 130
노동력의 순환과정 349
노동력의 이동 413
노동력의 재생산 346, 349
노동생산력 164
노동수단 161
노동시간 164
노동 없는 생산 255, 452
노동의 가치 117, 166
노동의 가치화 126

노동의 개념 136~140
노동의 기계적 포섭 198~203, 207, 208, 361, 385
노동의 동질화 127
노동의 사용가치 117
노동의 실질적 포섭 175, 177~180
『노동의 종말』 258, 259, 264
노동의 형식적 포섭 170, 175
노동의 화폐적 표현 404
노동자 137
노동자 없는 노동 202
노동해방 149
『노마디즘』 434
노예사냥 313

## ㄷ

단순상품생산 48
단순재생산 223, 370
단순한 가치형태 65
대감금 291~292
『대담』 190, 210
대외교역 93
데리다(Jacques Derrida) 461
데 키리코(Giorgio de Chirico) 393, 454
도요타 시스템 361
『독일 이데올로기』 21
독점의 장벽 431
독점이윤 427, 431
독점적 소유에 의한 포획 434
독점적 영유권(독점적 소유) 429, 431

『돈의 철학』 84
동일자(the Same) 242
동작관리 186
뒤메닐(Gerard Duménil) 407
뒤샹(Marcel Duchamp) 395, 454
드 트라시(Destutt de Tracy) 115
들뢰즈(Gilles Deleuze) 69, 190, 461
들뢰즈/가타리(Gilles Deleuze/Félix Guattari) 94, 434
등가관계 76
등가형태 67

## ㄹ

러다이트 운동 188
레닌(Vladimir Ilich Lenin) 448
레비-스트로스(Claude Lévi-Strauss) 44
레온티예프(Wassily Leontief) 259
레제(Fernand Léger) 454
로빈슨 크루소 70, 282
룩셈부르크(Rosa Luxemburg) 377
리카도(David Ricardo) 30, 103, 359, 402, 450
리피에츠(Alain Lipietz) 348

## ㅁ

맑스와 헤겔(Karl Marx/Georg Wilhelm Friedrich Hegel) 25
맑스의 고유한 문제설정 26, 32

맑스의 방법론 321
매뉴팩처 182, 184
머이브리지(Eadweard Muybridge) 216, 217, 395, 454
메이에르홀트(Vsevolod Yemilyevich Meyerhold) 454
멘셰비키(Mensheviki) 465
모스(Marcel Mauss) 44
목적론 24
무어의 법칙(Moore's Law) 365
물신숭배(物神崇拜) 81
물신주의(fetishism) 81
미스 반 데어 로에(Ludwig Mies van der Rohe) 394

### ㅂ

반(反)-엔클로저 입법 284
배치(agencement) 111
버크(Edmund Burke) 296
베르그송(Henri Bergson) 126
베르토프(Dziga Vertov) 454
베버(Max Weber) 91, 295
벤섬(Jeremy Bentham) 296
보로미니(Francesco Borromini) 37
보치오니(Umberto Boccioni) 395
복지서비스 386
본원적 자본 280
본원적 축적 282, 299, 309, 422
봉건적 지대 421
부(富) 438

부랑자 239
분업 182
불가코프(Sergey Nikolayevich Bulgakov) 377
불변자본(constant capital) 161
불불노동(不拂勞動) 147, 162
브레이버만(Harry Braverman) 187, 191
블로흐(Ernst Bloch) 29
비교에 의한 포획 434
비생산적 노동 354, 355
비정규직의 증가 262
빈민법(The Poor Law) 289~290

### ㅅ

『사람의 살림살이』 89, 91
사용가치 43, 49
사유지 청소 287
사적 소유 429
사전(事前)의 축적 280, 281, 299, 309
『사회경제사』 91, 93
사회적 공장 207, 253
사회적 노동자 253
사회적 마모(사회적 수명) 364
사회적 승인 359
사회적 총자본의 재생산과 유통 369
사회적 필요노동시간 147
산업예비군 236
산업혁명 175, 179, 180, 191
3세대의 (컴퓨터화된) 기계 198
상대-이윤 145

상대적 가치형태 67
상대적 과잉인구 413
상대적 잉여가치 160, 169, 178, 180
상품 41, 76
상품과 비-상품 41
상품생산 47
상품시장의 양극화 386
상품으로서의 상품생산 49, 50
상품의 등가성 50
상품자본 338
상품자본의 순환 343
상품화 125
새로운 산업혁명 191~197
생산가격 397, 400
생산과 유통 355
생산과정 352
생산기간 351
생산력의 발전 465
생산비용 355
생산수단 161
생산을 위한 생산 452
생산의 사회화 249~255
생산의 사회화에 따른 자본의 딜레마 251~252
생산자본 339
생산자본의 순환 341
생산적 노동 353, 355
생산적 소비 345, 371
생시몽(Claude-Henri de Rouvroy, comte de Saint-Simon) 27
선대제(先貸制) 181
선물 44

『세계화의 덫』 259
세계화폐 86, 87
소비사회 194, 195, 351
소비양식 347, 349
소상품생산 48
소생산자 110
소외(Entäußerung) 30
「소위 시장문제에 관하여」 378
속도의 파시즘 367
수렴이론 106
순수유통비용 357
스미스(Adam Smith) 29, 51, 103, 127, 136, 280
스미스의 독단 378
『스피노자와 표현의 문제』 69
시간관리 186, 367
시스몽디(Simonde de Sismondi) 345, 371
시초의 자본 280
식민주의 310
『신도요타 시스템』 361
신자유주의 386, 388
실업자 274
실업화 압력 244~246
실천 21
실현문제 369, 379, 387

## ㅇ

아글리에타(Michel Aglietta) 348
아로노비츠(Stanley Aronowitz) 258

양화(量化) 126
에른스트(Max Ernst) 454
에를라흐(Fischer von Erlach) 37, 38
에티엔 불레(Étienne-Louis Boullée) 39
엔클로저 운동(제1차) 283~284
엔클로저 운동(제2차) 284~286
역사유물론 21, 459
오웬(Robert Owen) 27, 34
외부 21, 24, 460
외부를 통한 사유 464
욕망 112
워홀(Andy Warhol) 391
유동자본 161, 362
유동적 과잉인구 238
유물론 21
유용성의 증가(유용효과) 356, 358
유토피아(utopia) 34
유통과 생산 354
유통과정 352
유통기간 351
유통비용 355, 357
유통수단 86
유효수요 194
『의식에 직접 주어진 것들에 관한 시론』 126
의제적(擬制的) 상품 131
2세대 기계 198
이오판(Boris Iofan) 39
이윤 397, 398
이윤량 446
이윤 없는 생산 452
이윤율 397, 446

이윤율 저하 경향의 법칙 398, 440, 445
이윤율 저하를 상쇄하는 요인들 442
이윤율 평균화 398, 400, 408
이윤율 평균화와 생산가격 398
이중소유권 422
이중의 의미에서 자유로운 임노동자 413
이중의 해방 132
이행의 법칙 464
인간중심주의(Humanism) 54, 315
일반화된 가치형태 74
일반화된 지대론 438
임금 134, 398
잉여가치(surplus value) 113, 144, 160, 161, 163, 167, 168, 219, 398
잉여가치론 106
잉여가치법칙 106, 149
잉여가치율 162
잉여가치의 착취 433
『잉여가치학설사』 57, 353, 379

## ㅈ

자기증식하는 화폐 111
자동화로 인한 고용 감소 258, 262
자본가 112
『자본』과 『자본론』 57
자본성장률 225
자본수출 448
자본에 대한 과학 463
자본으로서의 화폐 109, 339

자본의 가치구성 227, 228, 229, 443
자본의 계보학 321
자본의 구성 227
자본의 금융화 447
자본의 기술적 구성 227, 228, 273, 443
자본의 대행자/담지자 223
자본의 세 형태 338
자본의 순환 337, 338
자본의 순환과 소비 344, 351
자본의 외부 461, 464
자본의 욕망 219
자본의 유기적 구성 227, 229, 230, 273, 441, 443
자본의 유통과정 337
자본의 이동 414, 416
자본의 일반적 공식 109, 111
자본의 일반적 공식의 모순 113, 123,
자본의 재생산 384
자본의 절대적 과잉 447, 452
자본의 축적 219~222
『자본의 축적』 377
자본의 회전 337
자본의 회전기간 365
자본주의적 상품생산 49
자본주의적 생산의 총과정 397
자본주의적 생산의 한계 449
자본주의적 시장 301~305, 307
자본주의적 영유법칙 226
자본주의적 인구법칙 237
자본주의적 지대 421
자본주의적 축적의 역사적 경향 265
자본축적의 일반적 법칙 230, 239, 273

자술리치(Vera Ivanovna Zasulich) 465
자연가격 410
작업(Werk/work) 69
작은 국가 386
잠재적 과잉인구 238
재생산표식 371, 383
재생산표식과 균형의 문제 376
재생산표식과 상품가치의 실현」 381
재현적(representative) 관계 78
적시(Just-in-Time) 생산방식 360
전방위 감시장치(panopticon) 297
전형(transformation)문제 107, 407
절대-이윤 145
절대적 잉여가치 160, 169, 171, 172
절대지대 398, 424, 426
『정보도시』 207
정보·소통기술 발전 192, 199, 207, 250
정보혁명 255
정보화 201, 207
정신 없는 육체노동 199
정체적 과잉인구 238
정치경제학(Political Economy) 30
정치경제학 공리계 104~109
  - 교환의 공리 104
  - 생산의 공리 104
  - 척도의 공리 104
  - 수렴의 공리 106
  - 가격의 공리 106
정치경제학 비판 31, 123, 459
『정치경제학 비판 요강』 80, 84, 381
『정치경제학 비판을 위하여』 57

정치경제학 비판의 방법론 325
정통 맑스주의 28, 459
『제국』 207
조세(租稅) 94
조절양식 348
조절이론 348
『조절이론과 마르크스 경제학의 재해석』 348
『중국 고대제국 성립사 연구』 90
중세 도시와 시장 305~307
증여 44
『증여론』 44
지대 398, 437
지대론 421, 427, 433
지대론과 초과이윤 431
지대론과 포획의 논리 421
지배노동가치설 105
지불노동 162
지불수단 86, 87

## ㅊ

차액지대 398, 424, 439
착취 147
착취와 잉여가치 140
착취율 162
『천의 고원』 94, 434
초과이윤 424, 427, 428, 433, 435
총계 일치 명제 108, 406
총상품가치=총생산가격 402, 411
총잉여가치=총이윤 402

축장수단 86, 87
축적률 225, 226, 346
축적체제 346, 348
치안/경찰(police) 294
『친족관계의 기본구조』 45

## ㅋ

칼뱅(Calvin) 295
케인즈(John Maynard Keynes) 194
코뮨주의 26, 466
쿠친스키(Jürgen Kuczynsky) 432

## ㅌ

타자들(the others) 242, 274
타틀린(Vladimir Evgrafovich Tatlin) 37, 455
탈가치화(Entwertung) 449
탈-평균화 420
테일러(Frederick Winslow Taylor) 186, 367
토지약탈 283, 288
톰슨(Edward Palmer Thompson) 174
통제사회 210
투간-바라노프스키(Mikhail Ivanovich Tugan-Baranovskii) 377
투하노동가치설 105
튜링(Alan Mathison Turing) 198
특별잉여가치 427, 428

## ㅍ

파밀리스테르 35, 36
팬옵티콘(panopticon) 297~298
평균이윤 397
평균이윤율 400
평균화와 탈-평균화 420
포드(Henry Ford) 187
포드주의 체제 192~196
포스트-포드주의 192, 350
포이어바흐(Ludwig Andreas Feuerbach) 21
「포이어바흐에 관한 테제」 21
포획 434
폭력의 경제학 318~320
폴라니(Karl Polanyi) 91, 93, 284
폴리(Duncan Foley) 407, 410
표현적 관계 69, 78
푸리에(Charles Fourier) 27, 35, 189
푸코(Michel Foucault) 189, 222, 242
『프로테스탄티즘의 윤리와 자본주의 정신』 295
플레하노프(Georgii Valentinovich Plekhanov) 465

## ㅎ

하우스만(Raoul Haussmann) 455
합목적적 활동 139
해외시장 387
허구적 상품 131
헤겔(Georg Wilhelm Friedrich Hegel) 21, 136, 139
헤겔의 관념론 24
현대자본주의에서 재생산과 균형 384
협업 180~182
화폐로서의 화폐 109, 339
화폐의 국가적 성격 95
화폐의 기능 85, 86
화폐의 자본주의적 사용 113
화폐자본 338
화폐자본의 순환 341
화폐형태 78
화폐형태의 발생 89
확대된 가치형태 71
확대재생산 223, 374
훈육사회 190, 207, 210
훈육체제(disciplinary regime) 190
휴머니즘 55, 97, 277, 315,
『희망의 원리』 29